KB159546

음식과 몸의 인류학

국립중앙도서관 출판시도서목록(CIP)

음식과 몸의 인류학/ 캐롤 M. 코니한 지음 ; 김정희 옮김
-- 서울 : 갈무리, 2005
p. ; cm. -- (카이로스총서 ; 4)

원서명: The Anthropology of FOOD and BODY
원저자명: Counihan, Carole M.
참고문헌과 색인수록
ISBN 89-86114-75-5 04900 : \16000
ISBN 89-86114-63-1(세트)

381.75-KDC4
394.1-DDC21 CIP2005000380

카이로스총서4

음식과 몸의 인류학
The Anthropology of FOOD and BODY

지은이 캐롤 M. 코니한
옮긴이 김정희

펴낸이 조정환 장민성
책임운영 신은주 편집부 최미정 마케팅 오정민

펴낸곳 도서출판 갈무리 등록일 1994. 3. 3. 등록번호 제17-0161호
용지 화인페이퍼 인쇄 한영문화사 제본 한영문화사
초판인쇄 2005년 2월 28일 초판발행 2005년 3월 13일

주소 서울 마포구 서교동 375-13 성지빌딩 101호 (121-839)
전화 02-325-1485 팩스 02-325-1407
website http://galmuri.co.kr e-mail galmuri@galmuri.co.kr

ISBN 89-86114-75-5 04900 / 89-86114-63-1 (세트)

값 16,000원

음식과 몸의 인류학

캐롤 M. 코니한 지음

김정희 옮김

The Anthropology of FOOD and BODY

2005

The Anthropology of Food and Body

감사의 말

수년간에 걸쳐 나의 작업에 관심을 가지고 나에게 영감을 준 많은 사람들에게 감사한다. 먼저, 나에게 자신들의 음식이야기를 들려준 사르데냐(Sardinia) 섬의 보사(Bosa)에 사는 이태리 사람들, 그리고 1970년대에서 1980년대에 걸쳐 10년이 넘는 기간 동안 나와 가까이 지냈던 플로렌스(Florence)의 가족 모두에게 감사한다. *A voi, grazie delle tante belle parole and dei tanti piatti gustosi!* 나의 '식품과 문화' 수업을 수강했던 프랭클린 & 마샬 대학, 리차드 스탁튼 대학, 그리고 밀러스빌 대학의 학생들에게도 음식과 몸에 대한 자신들의 이야기를 허심탄회하게 해준 데 대해 감사한다. 나는 글의 일부에서 음식과 몸에 대한 자신과의 관계에 대해 이야기하면서 언급된 그들의 고통과 자아증오에 대해서는 다소간 격분을 느끼며 글을 썼다. 그럼에도 불구하고 자기 자신과 자신의 몸매, 그리고 식습관에 대해 만족감을 느끼는 몇 명에게도 계속 신념을 지켜가며 자신의 이야기를 해준 데 대해 감사한다.

임신여성과 출산 후 여성들의 음식과 몸에 대한 태도에 관한 연구에 참여해 준 펜실베이니아(Pennsylvania)의 랭커스터(Lancaster)에 사는 임신여성들에게도 감사한다. 그들의 풍부한 이야기를 듣는 것은 즐거웠다. 그리고 공상이야기를 말해 준 유치원 어린이들에게도 감사하며, 녹음을 할 수 있도록 허락해 준 그들의 부모님들에게도 감사한다. 그 어린이들의 멋진 상상력은 나의 머리회전을 윤활하게 만들었고, 사고를 펼치기 위한 무한한 에너지를 주었다.

음식에 관하여 연구한 많은 학자와 저자들의 도움에도 감사한다. 실비아 헬렌 포만(Dr. Sylvia Helen Forman)과 조지 아멜라고(Dr. George Armelagos)는 매사추세츠 대학에서 인류학과 대학원 과정 동안 식품과 문화라는 분야를 개척하였다. 내가 이태리에서 맛보았듯이 그들의 지적 관심은 삶과 얽혀 있었고, 식습관에 집중된 나의 관심을 정당화해 주었다. 프랑스 식습관을 연구하는 유명한 역사학자, 코넬 대학의 스티븐 카플랜(Dr. Steven Kaplan)은 1981년, 『음식과 식습관』(*Food and Foodways*) 편집임원으로 나를 초청하였다. 그래서 그와 그 저널에 관여했던 시간은 헤아릴 수 없을 만큼 나의 생각의 폭을 넓혀 주었다. 코넬 대학의 역사학자이며, 『단식하는 여자들』(*Fasting Girls,* Harvard, 1988)과 『신체투영』(*The Body Project*, Random House, 1997)의 저자인 제이콥스 브룸버그(Dr. Joan Jacobs Brumberg)는 수년 동안 좋은 친구일 뿐 아니라 서로 편견이 없으면서도 힘이 되는 조언자이다.

크리스틴 보어(Kristen Borre), 캐롤 브라우너(Carole Browner), 클레어 캐시디(Claire Cassidy), 바브라 콜린스(Barbara Collins), 조앤 디알리세라(JoAnn D'Alisera), 린 에몬스(Lin Emmons), 르네트 페르난데츠(Renate Fernandez), 팸 프레쎄(Pam Frese), 크리스틴 하스토르

프(Christine Hastorf), 레베카 하우스-애쉬모어(Rebecca Huss-Ashmore), 수 캐틀러(Sue Ketler), 베뻬 로 루소(Beppe Lo Russo), 리즈 마티아스(Liz Mathias), 엘렌 메세르(Ellen Messer), 미미 니히터(Mimi Nichter), 필리스 파사리엘로(Phyllis Passariello), 페기 라췌슨(Peggy Ratcheson), 니콜 솔트(Nicole Sault), 데이빗 수튼(David Sutton), 니키 투펠(Nickie Teufel), 페니 반 에스테릭(Penny Van Esterik), 그리고 바브라 웰레스-나이스트롬(Barbara Welles-Nystrom) 등의 많은 친구들과 동료들은 여러 해 동안 내가 관심을 가져왔던 음식과 몸에 대한 나의 생각을 격려해 주었다. 그리고 캐롤 아담스(Carol Adams), 앤 베커(Anne Becker), 수잔 보르도(Susan Bordo), 캐롤라인 바이넘(Caroline Bynum), 미리암 칸(Miriam Kahn), 프란세스 무어 라페(Frances Moore Lappé), 애나 메이그스(Anna Meigs), 시드니 민츠(Sidney Mintz), 엠제이 와이즈맨텔(M. J. Weismantel) 등이 저술한 음식과 몸에 관한 저서들은 나에게 매우 큰 도움이 되었다.

나는 밀러스빌 대학에 있는 여성학 연구 동료들에게도 감사한다. 특히 젠 밀러(Jen Miller), 제리 로빈슨(Jeri Robinson), 낸시 스미스(Nancy Smith), 트레이시 와이스(Tracey Weis), 다라 윌리암스(Darla Williams), 그리고 여성운동가이며 나의 파트너인 바브 스텐겔(Barb Stengel)에게 감사한다. 그들 모두는 전문가로서의 나의 삶을 용기와 후원, 그리고 흥미로 가득 채워 주었다. 그 외 이 책이 결실을 맺도록 도와준 모든 사람들에게 감사한다. 루트리지(Routledge) 출판사에 있는 디에나 호크(Deanna Hoak), 리아나 프레들리(Liana Fredley), 빌 제르마노(Bill Germano), 닉 사이렛(Nick Syrett), 그리고 밀러스빌 대학의 바브 딜스(Barb Dills), 니콜 케이퍼(Nicole Keiper), 베키 뉴먼

(Becky Newman), 트리카 울프(Trica Wolfe), 기금운영위원회, 그리고 나의 학과인 사회인류학과 동료들, 특히 학과장인 샘 카셀베리(Sam Casselberry)에게 감사한다. 나의 수업을 받으며 자신들의 여러 가지 생각을 제공해 준 학생들에게도 감사한다. 그리고 여러 개념들에 대한 집요한 추구로 수업을 즐겁게 만든 베시 피셔(Betsy Fischer), 예닌 지페어(Jeannine Giffear), 카렌 린덴버그(Karen Lindenberg), 폴라 밀러(Paula Miller), 그리고 리즈 리차드(Liz Richards) 등의 학생들에게도 특별히 감사한다.

음식과 생각에 대해 이야기하기를 좋아하던 나의 많은 친구들, 특히 빌 프래터스(Bill Fratus), 크리스틴 스트라이트 구에리니(Christine Streit Guerrini), 안젤라 제넷(Angela Jeannet), 루시 밀러(Ruthie Miller), 제인 로제티(Jane Rossetti), 그리고 마사 쉴리(Martha Schley)에게도 감사한다. 나의 요리를 항상 맛있게 먹어 준 나의 오빠와 남동생인 테드(Ted)와 크리스(Chris), 그리고 스티브(Steve)에게 감사하고, 여동생 수잔(Susan)에게는 늘 최선을 다해 준 데 대해 감사한다. 멋진 아들 벤(Ben)과 윌리 타가트(Willie Taggart)에게도 감사한다. "너희들은 좋은 질문들을 해주었단다. 모두 잘 먹고 잘 크기를 바란다." 여러 방면으로 나를 위해 옆에 있어 준 나의 남편 짐 타가트(Jim Taggart)에게도 감사한다. "당신은 나의 인류학적인 대화 상대이고, 파트너이고, 나의 영혼의 동반자입니다."

□ 한국어판 저자 서문

성별, 의미 그리고 파워

『음식과 몸의 인류학』의 한국어판에 인사를 드리게 된 것은 나의 큰 기쁨이며, 한국인들이 나의 글을 읽게 된 것 또한 반가운 일이다. 이 책이 출간된 후 5년 동안 세계적으로 식품과 신체 관련 인류학에는 커다란 발전이 있었다. 식습관 분야는 개인적 행위와 사회적 관습, 행동과 그 의미, 경제적 압박과 정치적 영향, 지역적 상호연결과 범세계적 상호연결, 그리고 사람들이 먹는 것을 신체적 · 정신적 웰빙과 연결시키려는 인간의 노력 등을 포함하는 총체적 능력을 가지고 있기 때문에 연구에 있어서 꾸준하게 결실이 많았던 분야이다.

1999년 이후, 식품과 문화 관련 인류학자들의 연구는 많은 방향으로 영역을 넓혀갔다. 그리고 소우주적 행동과 그에 따른 세계적 영향을 한층 더 이해하기 위한 방법론적 접근을 개발하였다. 나는 식품생산, 식품분배, 식품소비를 둘러싸고 있는 믿음과 행동에 관해 자발적 참여자와 반정형화된(semi-structured) 인터뷰를 하는 방법론을 통해 식품 중심의 삶 역사를 계속 연구하였다. 이 방법은 이 책의 여러 장에서 기본적으로 사용되었고, 최근 출간한 『토스카나식 밥상에서 : 20세기 플로렌스에서의 음식, 가족, 그리고 성별』(Counihan 2004)이 나오게 만들었다. 나는 또한 그 방법을 곧 발표될 콜로라도 남부에 있는 멕시칸-아메리칸 사회에서의 식습관에 관한 연구에도 사용하였다. 나는 이 방법이 시대에 따라 변화하는 식습관에 관한 사람들의 표현과 그들의 주관적이고 정서적인 반응을 밝히기에 훌륭한 방법임을 알았다. 이 방법은 제보자 자신의 어투 그대로 사용할 수 있게 하고, 거시적이고 양적인 식습관 특징의 서술을 보충하여 자세하게 표현하게 해준다.

식습관에 관한 인류학적 연구는 세계적인 성역할 전환을 이해하는 데 커다란 공헌을 하였다. 부양해야 하는 남자, 요리를 하는 여자, 그리고 그 음식을 먹는 가족으로 고정된 모델은 더욱 복합적인 상황에 무너지고 말았다. 새로운 가족형태와 구조는 음식준비와 소비를 복잡하게 만들었다. 동성부부, 편부모, 혹은 이민으로 인한 가족구성원의 이주는 이전의 성모델을 재구성하게 만들었다. 여성의 노동참여 증가는 그들의 가정 내 요리와 양육에서의 역할을 감소시켰지만 가족의 재정적 기여도는 증가시켰다(Barndt 2002, Spring 2000). 동시에 음식에 관련된 남자들의 역할 역시 변화를 겪고 있다. 일차적인 식량생산에 종사하는 남자의 수는 점점 줄어들고 음식서비스 직종이나 가족식생활 계획과 요리에 관여하는 남자는 증가하였다. 음식을 둘러싸고 있는 성역할의 변화가 어떻게 먹는 음식, 가족, 그리고 남자-여자 관계와 정체성을 변화시키는지에 관한 탐구는 인류학자들의 영역이다(Farquhar 2002).

식습관에 관한 인류학적 연구에서의 중요한 발전은, 음식과 신체에 관한 세계화의 정도와 영향에 집중된 관심과 더불어 지역적이고 세분화된 민속지학적 데이터를 정치경제에 접목시키려는 끊임없는 노력이다(Harbottle 2000, Jing 2000, Wu & Cheung 2002). 사람들은 외국으로 이민을 갈 때면 식습관도 함께 가지고 간다. 또한 그 지역의 토속적인 선호도와 요리전통에 따라 생산되던 음식은 먼 거리를 여행해온 표준화된 음식에게 자리를 내주고 만다. 인류학자들은 이런 세계적 전환의 문화적 · 경제적 · 건강적 영향을 더욱 연구하고 있다. 그들은 식습관에 관한 연구범위를 확장하여 식품소비뿐 아니라 식품생산 · 분배 · 노동관계의 조직화에도 관심을 가져왔고, 전문경영농장(agribusiness farm), 식품가공공장, 식품시장, 그리고 식당에 대해서도 연구해 왔다(Bestor 2004, Counihan 2002). 그리고 그들은 노동자들이 장시간의 노동, 안전성 결여, 살충제의 독성, 저임금 등을 견디며 일하는 위험하고 착취적인 노동환경을 폭로하여 왔다(Barndt 2002). 그러나 그런 경향을 대치하는 데는 농업, 생산자(농부)시장, 토종종자보존 등을 후원해 주는 지역사회를 통해 안전하고 공정한 지역적 식품생산과 분배를 촉진하려는 노력이 필요하다(Nabhan 2002). 세계화와 그 반대운동에 관한 연구는 모두 인류학적 연구 분야이다.

인류학적 탐구에는 아직도 많은 중요한 의문점들이 남아 있다. 과연 세계화가 비만증가와 날씬함을 역설적으로 결합시킨 '서양식' 문화를 비만이나 날씬함이 드문 지역에도 전파시키겠는가? 패스트푸드와 가공식품의 세계적인 만연으로 인한 당 · 지방 섭취의 증가는 어떻게 전 지구의 영양상태와 건강상태에 영향을 주겠는가? 기근, 기아, 그리고 영양부족 현상 등이 지금 늘어나는 추세인가 혹은 줄어드는 추세인가? 만약 그렇다면 그곳은 어디인가? 자본주의 식품생산의 팽창은 소규모 식품생산자와 그들 지역사회의 환경과 생계에 어떠한 영향을 주는가? 세계화가 경제적 수준과 기회확장을 촉진하는가 아니면 세계적 불균등을 증가시키는가? 일부 학자들이 주장하듯이, 세계화는 필연적으로 문화적 균일화를 이루는가? 아니면 더욱 문화적으로 복합적인 혼성 식습관과 국가관계를 낳는가? 음식과 음식연구는 어떻게 문화다원주의와 문화존중과 관련해서 세계안전과 세계평화를 위한 비옥한 토지가 될 수 있는가?

바라건대 한국 독자들은 이런 의문점들에 대해 생각해 가며 이 책을 읽는 즐거움을 갖기 바란다.

감사합니다.

캐롤 M. 코니한

펜실베이니아 랭커스터에서

2004년 12월에

차례

일러두기

1. 이 책은 Carole M. Counihan의 저서 *The Anthropology of Food and Body*(1999)를 번역한 것으로, 가능한 원본을 그대로 직역하려고 노력하였다. 그러나 8장의 어린이들의 공상이야기는 가능한 어린이 말투로 나타내려 하였고, 9, 10, 11장에서 인용되는 인터뷰 대상자들의 이야기는 여성의 말투로 나타내어 자칫 딱딱해지기 쉬운 분위기를 보다 부드럽게 표현하려고 하였다.

2. 본문주석은 원래 원서에는 미주로 되어 있는 것을 읽는 이가 쉽게 참조할 수 있도록 각주로 표시하였다.

3. 인명이나 지명, 그리고 작품명은 될 수 있는 한 「외래어 표기법」(문교부 고시 제85-11호, 1986년 1월 7일)과 이에 근거한 『편수자료』(1987년, 국어연구소 편)를 참조해 표기했으나 주로 원어에 가깝게 표기하는 것을 원칙으로 삼았다.

4. 본문에 간혹 등장하는 [ ] 안의 내용은 옮긴이가 읽는 이의 이해를 돕기 위해 덧붙인 것이다.

5. 단행본, 전집, 정기간행물, 영상 · 음반 · 공연물에는 겹낫표(『 』)를, 논문 · 논설 · 기고문 · 단편 등에는 홑낫표(「 」)를, 단체명이나 행사명에는 가랑이표(〈 〉)를 사용하였다.

서문

이 책은 지난 20년 동안 내가 음식과 문화에 대한 인류학적 연구에 관심을 기울여 왔던 이야기이다. 만약 우리가 머나먼 땅을 여행하며 다양한 사람들을 만나 그들 삶의 이야기에 귀를 기울인다면, 그러는 동안에 우리는 우리 자신에 대해 연구하고 있는 거라고 인류학자들은 말한다. 나와 음식의 관계도 그러하다.

나의 이야기는 음식과 관련이 깊다. 이리저리 뛰어다니며 놀던 육체적 활동과 캔디와 설탕의 엄청난 섭취로 점철되었던 나의 어린 시절, 그리고 지방을 두려워하면서도 먹으면서 위안을 얻는 상반된 태도로 바라보는 나의 신체이미지를 다루고 있다. 음식과 관련된 나의 이야기는 이태리, 사르데냐(Sardinia) 섬의 보사(Bosa)와 토스카나(Tuscany) 지역의 플로렌스(Florence) 시에 살면서 현지연구를 하던 6년의 생활도 다루고 있다. 이 두 지역 사람들은 맛있는 음식을 만들어 먹었고, 먹는 것을 즐겼으며, 또 음식을 먹으며 인간관계를 다져나갔다. 그들은 나에게 음식 즐기는 법을 가르쳐주었고, 깡마른 이미지보다는 매우 귀중한 선물인 음식 먹는 즐거움을 우선시 하도록 가르쳐주었다. 서로를 위해 맛있는 식사를 만드는 우리부부, 괴팍스럽고 가끔은 화가 날 정도의 까다로운 식성을 보이는 두 아들 등 음식은 늘 나의 가족생활과 함께 하였다. 그리고 음식은 나의 연구생활에도 역시 빠질 수 없었다. 지난 20년 동안 나는 음식, 문화, 그리고 남녀의 성 사이에 존재하는 서로의 연관성을 연구하면서 수집해 왔던 글들을 여기에 적고 있다.

나는 인류학적, 여성주의적인 견해를 가지고 음식에 접근하였다. 나에게 여성주의는 성별에 초점을 맞추어 여성의 기여도와 여성의 시각에 특히 관심을 두고 있다는 의미이며, 또 남자와 여자는 평등하다는 견해를 나타내는 의미이다. 그리고 나에게 인류학은 데이터수집, 분석, 철학, 그리고 저술 등을 묶어 한데 결합시키는 의미이다. 문화인류학자 혹은 민속지학자는 다양한 문화 속에서 사람들이 살아가는 방법에 대한 데이터를 가능한 많이, 글로 혹은 녹음으로, 그리고 번역 등을 통해 수집한다. 그리고 사람들과 같이 살면서 그들의 삶을 관찰하기도 하고, 직접 그들에게 무슨 일을 하는지, 그 일이 무엇을 의미하는지 질문을 해가며 데이터를 수집한다. 그러고 나서 인간행동에 대하여 수집한 데이터를 해석하고 이해하려고 노력한다. 여기에서 분석과 철학이 들어간다. 데이터 분석을 통해 우리는 사람들의 다양한 행동양식에서 그들 서로의 관계와 갈등을 탐구하고, 거기에 다시 문화와 인간행동에 대해 우리가 일반적으로 알고 있는 다른 사항들을 접목시킨다. 그리고는 철학적으로 해석한다. 다른 사회학자의 생각을 살펴봄으로써 데이터를 설명하고, 궁극적으로는 우리 나름대로의 해석을 제안하는 것이다. 그리고 마지막으로 우리의 생각을 다른 사람들에게 글을 통해서 전달하는 것이다.

나는 연구나 문헌조사에 음식, 즉 음식생산, 음식분배, 음식소비를 둘러싸고 있는 믿음과 행동에 초점을 두었다. 나의 음식연구는 먹는 개체, 특히 남자 · 여자에게 주어진 의미를 직접 고찰하였다. 나는 이태리 사람과 미국 사람이 가지고 있는 특정 식(食)행동과 외모에 대한 생각에 대해 궁금했었다. 그래서 미국 사람들의 나름대로의 식습관을 설명하기 위해 인류학에서 꼭 필요한 비교문화적 시각을 사용하였다. 음식을 서로 주고받는 것은 모든 문화에서 매우 의미가 있으며, 남녀의 성별에도 깊이 얽혀 있음을 알았다. 음식에 있어서 남녀 사이에 더욱 평등하고 상호간 능력을 고취하는 관계를 찾고자 한 연구는 이 책을 고무적으로 만들었다.

이 책의 각 장(章)들은 음식 습관과 파워[1], 그리고 성별에 대해 내가 가지고 있는 생각을 시간순으로 전개하고 있다. 각 장의 글들은 사르데냐, 플로렌스, 미국 등지에서 직접 수집하였거나 혹은 다른 사람들이 총체적으로 수집한 현지조사 데이터를 사용하여 비교방법을 이용하였다. 모든 장들은 대략 연대순으로 구성되었지만, 각각 별개의 글로 표현되어 있고, 한 논제에서 다른 논제로 넘어갈 때는 그에 따른 나름대로의 논리가 있기 때문에 전후 관련에 맞춰 구성하였다. 각 글은 뒤로 갈수록 더욱 명백하게 여권신장을 펼치고, 더욱 직접적으로 성 차이에 대해 언급하고 있다. 또한 필체도 초반부가 분석적이라면 후반부는 이야기를 그대로 적은 화술체이다. 초반부가 인류학적 주제를 놓고 내 나

1. [옮긴이] 이 책에서의 파워(power)는 주도권 혹은 영향력 등 포괄적 의미를 가지고 있고, 힘(force)은 물리적 영향을 의미하는 것으로 이 둘을 구분하여 사용하였다.

름대로의 언어로 표현하였다면 후반부는 연구 참여자의 이야기를 강조하였다. 필체를 변화시킨 이유는 연구에 참여한 사람들의 화술체가 더욱 흥미롭고, 더욱 의미 있고, 더욱 진실되기 때문이다. 그리고 일반 독자에게 쉽게 다가갈 수 있도록 글을 명료하면서도 자연스럽게 쓰려고 노력하였다. 또한 다방면에 걸쳐 참고문헌을 적어 두어 학자나 학생들이 자신의 연구에 이용할 수 있게 하였다[그래서 주석도 가능한 원문 그대로 쓰려고 한다].

2장에서 7장까지는 이미 예전에 발표했던 글로 약간의 수정과 더불어 주석을 달고 참고문헌을 최신의 것으로 보강하였다. 나머지는 예전 그대로 두었다. 1, 8, 9, 10, 11장은 완전히 새롭게 썼거나 예전의 것을 대폭 수정하여 최근 연구를 다루고 있다. 각 글에는 전개논리 외에도 지리적 요인과 같은 다른 체계적 요인이 들어 있다. 2, 3, 9, 10장은 이태리에서의 연구에 초점을 두었고, 5, 6, 7, 8, 11장은 미국에서의 연구에 초점을 두었다. 그러나 모든 장은 당연시 여겨왔던 식습관에 대해서 도전적 · 문화교류적 견지로 바라보았다.

각 글은 식습관이 어떻게 가족 내에서 혹은 사회 안에서 사회적 · 경제적 불평등을 강화하는지 혹은 그에 도전하는지를 다각적 견지에서 묻고 있다. 1장 「음식, 문화, 그리고 성별」은 실제생활의 개요이며 문헌고찰이다. 이 장은 음식의 사회적 · 상징적 사용을 설명하고 있다. 음식연구는 파워와 통제력에 관한 폭넓은 문화적 문제를 고찰하도록 하는 성별, 가족, 사회, 성행위, 그리고 언어 등을 바라보는 많은 통찰력을 제공한다. 이 글을 쓰는 동안 나는 박사논문을 위해 사르데냐 서쪽 해변에 있는 보사에서 음식과 문화연구에 열성을 쏟고 있었다. 2장 「빵을 통해 본 세상」은 빵을 둘러싸고 있는 믿음, 행동, 인간관계에 관한 연구를 통해서 현대화가 사회관계에 미치는 영향을 설명하고 있다.

사르데냐 연구를 마치고 난 후, 10년 동안 알고 지내 왔던 25명으로 구성된 플로렌스의 한 가족으로부터 음식을 중심으로 한 그들의 삶을 바라보면서, 나는 플로렌스에서의 성 차이에 대한 연구를 시작하였다. 3장 「플로렌스에서의 음식, 파워, 그리고 여성의 주체성」은 전통적으로 플로렌스 지방 여자들의 주체성과 파워가 어떻게 음식제공을 통제함으로써 형성되었으며, 어떻게 행사되었는지를 보여주고 있다. 오늘날 그들은 점차 직업을 갖게 되어, 더 이상 전통적인 방식으로 요리하지 않는다. 이 장은 그 결과로 인해 발생한 남녀관계에서의 딜레마를 탐구하고 있다.

4장에서 7장에 이르기까지는 여자에게, 특히 미국에서, 음식이 어떻게 파워와 억압의 원인이 되는지에 초점을 맞추었다. 4장은 문화에 따라 음식, 섹스, 출산, 그리고 성별 사이에 일어나는 상호관계를 살펴보고, 우리 문화에서의 성별과 파워에 대한 제안을 위해 그 관계를 이용하고 있다. 섹스와 먹는 행위를 통한 신체침입의 의미를 밝혔듯이, 특히 남자 · 여자의 관계와 파워를 탐구하고 있다. 5장은 충동적 폭식, 날씬함에 대한 강박관념, 그리고 신체대상화로 특징되는 미국에서 여자와 음식 사이의 병리학적 관계를 살펴본다. 이 장은 미국에서의 식이장애에 대한 문화적 차원과 성 개념, 특히 신체혐오와 신체거부를 통한 여자들의 자아억압과의 관계를 고찰한다. 6장에서는 문화와 시대에 따른 여자들의 놀라운 단식을 보게 된다. 중세 서양 유럽 사람들의 "종교적 거식(拒食)"과 현대 서양의 "신경성 식욕부진"[흔히 거식증이라고 부름]과의 관계를 고찰하고, 그것들을 비(非)서양 사람들 사이에서 실행되고 있는 단식과 비교한다. 서양에서 여자들의 단식은 다른 문화에서의 단식보다 더욱 혹독하고, 전체적이고[일부 음식만을 제한하는 것이 아니고 모든 음식을 먹지 않는 단식], 끝이 보이지 않는다. 6장은 여성의 자아부정과 신체대상화의 구심점으로 서양의 가부장적 문화를 강조하고 있다.

미국에서의 음식, 신체, 그리고 성별에 관하여 문헌연구를 할 당시, 나는 "식품과 문화" 수업을 받는 학생들의 리포트를 모아 연구를 시작하였다. 7장은 음식과 굶기, 뚱뚱함, 좋은 음식과 나쁜 음식 등에 관한 학생들의 리포트를 통해 개인주의, 통제능력, 가부장제에 관한 이데올로기가 어떻게 드러나는가를 보여준다. 학생들은 남자와 백인을 여자와 유색인보다 더 높이 평가하는 음식섭취와 관련된 믿음과 관습을 고수하고 있었다. 도덕은 여자들에게는 자아통제를 요구하지만, 남자들에게는 제멋대로 해도 되는 방종을 허락한다. 그리고 여자 · 남자 모두 여자들에 대한 날씬함의 기준을 가지고 계속해서 여성억압을 재현하고 있다.

결국 나는 여자들의 음식과 몸을 통한 희생에 관한 연구에 지치게 되었고, 그래서 연구대상을 어린이들로 바꾸어 그 희생화의 근원을 찾고자 하였다. 나는 유치원에 다니는 남자 · 여자 아이들이 서로 다른 성(性)에게 서로 불리한 식품 관련 믿음과 행동을 보이는지 알아보고자 했다. 어린이들로부터 정보를 얻어낼 수 있는 유일한 방법은 그들로부터 이야기를 수집하는 것이었다. 그래서 그들이 꾸며낸 이야기 속에서 성 유사성 혹은 성 차별성이 나타나는지를 살펴보기 위해 음식의 상징성을 찾았다. 8장 「판타지 푸드」는 어린이들이 자신들의 중심 관심사인 성 정체성과 자율성 확립 문제를 극복하기 위해 비슷한 방법이든 혹은 다른 방법이든, 남자 · 여자 아이들이 게걸스럽게 먹는 행위, 굶기, 그리고 음식을 먹고 먹여주는 것 등을 어떻게 은유적으로 사용하는지를 고찰하고 있다. 어린이들의 이야기에는 성별에 의한 신체이미지에 대해 심각하게 고려되지 않고 있음이 드러났고, 유치원에 다니는 남자 어린이들보다 여자 어린이들이 음식과의 관계에 의해 더욱 파워를 획득하게 됨을 지적하고 있다.

9장 「결속력과 불화로서의 음식」은 어떻게 플로렌스의 두 모녀가 서로 음식을 주고받음으로 해서 그들 삶의 연결고리를 타협해 가는지 고찰함으로써, 음식을 중심으로 한 인간관계의 파워부여 모델탐구를 계속하고 있다. 한 모녀는 성공적인 상호관계를 이루었으나, 다른 모녀는 음식을 둘러싼 상호존경과 우호적 상호관계에 도달하는 데 실패하여 서로 소원해졌다. 10장 「이태리 플로렌스에서 욕구의 목소리로서, 그리고 상호관계의 연결고리로서의 신체」는 플로렌스 사람들의 음식섭취와 신체의 개념, 여자들의 자아개념과 파워의 관계를 고찰한다. 플로렌스 사람들은 몸을 자연과 가족에 의해 주어지는 것으로, 그리고 활동하는 것으로, 또 "골라"(*gola*)라 불리는 진정한 미각의 즐거움의 근원으로 규정한다. 이런 개념은 플로렌스 여자들과 가부장적 상업자본주의의 중심이 되는 여성신체의 대상화 사이에서 완충작용을 한다. 그리고 또한 여자들에게 자긍심과 역할을 주는 신체에 대해 생각하는 방법을 제공한다. 그러나 불행히도 "날씬함을 위한 포학행위"가 패션과 손잡고 이태리로 침입해 들어오고 있었다.

마지막 글은 미국에서 여자들이 어떻게 하면 신체억압을 극복할 수 있는지에 직접 초점을 맞추어 이 책을 결론짓고 있다. 그리고 여자들의 파워획득은 여성신체의 대상화와 맞서는 도전과 여성신체를 주체로서 재규정하는 것에 달려 있다고 제안한다. 이 마지막 장은 펜실베이니아

중동부 지역에 사는 15명의 여자와의 민속지학적인 인터뷰를 통해 임신 중 그리고 출산 후의 기간 동안 음식, 먹는 행위, 그리고 신체에 대해 여자들이 가지고 있는 개념을 고찰한다. 이 장은 두 명의 여자가 전해주는 이야기에 초점을 맞추어 특정 상황에서의 임신과 출산이 어떻게 여자들의 신체와의 관계를 파워획득 관계로 전환할 수 있는지를 보여주고 있다. 그들의 이야기는 여자들의 신체대상화 극복은 남녀평등을 향한 필수적인 단계일 뿐 아니라 실현이 가능한 단계라고 우리에게 말해 주고 있다.

여기에 제시된 여러 글들은 몇 가지 흥미로운 문제를 제기하고, 그 문제들을 관심 있는 비교문화 데이터와 그에 관계된 몇몇 참고문헌으로 설명하고자 했다. 이 글들은 독자들로 하여금 우리가 흔히 당연하게 여기는 행동, 즉 음식을 요리하고 먹고 먹여주는 행동들이 남자와 여자로서의 정체성과 그 관계를 어떻게 규정하는지에 대해 더욱 깊이 생각하도록 자극하기 위한 가설과 해석들로 구성되어 있다.

1장

음식, 문화, 그리고 성별[1]

서론

음식은 정말 대단한 것으로 생리적으로나 사회적으로 생활의 중심이다. 계절이 바뀌고 해가 바뀌어도, 우리는 매일 음식을 먹으며 배를 채워 육체적인 배고픔과 정신적인 배고픔에 만족을 얻었다. 사회관계의 중심에 놓여 있는 것은 서로 음식을 같이 먹는 것이다. 같이 식사하면서 음식, 취미, 가치관, 그리고 우리 자신을 서로 나누며 가족과 친구를 만들어 간다. 축제 분위기의 식사를 통해 경사로운 일을 축하하고, 회사나 교회 등의 소풍, 파티 등에서 사회적 모임을 키워 간다. 배가 고플 때 맛있는 음식을 먹으면 행복감을 주기 때문에, 연회나 식사는

1. 이 장은 『음식의 사회적 · 문화적 사용』(The Social and Cultural Use of Food, Counihan 1999)과 『음식과 성별 : 정체성과 파워』(Food and Gender: Identity and Power, Counihan 1998)를 수정 · 혼합한 것이다.

긍정적 인간관계를 만드는 훌륭한 방법이다. 마찬가지로 인간관계가 나쁠 때 음식을 같이 먹는 것은 고통스럽고 유쾌하지 못하다.

음식은 많은 경제활동의 기본중심이다 — 비산업사회 혹은 빈곤계층에 비해서 산업사회나 부유계층에서는 덜하겠지만. 음식은 가장 폭넓고 가장 친숙한 상태 위에 만들어진 사회조직의 산물이자 거울이다. 음식은 여러 가지 행동과 연결되어 있으며, 한없는 의미를 가지고 있다. 음식은 많은 문화 현상을 흡수하고 반영하는 프리즘인 셈이다. 음식 습관 — 음식 생산, 음식 분배, 음식 소비를 둘러싸고 있는 행동과 믿음 — 을 살펴보면 파워의 관계, 그리고 섹스와 성 개념에 관해 많은 것을 밝혀낼 수 있다. 왜냐하면 관련된 모든 사회조직은 나름대로의 독특한 음식 습관을 가지고 있기 때문이다.

음식 습관은 지역사회, 개인, 그리고 가족형태에 영향을 준다. 음식 습관에 관한 연구는 개인적 특성을 문화와 역사 속에서 이해하도록 해준다. 비록 화제는 계속 변하지만, 음식 습관은 구조와 조직 내의 사람들이 자연스럽게 공유한다. 예를 들어 플로렌스 사람들은 아침을 가볍게 먹고, 점심과 저녁은 세 코스로 이루어진 든든한 식사를 한다. 첫 코스는 파스타, 밥, 수프이고, 육류와 채소로 된 두 번째 코스가 그 뒤를 따른다. 그리고 세 번째 코스로 과일을 먹는다. 플로렌스 사람들은 토마토소스를 이용해서 만드는 스파게티와 같은 기본요리에도 '제대로 된' 방법을 위해 끊임없이 도전하고,[2] 자신들의 음식이 이태리의 다른 지역 음식과 다르다는 것을 알고 있다. 그들의 음식은 간단하지만 마늘, 양파, 바질, 파슬리, 그리고 고추 등의 강한 향신료를 기본으로 하

2. 책 뒤에 있는 부록의 조리법에 두 가지의 플로렌스 토마토소스 요리가 나온다.

여 맛을 낸다. 그들의 음식은 일 년 내내 아주 싱싱한 농산물을 주위 도시에 충분히 공급할 수 있을 만큼, 집약적으로 생산할 수 있는 1,000년의 역사를 가진 소작농업 시스템에 뿌리를 두고 있다. 플로렌스 사람들은 음식을 만드는 데 정열적이고, 음식에 대한 애착을 통해 자신들의 문화적 주체성을 확립한다.

사람들은 음식이라는 매개체를 통하여 자신들의 특징을 형성하고 구별한다. 영국 사람들은 프랑스 사람들이 개구리 다리를 먹는 관습 — 영국 사람들에게 이것은 매우 야만적으로 보임 — 을 이유로 그들을 '개구리'(Frog)라고 부른다(Leach 1964, 31). 식생활에 대한 관습, 태도, 생각 등을 통해 서로를 구별하는 아마존 원주민의 경우, 그들은 사람을 먹는다거나 개구리, 뱀, 쥐와 같은 혐오스런 동물을 먹는다고 해서 비방을 받기도 한다(Gregor 1985, 14). 물론 음식체계는 지역적 환경과 밀접하게 연관되어 있다. 그러나 대부분의 문화 속에서 사람들은 특정 생산품만 먹을 수 있는 것으로 규정하고, 많은 다른 생산품 — 먹을 수 있을지도 모르는데 — 에 대해서는 통렬히 비난한다. 예를 들어 미국 사람들은 개(dog)를 먹지 않는다. 그러나 핫도그(hot dog)는 엄청나게 잘도 먹는다.[3] 유대인들과 이슬람교 사람들은 어떠한 형태의 음식이든지 돼지고기를 아주 질색한다. 그래서 리치는 "그러한 식습관의 분류는 자연의 문제가 아니라 언어나 문화의 문제이다."라고 말하였다(Leach 1964, 31). 기근으로 인해 분열과정에 처해 있는 문화 속의 사람들조차도 자신들의 어려움을 음식에 대한 생각이나 방식으로 나타낸다.[4] 음식

3. [옮긴이] hot dog의 dog를 강조하여 다른 나라 사람들이 개고기 먹는 것을 비난하는 미국인들의 태도를 비꼬는 말이다. 실제로 핫도그가 개고기로 만들어졌다고 믿은 사람들이 있었다고 한다.

관습의 연구는 인간이 어떻게 역사와 문화, 그리고 자연과의 관계를 중재하는지 전체적이고 통일성 있게 바라보도록 해준다.

음식과 파워

음식은 생명에 절대적이다. 그래서 살고자 한다면 충분한 양의 음식을 매일 먹어야 한다. 아놀드는 말하고 있다. "음식에 대한 우리의 극단적인 욕구로 인해, 식량은 가장 근본적이고 명백하고 절대적 형태의 파워이고 앞으로도 계속해서 그러할 것이다"(Arnold 1988, 3). 라페와 콜린스는 강하게 주장하였다. "배고픔보다 더한 무력함의 절대적 징후는 없다"(Lappé & Collins 1986). 배고픔은 자신의 가장 기본적인 생존욕구를 만족시키지 못한다는 강한 표시이다. 음식은 민족국가 정치에서의 중심관심사이다(Burbach & Flynn 1980). 캠포레시(Camporesi 1989, 137)는, 만성적 기아와 영양부족은 초기 현대정치 엘리트들이 가난한 사람들을 계속해서 나약하게 만들고 정신을 멍하게 만듦으로써 자신들의 파워를 유지하기 위해 계산된 전략의 일부였다고 주장하는 반면에, 아놀드와 몇몇 학자들은 극한의 배고픔은 대중적인 반기를 들게 만들어 정부의 안정성을 심각하게 위협한다고 지적하였다.[5] "유럽이든, 아

4. 다음의 자료는 식량부족과 기근에 대한 사회적 반응을 다루고 있다: Richards 1932, 1939; Firth 1959; Holmberg 1969; Turnbull 1972, 1978; Laughlin & Brady 1978; Colson 1979; Prindle 1979; Dirks 1980; Young 1986; Vaughan 1987; Messer 1989; Newman 1990.
5. 예로 Arnold 1988; Barry 1987; Hilton 1973; Kaplan 1976, 1984, 1990; Mackintosh 1989; Tilly 1971을 참조한다.

프리카든, 아시아든 국가의 운명은 기근예방과 단단히 결속되어 있다. 특히 서민에게 양식을 공급하는 것은 더욱 그러하다"(Arnold 1988, 96). 계급, 카스트, 인종, 그리고 성별 분류체계는 음식에 대한 차별적 통제와 접근을 통해 일부 유지되고 있다. 어떤 음식을, 얼마나 많이, 누구와 함께 먹느냐는 사회시스템의 일부분을 그대로 보여준다. 구디가 말한 것처럼, "계급과 사회계층 체계는 먹는 형태로 나타난다"(Goody 1982, 113). 인도에서 카스트는 서로 다른 식습관, 즉 자신보다 낮은 계층과의 식사금지 등으로 꽤 분명하게 나타난다(Goody 1982, 116 ff; Khare & Rao 1986). 서로 다른 음식섭취 패턴은 부자와 가난한 사람들을 구별하는 방법의 하나이다. 예를 들어 아담스에 따르면, 제1세계 사람들이 자신들이 먹을 고기생산을 위한 소를 키우기 위해 제3세계의 드넓은 땅을 요구하는 것, 그리고 대량의 양적 요구 외에도 고급의 품질 요구를 동반하는 동물성 단백질을 섭취하는 것은 '백인 서양세계의 인종차별주의'를 드러내는 것이다(Adams 1990, 30).

설탕은 어떻게 식품이 계급사회를 재생산하고 유지하는지를 보여주는 또 다른 예이다. 처음에 설탕은 단순히 부자들의 식품이었다. 부자들은 사람들이 가지고 싶어 하는 식품인 설탕으로 조각품을 만드는 등의 사치를 통해서 자신들의 부와 권력을 과시하였다(Mintz 1985). 결국에는 세상의 더욱 많은 지역이 식민지화되고, 더욱 많은 아프리카 사람들이 설탕 생산을 위해 노예가 되면서, 가난한 사람들도 점차 설탕을 먹을 수 있게 되었다. 어떤 사람들은 부자들을 따라하느라 애를 쓰기 위해 설탕을 먹었다. 설탕 소비는 "사람은 먹는 것을 달리 먹음으로 해서 다른 사람이 될 수 있다."는 복합개념을 전파하였다(Mintz 1985, 185). 그러나 설탕을 먹기 위해 가난한 사람들은 다른 음식을 포기해야 했고 고통을 참아야 했다. 반면에 부자들은 설탕과 그 외의 다른 음식들을 먹을 수 있었다. 그리고 자신들은 그들과 다르다는 것을 나타내기 위해 그저 새로운 다른 상징물을 선택하면 되었다. 역사학자 스테픈 멘넬은 그의 프랑스 연구에서 다음과 같은 결론을 내렸다. "좋아하고 싫어하는 것은 결코 사회적으로 자연스러운 것이 아니라 항상 사람들의 계층관계와 다른 사회그룹 간의 관계와 얽혀 있다. 높은 사회계층은 낮은 계층과 자신들을 구별하기 위한 많은 수단의 하나로 늘 음식을 사용하였다. 이것은 음식과 먹는 행위에 대한 스타일이나 태도에서 명백하였다"(Mennell 1985, 331~2).

사회가 계층화된 곳에서는 가난 혹은 배고픔은 기득권도 없고 가치도 인정받지 못하는 사회계층에 속해 있는 사람들에게 — 즉 여성, 유색인종, 정신적으로 질병을 앓고 있는 사람, 장애인, 노인 등 — 에게 훨씬 더 일어나기 쉽다.[6] 예를 들어 여성은 남성보다 더욱 심각하게 자주 배고픔과 기근에 시달린다. 왜냐하면 여성들은 세계 많은 나라에서 사회경제적으로 혹은 정치적으로 하위이기 때문이다(Leghorn & Roodkowsky 1977; Vaughn 1987). 식량부족은 사회적 차별을 그대로 비춰주고 또 악화시키기도 한다. 기근구제는 권력을 가진 그룹에게 먼저 돌아가고, 경제위기에 처하게 되면 부자들은 먹을 것을 얻기 위해 모든 것을 포기하는 가난한 사람들의 땅과 다른 자원을 사들여 더욱 부자가 된다.

인종, 사회계층, 그리고 성 차별은 먹는 것에 대한 규범과 그 규범을 다른 사람에게 강요하는 능력을 통해 명백하게 나타난다. 예를 들어 미

---

6. Physicians 1985; Brown & Pizer 1987; Brown 1987; Arnold 1988; Glasser 1988; Lappé & Collins 1986.

국에서는 날씬함을 높이 평가한다.[7] 현재 주도적 위치에 있는 문화에서 — 광고, 패션, 특히 미디어에서 확연히 나타남 — 날씬함은 통제, 파워, 부, 능력, 그리고 성공을 내포하고 있다는 믿음을 투영하고 있다 (Dyren- forth, Wooley, Wooley 1980). 날씬함의 기준은 남성보다 여성에게 더욱 엄격하다는 것은 놀라울 것이 없다. 이것은 많은 여성들이 교육수준에서 떨어지고, 덜 가치 있게 느낀다는 것을 의미한다. 더욱이 여성의 비만은 사회적 위치와 민족에 따라 다양하게 나타난다. 백인과 부자는 날씬하다. 미국 내에서 가난한 푸에르토리코 사람, 흑인, 그리고 인디안 원주민 여성은 부유한 유럽계 미국인 여성보다 비만율이 높고, 사회적 지위도 낮다. 날씬함이라는 기준이 '남성 · 백인 · 부자들'은 '여성 · 유색인 · 가난한 사람들'보다 우위를 차지하고 있는 사회구조를 떠받치고 있는 것이다.[8]

음식, 섹스, 그리고 성별[9]

음식 속에 내재된 의미의 가장 중요한 영역의 하나는 성 개념과 성

7. 날씬함에 대해 가치를 부여하는 미국에 대한 연구에는 Powdermaker 1960; Bruch 1973, 1978; Boskind-Lodahl 1976; Stunkard 1977; Orbach 1978; Kaplan 1980; Styles 1980; Millman 1980; Boskind-White 1983; Schwartz 1986; Sobal & Stunkard 1989 등이 있다. 그리고 5, 6, 7장을 참조한다.

8. Garb, Grab & Stunkard 1975; Stunkard 1977; Beller 1977; Massara & Stunkard 1979; Massara 1989; Sobal & Stunkard 1989.

9. 음식, 섹스, 그리고 성별 사이에 관계에 대해 충분한 자료를 가지고 있는 논문에는 Tambiah 1969; Verdier 1969; Murphy 1974; Farb & Armealagos 1980; Meigs 1984; Adams 1988; Gregor 1985; Pollock 1985; Kahn 1986; Herdt 1987; Frese 1991; Holmberg 1969; Siskind 1973 등이 있다.

욕 사이의 관계에 집중되어 있다. 수세기 동안, 먹는다는 것은 삶 전체를 통해 성적 경험 혹은 성 차별의 경험이었다. 음식과 섹스는 은유적으로 서로 겹쳐진다. 먹는 것은 성교를 나타낸다. 음식은 성욕을 나타낸다. 예를 들어 남아메리카 아마존의 메이나쿠(Mehinaku) 인디안들 사이에서 '섹스를 하는 것'은 글자 뜻 그대로 '최대로 부를 때까지 먹는 것'으로 규정된다. 본질적인 생각은 한쪽 성의 생식기는 다른쪽 성의 '음식'이다(Gregor 1985, 70). 시인인 조지 허버트(George Herbert)는 이 관계를 17세기 초에 인지하였다. "사랑이 말하길,/ 자, 앉아서 나의 고기를 맛보세요./ 그래서 나는 앉아서 먹었다."[10] 홈버그(Holmberg 1969)와 시스킨드(Siskind 1973)가 아마존 원주민들에 대해 언급하였듯이, 많은 문화 속에서, 특히 음식이 부족한 문화 속에서, 음식 선물은 성관계를 갖기 위한 중요한 수단이다. 볼리비아 서부지역 저지대의 시리오노(Siriono)에서의 식량부족에 대해 홈버그는 다음과 같이 적고 있다. "음식은 혼외의 성 파트너를 얻는 데 가장 좋은 미끼의 하나이다. 그리고 남자는 종종 미래의 부인을 유혹하는 수단으로 음식게임을 이용한다"(1969, 64).

많은 문화에서 먹는 행위, 성교, 출산은 서로 관련이 있다. 이에 대해서는 4장에서 자세히 다루기로 한다. 먹는 행위와 성교에서는 모두 외부물질이 신체의 경계면을 지나 몸속으로 합체된다. 둘 다 모두 생명과 성장에 절대적이다. 음식과 성에 대한 본능은 비슷하다. 그리고 그것들은 대개 일치되는 상징적 관계를 지니고 있다. 구강 혹은 성적 만족감은 평생 연관된다(Freud 1962). 함께 먹는다는 것은 친밀감, 즉 성

10. Starn 1990, 78에서 인용되었다.

적 친밀감과 친족관계를 의미한다(Freud 1918, 175; Siskind 1973, 9). 먹고 성교하는 것은 사회적 연결고리를 만들고, 또한 사회적 결합을 상징한다.

정확히 말하자면, 먹고 성교하는 것은 친밀감을 수반하기 때문에, 이 두 행위는 자연스럽지 않은 상태에서 혹은 신뢰할 수 없는 사람들과 함께 실행된다면, 위험할 수도 혹은 위협적일 수도 있다. 그리하여 모든 문화는 음식과 섹스를 조절하고, 적당한 침대와 식탁 상대를 규정하는 규칙과 금기사항이 있다. 많은 문화에서 음식을 함께 먹을 수 있는 사람은 섹스를 할 수 있는 사람이다. 역시 그와 반대로 함께 섹스를 할 수 있는 사람은 같이 음식을 먹을 수 있는 사람이다(Tambiah 1969). 호주의 윅멍칸(Wik Mungkan) 족 사람들 사이에서, 음식과 섹스 간의 상징적 공통점은 이 두 행위가 결혼을 둘러싸고 있는 가족간의 관계를 균형잡기 위해 행해진다는 것이다. 즉 "아내가 될 딸을 주는 측은 음식을 받는 사람이고, 아내를 받는 측은 음식을 주는 사람이다"(McKnight 1973, 196). 남태평양의 트로브리안드(Trobriand) 섬에서는, "결혼하기로 되어 있는 두 사람은 함께 식사를 해서는 안 된다. 그것은 그들 부족의 도덕성과 예의범절에 크게 벗어나는 충격적인 일이다. 결혼도 하지 않고 여자를 데리고 나가 저녁식사를 하는 것은 — 유럽에서는 허락되어지지만 — 트로브리안드 사람들의 눈에는 그녀를 모욕하는 것이다"(Malinowski 1929, 75). 그리고 사람들 앞에서 얌[고구마와 비슷함]을 함께 먹는 행위는 그들에게 결혼발표와 같은 것이다(Weiner 1988, 77).

모든 문화에서 남성다움과 여성다움은 특정 음식과 관련되어 있다. 그리고 그에 대한 규칙은 대개 그러한 음식의 소비통제를 위해 존재한다(Brumberg 1988, 176~8; Frese 1991). 파푸아 뉴기니(Papua New Guinea)의 후아(Hua) 족은 코로코(koroko)와 하케리아(hakeriá) 음식에 대한 정교한 개념에서 복잡한 성관계를 끄집어낸다. 코로코는 차갑고, 축축하고, 부드럽고, 번식력이 뛰어나고, 성장이 빠른 식품으로 여성과 연관시켜 놓았다. 반면에 하케리아는 뜨겁고, 건조하고, 딱딱하고, 번식력이 없고, 성장이 느린 식품으로 남성과 연관시켜 놓았다. 여자는 하케리아를 먹음으로써 남성다워질 수 있다. 특히 이 음식들이 월경 과다를 최소화시켜 준다고 믿는다. 반대로 남자는 여성 음식은 역겨울 뿐 아니라 남성다움의 발달과 유지에 위험하다고 공개적으로는 금지한다. 그러나 남자들은 자신의 생기와 힘을 얻기 위해 여성과 연관되어 있는 음식을 몰래 먹는다(Meigs 1984).

5, 6, 7장은 미국에서의 음식과 남자 · 여자의 신체에 대한 태도를 시대와 장소에 따라 비교하고 있다. 이런 비교는 남성파워와 여성하위 관계가 어떻게 해서 음식과 신체에 대한 믿음과 관습을 통해서 재연되었는지를 대략적으로 밝혀 준다. 캐롤 아담스는, 서양사회의 가부장적 파워는 육류 소비에서 구체적으로 나타난다고 주장하였다. 여기에는 여자와 동물의 연관성, 그리고 여자들의 대상화와 하위관계가 관련되어 있다(Adams 1990). 아담스에 따르면, 여자는 채식주의를 통해 반란을 일으킬 수 있다고 한다. 아담스는 채식주의를 지배층의 가부장적 가치체계를 부인하고 여성파워와 자연에 대한 경외심을 지지하는 것으로 해석하고 있다. 미국의 대학생들은 샐러드나 치킨, 요거트 등과 같은 가벼운(light) 음식을 여성과 연관시키고, 쇠고기, 맥주, 감자 등과 같은 투박한(heavy) 음식을 남성과 연관시키고 있다. 적절한 음식섭취에 대한 그들의 통례는 남성을 씩씩함으로, 여성을 연약함으로 규정한다. 미

국 여자들의 말에 따르면, 남자들은 여자들에게 "너무 많이 먹는다" 혹은 "너무 뚱뚱하다"고 말함으로써 여성을 모욕하고, 여성 위에 군림하려 한다. 많은 여자들은 남자들 앞에서 음식 먹는 것을 부끄러워한다. 그래서 음식이 나와도 먹지 않고 남자들에게는 즐거움을 주면서, 자기 자신들에게는 그 즐거움을 거부한다(Millman 1980; Orbach 1978; Chernin 1981).

미국 여자들의 지방에 대한 지나친 공포심과 음식섭취 제한에 대한 병적이고 여성 혐오적인 본성은, 다른 문화에서 여성들에게 힘을 부여하는 태도와 대조를 이룰 때 뚜렷이 나타난다. 데이터로 나온 대부분의 문화에서는 통통하게 살이 찐 것을 선호한다. 특히 여자가 살 찐 것을 선호한다. 왜냐하면 살이 쪘다는 것은 다산의 생산력과 꿋꿋함, 힘, 좋은 양육능력, 사랑 등과 연관되어 있기 때문이다.[11] 자메이카 사람들은 뚱뚱한 몸을 육감적이고, 다산의 생식력과 성적 매력이 넘쳐나는 것으로 규정하고 있다(Sobo 1997). 미국 사람들이 자신의 몸을 개성의 반영으로서 가꾸고, 자신의 통제력 혹은 파워의 상징으로서 날씬함에 초점을 맞추는 것과는 달리, 피지 사람들은 포동포동하게 살찐 몸을 선호하였다. 왜냐하면 통통한 몸은 보살핌, 인자함, 그리고 사회적 결속력의 산물이고 상징이기 때문이다(Becker 1995). 많은 문화에서는 비슷비슷한 신체 형태학의 기준이 남자나 여자에게 적용되었지만, 미국에서의 여자는, 비록 여자가 더욱 쉽게 살이 찌게 되는 생물학적 특성을 가지고 있음에도 불구하고(Beller 1977), 날씬함에 대해 남자보다 엄격

11. Becker 1995; Beller 1977; Cassidy 1991; de Garine & Pollock 1995; Pollock 1992; Sobo 1997.

한 기준이 고수되고 있다. 미국 여자들에게 있어서, 자신의 신체 사이즈와 모양에 대한 불만족은 하위관계의 한 표현이며, 하위관계의 원인이기도 하다. 여성의 내면화된 억압은 신체에 대한 자신의 혐오감으로 분명하게 나타나고, 다른 여러 가지 긍정적이고 생산적인 일에 사용될 수 있는 에너지를 자신의 몸매를 가꾸는 데에 엄청나게 사용한다. 그러나 10장에서 설명되는 플로렌스에서처럼, 많은 여러 문화에서는 여자와 남자 모두에게 신체형태학상으로 더 나은 신체허용범위가 허락되고, 또 신체를 통해 자아 만족감에 더욱 쉽게 도달할 수 있는 방법이 허락되어 있다.

음식을 둘러싸고 있는 파워관계는 대체로 남자·여자의 파워 차이를 그대로 반영하고 있다.[12] 돈과 식품구입의 관리는 남편과 부인 사이의 힘의 균형을 나타내는 중요한 지표이다. 남자는 식품구입을 관리하고 여자가 만든 식사를 평가하는 권위를 내세우며 힘을 휘두른다. 남자들은 여자들이 만든 음식을 혹평하거나 혹은 특정 음식을 요구할 수 있다. 남자들은 식품구입이나 음식먹기를 거부할 수도 있다. 남편들은 종종 식사가 잘못되었다고 핀잔을 주면서 부인을 학대한다(Adams 1990; Charles & Kerr 1988; DeVault 1991). 이에 반해 여자들은 요리를 거부한다거나, 남자들이 싫어하는 음식을 만들어 그것을 억지로 먹도록 한다거나, 혹은 음식에 내재된 의미와 지위를 교묘히 이용하여 남자 위에서 힘을 발휘할 수 있다. 18세기 멕시코 여자들은 남편들이 난폭한 행동을 할 때는 음식에 월경 때 나오는 피를 약간 섞는다거나 혹

12. 남자와 여자 사이에서의 음식과 파워의 관계에 명백하게 초점을 맞춘 논문에는 Adams 1990; Charles & Kerr 1988; DeVault 1991; McIntosh & Zey 1998; Weismantel 1988 등이 있다.

은 다른 마법의 물질을 넣고 마법을 걸어 남편들을 꼼짝 못하게 길들였다. 일부 여자들에게 이런 힘이 있다고 마을 남자와 여자들뿐 아니라 교회와 나라에서도 이를 믿었다(Behar 1989). 안데스 에콰도르의 줌바과(Zumbagua) 마을에서는 나이 많은 여자가 식사준비와 접대를 책임지고 있다. 이것은 그녀가 접대하는 사람의 순서와 그녀가 주는 음식의 내용물에 따라 계급체계를 결정할 능력을 그녀에게 주고 있다. 중요한 사람은 고기 덩어리를 받게 되고, 다른 사람들은 채소만을 받게 된다. 또한 일반 여자는 남편에게 엄청난 양의 음식 ― 몹시 불쾌한 육체적 결과를 줄 만큼의 양 ― 을 먹게 하여, 술 먹다 늦게 돌아와 그릇된 행동을 한 남편에게 힘을 발휘할 수도 있다(Weismantel 1988).

적어도 800년 동안 서양사회의 일부 여성들은 파워를 잡기 위해 상징적 방법으로서 음식을 사용하였다.[13] 오늘날 현대 식욕부진 환자들은 자신들이 믿는 육체적·정신적 완벽함을 달성하기 위해 때로는 목숨을 잃을 수 있을 정도로 자발적으로 굶는다. 6장은 비록 그들의 행동 의미는 서로 다른 문화적 배경에 의해 상당히 다르지만, 그들의 행동이 14, 15, 16세기 중세 성녀들의 행동과 너무나도 흡사함을 언급하고 있다(Bell 1985; Bynum 1987; Brumberg 1988). 중세 성녀들은 종교

13. 카플란(Kaplan 1980)이 "여자와 남자 사이의 특별한 관계"라고 일컫던 것에 관한 많은 문헌이 존재한다. 서양문화에서 여자들은 자신들을 표현하고, 또 자신들을 하위로 규정하고 있는 세상을 헤쳐 나가기 위한 수단으로 충동적 폭식, 비만, 단식 혹은 음식과 관련된 상징적 가치를 다양하게 사용한다. 여자와 음식과의 복잡한 관계를 다루고 있는 문헌으로는 Bell 1985; Beller 1977; Boskind-Lodahl 1976; Boskind-White & White 1983; Bruch 1973, 1978; Brumberg 1988; Bynum 1987; Charles & Kerr 1988; Chernin 1981, 1985; Gordon 1988, 1990; Kaplan 1980; Lawrence 1984; Massara 1989; Millman 1980; Orbach 1978; Palazzoli 1971; Schwartz 1986; Styles 1980; Thoma 1977; Waller, Kaufman, & Deutsch 1940 등이 있다.

적 · 정신적 완벽함 혹은 신성함을 위해 단식하였다. 그녀들은 신에게 다가가기 위해, 그리고 가부장적 가족구조, 종교적 · 국가적 권위를 극복하기 위해 음식을 먹기도 하고, 혹은 단식을 하기도 하였다. 단식과 음식을 중심으로 한 행동, 즉 기적을 일으켜 음식의 양을 늘리고, 자신의 신체로부터 성유(聖油)나 우유를 유출하고, 가난한 사람들에게 음식을 나누어 주는 등의 행동을 통해 성인의 경지에 오른 여성도 있다(Bynum 1987). 현대의 식욕부진 환자들은 자기억제와 날씬함을 통해 완벽함에 도달하려고 한다. 오직 가족과 친구, 의사들만 그들을 걱정할 뿐이다. 그러나 그들은 단식을 통해 처절하게 찾고자 했던 자긍심, 통제력, 자율성을 스스로 찾지 못하고 목숨을 잃을 수도 있다(Bruch 1973, 1978; Brumberg 1988; Lawrence 1984).

현대 그리고 중세시대의 단식행위는 거의 여자들에 의해 독점적으로 실행되었다. 여자들은 자신의 목소리를 내기 위해 음식을 이용하였다. 많은 문화에서 남자와 여자 사이에 음식은 차별의 수단, 그리고 연결통로의 수단이다. 음식과 그 속성을 이용하여 특정 음식과 동일시하여 남자와 여자는 서로 다른 역할을 주장하고 자신들의 남성다움과 여성다움, 그리고 유사성, 차이성 등을 규정한다. 파푸아 뉴기니의 와미라(Wamira) 사람들은 상징적으로나 영양적으로 가장 중요한 음식인 타로토란[고구마와 비슷한 참마류]과의 관계를 통하여 남자 · 여자의 성을 규정하고 있다(Kahn 1986). 타로토란은 남자들의 자식이고, 남성의 위치와 생식력[남성다움]을 나타낸다. 그러나 그것을 심고 잡초를 뽑아내는 데 여자들이 절대적으로 기여하지 않으면, 남자들은 그 타로토란을 재배할 수 없다. 마치 아이를 낳을 때 남자들의 인정된 역할이 사회적 재생산에서 그들의 중요성을 강화하듯이, 타로토란 생산에 여자들의 절대적인 기여는 와미라 사람들의 경제와 문화에서 여자들의 절대적인 역할을 강화한다. 타로토란과 자식 사이에 상징적 유사성을 만들고, 그 둘의 생산에 남자와 여자를 관여시켜 와미라 사람들은 남자와 여자의 파워를 동일하게 만들었다(Kahn 1986, 1988).

아마존 서쪽 쿨리나(Culina)의 남자와 여자는 음식생산과 분배를 통하여 사회적 · 경제적 상호독립성뿐 아니라 특징적인 주체성을 서로 비슷하게 확립해 나가고 있다. 노동에서의 분명한 성 구분으로 대부분의 밭 가꾸기는 여성에게, 사냥은 남성에게 분담하고 있다. 성은 서로 다른 노동의 산물과 동일시된다. 여성은 채소와, 남성은 육류와 동일시된다. 결혼은 밭에서 재배된 농산물과 사냥해 온 고기와 같은 '음식과 음식'의 상호교환이다(Pollock 1985, 33). 이런 평등주의 문화 속에서 여자와 남자의 차이 조절은 음식체계의 다양성보다는 교환과 믿음에서 분명하게 균형이 이루어진다.

음식은 대개 교환, 연결관계, 그리고 남녀 사이의 서로 다른 특징의 매개체이다. 그러나 교환은 동등함을 유지하기 위해 반드시 상호 교환적이어야 한다. 매킨토시(McIntosh)와 제이(Zey)에 따르면, 미국에서는 남자와 여자의 음식교환에 상호성이 부족하다고 지적하고 있다(McIntosh & Zey 1998). 이 두 학자는 여자를 집안으로 들어가는 음식의 '문지기'로 보는 르윈(Lewin 1943)의 여성 개념을 탐구하였다. 여기에서 문지기는 여자가 음식분배에 있어서 훨씬 많은 파워를 지니고 있음을 의미한다. 그러나 여자들은 음식준비에 대한 책임감을 가지고는 있지만, "그 책임감은 지휘권과 동일하지 않다"고 매킨토시와 제이는 제안한다. 지휘권은 실질적으로 남성에게 있다(1988, 126). 음식준비는 여자들로 하여금 남편이나 남자친구 — 자신들도 여자에게 마찬가지의 시중을 해주어야 한다는 필요성을 느끼지 않는—의 시중을 들고 그들에게 만족하고 순종할 것을 요구하며, 대개 여성의 하위관계를 낳는다(DeVault 1991). 서로 주고받고, 요리해 주고 그것을 먹어주고 하는 상호교환은 파트너간에 동등함을 만든다. 그리고 상호교환의 부족은 힘의 불균형의 원인이 된다. 그 외에도 여러 면에서 음식은 여자와 남자의 주체성 관계를 확립하는 데도 반영된다.

음식과 커뮤니티

음식을 먹는 태도와 습관은 커뮤니티의 개념, 사람과 사람 간의 관계, 인간과 신과의 상호작용, 그리고 살아 있는 자와 죽은 자 간의 의사소통에 아주 중요하다. 커뮤니티 축제는 사회단체의 정기적인 재확인을 수반한다. 프로이트에 따르면, "누군가와 먹고 마시는 것은 사회적 공동체의 상징이며 확인이기도 한 동시에 상호의무 수락의 상징이며 확인이기도 하다"(Freud 1918, 174).

음식을 서로 나누어 먹는 것은 사회적으로, 물질적으로 단체의 생존을 보장한다. 동료(companion)란, 말 그대로 빵을 함께 나누어 먹는 사람이다(Farb & Armelagos 1980, 4). 그러므로 음식 나누어 먹기를 거부하는 것은 적의와 적개심의 표시이다. 예를 들어 브라만 사람들은 '적과 함께' 음식을 먹지 않는다(Mauss 1967, 58). 음식을 함께 먹는 것은 친척관계, 신의(信義), 우정의 표시이기 때문이다. 그리고 어떤 문화에서는 성적 친밀감의 표시이기도 하다.

하루하루를 버티어 나갈 때, 서로 음식을 나누어 먹는 것은 좋은 인간관계를 유지하는 데 있어서 중요하다. 사르데냐 지역에는 다음과 같은 격언들이 있다. "사랑이 지속되기를 원한다면, 보내는 접시가 다시 되돌아오도록 해라"("*Si cheres chi s'amore si mantenzat, prattu chi andet prattu chi benzat*")(Gallini 1973, 60). 이것은 캐롤 스택(Stack 1974)이 조사한 도시의 가난한 흑인가족들 사이의 중심생각인 '인과응보'[네가 한 일은 되돌아오게 되어 있다.] 사상과 아주 비슷하다. 모스는 서서히 전해지는 이 행운의 문화적 힘을 보여주었다. 이 행운은 개개인을 서로에게서 계속해서 은혜 받도록 한다. 그리고 주고받음을 통해서 긍정적 관계를 맺도록 한다(Mauss 1967). 사린스에 의하면, 이 행운은 협력, 단결, 친교, 간단히 말해 평화이다(Sahlins 1972, 169). 음식은 상호교환에서 다른 어떤 것보다 지극히 중요한 요소이다. 그래서 대부분의 문화가 교류할 때는 강한 규제를 받는다(Sahlins 1972, 215). 실제로 음식을 나누어 먹는 관계가 깨지는 것은 대개 사회적 단결의 붕괴와 관련된다(Turnbull 1972, 1978; Vaughn 1987).

멜라네시아(Melanesia)에서 축제를 여는 것은 사람들을 지역사회에 합류시키고 힘의 관계를 확립하고자 하는 것이다.[14] 칸(Kahn 1986, 1988)은 파푸아 뉴기니의 와미라에서 열리는 두 종류의 축제 — 거래의 축제와 합체의 축제 — 를 설명하고 있다. 거래의 축제는 자신이 소비하지 못하는 음식을 나누어 줌으로써 파워순위를 매겨 남성파워를 강화하는 축제이다. 그리고 합체의 축제는 공동으로 음식을 먹음으로 해서 사회적 단결을 강화시키는 축제이다. 마찬가지로 2장에서 언급되는 사르데냐에서는 매년 세인트 마크(St. Mark) 축제 때 부유한 양치기

14. Malinowski 1961, 168~72; Kahn 1986, 1988; Young 1971, 1989.

에 의해 기부된 양고기와 신성한 도움을 주고자 하는 마을사람들이 기부한 빵으로 공동축제를 연다. 이런 재분배의 특성을 띤 축제는 지역사회로 하여금 가난한 사람들에게도 풍부한 음식을 먹을 수 있도록 하면서, 동시에 축제를 후원할 능력이 있는 사람들에게는 자신의 부와 위신을 과시할 수 있도록 해준다. 이런 비슷한 재분배의 특성을 가진 축제는 농업사회와 부족사회에서 널리 열려 지역사회의 유지와 정치조직에 중요한 역할을 한다.[15]

많은 문화에서 음식은 인간과 신 사이에 좋은 관계를 유지하는 데 유효한 수단이 된다. 코라 두보아의 연구에 따르면, 인도네시아의 아티멜랑(Atimelang) 사람들 사이에 "제물은 실질적으로 초자연적인 것과의 모든 관계를 나타내는, 거의 일상적인 경험이다. 제물이라는 단어의 의미는 '먹을 것을 주다'이다. 그리고 모든 초자연적인 것은 제물에 의해 쉽게 회유된다. … 실제로, '먹을 것'을 바치지 않고 진행되는 종교적 혹은 사회적 의식을 찾기란 어렵다"(DuBois 1941, 278). 음식제물은 대부분의 종교에서 신에게 기원할 때 주요한 형식이다. 기독교에서 중심이 되는 상징적 행위는 빵을 먹는 것이다. 최후의 만찬에서는 예수와 그의 제자들이, 그리고 예배에서는 일반 신도들이 빵을 먹는다. 빵 혹은 성체는 예수의 몸이다. 이것은 [죄로부터의] 구제, 성스러움, [예수에 의한] 구속을 상징한다. 신자들은 말 그대로 신을 먹는 것이다. 그렇게 함으로써 자신들이 믿는 종교의 참뜻과 메시지를 한데 결합시키는

15. 아마도 가장 잘 알려진 재분배적 성격의 축제는 미국북서안의 인디언들의 포틀래치로 이 축제 때는 부와 권력, 의리, 사회적 회합, 그리고 신과의 친교 등을 확립하기 위해 부족간의 엄청난 음식소비가 이루어진다. Benedict 1934; Codere 1950; Mauss 1967, 31~7; Piddocke 1969; Harris 1974 등을 참조한다.

것이다(Bynum 1987; Feeley-Harnik 1981). 고대 그리스 사람들과 다른 많은 민족들은 음식을 제물로 바쳐 신의 비위를 맞추었다(Détienne & Vernant 1989; Mauss 1967). 티벳의 불교신자인 셰르파(Sherpa) 사람들은 음식을 바치며 의식적으로 신을 부추기며 말한다. "당신이 먹을 음식을 바칩니다. 그러니 당신은 내가 요구하는 것을 들어주어야만 합니다"(Ortner 1975, 147). 의식적으로 인간관계를 용이하게 만드는 환대 메카니즘을 신에게 적용한 셰르파 사람들은 기도한다. "깨어 있고, 즐겁고, 만족해하는 신은 우리의 이웃처럼 행복을 느끼실 것이다. 그래서 숭배자나 성직자 그리고 그들이 요구하는 것에 대해 순조롭게 처리해 줄 것이다"(Ortner 1975, 146~7).

가부장적 문화에서 남자는 초자연적인 것과 연결하는 힘을 독점적으로 점유한다. 예를 들어 가톨릭 의식에서 보면, 남자 성직자만이 빵과 포도주를 예수의 살과 피로 변화시키는 의식을 수행할 수 있다. 때때로 중세의 성녀가 음식을 이용하여 남자들의 성직권을 타파하였다는 것은 흥미로운 사실이다. 성체를 토해내어 그것은 신성하지 않다고 주장하며, 성직자의 정통성에 도전한 성녀도 있었다. 또 어떤 성녀는 자신의 몸으로부터 기적의 음식을 내놓아 가난한 사람들에게 나누어주며 예수와 직접적으로 겨룬 성녀도 있었다(Bell 1985; Bynum 1986).

보다 평등적인 문화에서는 여자들의 음식에 대한 통제권은 신과 영적 존재에게 기원하는 의식에 있어서 절대적인 중재역할에까지 미친다. 마치는 네팔의 고지대에 사는 셰르파와 타망(Tamang) 불교신자들과 말을 주고받았다(March 1998). 두 부족 사이에는 환대, 특히 식사를 함께 하는 형식의 환대는 인간과 신의 관계유지가 핵심이다. 마치에 따르면, 신에게 기원하는 데 있어서 여성은 중요한 역할을 하고 있다고 지적하고 있다. 왜냐하면 음식과 맥주생산에서 여자가 중요한 역할을 하기 때문이다. 많은 축복 — 건강, 강인함, 다산, 번영, 풍부함, 일반적 발전 등 — 과 발효 · 증류된 제물[맥주]과의 상징적 관계는 확고하였다(1998, 62). 에스테릭은 제물로 신에게 먹을 것을 바치는 데 있어서 태국 여자들의 역할을 강조하였다. 왜냐하면 여자들이 조상을 위한 음식을 준비하여 '살아 있는 자와 죽은 자의 연결'을 책임지고 있기 때문이다(Esterik, 1998, 86). 그들은 또한 불교 승려들과 신에게 음식을 제공하는 책임을 갖고 있다. 그러므로 종교적 표현에서 중심적 역할을 수행하고 있는 것이다.

조상들에게 음식을 바치는 것은 그들과의 좋은 관계를 확실하게 하기 위한 평범한 문화적 방법이다.[16] 기독교에서는 영혼의 날[All Souls' Day; 우리의 제사로 보면 될 것 같음]에, 음식을 만들어 바치고 때로는 죽은 자를 위해 완전한 식사를 준비한다. 일부 시칠리아 사람들은 잠두[일명 누에콩이라고도 함. 꼬투리가 작을 때는 누에모양이고 누에가 고치를 지을 즈음에 익는다하여 붙여진 이름]를 먹는다. 그렇지 않은 사람들은 곡류를 익혀 먹는다(De Simone & Rossi 1977, 53~4). 영혼의 날에 보사(사르데냐) 사람들은 사 메사(*sa mesa*), 즉 '식탁'이라는 의미의 죽은 자를 위한 식사를 준비한다. 그들은 잠자리에 들 때 이 음식들을 밖에 내놓는다(Counihan 1981, 276~9). 이 식사에는 항상 스파게티와 영혼의 날을 위해 특별히 준비한 설탕 바른 과자인 파바씨니(pabassini)와 빵, 견과류, 과일 등의 많은 음식이 준비된다. 때로는 와인, 맥주, 코카콜라, 주스, 커피, 담배 등도 준비된다. 식사는 조상들에

16. Frazer 1951; Goody 1962; Huntington & Metcalf 1979; Nutini 1988.

사 메사의 두 가지 예 : 이태리 보사 지역(사르데냐)의 영혼의 날(All Souls' Eve) 전날 밤에 죽은 자를 위해 차려진 식사. 두 식사 모두 식사의 주요 음식으로 스파게티를 놓고 있다. 그리고 파바씨니(pabassini)라 불리는 영혼의 날을 위한 특별한 과자가 준비되어 있고 견과류, 과일, 빵, 그리고 담배 등이 있다. 두 경우 모두 특히 최근에 죽은 조상을 위해 차려졌다. | 사진자료 : 캐롤 M. 코니한

게 바쳐지고, 종종 그들이 살아 있을 때 좋아하던 음식이 추가적으로 준비되기도 한다. 음식은 마치 살아 있는 사람들 사이의 음식 교환처럼, 죽은 사람들과의 의사소통과 그들과 좋은 관계를 유지하기 위해 바쳐진다.

어떤 문화에서는, 죽은 사람들을 기리고 그들의 일부 힘을 얻기 위해 살아 있는 사람들이 실제로 죽은 사람을 먹는다(Arens 1979; Sanday 1986; Walens 1981). 프로이트에 따르면, "죽은 사람을 먹는 행위는 사람 신체의 일부를 흡수함으로써 그 사람에게 속해 있던 특성을 소유하게 된다."는 믿음을 토대로 하고 있다고 한다(Freud 1918, 107). 베네수엘라 아마존의 야노마모(Yanomamo) 원주민들은 사랑했던 사람의 좋은 사후세계를 보장해 주기 위해 죽은 사람의 재를 먹는다. 민속지학자 케네스 굿(Kenneth Good)이 말라리아로 아플 때, 그에게 자료를 제공해 주던 사람들은 "걱정하지 마세요. 절대 걱정할 것 없어요. 우리가 당신의 재를 마셔줄 테니."하며 그를 안심시키며 호의를 보였다(Good 1991, 133). 음식제물은 살아 있는 사람과 죽은 사람, 인간과 신, 이웃과 친족, 그리고 가족 구성원을 서로 연결해 준다.

음식과 가족

가족이란 공동화로를 나누는 사람이라고 아주 효과적으로 설명하고 있는 문화도 있다(Weismantel 1988, 169). 시스킨드는 페루 아마존의 샤라나후(Sharanahua) 원주민들에 대해 다음과 같이 말했다. "음식을 함께 먹는 것은 친족관계의 확인이다"(Siskind 1973, 9). 굿이너프

(Goodenough) 섬의 칼라우나(Kalauna)에서 음식제공은 부모와 자식 관계 형성에 매우 중요하다. 영(Young)은 다음과 같이 적고 있다. "양육은 음식을 먹여주는 일이다. … 이렇게 양육을 음식을 먹여주는 일과 동일하게 여김은 언어에도 묻어나 구(舊)영어에서 '양육'(foster)은 '음식'(food)을 의미한다"(Young 1971, 41). 칼라우나에서 아버지는 임신한 부인을 위해 음식을 제공함으로써 아버지로서의 의무를 다한다. "아기를 출산할 때 어머니의 역할은 자명하지만, 아버지는 임신한 부인에게 음식을 제공함으로써 자신의 역할을 강화해야 한다. 이것은 명백히 태아에게 영양을 공급하는 것이다. 그리고 이것은 남계친 혈통 이데올로기에 주요한 요인이 된다"(Young 1971, 40).

음식제공은 유아나 아동의 사회화와 인격형성에 가장 중요한 매개의 하나이다.[17] 아티멜랑 사람들은 본래 "인간은 쌀과 옥수수 가루를 빚어 만들어졌다"고 공언하면서 이런 믿음을 나타내고 있다. 즉 사람은 '음식'으로 만들어진 것이다(Du Bois 1941, 278~9). 프로이트에 따르면(Freud 1962), 아기가 어렸을 때 겪은 것 중 먹는 것과 관련된 경험은 발달과정과 평생 지니게 될 인격형성에 중요한 역할을 한다. 유아시절의 음식섭취 관계를 통해 "모든 어린이는 음식을 주는지 혹은 빼앗는지, 아낌없이 주는지 혹은 인색하게 주는지 등 세상의 의지에 대해 뭔가를 배우게 된다."고 미드는 제안하였다(Mead 1967, 70). 게다가 모유수유는 아기의 인격형성 과정의 일부가 되고 있다. 모성은 별도로 놓아두고 음식의 출처는 모성의 외부에 있다는 것을 점차 인식하면서, 아

17. 사회화와 인격형성의 형태로서의 음식제공에 관한 논문에는 Du Bois 1941, 1944; Freud 1946; Freud 1962; Mead 1963(원래는 1935), 1967(원래는 1949); Holmberg 1969; Shack 1969; Shack 1971; Bruch 1973; Farb & Armelagos 1980 등이 있다.

기는 독립적이고 제한적이며 주관적인 독자성을 형성하기 시작한다(8장).

문제가 있는 음식제공은 아동에게 인성장애를 낳을 수 있다. 그리고 어린이 섭식장애는 역기능 가정[비정상적인 가정]에서 분출된다(Palazzoli 1971; Bruch 1973). 안나 프로이트에 따르면, 섭식장애 패턴은 엄마와 자식 사이의 갈등을 상징할 수 있다고 한다. 섭식장애 패턴을 통해 아이는 엄마에 대해 수동적 혹은 능동적, 가학적 혹은 피학적 성향에 대한 출구를 찾을 수 있다는 것이다(Freud 1946, 121). D. 쉐크(Shack 1969)와 W. 쉐크(Shack 1971)는 에티오피아의 구라게(Gurage) 사람들 연구에서, 부정적인 인성을 만들어 내는 것은 초기 어린 시절 일정하지 않은 섭식습관과 후반에 나타난 음식결핍 혹은 과다의 패턴 탓으로 보고 있다. 이것은 심각한 '의존성-좌절감'으로 나타난다(Shack 1971, 34). 구라게 아이들에게는 배가 고파 울면 몇 시간 동안 그대로 방치된 후에야 음식이 주어진다(Shack 1969). 그러면서도 어른들은 보통 배가 고프면 재빠르게 음식을 먹는다. 그리고 때로는 연회에서 혹은 손님의 위치에 있을 때 배가 고프지 않아도 음식을 억지로라도 먹는다(Shack 1971). D. 쉐크는 이런 어린아이의 섭식패턴은 이기심, 감정적 격리상태, 불안정 등의 인성발달에 원인이 된다고 주장한다(Shack 1969, 298).

W. 쉐크는 음식공급이 확실하지 않을 때, 특히 하류층 사람들에게 '식욕부진, 메스꺼움, 이따금씩 일어나는 심한 위경련 등'의 증상이 나타나는 '오우'(*awre*)라 불리는 귀신에 대한 빙의현상[귀신들림]에 걸리기 쉽다(Shack 1971, 35). 그 고통은 공동의식을 통해 치유되는데, 이 의식에서 하얀 보자기를 덮고 연기가 자욱한 방안에 앉아 있는 환자에

보사 지역(사르데냐)에서 굽기 전에 바구니 속에 들어 있는 과자. 이 과자들은 음식 상징의 몇 가지 방법을 보여준다. 손으로 만든 갈대바구니에 놓는 과자 배열의 아름다움은 맛만큼이나 제과사의 능력을 보여주는 중요한 일면이다. 과자는 오븐에 들어가기 전 침실에 대기 중이다. 그리고 과자는 문화적 의미의 중요한 전달체인 십자가상과 텔레비전을 바라보며 나란히 놓여 있다. | 사진자료 : 캐롤 M. 코니한

게 브라-바트(*bra-brat*)라고 불리는 특별한 음식이 주어진다. 그러면 그 환자는 탐욕스럽고 굶주린 듯이 그 음식을 입에 채워 넣기 시작한다. 그리고 귀신에 사로잡힌 사람을 통해 영혼이 한숨을 쉬며 "타프와훔"(*tafwahum*)[예를 들어 배가 부를 때 나오는 "끄윽"과 같은 소리]이라고 중얼거릴 때까지 계속 음식을 입에 넣는다. 이는 "나는 만족스럽다. 배가 부르다."라는 뜻이다(Shack 1971, 36). 귀신 액막이 의식은 음식과 특권을 박탈당한 하류층 사람으로 하여금 그것들을 얻도록 허락한다. 이는 배가 고픈 보통의 사람들에게 만성적 좌절을 낳는 문화적 음식 습관에 새겨진 의존성 좌절의 임시방패적인 극복이다. 구라게 사람들은 음식제공 패턴이 어떻게 인격형성에 영향을 줄 수 있는지에 대

한 예를 제시하고 있고, 또 서로 다른 문화들이 어떻게 심적 고통을 조절하는 데 음식을 사용하는 나름대로의 특징적인 방법을 가질 수 있는지를 보여준다.

의미, 상징, 그리고 언어로서의 음식

모든 문화에서 음식 습관은 조직화된 시스템, 즉 구조와 구성요소를 통해 언어를 이루고 있다. 언어는 의미를 전달하여 자연적 · 사회적 세상의 조직화에 기여한다. "음식은 … 통계연구 혹은 영양연구에 사용되어질 제품의 수집만이 아니라 커뮤니케이션 시스템, 신체이미지, 사용규약, 상황, 그리고 행동이기도 하다"(Barthes 1975, 49~50). 음식 습관은 의미전달을 위한 주요영역이다. 왜냐하면 음식을 먹는다는 것은 절대적이고 계속해서 반복되는 활동이기 때문이다. 음식은 종류가 많고, 촉감이나 맛, 색, 준비방식 등 서로 다른 특성을 가지고 있다. 이들은 의미구별을 위해 설명 따위가 필요 없는 평범한 꼬리표 같은 것이다. 음식은 모두에게 가까이 할 수 있는 언어를 구성한다. 음식의 의미를 평가할 때, 사회과학자들은 **요리법** — 사용되는 재료, 그리고 배합과 준비규칙 등; **에티켓과 음식규칙** — 음식종류, 같이 먹는 사람, 먹는 시간, 먹는 장소 등을 다루는 관습; **금기** — 특정 상황에서 특정 사람에 의한 특정 음식섭취의 금기나 제한; **상징성** — 특정 배경에서 음식이 가지고 있는 특정한 의미 등을 연구한다.[18] 물론 이 네 영역 사이에는 많은 부

18. 다음은 상징주의, 금기, 에티켓, 그리고 요리에 관한 연구를 통해 음식의 의미에 관한 자료를 제시하고 있다: Léwi-Strauss 1966; Lehrer 1969, 1972; Verdier 1969; Holmberg

분이 중복되어 있다. 예를 들어 유대인의 식생활 규범 연구에는 요리법 영역인 먹는 음식과 먹지 않는 음식, 그리고 그런 음식의 배합에 관한 정통적 기본의 탐구가 수반된다. 또 에티켓 영역인 식사연구, 즉 음식배열과 순서, 음식준비와 접대하는 사람들의 역할, 식탁에 앉는 사람들의 자리배치 등의 연구가 수반되고, 금기 영역인 먹지 말아야 하는 음식과 그 이유에 관한 연구가 수반된다. 물론 이 모든 것을 이해하기 위해서는 음식의 복잡하고 다의적인 의미와 음식을 둘러싼 행동의 의미연구가 수반된다.[19]

인간은 어느 곳에서나 다른 문화와 대등하게 체계가 잡힌 시스템 안에서 식품습관을 조직화하고 의미를 불어넣기 때문에, 음식은 커뮤니케이션 시스템으로서 효과적으로 작용한다. "한 민족의 요리와 세상에 대한 이해는 서로 결부되어 있다"(Soler 1973, 943). 특정 동물이 토템으로 선택되어지는 이유는 '먹기 좋아서가 아니라 생각하기 좋기 때문'이라고 레비스트로스(Lévi-Strauss 1963a, 89)가 종종 언급하고 있는 것은 바로 음식과 의미 사이의 문화적 연관성이다. 음식은 복잡한 시스템의 일부이기 때문에 의미를 가지고 있고 또 이를 전달한다. "음식의 범주는 사회적 사건을 기호화한다 …"(Douglas 1974, 61). 솔레르의 제안에 따르면, "음식금기는 따로 떼어서 이해할 수 없다. 금기는 같은 수준의 금기징후를 한데 모아 놓고 보아야 한다. 이렇게 정리된 금기징후로 시스템이 형성되고, 형성된 시스템은 다른 수준의 시스템과 서로

1969, 78~81, 173~5; Firth 1973; Murphy & Murphy 1974, 162~3; Ortner 1975; C. Hugh-Jones 1979, 특히 5, 6장; S. Hugh-Jones 1979; Farb & Armelagos 1980; Goody 1982; Laderman 1983; Mennell 1985; Manderson 1986a, 1986b, 1986c.

19. 유대인들의 식생활 규칙에 관한 연구에는 Douglas 1966; Soler 1973; Alter 1979; Feeley-Harnik 1981; Fredman 1981; Harris 1985 등이 있다.

연결되어져야 한다. 이로 인해 한 민족의 사회문화시스템이 유기적으로 형성되는 것이다"(Soler 1973, 946).

구조학자들은, 음식과 요리는 서로 협력하며 존재하고, 자연과 문화를 중재한다고 강조한다(Lévi-Strauss 1966; Verdier 1969). 야생작물에 이름을 붙이고, 그것을 먹을 수 있도록 변환시키는 과정에는 자연의 '문화화'가 수반된다. 그러므로 "요리는 변환의 수단이기 때문에, 적어도 비유적으로나마 모든 변환을 도와준다"(Verdier 1969, 54). 그리하여 음식은 인생의 통과의례에 꽤 자주 사용된다(Goody 1982, 79~81). 아마존의 메이나쿠 원주민들 사이에서 이루어지는 소녀들의 성인식은 첫 월경에 집중되고, 소년들의 성인식은 귀를 뚫는 의식에 집중된다. 이 의식과 이에 관련된 피의 흐름을 서로 동등하게 바라보고, 먹는 것에 대해 같은 금기가 수반된다.

> 소년, 소녀 모두는 피의 흐름을 빨리 멈추게 하고 좋은 꿈을 갖기 위해 특정한 음식을 금해야 한다. 먼저 어린이들은 금식을 한다. 24시간이 지난 후에 물을 마실 수 있다. … 금식을 한 후에는 모든 음식을 먹을 수 있으나 물고기는 예외이다. 물고기는 피의 흐름을 오래 끌 수 있기 때문이다. "물고기는 다른 물고기를 먹는다. 그러므로 피로 채워진다."고들 말한다. "원숭이와 새는 과일만 먹는다. 그리고 다른 종류의 피를 갖고 있다." 그러므로 피를 흘리는 소년, 소녀는 기꺼이 그 음식을 받아들일 수 있다. … 피의 흐름이 완전히 멈추고 나서야 물고기를 먹을 수 있다. 소년들은 밖으로 나가 약간의 물고기를 살짝 맛보고서 그것을 수염뿌리로 만든 매트에 뱉는다. 소녀들은 집 안에서 같은 의식을 치른다. … 그제야 물고기 섭취가 허용된다. … (Gregor 1985, 189)

여기에서 음식은 소년이 남자로, 소녀가 여자로 변형되는 것을 의미

하는 데 사용되고 있는 반면에, 소년과 소녀의 성숙과정의 유사점을 나타내기도 한다.[20]

음식은 상상이 가능한 상황, 생각, 혹은 감정 등을 전달하는 데 비유적으로 사용될 수 있다. 7장은 어떻게 미국의 대학생들이 사랑의 감정, 분노, 불안, 우울함, 슬픔, 그리고 즐거움을 자신들의 식습관을 통해 표현하는지 고찰하고 있다. 만족스런 식사를 한 후, 사르데냐 사람들은 말한다. "마음이 편안해진다."("*Consolada(o) soe.*") 이것은 맛있는 음식과 유쾌한 기분 사이에 비유적 그리고 물질적 의미의 중복이다(Counihan 1981). 먹는 것에 대해 느끼는 본능적인 강한 즐거움과 배고픔의 고통 때문에, 음식은 강력한 함축적 의미를 지니고 있고, 문학적 작품에서도 풍부한 상징성을 갖게 된다.

민속학과 문학에서의 음식

음식의 의미는 신화에 대한 레비스트로스의 기념비적인 연구에서 더욱 뛰어나게 나타난다(Lévi-Strauss 1963b, 1966, 1969, 1971). 그는 신화를 이용하여 인간정신구조를 연구하였다. 레비스트로스에 따르면, 이원적 대립은 우리의 뇌에 새겨지고, 많은 생각의 단계에서 드러난다. 음식을 통해 중재된 인간과 자연과의 관계 대립 — 예를 들어, '날 것과 익혀진 것' 그리고 '자연과 문화' 혹은 '인간과 동물' — 은 인간 사고에서의 보편적 경향을 나타낸다.

20. S. Hugh-Jones 1979와 C. Hugh-Jones 1979, 특히 5장을 참조한다.

어린이에게 들려주는 이야기에서, 적절한 태도로 음식을 먹는 행위는 인간성과 제대로 된 사회화를 나타내지만, 억제하지 못하고 음식을 마구 먹는 행위와 식인풍습은 야생성과 불완전한 사회화를 나타낸다(9장). 널리 알려진 유럽동화 『헨젤과 그레텔』은 이런 테마에 딱 맞는 좋은 예이다. 이것은 '갈등을 겪고 있는 가족의 위엄성을 음식을 나누어 먹고 축적하는 내용으로 표현'한 이야기이다(Taggart 1986:435). 베텔하임은 이야기 속의 음식주제를 구강기적 의존도와 엄마와의 생활에서 벗어나기 위한 어린이들의 투쟁으로 해석하고 있다(Bettelheim 1977, 159~66). 헨젤과 그레텔은 먹을 것이 부족하여 어쩔 수 없이 집에서 쫓겨났다. 그리고 마침내 발견한 과자로 만든 집을 생각이나 주저함 없이 마구 먹어치웠다. 이러한 '원시적 통합으로, 그리고 파괴적인 욕구로의 퇴행'은 문제를 낳을 뿐이다. 즉 사악한 마녀에게 잡히고 만다. 이는 구강기의 파괴적인 면을 인격화한 것이다(1975, 160~2). 결국 그 아이들은 구강기적 충동을 억제하기 위해 이성을 사용하고, 마녀를 죽이기 위해 음식을 거부한다. 그리고 그들은 마녀의 금은보화를 차지하고 가족과 함께 새로운 가족의 형태로 재회한다. "아이들은 자신들의 구강기적 불안을 극복하고, 안전성을 위한 만족감에 의존하는 데서 벗어나 자유로워질 때, 그들은 두려운 새엄마의 이미지 — 마녀 — 에서도 자유로워진다. 그리고 좋은 부모를 되찾게 된다. 좋은 부모의 지혜 — 금은보화를 나누어 가짐 — 란 모두를 이롭게 하는 것이다"(1975, 162). 음식을 놓고 싸워나가는 것은 본질적으로 그들의 성숙단계를 나타내는 것이다.

가족관계에서 음식의 파워에 대한 이와 같은 테마는 모리스 센닥(Maurice Sendak)의 칼데콧(Caldecott) 수상작인 동화, 『괴물들이 사는 나라』(*Where the Wild Things Are*, 1963)에서 아주 잘 묘사되고 있다.

> 주인공 맥스가 늑대 옷을 입고 장난을 치던 날 밤
> 그의 엄마는 그를 보고, "괴물이다!"라고 외쳤다.
> 그러자 맥스는, "엄마를 잡아먹겠다."고 말했다.
> 그 결과 그는 아무 것도 먹지 못하고 잠이 들었다.

갑자기 방이 숲으로 변하고, 보트가 나타나고, 맥스는 괴물나라로 노저어 갔다. 맥스는 괴물들을 길들였고, 괴물들은 맥스를 괴물나라의 왕으로 추대하였다. 괴물들은 아래의 일들이 일어날 때까지 난폭하게 소동을 피웠다.

> "자, 이제 그만!" 맥스는 소리를 지르며, 괴물들을 저녁도 먹지 못하게 하고 침대로 쫓아냈다.
> 그러자 괴물의 왕 맥스는 외로웠다. 그는 자신을 가장 사랑하는 사람이 사는 곳에 가고 싶었다.
> 세상 저 멀리 돌아다니다가, 그는 맛있는 냄새를 맡았다.
> 그래서 그는 괴물나라의 왕을 포기하였다.
> 그러나 괴물들이 울부짖었다.
> "제발, 가지마세요. 그러면 우리는 당신을 잡아먹을 거예요.
> 우리는 당신을 너무 사랑한답니다."
> 그런데도 맥스는 "No"라고 말했다.
> 괴물들은 무섭게 포효하며 화를 냈다. 그러면서 무섭게 눈을 굴리더니 날카로운 발톱을 보였다.
> 그러나 맥스는 배를 타고 작별인사를 했다.

그러자 1년이 되돌아가더니, 다시 몇 주가, 그리고 하루가,
그리고 바로 그날 밤 자신의 방으로 배를 저어 돌아왔다.
거기에서 그는 자신을 기다리고 있는 맛있는 저녁식사를 발견하였다.
아직도 따뜻했다.

센닥의 이야기는 음식이 사랑, 파워, 사회화, 그리고 부모와 자식 간의 연결고리의 원천임을 보여준다. 이 이야기에서 맥스는 '괴물'이다. 즉 완전히 사회화가 되지 않은 아이인 것이다. 그의 야생성은 늑대 옷으로, 엄마를 잡아먹겠다는 식욕욕구로 나타내고 있다. 이런 통합된 욕구는 엄마로부터 아이의 불완전한 분리를 나타내고 있다. 통합으로서의 이런 먹는 행위에 관한 내용은 이야기 후반부에서 괴물들이 맥스를 먹어치우겠다고 하며, 그를 떠나지 못하게 했을 때 다시 나타나고 있다. 그러나 맥스는 자신의 길들여지지 않은 본성을 나타내는 괴물들과 머물지 않는다. 그는 '자신을 가장 사랑하는 사람이 사는 곳'으로부터 풍겨나오는 '맛있는 음식'의 냄새에서 사랑과 모성적 애정을 느낀다. 그는 긴 여행 끝에 집으로 돌아온다. 집에는 전에 자신의 나쁜 행동 때문에 먹지 못하게 했던 바로 그 저녁식사의 형태로 사랑이 그를 기다리고 있다. "아직도 따뜻했다."는 사실은 여전히 지속되고 있는 엄마의 사랑을 상징화하고 있다. 그리고 그의 사회화를 도와주는 곳이 그곳이라는 것을 나타내고 있다.

음식은 아이들 동화뿐 아니라 어른들의 이야기에서도 중요한 상징적 역할을 한다.[21] 로라 에스퀴벨의 걸작 『달콤 쌉쌀한 초콜릿』(*Como*

---

21. 에브리 힌츠(1991)가 편집한 『음식과 담화 : 먹거리와 문학』(*Diet and Discourse: Eating, Drinking and Literature*)는 「모자이크」(Mosaic)라는 제목으로 문학 속에서의

aqua para chocolate, Like Water for Chocolate)은 부엌에서 나타나는 '사랑과 삶의 비밀'에 대한 훌륭한 소설이다(Esquivel 1989, 239). 주인공 티타는 위압적인 엄마에게 억눌려 말이 없다. 그녀의 엄마, 엘레나는 티타를 사랑하는 페드로와 결혼하지 못하게 하고 자신을 평생 동안 시중들 것을 강요한다. 티타는 훌륭한 요리솜씨를 통해 자신의 목적을 달성한다. 그녀의 요리솜씨는 강한 감정을 표현하고, 다른 사람들에게 깊은 영향을 미친다. 어느 날, 페드로에게 장미를 받은 티타는 엄마가 시키는 대로 장미를 내동댕이치는 대신에, 그 장미를 이용해 '장미꽃잎 소스를 얹은 메추라기' 요리를 만들었다. 이 요리는 식사를 하는 모든 사람들에게 강력한 인상을 주었다. 티타는 다음과 같이 생각했다.

> 낯선 연금술 과정이 장미꽃잎 소스에, 연한 메추라기 고기에, 포도주에, 그리고 모든 음식의 향에 그녀의 모든 존재를 녹이는 듯했다. 그것은 바로 자신을 뜨겁고, 관능적이고, 향기롭고, 너무도 감각적인 페드로의 몸속에 넣는 방법이었다.
> …
> 페드로는 어떠한 저항도 하지 않았다. 그는 티타가 자신의 존재 속 더 깊은 곳으로 파고들도록 하였다. 그러는 동안에 그들은 서로에게서 눈을 돌리지 않았다(52).

소설 전체에서 에스퀴벨은 음식을 사랑, 애정, 그리고 분노 등의 깊은 감정을 전달하는 수단으로 사용하였다. 소설은 12개월을 나타내는

음식을 다루고 있다. 이 책에는 12개의 논문이 수록되어 있고, 광범위한 참고문헌으로 주석(Kiell 1991)을 달고 있다. M. F. K. Fisher의 평생 작업은 음식을 중심으로 하고 있다. 『음식의 예술』(*The Art of Eating*)이 유명하다. Avakian 1997, Colwin 1993, 그리고 Romer 1984, Mayer 1996을 참조한다.

12장으로 구성되어 있다. 각 장에는 줄거리를 이끌어 나가면서, 인간관계의 복잡성을 전달하기 위한 감각적 매개체를 제공하는 주요 조리법이 나와 있다. 에스퀴벨의 탁월한 재능은 음식의 강력함을 강조하는 것이다. 왜냐하면 음식이 육체적이고, 감각적인 우리 자신 — 우리의 감각, 즉 배고픔, 욕망, 탐욕, 쾌락 그리고 포만감 등 — 과 아주 깊이 연결되어 있기 때문이다.

결론

음식은 실로 대단한 것이다. 생물학적 생존에 절대적인 음식은 사회와 문화의 구성에서 무수한 의미와 역할을 지니고 있다. 인간은 자연과의 관계를 음식을 통해서 이루어나가면서, 자기 자신과 자신의 사회적 세계를 동시에 규정해 간다. 음식을 만들고 분배하고 섭취함으로써, 사람들은 가족, 친구, 망자, 그리고 신과의 중요한 관계를 이끌어간다. 음식은 세상에 질서를 제공하고, 현실성에 대한 여러 의미를 표현한다. 그리고 음식의 사회적 · 문화적 이용은 인간조건에 대한 많은 통찰력을 제공한다.

2장

빵을 통해 본 세상

사르데냐의 현대화 과정에서의 식습관과 사회관계[1]

이 장은 이태리 사르데냐에 있는 보사 지역의 사회적·경제적 변화에 대한 것이다. 20세기에 보사 지역은 전원적 분위기를 가진 다른 많은 지중해 지역과 비슷한 경험을 겪었다. 슈나이더와 한센은 그들이 겪은 변화과정을 지역생산의 정체와 서양의 산업적 소비패턴의 증가가

1. 이 장은 본래 *Anthropological Quarterly* 57, 2:47~59, 1984에 수록된 것이다. 1978년에서 1979년 사이, 보사에서의 현지연구는 북아메리카 과학연구협회인 〈시그마 자이〉(Sigma Xi)로부터 펄브라이트-해이스(Fulbright-Hays) 논문연구 장학금과 메사추세츠 대학으로부터의 후원을 받아 이루어졌다. 1980년 2월, 영화 〈지올지(Giolzi)를 찾아서 : 사르데냐 보사에서의 카니발과 인류〉를 찍기 위해 간 보사로의 여행은 영화감독 스테파노 실버트리니(Stefano Silvertrini)와 프로덕션 매니저인 소피아 마노찌(Sofia Manozzi)에 의해 가능하였다. 1982년 8월, 보사에서의 연구는 프랭클린 & 마샬 대학으로부터 자금을 받아 이루어졌다. 이와 관련된 기관과 관계자들에게 감사한다. 이 논문의 초기에 평을 해준 여러분들께도 감사한다. 피터 브라운(Peter Brown), 엘리자베스 마티아스(Elizabeth Mathias), 제임스 타가트(James Taggart), 리차드 워드(Richard Ward) 등 그리고 그 외의 많은 분들께도 감사드린다. 내가 이 논문을 쓴 이후 나온 사르데냐와 이태리에 관한 논문에는 Angioni 1989; Assmuth 1997; Bertolo 1993; Bimbi & Castellano 1993; Caldwell 1991; Clark 1996; Da Re 1990, 1995; De Gioannis & Serri 1991; Saraceno 1988; Siebert 1993; Vargas-Cetina 1993 등이 있다.

특징으로 나타나는 '개발 없는 현대화'라고 불렀다(Schneider & Hansen 1976). 이런 대규모적인 경제 성향에는 사회관계의 변화가 수반된다. 이 장에서 언급되는 이런 변화의 하나는 개인화 과정이다. 개인화 과정에서 결정과 행동은 지역사회와의 연결로부터 점차 독립적으로 된다. 사르데냐의 식생활에서 가장 중요한 빵의 생산, 분배, 소비에 관한 설명과 분석은 보사 지역의 경제 · 사회에서 일어나는 이런 변화를 보여주고, 그리고 보사 사람들에게 미치는 질적 영향을 생각해 볼 수 있게 한다.

이 장은, 인간본성은 역사와 사회의 산물이라는 믿음을 가지고 시작한다(Geertz 1973; Gramsci 1957; Marx & Engels 1970; Sahlins 1976). 그리하여 한 사회가 인간본성에 관한 개개인의 개념에 의해 특징화되는 정도는 매우 다양하다. 개인주의는 생존을 위한 타인 의존도 감소와 행동과 의사결정의 자율성 증가를 의미한다. 한 인간을 '톡톡 튀고, 독특하고, 자율적인 개인으로 바라보는 서양식 개념'은 결코 보편적인 것이 아니다(Geertz 1975, 48). 인류학자들은 한결같이, 행동이나 이데올로기에 있어서 유목민족이나 부족사회의 일원, 그리고 농민들은 현대 서양사회의 시민들보다 더욱 서로 상호의존적이라는 사실에 우리의 관심을 끌어들였다. 그들은 함께 일하고, 늘 일반화된 상호교환을 실행하고, 그리고 자신의 주체성을 개인으로서가 아니라 한 그룹의, 한 혈통의, 혹은 한 가족의 일원으로서 개념화한다(이태리에 대해서는 Banfield 1958; Belmonte 1979; Pinna 1971 참조).

맑스(Marx)를 시작으로 많은 사회과학자들은, 개인주의는 전형적인 자본주의 경제의 생산체계와 시장교환에 의해 형성되었다고 주장하였다(Gramsci 1957; Marx & Engels 1970; Sahlins 1972). 모스(Mauss)

의 유명한 책, 『선물』(*The Gift*, 1967)은 이 이론을 한층 더 지지하였다. 모스는 '고풍적' 사회에서 사람들을 서로 단단히 결속시키는 데 있어서의 선물의 중요성을 보여주고 있을 뿐 아니라, 당시 프랑스의 시장교환 증가와 선물감소의 결과로 발생한 사회관계의 분열도 보여주고 있다. 이 장은 계속된 탐구로 사르데냐의 빵에 관한 관습 변화와 대규모 경제 과정과의 연계를 설명하고, 그것들을 통해 사회관계의 세분화를 살펴본다.

사르데냐와 보사의 전후배경

지리학적 고립, 천연자원의 부족, 그리고 낮은 인구밀도는 전통적으로 사르데냐를 이태리에서 가장 가난한 지역의 하나로 만들었다(Counihan 1981, 31~80). 1950년대까지 말라리아가 풍토병이었고(Brown 1979, 1981), 인구밀도(제곱마일당 111명)는 이태리에서 가장 낮았다. 1930년, 인구 100만 명과 200만 마리의 양이 24,000제곱킬로미터의 이 섬에 살고 있었다(Great Britain 1945, 578, 605). 인구는 중심부에 위치해 있는 마을에 집중되어 있었고, 밀이 널리 재배되고, 동물 사육이 경제 유지를 위한 주요 생업이었다(Le Lannou 1941).

2차 세계대전 이후, 사르데냐는 남부지역을 위한 자금(*Cassa per il* Mezzogiorno), 갱생계획(Piano di Rinascita), 그리고 〈유럽경제공동체〉의 맨숄트 계획(Mansholt Memorandum)과 같은 정부의 개발정책에 의해 육성된 거대한 문화적 · 경제적 변화를 겪게 되었다(Di Giorgi & Moscati 1980; Graziani 1977; King 1975; Lelli 1975; Orlando et al.

1977). 렐리(Lelli)에 의해 '개발거점'(development poles; 1975)이라고 불리던 이런 정책들은 산발적으로 흩어져 있는 일부지역에서는 산업적 발달을, 그리고 부유한 캄피다노(Campidano) 지역에서는 농업의 자본화를 부추겼다. 많은 섬에서의 생계형 농업은 급속하게 기울어졌다. 동물사육은 수세기 동안 유지해 온 소규모 자유방목 형태로 예전같이 계속되었다. 교육, 위생, 그리고 소비상품으로 측정한 사르데냐 사람들의 생활수준은 많이 개선되었다(Musio 1969). 그리고 말라리아도 근절되었다(Brown 1979, 1981). 이런 향상된 생활수준은 구입이 가능해진 여러 상품과 현금의 증가로 이루어졌다. 소비상품은 대개 수입품이었다. 왜냐하면 사르데냐의 산업은 소비제품보다는 자본집약적인 석유화학산업에 집중되어 있었기 때문이다(Lelli 1975). 휴양방문객, 북부이태리와 북유럽에 가서 일하는 이주민, 그리고 연금과 실직보상금, 가족부양금, 단기 공공근로 프로젝트 등에 의해 사르데냐로 들어온 자금을 통하여 사람들은 현금을 쉽게 접할 수 있었다. 사르데냐는 모델들의 유입과 개발 없이 이미 확립되어 있던 중심지로부터 나온 관습에 의한 문화적 변화를 가져온 현대화와 각자 나름대로의 자율적이고 다양한 경제변화가 진행되었다(Schneider, Schneider & Hansen 1972, 340).

보사는 사르데냐 서쪽 해변으로 가는 길의 약 3분의 2쯤, 작은 언덕 위, 템포 강 북쪽 기슭 안쪽으로 약 3킬로미터 되는 위치에 있다. 대략 9,000명 이상의 주민이 있은 적이 없었지만, 지금은 그 이상이 거주하고 있다. 보사는 오지나 산속 혹은 평야의 작은 사르데냐 마을들과는 달리 항상 도회풍이었다(Anfossi 1968; Angioni 1974, 1976; Barbiellini-Amidei & Bandinu 1976; Bodemann 1979; Mathias 1979, 1983; Musio 1969; Pinna 1971). 그곳은 매우 계층화되어 있었고, 시장으로

도시의 남부 언덕으로부터 북부를 바라보면서 찍은 인구 약 9,000명인 보사의 파노라마 사진. 사진 중앙에 템포 강이 도시를 흘러 서쪽으로 2킬로미터 밖에 있는 지중해로 흐른다. | 사진자료 : 캐롤 M. 코니한

서 그리고 정치적 중심지로서의 역할을 해왔다. 그리고 약간의 초보산업이 있었다. 언덕과 고지대의 고원으로 둘러싸여 있는 해변 근처의 골짜기에 형성된 독특한 생태조성은 농업, 목축업 그리고 어업 경제가 가능하도록 했다. 일부 엘리트들이 토지, 장비, 가축, 고깃배, 그리고 그 외의 정미 공장, 무두질 공장, 통조림 공장 등 거의 대부분을 관리하였다. 도시 자체는 뭔가 경제적으로 부산해 보이고, 지금과는 달리 문화적으로도 풍부해 보이지만 인구 대다수는 가난하고, 의존적이고, 경제적으로 불안한 1차 생산자로 구성되어 있었다(Anfossi 1968; Counihan 1981). 사회적 계층화, 도시화, 그리고 비교적 높은 부의 정도에서 볼 때, 보사는 사르데냐와는 달리 상당히 독특하였다. 그러나 보사의 근래

역사는 전원적인 사르데냐와 이태리 남부의 많은 지역들과 공통점이 있다(Davis 1977; Weingrod & Morin 1971).

지난 30년 동안, 보사와 그 부근지역의 오지는 사람들이 이태리와 유럽의 북쪽 산업사회로 진출하고, 수입상품 시장이 커지면서 더욱 자본주의 시스템과 결속되었다. 이주민에 대한 믿을 만한 수치는 존재하지 않지만, 1971년 정부인구조사에 따르면 191명 — 전체 인구의 11%이며, 고용인구의 36%에 해당됨 — 의 보사 사람들이 일 때문에 부재중이었다고 기록되어 있다. 농업과 목축업, 어업은 보사에서 급속하게 감소하여 1951년 고용인구의 52%에 해당되었던 것이 1971년에는 19%가 되었다. 같은 기간 동안에 광산과 생산업에 종사하는 사람은 10%에서 15%로 증가하였다. 보사에는 공장이 없다. 27킬로미터 떨어진 마코머(Macomer)에 있는 맥주, 치즈, 그리고 섬유공장이 가장 가까운 공장이다. 이곳에 보사 사람은 50명이 넘지 않는다. 주요 '개발거점' 정책사업의 어느 것도 통근거리 내에 있지 않다. 그것도 계획된 수만큼의 노동자를 고용한 적이 없다(Lelli 1975). 전통적인 수공업(구두수선, 대장장이, 재봉 등)과 준공업(무두질 공장, 통조림 공장, 올리브와 곡류 정미공장)은 점점 사라지고 있다. 3차 산업인 서비스 산업은 1951년 고용인구의 38%에서 1971년에는 67%로 증가하였다. 성장의 대부분은 건축, 관광, 상업에서 이루어졌고, 이 모두가 결국 자신들의 경제성장에 너무나 의존적이기에 '불안정'하다. 보사에서 3차 산업의 대부분은 소규모이고, 방법도 '구식'이다. 정확한 수치는 없지만, 대략 성인인구의 4분의 3 정도가 어떤 종류든지간에 정부보조금을 받고 있다(Brown 1979, 282). 전체적으로, 보사에서의 일은 퀼팅과 같은 단기간의 직업이지만 정부의 연금과 보조금과 같은 현금으로, 작지만 꾸준하게 보충

되고 있다. 이것은 확연한 소비증가를 만들어왔다.

보사 사람들은 멀리 떨어진 곳에 있는 공장에서 만든 상품들을 더욱 더 많이 사용하게 되었다. 그들은 최신 이태리 패션을 입고, 수입된 냉동식품과 가공식품을 먹는다. 그들은 텔레비전, 라디오, 잡지, 신문 등을 통해 자국문화와 외국문화를 그들의 거실로 끌어들였다. 보사 사람들은 다른 이태리 주변지역과 많은 공통점을 갖고 있는 사회적 · 경제적 변화 속에서 살고 있다(Davis 1973, 1977; Schneider 1976). 이 장은 빵의 생산, 분배, 소비 사이의 관계변화를 자세히 연구하여, 이런 변화가 예전에는 주로 1차 산업에 종사했던 보사 사람들의 특정 산업에 미치는 영향을 설명하고 있다.

사르데냐에서의 빵

이 장은 '전(全) 사회적 실체'로서 빵을 다루고 있다(Mauss 1967). 모든 음식과 마찬가지로, 빵은 경제적 · 정치적 · 미적 · 사회적 · 상징적 그리고 신체적 관련의 결합체이다. 사르데냐 식생활에서 전통적으로 가장 중요한 음식인 빵은 특히 변화에 민감한 지표가 된다.[2] 빵은 항상

2. 빵은 사르데냐의 여러 지역에서 서로 다른 변화를 보이는 것 같다. 보사에서 빵 만드는 일은 완전히 사라졌으나, 근처 산간지역인 몬트레스타(Montresta)의 거의 모든 가정주부들은 정기적으로 자신들이 먹을 빵을 굽고 있다. 사르데냐 중앙의 산간마을인 탈라나(Talana, Bodemann 1979)와 에스포르라뚜(Esporlatu, Mathias 1983)의 많은 여자들은 여전히 빵을 굽는다. 그리고 토나라(Tonara, Gallini 1981)에서도 점점 사라지고 있는 추세이다. 1990년대 중엽, 바우나이(Baunei)에서는 많은 여자들이 집에서 전통적으로 빵을 굽고 있었으나 일부는 작은 빵 가게에서 사다 먹기도 하였다(Assmuth 1997). 분명 많은 요인들이 빵 만드는 일에 영향을 주고 있다. 이 논문은 일부 중요한 요인들을 규정

사르데냐와 이태리 전역, 그리고 지중해 지역의 유럽에서 음식 중에 절대 필요한 것(*sine qua non*)이었다. 랜노는 1930년대 사르데냐 농부의 일상적인 식생활을 조사하여, 빵이 차지하는 비율을 78%(w) — 빵 1,200g, 익힌 채소 혹은 콩 200g, 치즈 30g, 파스타 100g — 로 보았다(Lannou 1941, 288). 사르데냐 식생활에 대한 다른 여러 가지 설명은 적어도 지난 150년간 지속되어온 빵의 이런 지배적인 역할을 더욱 증명해 준다(Angioni 1976, 34; Bodio 1879, 200~6; Barbiellini-Amidei & Bandinu 1976, 82~6; Cannas 1975; Chessa 1906, 279~80; Delitala 1978, 101; La Marmora 1839, 243; Mathias 1983; Somogyi 1973). 빵은 여전히 중요한 음식이지만 식생활에서 차지하는 중요도는 다른 음식, 특히 육류, 파스타, 치즈와 같은 보다 구하기 쉬운 음식과 마찬가지로 점차 떨어지고 있다(Counihan 1981, 178~226).

가장 중요한 음식으로서 빵은 수세기 동안 사르데냐 경제의 중심이었다. 전해진 바에 의하면, 로마 사람들은 사르데냐에 곡식을 수출하였

〈표 2-1〉 듀럼밀 경작면적

년도	밀 재배 면적(ha)	참고문헌
1909	314,000	Le Lannou 1941, 293~6
1924	138,000	Le Lannou 1941, 293~6
1939	250,000	Le Lannou 1941, 293~6
1950	243,000	King 1975, 160
1970	112,700	King 1975, 160
1976	94,907	Regione 1978, 부록*

생산수치는 해마다 많은 차이가 있다. 예를 들어 1912년에는 570kg/ha; 1911년에는 1,000kg/ha; 1970년에는 1,090kg/ha; 1971년에는 1,560kg/ha.

하고자 하였다.

다고 한다(Bouchier 1917, 56). 금세기에 접어들면서 총 경작면적이 현저히 감소했지만, 근래 들어서는 듀럼밀[마카로니 원료]이 섬의 주요 작물이 되었다〈표 2-1〉.

밀과 빵 생산의 역할분담은 보사나 사르데냐 가정경제에 중추적 역할을 하였다. 남자는 곡류재배에 열의를 다하고, 여자는 곡류를 가루로 만드는 제분과 체로 거르는 일, 그리고 빵을 굽는 일에 전념하였다. 다양하면서 모양이 예쁜 빵은 놀라울 정도였다. 매일 3~4가지 기본형과 명절과 의식(儀式)을 위한 상징적이고 그림을 넣은 수십 가지의 특별형이 있었다(Cirese et al. 1977).

사르데냐 사람들의 주식으로서 빵은 삶의 상징적 역할을 하였다. 캄보수(Cambosu) 농촌에는 이런 격언이 있다. "빵을 가지고 있는 사람은 결코 죽지 않는다"("*Chie hat pane mai non morit*")(Cirese et al. 1977, 40). 사르데냐 중부지역에서 안전보장은 '집안에 있는 빵'('*pane in domu*')이었다(Pinna 1971, 86). 최소의 웰빙은 다음과 같은 말로 표현했다: "적어도 우리는 빵이 있다."("*pane nessi bi n'amus*") 그리고 가난은 "빵마저도 없다."("*non b'ana mancu pane*")로 표현했다(Barbiellini-Amidei & Bandinu 1976, 831). 곡류수확은 상징적이었고, 삶의 전개를 결정하였다: "풍요로운 수확을 하면 좋은 해; 빈약한 수확을 하면 나쁜 해"("Bellu laore annu vonu; laore mezzanu annumalu") (Barbielli-Amidei & Bandinu 1976, 80).[3]

3. "밀로 만든 빵보다 더 나은 빵을 찾아서"("*a cercare pane migliore di quello di grano*")라는 표현은 보사의 외곽지역인 누로(Nuoro)에 관한 사따(Satta)의 인류학적 소설에서 중심내용이다. 이 표현은 그곳의 주요작물인 밀로 만든 빵보다 더 나은 빵을 구하기 위해 모든 순리에 도전해서는 안 된다는 것을 전하고 있다.

보사 사회에서 빵의 상징적 구심성은 정보제공자인 루이사 포이(Luisa Fois)가 나에게 들려준 이야기에서 나타난다. 결혼 첫 해, 그녀는 그녀의 남편이 재배한 밀을 가지고 전통적인 부활절 빵을 만들었다. 한 개는 십자가 모양으로 예수의 십자가 고난을 상징하였다. 이것을 그녀는 남편에게 먹으라고 주었다. 그러나 그녀의 남편은, "십자가 빵은 우리 둘이 같이 먹어야 하는데, 몰랐나요? 우리는 결혼했잖아요. 우리가 우리의 삶을 함께 하듯이, 앞으로 우리 삶의 무게를 똑같이 견디기 위해 이 십자가 빵도 같이 먹어야 합니다."

빵은 그들 합체의 산물인 것이었다. 그리고 서로 나누어 먹는 것은 그들의 상호의존을 확인하는 것이었다. 자, 이제 보사에서 빵의 생산, 분배, 소비의 변화를 살펴보자. 그리고 그 변화를 통해 개발 없는 현대화 과정에서의 사회관계의 개인화를 평가해 보자.[4]

빵의 생산

1960년대까지 밀은 보사의 주요작물이었다. 농민들은 주변 토지에 주로 곡류를 경작하였다. 1929년 393헥타르가 곡류경작에 이용되었다

4. 나는 1978년과 1979년 동안 당시 보사 사람들의 식습관에 관한 데이터를 직접 관찰이나 혹은 인터뷰, 기록, 설문조사를 통해 수집하였다. 과거 비교데이터는 나이가 든 제보자, 여행자, 그리고 학자들의 보고(Bodio 1879; Casalis 1835; Chessa 1906; Dessi 1967; La Marmora 1839, 1860; Le Lannou 1941; Smyth 1828; Tyndale 1840; Wagner 1928)와 정부의 통계자료(ISTAT 1960, 1968)를 참고하였다. 보사보다도 더 외진 지역으로부터 얻은 당시 데이터는 인류학적 유추를 조심스럽게 사용하여 보사 지역이 과거에는 어떠했나를 그려보았다. Angioni 1974, 1976; Barbiellini-Amidei & Bandinu 1976; Cambosu 1954; Cannas 1975; Dellitala 1978; Satta 1979; Cirese et al. 1977; Mathias 1983 등을 참조한다.

(Catasto Agrario 1929, 120). 그러나 1972년에는 21헥타르로 감소하였다(ISTAT 1972).

〈표 2-2〉 보사에서의 토지 보유

1929년

보유 토지 크기 (ha)	보유수	전체 보유수 (%)	전체 헥타르 (ha)	전체 면적 (%)
0~3	342	64.9	445	3.9
3~10	127	24.1	654	5.6
10~20	12	2.3	160	1.4
20~50	3	0.6	86	0.7
50 이상	43	8.1	12,230	88.4
Total	527	100.0	11,575	100.0

자료: Catasto Agrario 1929

1972년

보유 토지 크기 (ha)	보유수	전체 보유수 (%)	전체 헥타르 (ha)	전체 면적 (%)
0~3	72	36.7	96	0.9
3~10	57	29.1	339	3.1
10~20	14	7.2	190	1.7
20~50	12	6.1	335	3.1
50 이상	41	20.9	9,978	91.2
Total	196	100.0	10,938	100.0

자료: ISTAT 1972

보사에서 땅을 소유하려면 항상 많은 노력이 필요하였다〈표 2-2〉. 지형이 대개는 경사지고, 산악지대이기 때문에 큰 땅의 소유주는 양, 염소, 소, 돼지 등의 가축을 키우기 위한 목초지인 탄카스(tancas)라 불리는 오픈 트랙으로 이용하였다. 그러나 또한 1960년대까지만 해도 그들은 땅이 없는 소작농에게 땅을 장기간 단위로(10년 정도) 임대해 주

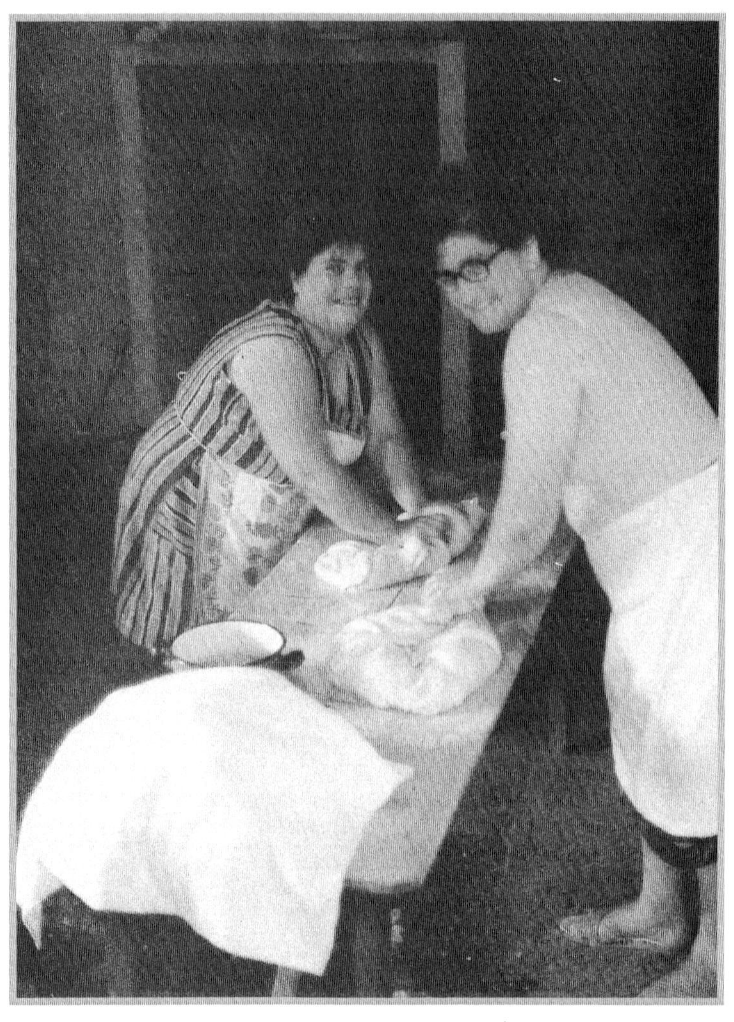

보사 외곽지역에 있는 시골집에서 빵을 만들고 있는 니나와 트레사. | 사진자료 : 캐롤 M. 코니한

어 밀을 재배하였다.

이런 주기적 밀 경작 땅은 목초지를 위한 땅으로 개량되기도 하고,

나무 오븐에 굽고 있는 두 종류의 빵 : 뒤쪽은 팔시다스, 앞쪽은 지꼬스. | 사진자료 : 캐롤 M. 코니한

임대료 형식으로 땅주인에게 수입을 증대시켜 주었다. 소작농은 대체적으로 혼자서 혹은 아버지와 아들이 함께 일하였다. 그러나 수확과 탈곡은 큰 일로 다른 사람들과 상호 협동하였다.

남자들이 곡식을 추수해서 집으로 옮겨 놓으면, 이제 그 곡식은 여자들의 책임이었다. 여자들은 곡식을 빻아 체로 걸러 네 가지 입자크기의 밀가루로 만들었다: 그들은 빵의 의미와 사용에 따라 다른 종류의 밀가루로 빵을 만들었다.[5] 여자들은 빵 만들기를 도와줄 이웃, 친척, 혹은 품앗이를 위한 협동노동모임을 조직하였다.[6] 이런 보조는 서로 빵

5. 19세기 사르데냐에서의 빵에 관한 비슷한 표현은 La Marmora 1839, 241에도 나타나고, 당시 빵 만드는 모습은 Assmuth 1997에 나타나 있다.
6. 코마리(Comari, 남자)와 콤파리(Compari, 여자)는 이웃사촌이다. 이 모임은 침례교에서 자식을 두었던 사람들로, 이들 사이에는 특별한 의무와 존경으로 연결되어 있다.

만들기를 할 때 상호 협동하였다.

여자들은 10~14일마다 빵을 만든다. 그것은 긴 과정으로 완전히 손으로 이루어진다. 그들은 사 마드리가(*sa madriga*)라고 불리는 빵효모를 사용하여 단단한 반죽을 만들고, 그것으로 둥근 8자 모양의 팔시다스(*palsiddas*), 납작하며 발톱모양의 지꼬스(*ziccos*), 그리고 끈적끈적한 반죽으로는 긴 타원형에 중앙에는 독특한 모양의 구멍을 만든 코바사스(*covasas*)를 만들었다.[7]

여자들은 정기적으로 함께 일하였다. 일을 하는 동안 그들은 자신들의 삶을 서로 교환하고, 또 함께 혼합하였다: 수다도 떨고, 기술도 나누고, 과거도 사랑도 상실감도 함께 나누며 섞어나갔다. 바비엘리-아미데이 & 반디누가 사르데냐 중부지역에 대해 말하기를, "빵 만들기는 사회적 커뮤니케이션의 전형적인 방법이다. … 그들은 반죽을 만들고 빵을 굽는 동안, 말 그대로 그 마을의 X-레이를 찍었다.

즉 모든 비밀은 다 드러났다. 여자들은 자기들끼리 죄를 판결하고, 면제해 주고, 혹은 비난하기도 하였다(Barbielli-Amidei & Bandinu 1976, 83). 보사의 여자들은 함께 일을 하면서 '맛있는 빵', '일 잘함', 그리고 '좋은 여자'에 대한 기준을 만들어 놓고 행동으로 옮겼다. 즉 다른 사람들을 평가하는 행동기준을 통해 그들은 그 지역의 규범과 도덕성을 함께 단언하였다.

자료 제보자들의 이야기에 의하면, 보사에서의 곡식재배는 1960년을 즈음해서 줄어들기 시작하여 6~7년 사이에 거의 완전히 사라졌다고

7. 사르데냐에서의 빵 굽는 과정의 묘사는 Angioni 1974, 266~9; Assmuth 1997, 259~61; Da Re 1995; Cirese et al. 1977; Mathias 1983; Satta 1979, 67~8에 있다.

한다. 주요작물의 이런 당혹스런 소멸은 이태리 농업정책 속에서 이해할 수 있고, 개발 없는 현대화를 상징하였다. 이태리 정부는 1861년에서 1950년대까지 곡류가격을 국제추세보다 60% 더 높이 책정하는 가격정책을 실시하여 이태리 곡류를 보호하였다. 그러나 1957년, 1959년 정부는 곡류의 가격지지를 감축하였다(Orlando et al. 1977, 26~7). 그리고 트랙터와 비료생산·보급을 통해 농업의 기계화, 자본화를 독려하였다. 사르데냐에 있던 트랙터 수는 1949년 993개였던 것이 1971년에는 7,500개가 넘었다(Brown 1979, 302). 농업기계화는 북부지역의 산업생산을 자극하였으나, 노동을 기계로 대체하여 전반적으로 볼 때 농업고용이 감소되었다. 그래서 부자와 가난한 지역 사이에 생산성의 불균등을 심화시켰다(Orlando et al. 1977, 21~30). 게다가 임금이 인상되어, 생계농업보다 임금노동을 그 어느 때보다 선호하게 되었고, 남부의 외각지대에서 북부의 산업지역으로의 이주를 부추기게 되었다(Di Giorgi & Moscati 1980; Graziani 1977). 이런 추세의 결과는 노력과 땅에 비해 생산성이 비교적 낮은 많은 외각지대와 산간지역 땅의 방치였다. 보사와 사르데냐의 많은 땅이 그 중에 속했다(Counihan 1981, 64~80).

보사에서 일어난 특별한 사건들은 이런 장기간에 걸친 사회경제 변화의 실례(實例)가 되었다. 1921년 빵집이 보사에 처음 생겨났다. 당시 주부들은 모두 빵을 직접 만들었고, 빵을 구입해서 먹는 것을 부끄럽게 여겼기 때문에 그 사업의 발달은 더디었다. 그러나 파시즘, 곡류수집의 중앙집권화, 그리고 전쟁 중 식량배급으로 사람들은 빵집에 가는 습관이 생기기 시작하였다. 2차 세계대전 후, 잠깐 가정에서 빵을 굽는 것이 되살아나는 것 같더니 1960년대 초에 밀재배를 오랫동안 방치했기 때문에 이는 이내 그냥 사라지고 말았다. 결국 토마토 저장하기, 올리브 절이기, 무화과 말리기 등의 다른 가사활동도 종지부를 찍었다(Counihan 1981, 127~59).

사람들은 더 이상 자신들의 곡식을 재배하지 않고 사야만 했다. 곡류를 사면서 그들은 빵을 사먹는 생각에도 익숙해졌다. 보사에 있던 곡류정미소는 문을 닫았고, 밀가루를 만들기 위해서 여자들은 9킬로미터 떨어져 있는 트레스누라게스(Tresnuraghes)로 가야 했다. 그 일은 상당히 힘들었고 경비도 많이 들었다. 여자들은 점점 더 주위의 이웃과 친척들이 빵을 사먹는 것을 보고 자신들이 왜 그렇게 힘들게 살아야 하는지를 생각하게 되었다. 그리고 아이들 역시 신선함이 없는 빵에 대해 불평하였다. 빵을 사먹는 것에 대한 부끄러움은 점차 사라져 보사 여자들은 서서히 빵굽기를 그만두었다. 많은 여자들은 오븐을 아예 치워버려 다시는 돌이킬 수 없게 만들었고, 자신의 집을 키우고 '현대화'하려는 욕망에 박차를 가했다.

오늘날 보사에는 가족을 위해 직접 빵을 굽는 여자는 단 한 명도 없다.[8] 보사 지역에는 다섯 개의 빵집이 있고, 근처 수니(Suni), 티누라(Tinnura), 그리고 몬트레스타(Montresta)에 세 개가 있다. 보사의 제빵사는 하루에 80~500킬로그램의 빵을 만들어, 27개 소매점을 통해 그곳의 전 지역에 팔고 있다. 빵 만드는 것은 남자 제빵사와 남자 보조만의 권한이다. 그들은 대규모로 대량생산하여 어느 때보다도 더 널리 빵

8. 니나는 보사 출신으로 계속해서 자신의 종업원들을 위해 빵을 시골집에서 만들었다. 나는 그 시골집에서 그녀의 사진을 찍을 수 있었다. 그녀는 임금을 위해 빵을 만들었지 가족을 위해 만든 것은 아니었다. 또한 내가 알기에 다른 여자들 중에 빵을 만드는 여자는 없었다.

을 판매하고 있다. 이런 추세는 최고조에 달해 아이러닉하게도 북부 산업지역에서 만들어져 미리 잘라서 판매되는 이태리 스타일의 원더브레드(Wonder Bread)가 '할머니의 빵'('*Pane della Nonna*')으로 불리며, 슈퍼마켓에서는 유통기간을 연장하기 위해 방부제를 넣고 셀로판지에 포장되어 판매되었다.

과거의 보사에서 빵 만드는 것은 '가내생산'이 특징이었다(Sahlins 1972, 41~99). 남편과 부인은 서로 상보적으로 작업하여 밀수확과 빵 굽기를 했다. 당연히 그들은 밀을 수확하고 방아 찧고, 빵 만드는 데 가족 외의 사람들과 협동하였다. 오늘날 남자와 여자들은 여전히 많은 일을 하는 데 서로를 필요로 하지만, 빵과 같은 기본생필품을 생산하는 데 필요한 만큼 현저히 필요하지는 않다. 그러나 정부연금 혹은 급료로 빵을 살 수 있게 되어 남자와 여자는 서로 더 이상 의존하지 않게 되었다. 게다가 생계형 생산업의 쇠퇴와 함께, 보사 사람들은 가족 외의 사람들에게 기댈 필요가 줄어들었다. 핀나(Pinna)에 사는 한 제보자는 다음과 같은 변화를 이야기해 주었다.

> 옛날에 우리가 집에서 빵을 구워먹을 때는 이웃을 불러야만 했습니다. 그것은 남에 대한 의존의 한 형태였습니다. 이제 우리는 이미 만들어져 있는 빵을 사다 먹습니다. 그래서 그런 의존성은 사라져 가정에서 자유롭게 되었습니다. 나는 이런 과정을 정말로 감사히 여깁니다. 아침 3시에 일어나 오후 4시까지 일을 해야 하는 희생 때문이 아니라 외부인을 집에 들여와 일을 도와주도록 해야 하고, 그들이 직접 본 것, 혹은 보지 않은 것조차도 험담하는 것을 피할 수 있기 때문입니다. 지금의 이 방법은 우리 가정에 평안을 가져왔습니다. 이것은 몸의 평안이라기보다는 마음의 평안입니다(1971, 94).

이 여자는 개인화 과정을 표현하고 있는 것이다: 그녀가 다른 사람의 도움을 덜 필요로 하고, 그들의 도덕적 잣대에 덜 영향을 받는 것이다. 그녀는 문화적으로 더욱 자유로워졌다. 왜냐하면 새로운 생산방법의 유입이 그녀를 사회적으로 다른 사람들에게 의존하는 데서 자유롭게 해주었기 때문이다. 이제 빵 분배의 변화가 어떻게 이런 시대풍조를 더욱 부채질했는가를 살펴보자.

빵의 분배

2차 세계대전까지만 해도 보사는 조그맣지만 곡류와 여러 자연자원의 수출과 소비재 수입으로 해상무역의 중심지로 번창해 가고 있었다. 오늘날 보사는 더 이상 상업의 중심지가 아니고 교통의 마지막 종착지이다. 항구, 철도, 그리고 도로의 현대화 실패는 보사를 상업적으로 쇠퇴하게 만들었다. 대담한 사업가들은 마코머로부터 길고 꼬불꼬불한 길을 따라 소비재를 트럭에 싣고 온다. 그러나 생산량 하락과 함께 보사는 수출도 거의 하지 않는다. 이러한 상황은 개발 없는 현대화의 전형적 현상이다(Counihan 1981, 227~33).

보사의 시장에도 변화가 생겼다. 생필품 생산이 줄어들면서 음식을 위한 쇼핑이 더욱 중요해졌다. 여자들은 매일 동네 조그만 가게로 빵과 약간의 다른 자질구레한 것을 사러 갔다. 동네가게는 사회관계의 중심지가 되었다. 그러나 그것은 점차 동네의 작은 자영상점에서 벗어나 도시 중심에 있는 커다란 셀프서비스 체계로 되었다. 그리고, 고용된 점원이 있는 자본가에 의해서 운영이 되는 대형상점으로 쇼핑을 가는 추세로 변하고 있다. 여기에서 여자들은 물품을 다량으로 구입하여 쇼핑을 덜 자주 가게 된다. 그래서 서로 만나는 횟수가 줄어들었다. 이런 상점은 도시 곳곳에서 손님들이 오기 때문에, 장을 보는 사람들은 동네 가게보다 서로 친밀감이 덜하다. 셀프서비스 상점에서 손님과 점원들은 쇼핑이 다 끝난 후 계산대에서 마지막으로 만난다. 점원들은 손님들에게 도움을 주기 위해 고용되었기 때문에 주인들이 흔히 하는 외상을 줄 권한이 없다. 이런 외상은 상점과 손님 사이에 지속적인 관계를 유지하는 데 한몫 한다. 새로운 셀프서비스 상점을 더욱 이용하면서 손님과 상점주인과의 쇼핑에서 생기는 사교는 없어진다(Counihan 1981, 242~66).

시장거래가 오랫동안 상업을 지배하고 있고 있지만, 보사와 사르데냐의 모든 곳에서는 엄격하고 끊임없는 상호의존관계가 항상 친밀하게 오랜 기간 지속되어온 사회적·경제적 관계의 기초가 되어왔다(Counihan 1981, 233~42). 모든 사회적 상호관계에는 음식과 술의 주고받음이 끼어 있다. 사르데냐 사람들은 이런 것을 줄 의무도 있지만 받을 의무도 가지고 있다. 보사의 한 여자는 다음과 같이 말했다. "우리 엄마는 항상 이렇게 말했어요. 음식을 먹고 있는데 누군가 오면, 반드시 그 사람에게 음식을 주어야 한다고요. 빵을 굽고 있는데 누군가가 오면, 그 구운 빵 한 조각을 그 사람에게 주어야 한다고요." 여자들은 막 구운 빵을 가까운 친척 혹은 친구에게 보냈다. 캄보수(Cambosu)는 기억했다(Cirese et al. 1977, 40). "나의 누이들은 계절이 바뀔 때마다 아침을 기다렸다가 가장 가까운 친척과 친구들에게 서로 경쟁이나 하듯 빵을 선물로 보냈어요. 그것은 가장 즐거운 선물의 하나였지요. 그들은 오븐에 불을 붙일 때마다 매번 그랬어요."

오늘날 1차 산업 생산품의 감소와 마켓 의존도의 증가와 함께, 이렇게 음식을 서로 주고받는 일이 점차 줄어들면서, 살아가는 데 그리 중요하지 않게 되었다. 그리하여 사람들을 서로 연결하는 중요한 힘의 하나인 이웃간에 서로 나누는 일은 사라져 가고 있다. 그리고 사람들 간의 상호의존도 마찬가지가 되고 있다. 사람들은 서로의 관계를 확고히 해주는 서로 주고받음을 통해서보다는 더욱더 딱딱한 마켓에서 경제적 교환을 통해서 상품을 구한다. 그리하여 현대화에 따른 분배패턴의 변화는 생산에서 볼 수 있었던 개인화를 더욱 불러왔다.

빵의 소비

한 그룹에서 이루어지는 인간관계와 기본가치는 소비형태의 연구를 통해 볼 수 있다. 식사를 함께 하는 사교모임은 기본적인 사회적 구성단위이고, 서로의 관계를 강화한다. 식사는 이태리에서 가족을 위한 중심행사이다. 식사를 통해 가족의 끈끈한 결합을 달성하는 것이다(Belmonte 1979; Pitkin 1985). 과거 목가적인 사르데냐에는 엄격한 소비윤리와 풍습이 있었다. 가족간에 매일 먹는 음식은 지나칠 정도로 알뜰하였다. 그러나 사회적으로 일어나는 축제의 식사는 일반적으로 아낌없이 풍부하였다(Barbiellini-Amidei & Bandinu 1976, 139; Gallini, 1971). 이런 두 가지 서로 다른 양상 사이를 오고가는 주기적 변화는 한 개인에게 있어서 가장 중요한 사회적 구성단위인 가족과 사회를 연결해 주는 매개역할을 하고 도와준다.

보사의 식사는 가족간의 노동이 수반된다. 아버지와 형제, 아들은 밀 생산에, 어머니와 자매, 딸은 빵 반죽 만들기에. 빵의 소비는 남자와 여자 그리고 핵가족 사회구조의 상보성, 즉 사회의 기초이며 개인주체의 중심임을 재차 확인해 주었다(Barbiellini-Amidei & Bandinu 1976, 80~4). 빵집에서 빵을 사다 먹는 것은 보사 사회의 이런 확인이 아니라 오히려 보다 넓은 세계경제에의 참여를 수반하였다. 세계경제 안에서의 인간관계는 당시 보사 사람들이 그 관계를 재조정하기에는 능력 이상이었다.

음식에 대한 기본적인 상호의존성과 가족의 해체는 내가 보사에 살 때 기아로 죽은 한 젊은이의 경우에서 엿볼 수 있다. 이는 흔치 않은 사건으로 사르데냐 지역신문 첫 면을 장식하였다: 사망진단서에 의사는 '심장마비'라고 적었다. 23살의 I. C.가 단순히 굶어 죽었다는 사실을, 그리고 사회를 불안하게 만드는 이 비극을 감추기 위한 한 단어, 심장마비 … 그의 집 앞에는 몇몇의 호기심 많은 구경꾼과 이웃들이 수군거렸다. "그가 개처럼 죽었대. 그런데 아무도 몰랐다는 군." "그가 혼자 살았대?", "그렇다는 군. 그의 엄마는 수년째 양로원에 있다는 군." "다른 가족은 없대?", "혼자서 저 굴 속 같은 집에서 개보다 못하게 살았다네." … 등(L'Informatore del Lunedi 1979). 그러나 I. C.는 과거의 많은 사람들이 죽은 것처럼 가난해서 죽은 것이 아니었다. 그는 정부연금을 받고 있었다. 오히려 그가 죽은 것은 가족과 사회를 떠받치고 있던 유대관계가 깨졌기 때문이었다. 빵 만들기와 같은 가내생산 형태의 쇠퇴와 이주는 I. C. 같이 완전히 혼자인 사람의 존재를 가능하게 만들었다.

사르데냐에서의 재분배적인 축제를 분석해 보면, 생계형 경제에서 생존을 위해 한때는 꼭 필요했던 사회적 결속을 설명하고 있다. 과거의 공동축제(festa)는 유일하게 넘쳐날 정도로 충분한 소비가 특징이지만 합리적인 소비의 중심역할을 하였다. "흥겹고 풍요로운 이런 지나친 소비의 예외적인 행사는 특별한 시간과 장소에서 이루어졌다(Gallini 1971, 11). 많은 비자본주의 사회에서처럼, 축제에서의 풍성한 소비는 사회를 한데 모으는 역할을 하였다. 사회적 · 경제적 차이를 잠시나마 잊게 하기 위해, 그리고 공동으로, 적극적으로, 동등하게 배고픈 사람을 적어도 이 하루만이라도 물리도록 먹게 하기 위해 이루어졌다(Mauss 1967; Turner 1969).

그러나 보사의 축제는 이런 역할을 상당히 잃었다. 겨우 카니발 시작일인 1월 17일에 있는 세인트 안토니 축일(Feast of Saint Anthony)에서만 나는 그런 역할을 보았다. 사람들은 성인에게 빵을 기부하고, 성직자는 아침 미사에서 그 빵에 축복을 내렸다.

성(聖) 안토니의 자선단체 멤버들은 그 빵을 200명 정도의 신자들에게 나누어 주었다. 사람들은 그 빵을 집으로 가지고 가서 가족이나 이웃과 함께 나누어 먹었다. 왜냐하면 그 빵이 위장병을 막아준다고 믿었기 때문이다. 비록 축제가 공동적이고 재분배의 성격을 띤 식사의 일부 요소가 끼어 있지만, 그것은 그리 큰 행사가 아니었고, 참석자도 그리 많지 않고, 대부분 사람들의 삶과는 괴리감이 있었다.

보사로부터 9킬로미터 떨어져 있는 트레스누라게스 마을에는 3월 25일이 되면 세인트 마크 축일(Feast of Saint Mark)이 열리는데, 이 축제는 공동 재분배 의미가 훨씬 더 있는 중요한 축제이다. 주로 목축업에 종사하는 지역의 양치기 집안에서 양을 제공하고, 하느님에 대한 감사의 뜻으로 그것을 요리하도록 하였다. 수많은 사람들 — 대개는 트레스누라게스 사람들이지만, 보사와 다른 지역 사람들도 상당하였다 — 이 물리도록 먹고 마셨다.

세인트 마크 축일은 전통적인 사르데냐 사람들의 전형적인 **공동축제**

1979년 3월 25일 세인트 마크 축일에 열 세 마리의 양이 사르데냐의 트레스누라게스 농촌에 위치한 세인트 마크 교회의 부엌 헛간 밖에 매달려 있다. 이 양들은 그 지역 양치기들이 은혜에 보답하기 위해 제공한 것으로 양파, 마늘, 감자 등과 함께 요리되어 사람들에게 나누어질 것이다. | 사진자료: 캐롤 M. 코니한

사르데냐의 트레스누라게스에서 열리는 세인트 마크 축일 축제에서 식사를 하는 사람들. 마을 사람들과 양치기들에 의해 제공되어 특별미사에서 신부님의 축언이 내려진 빵과 양고기를 먹고 있다. | 사진자료: 캐롤 M. 코니한

이다. 이 때 풍부한 음식은 공동사회를 견고히 하는 데 기여한다(Angioni 1974, 232~79; Gallini 1971). 이런 종류의 축제는 사르데냐에서 트레스누라게스와 같은 덜 현대화된 지역에서만 오늘날까지 지속되고 있다. 그리고 이런 축제의 소멸은 현대화가 일어났다는 표시이기도 하다. 트레스누라게스 사람들은 자신들의 가장 중요한 공동축제, 즉 세인트 마크 축일의 운명에 관심을 나타냈다. 점점 더 많은 외부 사람들이 공동사회의 강화에 참여하기 위해서가 아니라 공짜 음식을 먹기 위해 왔다. 이는 이 의식의 의미를 위협하고, 지역사회의 경제적 능력을 왜곡하였다.

보사와 사르데냐가 속해 있는 현대 세계시장의 소비윤리는 전통적으로 사르데냐의 공동축제에 생기를 넣어 준 소비윤리와는 매우 다르다. 과거에 "넘쳐나는 소비는 절대 비공식으로 수행되는 행위는 아니었다. 왜냐하면 지나친 소비는 은밀한 죄의식으로 여겼기 때문이었다"(Gallini 1971, 10). 오늘날 소비는 공개적이고, 이타적이고, 그리고 공동사회적이기보다는 오히려 지나칠 정도로 넘쳐나고, 사적이고, 계층화되고, 그리고 개인화된 행위가 되고 있다. 이런 소비는 사람들을 한데 결합시키기보다는 오히려 사람들을 분리시키고 차별화시킨다. 사람들은 위신을 세우기 위해 고급 패션, 고급 가전제품과 같은 소비재를 사서 자랑하며 서로 경쟁한다. 과거에는 다른 사람보다 더 많이 가지고 있는 것은 위험하였다. 왜냐하면 그것은 적이나 불운을 만들 수 있었기 때문이다(Gallini 1973, 1981). 그러나 오늘날 그것은 위신이나 세력의 정당한 바탕이 되고 있다(Barbiellini-Amidei & Bandinu 1976, 139~45).

소비의 의미는 일반적 변화일 뿐 아니라 음식변화에서 전달되는 특

보사 지역의 트레스누라게스의 중년부인들에 의해 손으로 만들어진 전통 부활절 빵. 가슴 혹은 새를 떠올리게 하는 뾰족한 부분과 부활절과 다산의 전통적 상징인, 계란을 덮고 있는 십자가가 두드러진다. | 사진자료 : 캐롤 M. 코니한

보사의 한 제과점에서 만들어진 현대식 부활절 빵. 계란만이 그대로 고수되고 이미지를 글자로 대신한 것이 두드러진다. | 사진자료 : 캐롤 M. 코니한

정한 메시지이기도 하다. 두 종류의 부활절 빵과 그 빵들에 반영되어 있는 서로 다른 세상의 광경을 생각해 보자. 전통 부활절 빵은 분명 예전보다 진화되었지만 트레스누라게스의 중년부인들에 의해 손으로 만들어졌다. 이 빵은 모양으로 의미를 나타낸다. 이 빵은 예술작품이다. 하늘을 나는 새를 상기시키는 계란과 뾰족한 끝은 부활절과 그 이전부터의 기본테마인 다산, 성, 그리고 생식과 출산에 대해 말해 준다. 새로운 현대식 부활절 빵은 기계로 만들어져 빵 가게에서 판매된다. 이것은 모양에는 별 의미가 없다. 그냥 계란을 둘러싸고 있는 둥근 모양이다. 그저 전통적인 도형상의 흔적일 뿐이다. 그것은 부활절 빵의 메시지를 '부오나 파스콰'(*Buona Pasqua*), 즉 '즐거운 부활절'을 상징하는 글자 'BP'로 전달하고 있다. 모양보다는 글자가 의미를 표시하는 것이다. 글자는 시민화의 상징이고, 레비스트로스(Lévi-Strauss 1975, 299)에 따르면, 신분계층화의 상징이다. 글자메시지를 읽으려면 반드시 정식교육을 받아야 했다. 이것은 많은 보사 사람들에게는 특별한 것이었다. 특히 가난하고 나이든 사람들은 더더욱 정식교육을 받지 못했다. 그리하여 BP가 적힌 빵은 사회적 계층화, 차별화, 분리화를 나타내며, 더욱이 이런 것들을 강화한다. 한편 전통빵이 더욱 많은 메시지를 가지지만, 빵의 의미를 파악하기 위해 지역사회와 상징적 언어에의 참여를 필요로 한다. 그리하여 새로운 빵과는 달리 전통빵의 생산과 소비는 사회공동체주의를 나타내며, 이를 강화한다.

결론

인류학이 사회과학에 특별히 기여한 것은 사회현상을 총체적으로 탐구하고, 다른 여러 규율에 의해 더욱 추상적으로 그리고 양적으로 연구되어지는 대규모 경제과정과 정치과정 속에서의 개인적인 면과 질적인 면을 밝혀 주는 것이다. 이 장은 빵을 분석렌즈로 사용하여 현대화의 본질과 목가적인 사르데냐 사회의 관계에 미치는 영향을 연구함으로써 인류학의 의무를 수행하려고 시도하였다. 이렇게 가장 중요한 음식의 생산, 분배, 소비에 초점을 맞춘 것은 사람들의 삶 속에서 물질적 변화와 그들의 상징적, 사회적 영향을 동시에 조사할 수 있기 때문이다. 그리하여 이 장은 음식 습관이 어떻게 인류학의 중심인 전체론에 도달하게 하는 효과적인 통로가 될 수 있는지를 보여주고 있다.

시대에 따른 보사의 사회경제적 변화연구는, 한 산업국가의 낙후지역으로부터의 데이터를 제공함으로써 개발 관련 연구에 기여하고 있다. 보사는 내부적인 미개발 상태의 동태를 보여준다. 게다가 사르데냐에 관한 데이터는 문헌에서 흔히 발견되지 않은 지중해 지역의 최근 변화를 더욱 이해하게 해준다. 보사로부터 얻은 데이터는 작은 산악지대의 목축업을 주로 하는 오지마을에 관한 사르데냐 연구에 강하게 집중되는 것으로부터 균형을 잡아주고 있다.

여기에서 나타나는 결과는, 생산과 교환의 자본주의적 양상이 사회관계의 자율화를 낳는다는 경제인류학적 가설을 뒷받침하고 있다. 생계유지를 위한 밀과 빵 생산에서 남자와 여자는 서로 도와가며 의존하고 노동과 생산물의 상호교환 없이는 살아갈 수 없다. 밀 생산이 자본집약적인 농장으로 집중화되고, 이익을 남기기 위해 직원을 고용하여 운영하는 몇 개의 빵가게에서의 빵생산이 집중화됨에 따라 사회적 상호의존은 수그러져간다. 빵은 점차 개인의 감정이 전혀 섞이지 않은 돈의 교환을 통해서 얻는다. 사람들 간의 연결고리가 되고 생존을 보장하는 데 매우 중요했던 과거의 빵과, 음식을 서로 주고받는 행위는 생계형 생산의 소멸과 함께 점차 사라지고 있다. 매일 빵을 먹는 것은 남자와 여자의 상호협조와 가족단위의 결합을 재차 확인하는 것이었다. 빵은 여전히 생존에 필수적이지만, 이제는 빵의 특정한 상징적 의미는 잃어버렸다. 그리고 이 연구는 개발 없는 현대화로 인해 생기는 결과의 하나로 행동과 주체성의 자율성이 점차 증가한다는 것을 보여주고 있다.

이 장은 독자에게 개인화가 보사 사람들의 삶에 미친 영향을 평가할 기회를 주고 있다. 빵집에서 빵을 구입하는 한 사르데냐 제보자는 생산적인 독립성을 통해 얻은 한가한 시간, 즉 잡담을 할 수 있을 만큼의 자유가 있음을 넌지시 비추었다. 그러나 사람들은 다음과 같은 질문을 하고 싶을 것이다. 독립성은 다른 사람들의 필요성에 어떻게 영향을 주나? 인류학은 '인간은 사회적 존재이다'라는 믿음을 토대로 하고 있다. 인간들이 점차 따로 살면서 중요한 사회적 결연관계를 잃게 된다면, 인간성에 어떤 일이 일어날까? 결과적으로 생긴 개인화는 계급사회에서 무엇을 의미하는가? 보사 사람들은 서로로부터 경제적 독립성을 가지고 있다. 그러나 그들은 연금과 직업을 위해 국가나 몇몇 경제엘리트에게 여전히 의존하고 있다. 아마도 생존 필수품의 생산과 분배, 그리고 소비에 대한 진정한 통제에 의해 얻은 독립성은 더욱 가치가 있을 것이다. 왜냐하면 "빵을 가지고 있는 사람은 결코 죽지 않는다."라는 말이 있기 때문이다.

3장

플로렌스에서의 음식, 파워, 그리고 여성의 정체성[1]

서론

이 장은 2차 세계대전 후, 이태리 사회의 거대한 변화가 도시에 사는 여자들의 주체성과 파워에 어떠한 영향을 주었는지를 살펴본다. 현대 이태리에서는 농촌으로부터의 집단적 대이동과 도시생활의 증가현상이 일었다. 생계형 농업과 소규모 공예산업의 하락과 함께 공업, 상업, 건축, 그리고 관광에서 버는 임금에 의존하는 자본주의 경제활동이 증가하였다. 생활수준은 높아져 재산과 소비주의 증대가 현저히 나타났다. 거대한 자본이 무료 국가보건의료, 퇴직연금, 장애연금 등에 투입되어 물질적 풍요로움이 복지증진을 통해 사람들에게 퍼져나갔다 (Sgritta 1983). 이런 경제과정은 가치, 목표, 성역할, 자기정의, 그리고

1. 이 장은 본래 *Anthropological Quarterly* 61, 2:51~62, 1988에 발표되었던 것이다.

남녀상호관계 등의 남자와 여자의 개인적인 삶에 사회적 · 문화적 변화를 가져왔다(Balbo 1976).

서양의 다른 도시 산업지역의 사람들과 마찬가지로, 이태리 도시 여자들은 남자와 비교하여 자신의 위치와 파워에서 변화를 겪고 있다. 그들은 노동의 전통적 구분에서 전해 내려온 남성의 군림에 도전하고 있다. 전통적 사회에서는 남자가 정치영역과 임금노동 영역을 통제하였고, 여자들은 출산과 양육 같은 가내영역의 책임을 지고 있었다. 오늘날 여자들은 점차 임금노동에 참여하고, 현대 소비주의 사회에서 자신의 위치와 자아개념에 아주 중요한 돈을 벌 수 있는 기회를 획득하고 있다(Barile & Zanuso 1980; Saraceno 1984). 동시에 그들은 점차 정치적 영향을 발휘하고, 여자와 남자가 평등하도록 사회조직을 바꾸고 있다(Veauvy 1983; Saraceno 1984). 그러나 여자들은 여전히 정치적, 경제적 영역에서 하위관계에 있다. 여성고용의 많은 부분이 반(半) 법적상태이기 때문에, 공식데이터는 파악되지 못하고 있지만(Balbo 1976, 66; Barile & Zanuso 1980), 통계학에서 보면 여자들이 남자들보다 실업률이 상당히 높게 나타나고 있다 — 여자 17.1%, 남자 6.8% (Saraceno 1984, 15). 그리고 정치적 파워도 훨씬 적다(Anzalone 1982). 동시에 공적 역할과 가정 역할 사이의 풀리지 않는 모순 때문에 여자들은 미약해진 정체성 갈등을 심하게 겪고 있다. 오늘날 그들은 그 두 가지 역할이 자아존중과 자아실현에 절대 필요하다고 여긴다. 그러나 그들은 실질적으로 두 가지 역할을 효과적으로 수행할 수 없다. 그래서 그들은 좌절과 자기회의에 빠진다. 나는 여기에서 여자들의 음식 제공과의 관계변화를 통해, 또 그 결과로 나타나는 정체성 갈등을 표현하기 위한 여자들의 언어를 사용하여 여자들의 경제적 · 사회적 위치변화를 설명할 것이다.

나는 여성의 위치를 힘의 견지에서 분석하였다. 왜냐하면 계층화된 사회에서 지배위치와 하위위치는 삶의 모든 변화 — 육체적 건강, 정신적 건강, 삶의 기대, 결혼생활의 만족, 경제적 부, 정치적 영향력, 사법판결 등 — 에 영향을 준다(Eitzen 1985). 시대에 따른 인류학의 주요관심은 그때그때 퍼져 있는 여자와 남자 사이의 파워의 불균형을 설명하는 것이다(Atkinson 1982; Hrdy 1981; Rosaldo 1974; Sacks 1979; Sanday 1981). 대부분의 인류학자들은 어느 사회에서도 여자가 남자를 지배하지 않는다고 인정하지만, 남자와 여자의 서로 다른 파워, 그 파워의 정도, 그 파워장악이 변화되는 조건, 그리고 사회적 삶의 질(質)에 미친 그 파워의 영향에 대해서는 상당한 논란이 있다. 게다가 이태리 같은 현대 산업사회의 민주주의에서는 여자들도 남자들과 같은 사회적 평등을 보장해야 한다는 운동이 일고 있다(Chiavola Birnbaum 1986). 임금노동경제의 성장, 건강문제와 육아양육과 같은 전통적인 가정적 관심사에 대한 정부의 보호증가, 그리고 주거형태와 가족구조의 변화 등, 최근 이태리의 사회변화가 여성의 위치를 개선했는지에 대한 관심이 일고 있다.

플로렌스의 여자들

나의 데이터는 내가 10년 이상을 잘 알고 지내던 한 대가족의 일원인 15명의 플로렌스 여자들에게서 얻었다. 나는 그들과 함께 1982년 여름에서 1984년까지 그들 삶의 역사에 대해 직접 인터뷰를 하였다

〈표 3-1〉. 인터뷰 대상들은 앞에서 언급한 이태리의 사회경제적 변화를 겪으면서 살았다. 나는 그들의 경험을 설명하고, 그들 경험의 의미와 영향에 대한 그들 자신의 해석을 제시하고, 통계적 경향이 사람들의 일상적 삶에서 어떻게 작용하는지에 대한 우리의 이해를 강화시킬 것이다. 그리고 플로렌스 여자들의 정체성과 파워에 있어서 변화의 일반적 의미에 대한 결론을 이끌 것이다. 나는 인터뷰 대상을 개인적 유대관계를 통해 선택하였다. 그들은 나이, 직업, 거주지, 그리고 가족구성에 있어서 다양하다.[2] 나이가 좀 많은 인터뷰 대상은 농사짓는 가정이나 공예품을 만드는 가정에서 태어났다. 그리고 나머지 일부 역시 플로렌스 지역의 농촌에서 태어났다. 그들은 후에 도시로 이사했고, 공장, 혹은 상점, 서비스업에서 임금을 받고 노동일을 하였다. 모두 어릴 때보다 물질적으로 훨씬 나아졌다. 보다 젊은 세대의 여성들은 도시에서 성장하여 부모세대보다 교육도 더 많이 받았다. 그들은 급료가 높은 직업을 바라면서 이태리의 높은 실업률에 실망하고, 특히 젊은이들은 첫 직장을 찾는 데 어려움을 겪고 있다(Balbo 1976). 많은 인터뷰 대상들은 오늘날 여러 복지혜택을 받고 있다. 일부는 공동주택에서 살고 있고, 공무원으로서 일을 하고, 혹은 장애연금이나 퇴직연금, 그리고 출산육아 휴가 혜택을 받고 있다. 나의 인터뷰 대상들은 성격이나 생각,

2. 나의 인터뷰 표본에서의 허점은 젊고 개혁적인 성격으로, 대학교육을 받은 여자의 부재(不在)이다. '세싼토또'(*sessant'otto*)의 정치적 투쟁(1968)은 많은 젊은 이태리 여성들 사이에 개혁적이고 좌익성이 강한 여성주의 경향을 낳았다. 그러나 나의 제보자 어느 누구도 1960년대 말과 1970년 초에 성년이 된 사람은 없었다. 그리고 젊은 세대 어느 누구도 여성주의 이상에 보다 쉽게 접할 수 있는 대학을 다니지 않았다. 여성주의자들이 어느 정도까지 그들의 이상을 임신관습 변화에, 그리고 사회정책 변화에 적용할지는 두고 봐야 한다(Passerini 1996).

〈표 3-1〉 1984년 인터뷰 대상들의 삶의 개요

성명	나이	거주지	기타
마르타	22	플로렌스	도자기 공장에서 임시직, 약혼(1986년 3월 결혼)
신시아	26	스칸디씨 (플로렌스)	COOP 슈퍼마켓에서 판매점원 최근치과기술자와 결혼(1986년에 아기출산)
반나	50	플로렌스	가정주부, 플로렌스의 공동주택에서 부모님 그리고 만성질병의 남편과 아들과 함께 살고 있음, 결혼 전 의류공장에 다녔음
브루나	76	플로렌스	기혼, 결혼한 딸과 살고 있음. 퇴직, 중년에 시골에서 플로렌스로 이사하여 남편과 함께 폰테베치오 근교에서 꽃가게 운영(1985년 사망)
로레따	48	엠폴리 (플로렌스)	의류공장 직원, 기혼, 남편과 두 명의 아이들과 함께 플로렌스에서 35km 떨어진 읍내에서 살고 있음
파올라	20	엠폴리 (플로렌스)	플라스틱공장 비서, 약혼, 부모님과 남동생과 같이 살고 있음
글로리아	17	U.S.A	고등학생, 부모님과 여동생과 함께 보스톤 교외에서 살고 있음
샌디	14	U.S.A.	중학생, 부모님과 언니와 함께 보스톤 교외에서 살고 있음
지글리욜라	39	U.S.A	21세에 이태리-아메리칸과 결혼하여 미국으로 이민 미국시민, 국제교류로 석사학위, 전직 고등학교교사
엘다	66	플로렌스	가정주부, 최근 사별하여 미망인, 플로렌스에서 가족이 운영하는 제과점에서 46세까지 일했음
티나	64	플로렌스	가정주부, 퇴직한 남편과 살고 있음, 결혼 전 플로렌스에서 가족이 운영하는 제과점에서 일했음
산드라	41	몬테 오리올로 (플로렌스)	가정주부, 공장소유주 남편과 두 명의 딸과 함께 살고 있음, 결혼 전 체육교사
엘레나	14	몬테 오리올로	플로렌스 근교 중학생
올리비아	12	몬테 오리올로	플로렌스 근교 초등학생
마리아루이사	61	플로렌스	플로렌스 시공무원으로 퇴직, 최근 57세에 결혼 (1986년 사망)

그리고 다양성에 있어서도 현대 도시 중산계급의 이태리 여성을 대표하고 있다고 나는 믿는다. 나이든 여성들의 삶은 그들의 딸이나 손녀딸들과는 현저히 다르다. 그들의 변화와 그 변화에 대한 그들의 회고는 이태리 사회의 변화에 대한 논평이다.

여자, 음식, 그리고 파워

식량을 찾아다니는 유목사회, 원예나 농업을 하는 부족사회, 농촌마을, 산업도시 등의 모든 사회에서 여자들은 항상 음식준비와 음식을 다른 사람들에게 나누어주는 데 주요한 책임을 가지고 있었다(D'Andrade 1974, 18). 특히 산업화 이전의 사회에서 여자들은 음식을 생산하고, 가공하고, 분배하는 데 깊이 공헌하였다. 음식을 만드는 데 있어서 여성의 지배적인 역할은 문화적 보편성이며, 여성 정체성의 주요한 요인이 되고, 또 다른 사람과의 관계와 영향력의 주요한 근원이다. 그래서 여성 정체성에 또 다른 요인이 있고, 그들 권위에 또 다른 근원이 있다 하더라도 여성의 파워는 대개 음식의 파워에서 나온다.

나는 여기에서 두 가지 종류의 파워를 살펴보려 한다. 첫째는 강압으로, 이는 힘의 통제와 다른 사람에게는 없는 절대적 자원을 통해 달성된다. 이것은 빵가격을 올릴 수 있는 이태리의 관련 공무원의 힘이고, 음식을 니카라과 반군[니카라과 사회주의정부를 붕괴시키기 위해 미국이 조직한 게릴라집단]에게 보내다가, 살바도르 아옌데(Allende) 대통령의 선거 후에는 그것을 칠레에게 보냈던 미국정부의 힘이다(Burbach & Flynn 1980, 70). 두 번째 형태의 파워는 영향력이다. 이 파워는 거부할 힘과 능력을 통해서가 아니라 주는 행위를 통해서, 주는 행위에 의해 생긴 책임감에 의해서, 그리고 주는 행위에서 생겨난 영향력을 통해서 저절로 생긴다. 이 파워는 모스가 그의 저서 『선물』(*The Gift*, 1967)에서 나타낸 힘이다. 엄청난 양의 얌[고구마의 일종]을 부족 축제에서 나누어주는 추장의 힘이다. 사람들은 그가 자신들의 지도자가 되어주길 바란다. 결국 이것은 음식을 먹여주고, 배고픔을 달래주고, 절대적으로 필요한 음식의 상징적 언어의 적절한 조절을 통해 다른 사람들에게 영향을 주는 여성의 힘이다.

진짜 강압은 계급사회에서 전형적으로 나타난다. 계급사회에서 자원은 몇 명의 손안에 집중되어 있다. 그들은 대개 남자이다. 한편, 평등주의 사회에서 선물의 힘은 우세하다. 평등주의 사회에서는 여자의 지위는 대개 뭔가를 주는 행위를 했을 때와 음식과 같은 강력한 매개체를 관리함으로써 생겨난다. 뭔가를 주는 행위는 책임을 만들어낸다(Brown 1975). 음식통제 혹은 관리는 강압에서 가장 강한 무기가 될 수 있지만, 여자에게는 해당되지 않는다는 것이 흥미롭다. 어떤 문화에서도 여자는 자기 가족에게 돌아가는 음식을 거부하지 않을 것이다. 반면에 정치인들 — 대개 남자 — 이 정치적 목적을 위해 전 국민에게 돌아가는 음식을 거부할 수 있을 거라는 것은 수긍이 간다(Lappé & Collins 1978). 부족사회에서는 계층화된 사회의 여자들처럼, 파워를 얻기 위한 수단으로 다른 사람들을 굶주리게 하는 것을 허락하지 않는다. 오히려 그들은 자신들의 아량으로 다른 사람들을 부끄럽게 만들어 파워를 얻는다(Young 1971). 음식은 예외적으로 나눔과 관용의 강력한 규칙이 따르는 특별한 물질이다(Sahlins 1972, 215~19). 이태리 여자들이 어떤 특정한 일을 강요하기 위해 그들 남편과 아이들을 굶기는 것은 생각할 수도 없는 일이다. 부족사회의 개인과 계층화된 사회에서의 여자들은 음식 다루는 능력을 문화적으로 인정받았다. 그리하여 강압 외의 수단을 이용하여 영향력을 발휘한다. 그러나 여자들은 음식을 조절한다 해도, 집단적으로 그들은 곡류운반을 저지할 강제력이나 미래의 옥수수를 조절할 강제력이 부족하기 때문에 이태리와 미국과 같이 계층화되고 시장 위주로 편성되어 있는 농공사회의 여자들은 대개 남자의 하위로 규정된다. 성 평등에는 여성의 정치적 그리고 경제적 파워를 얻기 위한 노력이 따른다. 이런 정치적 · 경제적 파워는 영향을 미치는 능력이 아니라 위압감을 주는 능력이다.

음식은 매우 특별한 물질이기 때문에 영양흡수는 힘의 원천이다. 그것은 가장 기본적이고, 피할 수 없고, 멈추지 않는, 그리고 고뇌하는 인간의 욕구 — 배고픔 — 이다. 배고픔의 공포는 인류학자, 역사학자, 심리학자, 그리고 사회학자들에 의해 잘 알려졌다. 칼라우나(Kalauna) 사람들은 배고픔을 '최악의 질병'으로 부르며(Young 1986), 식욕을 억제하기 위한 의식을 실행하고 있다. 음식은 부족하기보다는 오히려 썩어나갈 정도이다. 스스로 굶는 거식증(신경성 식욕부진)의 사람들은 배고픔을 '독재자'로 보고, 2차 세계대전 당시 굶주린 포로들의 행동과 음식에 대한 반응과 강박관념을 보인다(Bruch 1978, 8). 지구상의 많은 문화는 생식력을 억누르고 식욕을 제한하고 배고픔을 쫓아내기 위한 의식을 실행한다(Holmberg 1969, 240~1; Malinowski 1961, 169; Young 1986). 계속 반복해서 배고픔에 시달리는 사람들은, 기근충격을 받은 이크(Ik) 족의 아노미현상(Turnbull 1972)과 역사에서 흔히 일어나는 음식폭동에서 볼 수 있듯이, 사회조직의 정상적인 규칙을 깨고 만다. 배고픈 아기의 울음은 공포와 고통을 표현하는 것처럼 보인다.

그것은 강렬하고 불안하다. 엄마와 음식을 즉시 데려오도록 하기 위해 수천 년 동안 진화되어온 것이다.

음식에 대한 욕구는 날이면 날마다 생기는 욕구이기 때문에, 사회적 · 상징적 추가의미를 가지고 있다. 그것은 의사소통의 강력한 매개이고, 인간관계를 확립하고 의무를 만들어내며 영향을 발휘하도록 하는 수단의 일종이다. 사르데냐 사람들과 다른 많은 지역의 사람들은 분리된 공간에서 평화로운 공존을 위해 죽은 사람들에게 답례로 음식을 바친다(Counihan 1981, 276~9). 마오리(Maori) 족은 사냥한 새의 일부를 숲의 영령에게 돌려주며 앞으로의 풍요로움을 기원한다(Sahlins 1972, 158). 플로렌스, 사르데냐, 그리고 다른 지역의 많은 사람들은 외부 사람들에게 먹을 것과 마실 것을 주며 맞이한다. 그래서 그 답례로 우호관계의 의무를 지운다(Counihan 1981, 292; Mauss 1967). 나의 플로렌스 출신의 인터뷰 상대들처럼, 모든 지역의 여자들은 남편과 아이들에게 음식을 만들어주며, 그 답례로 사랑과 호의, 모범적 행동, 그리고 필요할 때는 힘을 원한다.

음식은 아주 중요하고, 인간관계를 확인하는 데 자주 사용되기 때문에, 풍부한 상징적 의미를 가지고 있다. 게다가 음식 특유의 특징은 레비스트로스(Lévi-Strauss 1966, 1969), 메리 더글라스(Mary Douglas 1966, 1974)와 롤랑 바르트(Roland Barthes 1975) 등에 의해 유명해진 의미론적 부(富)이다. 음식, 즉 자연의 것을 먹을 수 있는 것으로 바꿀 때, 인간은 재료혼합비율, 요리법, 색깔, 감촉, 맛, 그리고 모양 등을 조절함으로써 메시지를 전달한다(Verdier 1969). 예를 들어 유월절 식사의 비(非)발효빵, 쓴맛의 나물, 계란, 그리고 포도주는 '이집트 노예에서 예수에 의한 유대인들의 기적의 구원'의 의미를 전달한다(Feeley-

Harnik 1981, 124). 음식의 상징적 파워는 금기와 타부로 하여금 사회적 영역(Douglas 1974), 종교적 고결함(Douglas 1966), 지위(Bennett et al. 1942, 655), 그리고 성의 차이(Meigs 1985)를 의미하도록 한다. 음식을 만들어 먹이는 것은 양육과 가족을 의미한다(Mead 1935; Young 1971, 40). 탐욕스럽게 음식을 마구 먹는 것은 부모들이 테이블 매너 등을 가르치며 강요하는 사회적 통제와 싸워나가는 길들여지지 않은 혹은 길들일 수 없는 동물성을 상징한다(Freud 1946). 예를 들어 신경성 식욕부진이나 정치적 단식투쟁, 그리고 고집 센 아이들에게서 볼 수 있는 음식거부는 사회적 관습과 통제의 거부를 의미한다(Bruch 1973).

음식을 준비하여 내놓는 일에 대한 여자들의 일상적 관리는 많은 영향력을 준다. 많은 사회에서 남자들이 의식(儀式)과 특별한 행사에서 음식헌납을 관리한다면 — 남자 성직자들이 성체를 봉헌하고, 그것을 신자에게 넘겨주는 것처럼, 혹은 아버지들이 유월절 식사를 조정하고, 혹은 고급요리는 남자요리사가 하는 경우가 많은 것처럼 —, 매일매일의 일상적인 음식제공의 주권을 쥐고 있는 사람은 여자이다. 캐롤라인 바이넘(Caroline Bynum 1986)은 중세의 여자성인들이 주로 평신도의 상황에서 자신들의 신앙심을 나타내고, 다른 사람들을 전도하고, 기적을 나타내고, 그리고 제도화된 남자성직자들의 권위에 도전하기 위해 어떻게 음식을 이용하였는지 설명하였다. 음식을 나누어 주는 것은 어느 정도까지는 여성파워의 본질이면서 어느 정도는 한계이다.

여성파워는 주로 가족에게 그리고 아주 간혹 폭넓은 사회를 넘어서서 발휘되는 파워이다. 음식을 나누어 주는 것은 극히 강한 감정적 방법을 통해 여자들을 가까운 친족들과 연결시킨다. 사람들은 여자들을 그들이 제공하는 음식으로 동일시한다. 안나 프로이트(Freud 1946)는 엄마와 아이들 간의 관계에서 엄마가 음식을 주는 행위의 심리적 의미를 논하였다. 섭식장애를 다룬 많은 문학작품에서의 공통테마는, 한 여자의 자발적 기아(굶음)는 엄마와의 관계에서 엄마와 상반되는 성격의 반영이다.[3]

일부 이태리 학자들(Belmonte 1979; Parsons 1969; Saunders 1981; Silverman 1975)은 엄마의 중요성과 양육을 통해 여자들이 얻는 영향력을 설명하였다. 벨몬테는 가난한 나폴리의 가족을 '엄마중심의 가족'으로 보고 있다. 그리고 '엄마는 인간의 두 가지 활력소인 음식과 사랑을 나눠주기 때문에' 중심이 되는 거라고 주장하고 있다(Belmonte 1979, 89). 도날드 핏킨은 이태리 남부사람들에 대하여 다음과 같이 적고 있다: "처음에는 모유로, 그리고는 불충분하지만 난로와 벽로에서 점차 많은 음식을 먹게 된다. … 그러면서 가장 기본적인 욕구를 계속해서 채워 주는 사람은 엄마뿐이라고 기억하게 된다. 구강적 의존도는 훨씬 넓어진 사회구성의 일면일 뿐, 즉 생존의 기본일 뿐이다. 그리고 심리적 안녕은 그것을 만족시켜 주는 엄마에게 확실한 파워를 보장하게 된다. 왜냐하면 부인 혹은 엄마가 만들어주는 음식을 먹는 남편과

3. 이 논문의 한계를 넘은 문제지만, 신경성 식욕부진은 이태리, 특히 중상류층의 도시 10대 여자아이들 사이에서 더욱 빈번하다. 그들은 파워와 자율성의 문제를 포함하여 미국에서의 식이장애와 관련된 같은 문제를 드러낸다.(Allegrazi et al. 1994; De Clerq 1990, 1995; Palazzoli 1963; Recalcati 1997을 참조한다). 나의 제보자 어느 누구도 신경성 식욕부진의 어떤 증세도 보이지 않았다. 그리고 그런 증세를 가지고 있는 사람을 알지도 못했다. 그럼에도 불구하고 이태리에서 식이장애의 존재는 음식제공과 파워와 위신에 대한 다른 대체물의 부족 등으로 인한 여자들의 정체성과 영향력에 대한 전통적인 방법의 상실에 대한 나의 주장을 뒷받침하고 있다. 그런 내용으로 보아 일부 여성들은 자아거부와 자아통제에 의해 나타나는 제한적이고 자아파멸적인 형태를 찾는다.

아이들은 그녀에게 종속되기 때문이다"(Pitkin 1985, 214).

엄마는 가족들이 언제, 무엇을, 얼마만큼 먹을 것인지를 결정한다. 엄마는 식탁에서의 사회적 관습을 통제한다. 식탁은 대체로 사회에서 옳다고 생각되는 행위와 가치의 소우주이다. 엄마는 음식의 상징적 언어를 통제하여 그녀의 음식이 그녀 자신이나 가족, 그리고 세상에 대하여 말하고자 하는 것을 결정한다(Quaggiotto 1987). 음식을 만들어주는 데 있어서의 역할을 통해, 여자는 예산의 상당부분을 관리할 수 있다. 특히 이태리에서는 가족수입의 평균 3분의 1 이상이 음식준비에 사용되고 있다(L'industria alimentare 1978, 5~9). 이태리에 관한 인류학적 문헌은 보통 여자의 음식생산과 준비활동을 설명하고 있지만, 어떤 연구도 여자의 위치, 파워, 그리고 주체성을 최대한 나타내기 위해 식습관에 대해 직접적으로 초점을 맞춘 것은 없다. 그리고 여자들의 가정 내에서 혹은 도시환경에서의 공적 역할 사이의 갈등을 고찰하지도 않았다.[4]

나는 여기에서 나의 인터뷰 제보자들이 자신들의 자아개념과 인간관계에서 말하는 음식의 의미에 대한 묘사를 자세히 기록하고 있다. 음식을 만들어 먹이는 것이 여자들에게 영향력을 가져다준다고 결론내린 것은 그들 자신이 아니고 바로 '내 자신'이다. 왜냐하면 이런 사실은 너무도 기본적인 것이어서 그들은 오히려 이를 깨닫지 못하고 있기 때문이다. 그들은 음식준비를 바로 자신의 직분으로 여기면서도, 경제적 자율성과 그 외 추가적 요인 때문에 주체성과 보수를 얻을 수 있는 직업

4. Assmuth 1997; Cornelisen 1969; Chapman 1971; Davis 1973; Silverman 1975; Schneider & Schneider 1976; Teti 1976; Belmonte 1979; Coppi & Fineschi 1980; Falassi 1980; Feletti & Pasi 1981; Pitkin 1985; Lo Russo 1998 등을 참조한다.

을 원한다.

전통적 플로렌스 여자들의 정체성과 파워

플로렌스 여자는 여성스러움의 구성요소로 가족, 양육, 이타주의 등으로 규정하는 세상 속에서 태어난다. 음식을 만들어주면서 플로렌스 여자들은 다른 사람들의 삶 속에서 자신의 삶을 유지하고, 자신의 삶의 의미를 부여한다. 이곳 여자들에게 아마도 양육의 주요형태는 모유수유일 것이다. 모유수유에서 아이는 절대적으로 엄마신체로부터 영양공급을 의존하기 때문이다. 인터뷰 제보자 중의 한 명인 50세의 반나(Vanna)는 수유하는 동안 자식에게 '다시 생명을 주고' 있는 것 같았다고 말했다. 66세의 다른 제보자 엘다(Elda)는, "모유수유는 나에게 너무 멋진 일로 그 순간만큼은 내 아기가 완전히 내 자신의 것이기 때문에 그 순간이 아예 멈추지 않았으면 하고 바랬어요. 그 순간 아기는 정말로 내 것이었어요. 회상컨대, 나는 혼자서 중얼거렸어요. 내 아기는 내가 모유를 주고 있기 때문에, 내가 생명을 주고 있기 때문에, 내가 영양분을 주고 있기 때문에 자라고 있는 것이라고. 그것은 정말 멈추고 싶지 않을 만큼 아름다운 일이었어요."라고 말했다.

모든 여자들이 대체적으로 모유를 인정하였다. 젊은 여자들은 아기를 낳으면 당연히 모유를 먹이려고 하였다. 나의 인터뷰 제보자 모두는, 여자는 할 수만 있다면 모유수유를 해야 한다고 느꼈다. 그러면서 자신의 몸매를 위해 모유수유를 하지 않으려는 여자들을 통렬히 비난하였다.[5] 여자는 자식의 양육을 위해 자신 — 외모, 육체적 안녕, 시간,

혹은 편리함마저 — 을 희생해야 한다는 것을 의미하였다.

음식준비는 항상 기본이었다. 그 기본으로 플로렌스 여자들은 다른 사람과 관계를 맺으면서 자기 자신을 규정하였다. 41세의 산드라(Sandra)가 말했다. "나는 가정주부입니다. 내가 요리를 할 줄 몰랐다면 나에게 무엇이 남아 있겠어요?" 훌륭한 요리사로서의 플로렌스 여자의 기술은 가족과 친구에 의해 갈채를 받고 평가받았다. 반나는 말했다. "다른 사람들이 좋아하는 것을 만들어주고 그들이 좋아하는 모습을 보면서 만족감을 얼마나 즐겼는지… " 엘다는 남편이 죽기 전 그리고 딸이 미국으로 떠나기 전, 요리는 자신이 누릴 수 있었던 가장 만족스런 일이었다고 설명했다. 왜냐하면 그녀는 새로운 음식을 만들고 자신이 알고 있는 요리법을 다시 새로운 것으로 만들기를 좋아했기 때문이다. 그녀는 스스로를 위해, 그리고 가족을 위해 만족했다. 왜냐하면 그녀는 가족들이 그녀와 그녀가 했던 일에 얼마나 감사히 여기는지를 알고 있었기 때문이다. 집과 가족에 대한 헌신은 항상 플로렌스에서는 여성스러움의 기본이었다. 플로렌스 출신의 39세 지글리욜라(Gigliola)는 22세에 미국으로 이민을 갔다. 그녀는 이태리 여자를 다음과 같이 설명하였다. "이태리 여자들은 안주하고 싶어 하는 것으로 생각돼요. 가꿀 집을 원하고, 돌봐줄 남편과 아이를 원하고 그러면서도 자유를 누렸어요. 이태리 여자들은 가족에게 헌신적이지만, 중요한 자리에 오르겠다는 개인적인 야망은 없어요." 이 묘사는 나이 많은 인터뷰 제보자들

5. 모유수유는 여성의 몸매를 망가뜨리지 않는다. 그러나 플로렌스 여자들이 모유수유가 여성의 몸매를 망가뜨린다고 생각하면서도 모유수유를 선호하는 것은 흥미로운 일이다. 젖을 만들기 위해 필요한 열량 때문에 모유수유는 출산 후 여자들의 체중감소에 도움이 될 수 있다. 가슴이 처지는 것은 수유 때문이 아니라 잘못된 브래지어의 선택 때문이다(Boston Women's Health Book Collective 1984, 400).

의 진술과 경험에 의해, 그리고 다른 여러 사회학 연구(Areni, Manetti, Tanucci 1982; Pagliari 1982)에 의해 확실해졌다.

바릴레 & 자누소(Barile & Zanuso 1980)의 주제와 같이, 나이 많은 모든 제보자들은 자신이 함께 살았던 가정을 이끌어 왔다. 그들의 의무는 다양하고 많았다. 가장 중요한 것은 아기를 낳고, 양육하는 일이었다. 기초적인 사회인으로서, 여자들은 음식을 만들어 먹여줌으로써 아이들과 강한 감정적 유대관계를 만들어갔고, 그들에게 깊은 영향을 주었다. 그들은, 아이들에게서 사회가 기대하는 가치에 의해 개인적 자부심을 얻었다. 아이를 키우는 일 외에, 여자들은 쇼핑도 하고, 요리도 하고, 식사 후에 설거지도 했다. 그들은 먼지 털고, 청소하고, 유리 닦고, 바닥을 쓸고 닦고, 집안 정리하고, 아이들을 학교에 데려다주고 데려오고, 씻기고, 옷을 다려주고, 빨래를 접어 정리하고, 가족간의 갈등을 중재하고, 다툼을 달래 타협점을 찾고, 가정의 평화를 지키고, 그리고 반나나 엘다처럼 가정경제를 꾸려나간다. 엘다의 경우, 남편이 월말에 월급을 가져다주면 모든 것을 그녀가 꾸려나갔다. 가정의 감독자이며 관리자인 플로렌스 여자들은 결코 1차 생산자가 아니었다.

나의 인터뷰 제보자들은 롬바르디(Lombardy) 지역에서 2,000명의 여자를 대상으로 연구한 바릴레 & 자누소(Barile & Zanuso 1980)가 발견한 고용형태와 공통점이 있었다. 롬바르디 여자들은 저임금의 직장에서 일했고, 결혼이나 자식양육으로 일을 중단하여야 했고, 대개는 연금이나 실직수당과 같은 혜택을 전혀 받지 못하고 집에서 혹은 비공식적인 '검은 경제'[지하경제] 영역에서 일했다. 나의 모든 제보자들은 결혼 전에 임금을 받고 직장에서 일했다. 66세의 엘다를 제외하고 모두는 결혼과 함께 직업을 그만두었다; 엘다는 집 옆에 위치해 있는 부모님의 빵집에서 계속 일을 하였다. 그래서 그녀는 딸아이를 돌볼 수 있었다. 엘다의 부모님은 그녀에게 한 번도 임금을 지불하지 않았고, 퇴직금도 주지 않았다. 그녀의 일은 그냥 가사노동과 같았고, 단순히 가족을 도와주는 일이었을 뿐으로 그녀를 위한 경제적 독립과는 상관이 없었다. 50세의 반나와 그녀의 여동생인 48세의 로레따(Loretta)는 결혼 후에 집에서 작업한 개수에 따라 임금을 받는 일을 하였다. 로레따는 아이들이 다 성장한 후에는 다시 풀타임으로 공장에서 일하였다. 지글리욜라는 이태리에서 여행가이드로 일했었는데, 결혼과 함께 그만두고 미국으로 이민을 갔다. 그녀는 딸들이 어릴 때는 밤에 대학을 다녔고, 아이들이 학교에 들어간 후에야 고등학교에서 교편을 잡을 수 있었다. 61세의 마리아 루이사(Maria Luisa)는 플로렌스 시에서 풀타임 공무원으로 일했던 유일한 여자였다. 그러나 그녀는 57세가 될 때까지 결혼하지 않다가 퇴직 후 바로 결혼하였다. 1950년 전에 태어난 기혼 여성에게 일은 개인을 위한 것 혹은 여성으로서의 정체성에 필수적인 어떤 것으로 여겨지기보다는 경제적 필수요인으로 그리고 가족경제에의 공헌으로 여겨졌다(Balbo 1976).

플로렌스 여자들의 정체성은 전통적으로 자신의 욕구만족이 아니라 이타주의와 희생을 토대로 존재하였다(Pitkin 1985, 7). 나이가 많은 여자들은 다른 사람들을 위해 고통을 참으려고 — 심지어 혼자서 그 고통을 부담하는 대가를 치르고라도 — 애써야 했다고 믿는다. 그래서 반나는 여러 해 동안 남편 브루노에게 그가 암에 걸렸다는 이야기를 하지 않고, 남편을 즐겁게 하기 위해 그리고, 그의 고통을 덜어주기 위해 근심걱정을 감추며 육체적으로 그를 돌보았다. 그녀는 또한 아이를 키운다는 것은 엄청나게 많은 책임감이 따랐다고 말했다. 바로 희생이었다.

아이들을 위한 탓에 그녀는 자신만을 위한 옷 한 벌이 없었다. 자신만을 위해서는 스테이크 한 조각도 먹지 않았다. 어머니가 미망인이 된지 얼마 지나지 않아, 지글리욜라는 이태리 여자들의 주체성을 완전히 남의 기준에 따르는 존재로 규정하였다. "다른 사람을 위해 할 수 있는 일이 없는 여자는 자신은 죽었다고 혹은 필요 없는 존재로 생각합니다. 왜냐하면 다른 사람들을 위해 할 일이 없기 때문이지요. 그리고 자신을 위해 아무 것도 하지 않고, 일생 동안 남편을 위해 일해요."

그러나 희생이 있으면, 결혼해서 아기를 낳은 전통적인 여자의 삶은 보상을 받았다. 여자들은 자신들의 역할이 무엇인지를 깨달으면서 그리고 그 역할을 수행할 수 있다는 것을 확신하면서 안도감을 느낀다. 그들은 곤궁함과 자신들에게 의존하고 있는 아이들과 남편의 헌신적 애정으로부터 심리적 확인과 영향력을 획득한다. 가정을 지키면서 사회화를 통해 여자들은 아이들의 감정, 생각, 행동을 다스리는 파워를 가진다. 가족에게 음식을 만들어주면서 여자들은 그들에게 사회적 관습, 가치, 그리고 세계관을 건네준다.

시대적 갈등

나이가 많은 여자들과는 달리, 1980년대 초 인터뷰한 젊은 여자들은 세계 각지에서 살고 있었고, 사회로부터 혹은 자기 자신으로부터 서로 다른 기대가치를 필요로 했다. 파올라(Paola), 마르타(Martha), 그리고 신시아(Cinzia)는 모두, 20대에, 더 이상 집에서 은둔하며 가족에게 이타적 헌신의 삶을 살려 하지 않았다. 그들은 집 밖에서 임금을 받는 직업을 갖고자 하였다. 그들은 일하면서 — 독립성, 돈, 사회적 접촉, 그리고 개인적 만족감을 통해서 — 만족을 느꼈다. 20세의 파올라는 작은 플라스틱 공장의 비서였다. 그녀는 직업을 가졌을 때의 기쁨과 성취를 분명하게 표현했다. 그녀는 또한 자신만의 수입이 있어 부모님에게 돈을 요구하지 않는 상황을 즐겼다. 그리고 약혼자와 함께 집을 사기 위해 즐거운 마음으로 저축을 하고 있었다. "오늘날에는 둘이 벌지 않고서는 그 꿈을 이룰 수 없어요."라고 그녀는 말했다. 22세의 마르타는 공장에서 이따금씩 일을 하며 평생직장을 찾고 있다. "여자는 가족을 통해서만이 아니라 일과 가족을 통해 남편과 함께 자신을 깨달아야 합니다."고 말했다. 26세 신시아는 슈퍼마켓 점원으로, 결혼은 했지만 아직 아이는 없다. 그녀는 일하고자 하는 자신의 욕망을 분명하게 표현하였다: "여자는 독립성, 즉 자신만의 활동을 가지고 있어야 합니다." 그리고 계속 말했다.

> 내가 일을 하는 이유는 경제적 만족을 위해서이기도 하지만, 다른 이유는 집에서 그냥 지낼 수가 없어서예요. 집에 그냥 있어보려고 노력했지만 의기소침해지는 것 같았어요. 그것은 정신이상을 일으키기에 충분하였지요. 젊은 사람이 집에 있는 것은 침울한 일이지요. 할 수 있는 일은 항상 다른 사람에게 돈을 달라고 하는 일뿐이었으니까요. 나는 내 자신의 독립을 위해 일해요. 그리고 경제적 상황을 위해 일하기도 하고요. 모두 알다시피 모든 물가가 높잖아요. 그것은 나에게 일하는 데 더욱 만족감을 줘요. 당신에게도 마찬가지로 일이 당신에게 만족을 주는 유일한 보답이잖아요. 일이 없다면 당신은 자살할 지도 모를걸요.

그녀는 또한 오랜 시간 일을 하면서도 임금이 적어 보답이 거의 없다는 것을 느낄 때의 씁쓸함을 표현하기도 했다. 간호학교 선생으로 훈련을 받은 그녀는 자신의 분야에서 자신이 좋아하는 일을 할 수 없었기 때문에 좌절감을 맛보았다. 하루 종일 선반에 물건을 채우고 가격을 붙이는 일의 지루함에 몸살이 날 지경이었지만, 그래도 그녀는 일없이 지내는 것보다는 차라리 나았다(Dalla Costa & Schenkel 1983).

젊은 여자들은 성 차별에 대해, 사회적으로 혹은 정치적으로, 경제적으로 남자에게 종속되어[6] 있었던 시대의 전통적인 남녀간의 상보성보다 더 많은 것을 원하면서, 공적으로나 사적인 영역에서 자신들의 평등 욕구를 분명하게 표현했다. 40세의 산드라는 희망을 펼쳐가면서 겪었던 갈등을 분명히 밝혔다. 그녀는 딸들을 위해 이상적인 남자상을 말했다. "명령하는 남자가 아니라 부인과 대화하는 남자, 부인에게 충고해 줄 것을 요구하여 같이 결정을 내리는 남자. 그리고 여자는 독립적이어야 하고, 그리고 남자와 동등하게 이야기할 수 있어야 하고, 동등하게 대우받아야 합니다." 한숨 돌리고 그녀는 그냥 가정주부로 만족했다고 말했지만, 잠시 후 다시, 가족의 반대로 생물학 분야에서 원하던 일을 할 수 없었던 것에 대한 후회를 나타냈다. 그녀는 또한 남편에게 돈을 달라고 하는 일이 정말 싫었다고 말했다. "돈을 달라고 하는 것은 내 자신을 치사하게 굽혀야 한다는 것을 의미했지요. 그래서 나는 그것이 싫어서 종종 돈을 달래지 않고 내가 가지고 있는 것으로 그럭저럭 꾸려나갔어요." 딸들에 대해서 그녀는 여성의 다른 모델을 원했다. "정신적으로, 문화적으로 독립심이 있는 지적인 여자. 그래서 평안하게 살 수 있고, 자기 자신을 가족에게 이끌리지 않고 평안하게 일할 수 있는

6. 전근대의 토스카나에서 여성과 남성 사이의 관계는 Falassi 1980과 Silverman 1975를 참조한다.

여자. 나는 정말로 내 딸들이 일하는 여자가 되길 바래요."

그러나 직장과 같은 공적인 세상에서 그것을 실현하기 위해서 무척 애썼던 여자들은 — 가정과 직장을 조화롭게 하기 위해 — 그들이 바라던 평등성이 실제로는 존재하지 않았다고 말하였다. 파올라가 말했다. "남자들은 스스로를 낮추어 뭔가를 하려하지 않을 겁니다. 사람들은 평등성과 같은 것들을 말로는 이야기하지만, 내 생각으로 조금도 이루어지지 않았어요." 오랜 시간 동안의 직장일과 치아기술자인 남편의 도움 없이 가정을 꾸려나가야 하는 요구로 과중하게 일을 한 신시아는 슬퍼했다. "남자들은 예전같이 직장에서 무거운 박스를 옮기는 것과 같은 힘든 일을 도와주지 않아요. 그리고 집에서도 마찬가지로 도와주지 않지요. 여자들은 남녀의 평등성을 원했어요. 그러나 애석하게도 실패했어요. 왜냐하면 성평등은 존재하지 않기 때문이지요. 성평등이 무엇이지요? 우리는 그것을 집에서 볼 수 있어요. 남자들은 다른 할 일이 뭔가 너무 많이 있는 것처럼 행동하면서 실은 아무 것도 하지 않고 앉아 있지요."

신시아, 마르타, 파올라와 같이 일하는 여자들은 직장과 가정에서의 요구에 여기 저기 상처를 받는다. 신시아의 경우는 최악이다. 왜냐하면 그녀는 결혼을 했기 때문이다. 파올라와 마르타는 아직 부모님과 함께 집에서 살고 있었다. 그래서 가정일을 꾸려나갈 책임을 가지고 있지 않았다. 모두 다 아기는 없지만, 아기를 갖는 것이 그들에게 피곤함만을 가중시켜 줄 거라고 믿으면서도 결국에는 아기를 바라고 있다. 아이들이 없어도 그들은 그런 일로 갈등을 겪고 있다. 그들은 약혼자와 남자 형제들이 집에서 아무 것도 하지 않고, 자신들보다 더욱 자유롭다는 — 물질적으로나 심리적으로 — 사실을 내놓고 서운해 한다. 그들은 남자들이 먼지나 지저분한 것을 보지 않고, 그것들을 치우도록 배우지도 않은 것을 불평했다. 젊은 여자들은 남자들의 가정일로부터의 이런 심리적 자유로움에 분개하였고, 남자들의 무관심을 계속하게 하는 데 있어서 여자들의 역할도 인식하고 있었다. 그러나 여자들은 가정일에 얽매이는 것으로부터 탈출하지 못했다. 플로렌스 여자들의 정체성은 집을 잘 꾸려나가는 데 달려 있었다. 만약 이런 일에 태만하면 나쁘게 평가된다. 신시아가 말했듯이, "오후 9시가 되어도 잠자리가 준비되지 못하면, 그것을 알아채는 사람은 남자가 아니라, 나의 친정엄마나 시어머니와 같은 여자지요. 그리고 그들은 나를 비난합니다. 나쁜 것은 나라고. 그(남편)가 아니라고. 그것이 바로 나를 속상하게 하는 이유입니다. 이해가 되나요? 또한 나 역시 침대가 준비되어 있지 않은 것을 싫어해요. 잠자리를 준비하는 것은 별것도 아닙니다. 5분이면 되거든요."

이제 26세의 신시아는 자신의 딜레마를 설명했다. 그녀는 여자로서 자신의 이미지를 완벽한 가정주부로 선택하였다. 직장여성으로 그것이 불가능하다는 것도 알고 있었다. 그러나 그녀가 자라면서 믿었던 그 이상(理想)으로부터 자유로울 수 없었다. 여성의 개념이 보다 개방적이었던 미국에서 29년을 살아왔던 39세의 지글리욜라도 마찬가지였다. "인생을 살면서 엄마, 주부, 그리고 여자의 역할을 조화롭게 유지하려고 애쓰면서, 나를 뒷받침하고 있던 전통을 극복해야만 하는 사람은 나 자신이었어요." 그러나 여자가 집에서 어떻게 해서든 남편으로부터 도움을 받으면, 태도는 상반된다. 48세의 로레타는 봉제공장에서 녹초가 될 정도의 풀타임 직업을 가지고 있었다. 그녀의 남편은 퇴직하였다. 그는 식사를 위해 쇼핑을 하고 음식을 준비하였다. 그러나 설거지나 다른 집안의 허드렛일은 절대로 하지 않았다. 그녀는 그 도움이라도 고마워했다. 그러나 다음과 같은 말을 하였다. "쇼핑을 하지 않고 집에 들어와 저녁을 만든다면 약간 기분이 나쁠 거예요. 남편이 그런 일을 하는 것은 편하려는 것뿐이지요. 그러나 다른 이유라면 나는 그것을 더욱 기분 좋게 느낄 거예요. 당신도 쇼핑가고 모든 것을 스스로 하면 더욱 여자 같다는 느낌이 들 걸요."

여자 같다고 느끼는 것은 남자들이 남자 같은 행동을 확실히 하는 것과 관련된다. 그리고 여자와 남자가 서로 같은 특징을 갖기보다는 서로 별개로, 서로 상호보완적인 경쟁자라는 것이다. 그리하여 여자들은 자신들의 중요성과 필요성을 굳히기 위해 스스로 적극적으로 남자—남편과 아들—는 가정일에 부적당하다는 생각을 계속 고수하였다. 66세의 엘다는 언젠가 폭풍우 치던 날, 남편에게 테라스에서 빨래를 걷어오라고 하지 않았다고 말했다. 왜냐하면 이웃들이 다른 눈으로 그를 쳐다보지 않도록 하기 위해서였다. 그리고 남편이 그런 일을 하는 것이 좋아 보이지 않을 거라고 생각하였다. 그녀는 재미있는 이야기를 하였다. "알겠지만 남자가 그런 허드렛일을 하는 것에 대한 편견은 여자에게서 시작됩니다."

가사일에 관해서, 젊은 여자들은 나이든 여자들보다 남자들의 부적당함에 대해 더 요란스럽게 비판하였다. 그리고 그런 부적당함을 영속시키는 데 있어서 여자의 역할도 한몫하고 있다는 것을 깨닫고 있었다. 20세의 파올라가 말했다. "나의 남동생은 손가락 하나도 꼼짝하지 않았어요. 그 애는 대다수의 남자들보다 더 심했어요. 그 애는 아마도 항상 그의 뒤를 쫓아다니며 일일이 손에 넣어 준 엄마와 나에 의해서 잘못 자랐을 거예요. 엄마는 항상 동생 뒤에서 아무리 작은 일이라 해도 해줄 준비가 되어 있었거든요. 그래서 그 애는 스스로 쉽게 할 수 없었어요." 풀타임으로 일하며, 집안일을 하는 26세 신시아는 인터뷰 제보자들 중에서 가장 분명하게 자신의 어려운 상황을 인식하고 있었다. 그러면서도 가장 양면적인 반응을 보였다. 그녀의 남편에 대한 설명이다.

> 하루 종일 일을 하고 집에 돌아온 그에게 솔직히 내가 무슨 말을 할까요? 조그만 스테이크 하나 굽는 것을 도와달라고? No. 내가 멋진 식사를 준비하고 있다면 좀 도와달라고 하겠지만, 조그만 스테이크 하나 준비하면서 누군가에게 도와달라고 하기에는 좀 우스꽝스럽지요. 나는 남편에게 스테이크 굽는 것을 도와달라고 하지 않아요. 그리고 나는 어느 누가 집안일을 해도 내가 하는 것만큼 내 스스로 만족하지 못하는 타입입니다. 사실 언젠가 그가 설거지를 하고 있을 때, 남편이 제대로 하고 있는지 확인하러 갔더니, 그가 말하길, "이것으로 끝이야. 다시는 설거지 하지 않을 거야. 그래보았자 당신을 만족시키지 못할 테니까." 나는 매우 정확한 성격인데, 그는 그것을 알고 있었어요. 그는 정말로 잘했어요. 내 생각에 그는 최선을 다했어요. 그러나 그는 천성적으로 본래 그리 정확하지 못해요. 그것을 남자의 습관이라고들 하지요. 남자들은 그런 식으로 자라왔으니까요.

가정의 허드렛일로부터 남자들을 멀리 하게 만드는 데는 여자들이 연루되어 있다고 신시아의 말에 분명히 나타났다. 그녀의 좌절도 마찬가지로 분명했다. 그녀는 스스로 허드렛일을 했다. 왜냐하면 그녀 생각으로 그런 일을 잘 하는 것은 중요했기 때문이다. 그러나 그녀는 시간이 없어서 그런 일을 잘 할 수 없었다. 그리하여 당시의 플로렌스 여자들은 곤경에 처해 있었다. 그들은 직장에도 계속 나가 돈을 벌고자 했다. 그러나 그들은 완벽한 가정주부(*brave massaie*)가 아니면, 완벽하지 못하고 유능하지 못하다고 느꼈다. 그러나 일단 결혼을 하면 두 가지 일을 잘 한다는 것은 불가능하였다. 특히 이태리의 집안청소와 여러 코스로 된 거창한 점심식사와 저녁식사를 하는 그들의 식습관을 완벽하게 꾸려나가야 하는 환경에서는 더욱 그러했다.

실제로 당시 플로렌스 젊은 여자들은 그들의 엄마들보다 음식준비에 훨씬 덜 유능했고, 음식관리도 잘 하지 못했다. 신시아의 엄마와 파올라의 증조할머니는 가족을 위해 모든 식사를 준비하였다. 어린 여자애들은 음식준비의 의무감에서 완전히 자유로웠다. 그러나 1960년대와 1970년대, 이태리의 '경제기적'이 일어나는 시대 동안 그것은 중류계층에서나 가능했다(Balbo 1976, 66). 신시아와 파올라는 공부를 계속하여 직업학교 졸업증명서 — 파올라는 비서자격증, 신시아는 유치원 교사자격증 — 를 취득하였다. 졸업 후 그들은 직장에 다니기 시작하였다. 그래서 집에서 보내는 시간이 없었기 때문에 장을 봐서 음식 만드는 훈련을 받지 못했다. 파올라는 고기도 자르지 못하는데, 식사를 위한 장을 보아야 한다면 난처해질 거라고 말했다. 내가 그녀에게 요리를 할 줄 아느냐고 묻자, "우리 아버지는 나를 포기했어요. 나는 집에 혼자 있을 때나 요리할 거예요. 그것도 단순히 필요에 의해 요리를 해야 한다면, 결코 요리를 하지 않을 거예요." 그리고 신시아가 말하길, "나는 엄마 집에서 요리를 거의 배우지 않았어요. 왜냐하면 엄마가 요리를 하고 있을 때, 나는 그것을 보고 싶어 하지 않았기 때문이지요. 엄마는 나에게 요리를 가르치려고 했지만, 나는 그냥 관심이 없었어요. 나는 항상 언젠가 때가 되면 배울 시간이 있을 거라고 말했어요."

그러나 그 시간은 흘러가버렸다. 그리고 신시아는 포마로라(*pomarola*) 소스 — 파스타와 스튜에 가장 기본이 되는 토마토 소스 — 를 만들지 못한다고 인정했다(조리법은 뒤에). "엄마가 만들어주지 않으면, 나는 그냥 사다 먹어요. 2인분을 만들기 위해 너무 많은 일을 해야 하니까요. 그냥 크림과 햄으로 파스타를 먹는 것이 더 쉬워요." 그녀는 자신의 요리솜씨 부족뿐 아니라, 시간부족을 지적하였다. 그 결과는 식생활의 변화이다. 파스타를 크림과 햄하고 먹는 것은 토스카나 음식에서는 정말로 새로운 음식이다(cf. Codacci 1981; Costantini 1976).

파올라와 신시아는 스스로 요리하는 법을 알아야만 한다고 느꼈다. 그 둘은 요리는 자신들의 책임이라고 인정하였다. 그리고 남편이 요리를 할 수 있을 거라는 기대도 할 수 없다는 것을 알고 있었다. 그러나 요리를 자신들의 삶 속에 끼워 넣을 수 없었다. 그들은 갈등했다. 해결책을 찾는 것은 어려울 거라고 말했다. 게다가 산업적인 면에서 볼 때 식품경제는, 전통적으로 여자들 몫이었던 요리과정의 많은 일을 대신하여, 식사를 테이블에 올리는 데 들이는 시간을 줄여 주었다. 그러나 음식내용에 대한 여자들의 지휘권이나 의미를 감소시켰다(Counihan 1981; L'industria alimentare 1978). 가공식품이 점차 슈퍼마켓이나 동네가게에서 손쉽게 구할 수 있게 되었다. 사람들은 때때로 냉동식품과 통조림을 먹고, 저녁으로 라자니아, 생선튀김, 야채요리 등을 먹는다. '패스트푸드'도 점차 도시를 중심으로 퍼져나가고, 점심시간은 전통적으로 2~3시간하던 것이 한 시간으로 줄어들었다. 사람들은 집에 가서 복잡한 요리를 할 시간이 부족하다. 그래서 피체리아(*pizzerie*)나 스파케테리아(*spaghetterie*), 로스티체리아(*rosticcerie*)와 같은 스낵바와 셀프서비스 간이식당, 그리고 좀더 전통적인 레스토랑인 리스토란띠(*ristoranti*)와 뜨라토리아(*trattorie*)에서 음식을 먹는다.

대부분의 사람들이 아직도 집에서 여자들이 요리해 준 음식을 먹지만, 음식을 먹는 것은 점차 화폐경제의 일부가 되고 있다. 음식은 여자들의 통제를 덜 엄격하게 받는 상황이 되었다. 그래서 여성의 정체성을 구성하는 데 있어서 음식의 중요도가 떨어졌다. 식당에서 사온 닭고기 튀김, 근처 피체리아에서 사온 피자, 혹은 다국적 회사인 크래프트(Kraft)에 의해 생산된 카넬로니(파스타의 일종) 등은 더 이상 여자들에 의해 만들어지지 않았다. 여자들은 음식의 상징적 취지나 의미와는 상관이 없게 되었다. 음식은 점차 가정과 가족, 그리고 여자들의 가치가 아닌 소비의 가치를 나타내게 되었다.

여자들은 음식준비에서의 역할이 쇠퇴해 가는 것에 대해 양면적 감정과 갈등을 분명히 느꼈다. 그들은 가족의 음식을 관리하고 싶어 하면서도 직장일도 원하기 때문에 시간이 없었다. 요리는 여전히 여성스러움의 필수사항이었던 것이다. 그러나 일하는 여성은 그들의 엄마수준으로 가정일을 할 수 없다. 그들은 결국 불만족해 하며, 자신과의 투쟁에서, 즉 자신의 여자다움에서 이 부분을 불안해했다. 그들은 정체성 갈등에 힘들어했고, 자신의 엄마들과 같은 안전성 보장도 부족했다. 그들 엄마들은 스스로 가족구성원들에 의한 필요성 역할을 더욱 잘 수행하였다(Pitkin 1985, 15). 그러나 반대로 현대의 플로렌스 여자들이 직장일을 하는 것은 그들 엄마들이 결코 가져보지 못했던 경제적 파워를 가져왔다.

가끔 여자들의 새로운 역할기대는 젊은 플로렌스 여자들에게 그들 엄마들과의 은근한 갈등을 일으켰다. 예를 들어 딸들은 엄마들의 완전한 이타주의를 받아들이려 하지 않는 것 같다. 26세의 신시아가 말했듯이, "인생이 이와 같이 희생하며 항상 일하는 것으로 되는 것은 옳지 않지요. 그런 것을 즐기도록 허락할 시간도 없고, 다른 것을 먹을 시간이 없기 때문에, 나는 아무 것도 할 줄 몰라요." 동시에 엄마들의 삶이 그들 자신의 선택이었다는 것에 이의를 제기하였다. 50세의 반나는 딸,

신시아가 풀타임으로 일한다는 것을 멋지게 생각하였다. 그리고 기꺼이 딸과 사위를 위해 매일 식사를 준비하였다; 그러나 그녀는 여전히 잠자리를 준비하지 않고 다림질하지 않고 빨래를 쌓아두는 딸을 나무랬다. 신시아는 엄마에게 필요한 물건이나 가끔은 용돈, 그리고 그녀가 일을 하기 때문에 가능한 뭔가를 줄 수 있다는 것을 뿌듯하게 여기면서도 이와 함께 엄마에 대한 불만도 느낄 수 있었다. 이런 경우 화폐는 상호교환의 일부이지만, 이런 식의 화폐사용은 아직 플로렌스 사람들 사이에서는 드물다. 그들은 보통 음식이나 선물은 교환하지만, 시장거래 외의 교환에서 화폐의 사용은 드물다. 이는 서로 별개의 영역이라고 생각하기 때문이다. 그리고 플로렌스 여자들이 점차 자신의 가족을 위해서 가공식품을 사서 먹는 경우가 증가하지만, 가공음식은 개인의 가치와 의미를 제거한 것으로 보는 의식을 반영하여 그들은 이런 음식이 손님접대에는 부적절하다고 생각한다. 대부분의 플로렌스 여자아이들은 모든 생활이 그들 엄마 주위에 머물러있다. 그리고 엄마와 매우 동일시한다. 그러나 엄마와 다른 선택으로 인해 어린아이들이 겪는 어쩔 수 없는 정체성의 갈등은 그들에게 심리적 스트레스를 준다. 이는 엄마의 선택을 거절하고 다른 삶과 자아이미지를 선택하는 미국 여자아이들에게서 발견되는 심리적 스트레스와 비슷하다(Chodorow 1974).

당시 일하는 플로렌스 엄마들은 자식들의 사회화에 정보입력을 주지 못했다. 전업주부는 자식들과 늘 함께 있기 때문에 그들에게 많은 영향을 준다. 전업주부는 대개 음식을 통해서 영향을 주고, 종종 다음과 같은 말을 해주며 용기를 북돋는다. "엄마가 만들었으니까 먹어." ("*Mangia che l'ha fatto mamma.*") 보통 이태리 엄마들은 아기들이 음식을 충분히 먹고 있는지 확실히 하기 위해 아기에게 음식을 주기 전 혹은 준 후 아기의 몸무게를 잰다. 미국 엄마들은 거의 하지 않는 행동이다. 실버맨은 1961년 시골 토스카나에서 이런 풍습을 보고하였다(Silverman 1975, 188). "대부분의 엄마들은 아기들의 몸무게가 늘어나는 것에 유달리 자랑스러워했다." 내 의견으로 보아, 음식섭취는 부모의, 특히 엄마의 문화섭취에 대한 은유이고 매개체이다. 그러나 다국적 기업에 의해 생산된 음식은 집에서 만든 음식보다 부모의 가치를 훨씬 간접적으로 표현한다.

플로렌스 어린이들은 음식과 함께 부모들의 습관, 의견, 가치, 그리고 파워를 쉽게 받아들이는 경향이 있다. 음식준비의 많은 책임감을 포기한 일하는 여자들은 이런 영향력을 미치지 못한다. 그들의 아이들은 다른 사람 — 유아원과 대개는 할머니 — 에 의해, 다른 사람이 만든 음식을 먹으며, 다른 사람의 가치를 내재화하며 커간다. 과거 토스카나의 대가족에서 엄마들은 때때로 다른 어른들 — 그러나 모두 한 가족임 — 과 함께 아이들 양육을 같이 하였다. 여기에서 엄마의 영향력은 지배적이었다(Silverman 1975; Pitkin 1985, 10~3). 그러나 오늘날 도시 플로렌스에서 일반적으로 아이를 키우는 다른 어른들은 한 가족이 아닌 다른 핵가족에 속한다거나(먼 친인척이든지) 멀리서 산다(집을 얻는 데 어려움이 있어서). 그래서 집 밖에서 일을 하는 엄마들은 아이들의 삶에 미치는 영향력이 크게 적어지고, 아이들 역시 엄마에 대한 의존도도 적어진다.

신시아는 자신의 올케를 언급하면서 일하는 엄마들의 실망감을 설명하였다. 올케의 외아들은 주중에는 아침 7시에서 오후 7시까지 할머니하고 같이 보냈다. 신시아가 그녀에게 아이를 하나 더 갖지 않겠냐고 물었을 때, 올케의 대답은 이랬다. "세상에 제가 어떻게 아기를 또 가져요?"("*Chi me lo fa fare?*") 그녀는 하나인 아들도 하루 종일 할머니와 남겨두면서 다른 아기를 갖는다는 것은 말도 안 된다는 듯했다. 이태리에서 유아원 연장제를 통해 어린이 양육 전문화에 관한 의견을 내놓은 사라세노(Saraceno)가 말하길, 엄마들은 아이들의 욕구를 알아내고, 그 욕구를 채워 주는 데 대한 책임감과 통제권의 독점권을 상실했다고 했다(Saraceno 1984, 18~9). 이런 상실감은 이태리 엄마들의 마음에 상처를 주었다. 왜냐하면 아이들은 엄마에게 의존해야 하고, 엄마는 자식들을 위해 무엇이든지 해주어야 한다고 믿고 있기 때문이다.

결론

플로렌스 여자들은 이태리 사회와 경제의 변화에 노동인구로 참여함으로써 대처해 나갔다. 그러나 그들은 여전히 임금이나 취업기회, 지위 등에서 남자의 하위였다. 그러나 노동자로서의 그들의 위치는 약간의 지위, 남자와의 평등가능성, 그리고 자신만의 돈을 벌어 저축할 수 있는 능력을 가져다주었다. 돈은 자아관념과 독립성 때문에 그 중요성이 점차 증가하였다.

그러나 경제적 파워의 가능성에도 불구하고, 여자들의 새로운 역할은 갈등과 전통적 영향력의 상실을 가져왔다. 그리고 여자들은 내놓고 혹은 은연중에 그들의 엄마들과 서로 다른 이상적 여성상 — 자신들이 구체화시켜 놓았음 — 을 놓고 갈등을 겪고 있다. 그들은 아이들에 대한 지배력과 그들의 사회화에 미치는 영향력을 다소 잃어버렸다. 전통적 역할과 새로운 역할기대 모두를 수행해낼 수 없음은 여자들에게 심리적 혼란과 불안감에 이르게 하는 좌절과 자아불만족을 겪게 만들고 말았다.

여성들의 어려운 위치는 사회가 변해야 변할 수 있다. 식사의 구성과 정결함의 기준을 수정하면 여자들이 이런 의무를 수행하는 데 있어서 더욱 느슨해질 수 있다. 집안일을 하는 데 남자들이 도와줄 거라는 기대는 이 영역에서 혼자만 일해야 한다는 부담을 참아야만 하는 여자들의 마음을 안도케 한다. 그러나 나의 제보자들을 볼 때 이런 일이 일어나고 있다는 증거는 거의 없었다. 그리고 남자든 여자든 이런 일이 일어나도록 힘쓰고 있다는 증거도 거의 없었다. 젊은 여자들이라고 해서 자신의 엄마들이 아들들을 키웠던 방법과는 근본적으로 다른 방법으로 자신의 아들들을 키울 것 같지 않았다. 젊은 제보자들은 집안에서 남자형제들로부터의 도움이 부족했다고 비난하지만, 자신의 아들들에게 많은 도움을 요구할 심리적 준비가 되어 있는 것 같지도 않았다. 이런 것이 여전히 남아 있는 것 같았다.

이태리 사람들은 여자들에게 지워진 부담을 덜기 위한 더 많은 공적 보조를 위해 정치적 선동을 할 수는 있었다. 1960년대와 1970년대 이런 면에서 많은 발전이 있었다. 예를 들어, 유급 출산육아휴가의 의무화가 그러했다. 그러나 1970년대 말 정부의 경제적 위기는 이를 축소시키고 결국 중지시키고 말았다(Sgritta 1983; Saraceno 1984). 탁아소가 급격히 늘어났다. 사라세노(1984)가 언급했듯이, 이태리 사회에서 육아활동은 여자들의 일로 여기는 생각을 반영이나 하듯 탁아소직원들은 압도적으로 여자들이었다. 여자들은 임금노동을 단념하고 전업주부로 전념할 수도 있었다. 그러나 여성운동의 강세와 점차 늘어나는 이태리 사회의 소비주의 방향은 그럴 수 없게 만들었다. 반면에 플로렌스 여자들은 쉽지 않은 상황과 투쟁하고, 그러면서 여러 세대 동안 자신들을 지탱해 온 내적인 자원에 계속해서 의지하고 있다.

플로렌스 여자들과 세상 여러 도시의 그와 같은 여자들은, 전통적으로 남자들에 의해서 지배되어 왔던 정치적 · 경제적 파워의 영역 안으로 불완전하지만 그래도, 서서히 파고들고 있다. 그러나 임금노동, 즉 직업의 필요성 때문에, 여자들은 가족과 아이들을 돌보고 음식을 만들어 먹이는 데 점점 덜 헌신적이다. 그리하여 그들은 전통적인 신망과 영향력과 같은 중요한 자원을 잃고 있다. 그리고 사람들이 바라는 대로 행동하도록 하는 수단으로서, 이전의 영향력과 의무와 같은 보다 온화한 수단을 희생하면서 위협이 지배적인 세상에 참여하고 있다. 즉 여자들은 음식으로 혹은 손으로 교묘히 얻어지는 파워를 잃고 있다. 그리고 아마도 세상 역시 그것을 잃어가고 있다.

4장

음식, 섹스, 그리고 출산

성 경계의 침투[1]

서론

음식을 먹고, 성생활을 하고, 아기를 낳는 데 있어서 여자와 남자의 역할에 관해 가지고 있는 믿음은 여자와 남자의 성 정체성과 서로의 관계에 대해 깊게 자리잡고 있는 생각이다. 이런 행위들은 모두 남자와 여자의 상호접촉과 신체경계의 침투가 수반되기 때문에, 성역할과 성 관계뿐 아니라 개인의 자율성, 자아개념, 그리고 자기통제에 관한 믿음들은 상징적으로 표현된다. 이 글은 서양사회의 여러 관념이 어떻게 남성지배와 여성하위에 관한 믿음과 뒤엉켜 연결되었는지를 지적하고, 계층화되어 있는 산업사회인 서양사회에 만연되어 있는 신체와 그 신체에 영향을 주는 음식에 관한 견해와 성기능을 아마존과 뉴기니에 있

1. 이 장은 브라질 저널 *Horizontes Antropológicos* 2, 4:104~17, 1996의 특별기고란에 기재된 에세이를 약간 수정한 것이다.

는 일부 부족사회와 서로 대조·비교할 것이다.

계층화되어 있지 않은 뉴기니와 아마존의 부족사회에서, 남자와 여자는 상호보완적인 대립상태에서 정치적으로, 경제적으로, 그리고 사회적으로 서로 연결되어 있다. 그들은 음식과 성교를 통해 서로의 신체를 침투할 수 있고, 서로 반대되는 성의 좋은 그리고 좋지 않은 영향 모두를 쉽게 받을 수 있는 것으로 인지하고 있다. 비록 남자들이 경제적, 상징적, 그리고 사회적 수단을 통해 여자들의 음식준비와 육아양육과 같은 행위를 통제하려고 하지만, 남자들이 여자들의 중요한 역할 — 음식준비와 육아양육 — 을 인지하고 또 그에 대해 경쟁하면서 이런 상호보완의 침투는 불편한 대립과 성평등에 도움이 된다.

그러나 가부장적이고, 계층화되어 있는 미국의 남자와 여자는 자신들의 신체는 서로 상호보완적으로 침투할 수 없고, 여자의 신체는 남자들보다 더욱 상처받기 쉽다는 견해를 가지고 있다. 이런 견해는 남자와 여자 사이의 계층관계 — 이는 상징적으로, 육체적으로 서양식 날씬한 몸매에 대한 예찬으로 표현됨 — 의 원인이 되며, 또한 이를 상징하기도 한다. 날씬한 몸매에 대한 예찬은 여자들 스스로에 의해 가장 냉혹하게 지시되고 채택되어진다. 이는 음식을 끊음으로 자신을 부정하고 '체중을 감소'하여, 생명을 위협하는 거식증[신경성 식욕부진]의 극한 상태에 달하게 된다. 거식증 여자들은 음식이 몸으로 들어오는 것을 거부하듯이 마찬가지로 종종 신체적 섹스도 거부한다. 그리고 자율성, 통제력, 그리고 파워를 이룩하려는 노력의 일환으로 자발적으로 굶다가 때로는 죽기도 한다.[2] 서양여자들은 신체를 폐쇄적으로 만들고, 자신의

2. 신경성 식욕부진 여성들의 섹스에 대한 일반적인 혐오감에 대해 더 자세한 것은 5, 6장

몸 상태를 부인함으로써 파워와 정체성을 얻으려고 애쓴다. 그리고 침투는 "신체는 종속관계의 근원이며 상징이다"라는 것의 분명한 표현이다(Jacobus, Keller, Shuttleworth 1990).

나는 이 장에서 이런 문제를 신체경계의 중요성과 여자와 남자에게 있어서 음식 먹는 것의 의미, 성교의 의미, 그리고 출생의 의미를 논할 것이다. 나는 미국에서의 문화적 개념과 뉴기니와 아마존의 일부 부족사회 — 민족지학상의 좋은 데이터가 가능한 지역임 — 에서의 문화적 개념을 비교할 것이다.[3] 뉴기니에서는 우선적으로 후아 족에 관한 안나 메이그스(Anna Meigs 1984)의 연구, 잠비아 족에 관한 길버트 허트(Gilbert Herdt 1987)의 연구, 와미라족에 관한 미리암 칸(Miriam Kahn 1986)의 연구를 인용하고 있고, 아마존에서는 마이나쿠(Mehinaku) 족에 관한 토마스 그레고르(Thomas Gregor 1985)의 연구, 문두루쿠(Mundurucú) 족에 관한 욜란다 & 로버트 머피(Yolanda & Robert Murphy 1985)의 연구를 인용하고 있다. 비교문화 데이터는 성 불평등을 음식 먹는 것과 출산에 관한 문화적 태도에 연관시키는 서양 사람들의 일부 믿음의 두드러진 특징을 강조하게 된다. 특히 그것들이 여성신체의 침투와 여성신체의 나약함이 관여되어 있을 때는 더욱 그러하다.

에 나와 있다. 그 외 Bell 1985; Boskind-White & White 1983; Bruch 1978, 1988; Brumberg 1988, 1997; Bynum 1987; Liu 1979; Orbach 1978을 참조한다.

3. 나는 모든 부족사회가 근본적으로 같다는 것을 의미하고 있는 것이 아니다. 미국을 아마존과 뉴기니의 일부 문화와 선택 · 비교한다. 왜냐하면 미국의 경우를 설명하는 데 그들의 먹는 것과 성교, 그리고 남성다움과 여성다움의 정의 사이에 서로 교차되는 부분에 관한 좋은 데이터가 있기 때문이다. 나는 유대-기독교 이데올로기가 계급, 인종, 성불평등과 혼합되어 미국에서의 여성-남성 개념과 관계에 부족사회의 개념과는 여러 다른 방식으로 영향을 주고 있다고 믿는다.

음식, 섹스, 출산, 그리고 신체경계

나는 이 장에서 신체에 초점을 맞춘다. 왜냐하면 신체는 사회질서와 자아를 나타낼 수 있기 때문이다(Douglas 1966, 115~22). 신체경계는 다른 사람과 외부세계로부터의 자아분리를 상징화할 수 있다. 프로이트가 언급한 바와 같이(Freud 1962, 57), 아이와 엄마 사이의 경계인식은 유아의 자아분화와 성숙에서의 첫 단계이다. 신체의 주변은 자아의 총체성과 자아의 영향력, 양육, 혹은 위해(危害)의 잠재성을 상징할 수 있다. 먹는 행위와 성교를 통한 신체침투는 생명과 성장에 절대적이기는 하지만, 인격에 대한 도전이 따를 수 있다(Kahn 1986, 61~2). 남녀 신체와 그 신체경계에 관한 문화적 관념에 대한 연구는 — 특히 신체경계를 교차할 때 음식, 섹스, 출산의 역할에 관심을 두고 — 남자와 여자의 관계, 자율성, 그리고 취약함에 관한 사회의 믿음에 관해 많은 것을 밝혀줄 수 있다.

많은 문화에서 음식을 먹는 행위와 성교, 그리고 출산 사이에는 여러 관련성이 있다.[4] 이런 행위들은 은유적이고 상징적인 정체성 — 특히 신체경계를 통과하고, 서로 별개인 것들을 섞어가며 생명과 성장에 기여하는 — 을 부여하는 특정한 생리적 · 심리적 · 사회적 속성을 다 가지고 있다. 많은 문화 속에서 이런 행위에는 분명한 성구별이 있다. 게다가 여자들에게 음식과 출산은 특히 상징적 행위로 일반적으로 여성성(여자다움)과 관련되어 있다.

4. Gregor 1985; Herdt 1987; Kahn 1986; Meigs 1984; Murphy & Murphy 1985 외에도, Farb & Armelagos 1980; Frese 1989; Tambiah 1969; Verdier 1969 등을 참조한다.

음식과 섹스는 비슷한 본능적 욕구이고(Freud 1962, 1), 구강만족과 성적만족 사이에는 평생 관련이 있다(43). 음식과 섹스는 은유적으로 서로 공통점이 있다. 음식 선물은 섹스 제공을 나타내고, 섹스는 음식 이미지를 통해 묘사되어질 수 있다. 함께 음식을 먹는 것은 친밀함, 즉 종종 성적 친밀함 혹은 친족을 의미한다(Freud 1918, 175; Siskind 1973, 9). 함께 음식을 먹는 행위와 성교는 사회적 합병을 낳는다.

정확히 음식을 먹는 행위와 성교는 친밀함이 따르므로, 그릇된 사람과 혹은 그릇된 상황에서 이 행위들이 실행되면 위험을 초래할 수 있다. 그러므로 음식과 섹스는 여러 관례와 금기로 둘러싸여 있는데, 이런 관례와 금기는 음식과 섹스의 사용을 통제하고 사회질서의 기본이 되는 믿음, 특히 성과 관여되어 있는 믿음을 강화한다(Meigs 1985). 음식과 섹스는 모두 적절한 시간, 적절한 장소, 적절한 사람에 관한 에티켓과 관련되어 있다. 대개 함께 음식을 먹는 사람은 섹스를 할 수 있는 사람이다. 이 반대로 섹스를 할 수 있는 사람은 함께 음식을 먹을 수 있는 사람이다(Tambiah 1969). 남성다움과 여성다움은 모든 문화에서 특정 음식과 음식섭취를 통제하는 관례를 통해 규정지어진다(Meigs 1984; Brumberg 1988; Frese 1989).

대체로 음식과 섹스 사이의 관계는 남자들보다 여자들에게 더욱 깊고, 더욱 광범위하며, 더욱 친숙하다. 모든 문화에서 여자들의 최우선적인 책임은 음식준비와 아기를 낳아 키우는 것이다(D'Andrade 1974; Moore 1988). 태아와 유아에게 여자들은 음식이다. 그리고 가슴은 성적 만족과 먹을 것의 근원이 될 수 있다. 여자들의 음식 먹이는 행위는 상당량의 자율성, 체면, 그리고 통제력을 가지고 수행되어지지만, 그러한 것들은 여자들이 요리하지도 않고 아기도 갖지 않는 문화에서조차도, 일반적으로 여자다움과 관련되어진다. 미드가 언급했듯이, 남자들 말고 여자들에게 음식과 섹스는 시작자세가 필요하다. "신체침투와 임신 그리고 출산의 재해석이 여자의 초기경험을 음식섭취에 쉽게 일치하게 만든다는 것을 여자는 알게 된다"(Mead 1967, 143). 성의 계층화가 되어 있는 서양사회에서, 이것은 여자들이 개인적으로 혹은 사회적으로 가치가 하락되고 연약하다고 느낄 때, 음식섭취 행위와 성행위는 서로 유사하게 여자들의 신체경계와 정체성을 위협하고 있다는 것을 의미한다. 그러나 성평등이 더욱 존재하는 사회에서는, 음식과 성적 물질을 신체에 통과시키는 것은 위험할 수도 있고, 혹은 남자와 여자 모두에게 파워를 줄 수도 있다.

성, 섹스, 그리고 출산 : 상호보완성과 신체경계

부족사회에서 서로간의 신체적 침투개념은 성별간의 정치적, 경제적, 사회적, 그리고 이데올로기적 균형과 관련이 깊다. 부족사회는 "남성세상과 여성세상의 두 세상으로 특징이 지워지는데, 각 세상은 나름대로의 의미체계와 행동프로그램으로 구성되어 있다. … 성불평등은 이 두 세상이 균형을 이루고 있는 사회에서는 당치않다. 성불평등은 한 세상이 팽창되고 다른 한 세상이 약화될 때 당면하는 문제이다(Sanday 1981, 109~10). 이것은 계층화된 서양사회의 경우이다. 서양사회에서 남자세상은 이데올로기적, 경제적, 그리고 정치적 우위권을 차지하고 있고, 여자세상은 가치나 의미에서 약한 상태이다. 이것은 남성우월주의가 강한 상황으로, 출산과 양육 같은 여성활동의 가치하락, 일방적인 신체적 침투, 그리고 음식 · 섹스 · 임신 거부를 통한 여성의 자기극복 등이 모두 이와 관계가 있다. 미국과 뉴기니, 그리고 아마존의 부족사회에서의 음식준비와 섹스에서 여자와 남자의 역할을 둘러싸고 있는 관례와 믿음을 고찰하여 이런 점들을 논해 보도록 한다.

경제 · 정치 영역

부족사회에서는 성에 의한 노동분할이 분명하다. 그래서 남자와 여자의 활동 모두가 필수불가결하다(D'Andrade 1974). 남자와 여자는 각기 가족과 부족에게 필요한 물건을 위해 대부분 따로따로 그리고 자율적으로 일을 한다. 예를 들어 메이나쿠 족에서, 남자들은 물고기를 잡고, 사냥을 하고, 밭을 갈구고, 화살과 바구니를 만들고, 때로는 아이들을 돌보기도 한다. 그들은 생계를 위해 대략 하루에 3시간 반 정도 일한다. 여자들은 밭일과 마니옥[카사바 식물로 만드는 녹말; 매우 많은 시간과 노동을 요구함]을 만들고, 땔감과 물을 준비하고, 아이들을 돌보고, 해먹을 만들고, 물레질을 한다. 여자들은 하루 6~9시간을 일한다(Gregor 1985, 24). 그레고르에 따르면, 그들 남자와 여자는 서로 각자 다른 기술, 체력, 그리고 능력을 그대로 받아들였다. 그들은 여자들의 오랜 시간의 노동과 그들 일의 중요성을 인식하고 존경한다. 그리고 그들은 남자들의 우수한 체력과 용맹함이 사냥과 고기잡이에 중요하다는 것을 인정한다. 이런 사회에서 필요한 음식과 서비스의 완전한 획득은 부부간의 공동협력과 남자와 여자 간의 주고받음에 달려 있다(Pollock 1985).

부족사회에서, 남자의 정치적 우세는 의식(儀式), 전설, 전쟁, 그리고 부족에게 영향을 주는 결정을 통제할 때 입증된다. 그러나 아마존과 뉴기니에서 남자들은 자신들의 우월권을 확고히 믿고 있지만, 또한 그것이 쉽게 무너질 수 있음을 인식하고 있다는 증거가 있다. 고대에는 여자들이 파워를 가지고 있었으나, 남자들이 사냥을 통해, 육체적이고 성적인 폭력을 통해, 그리고 여자들의 중대한 지식부족을 통해 그 파워를 차지하게 되었다는 것을 설명해 주는 전설이 아마존과 뉴기니의 많은 부족들 사이에 있다(Bamberger 1974; Murphy & Murphy 1985, 114~8; Gregor 1985, 112~3; Meigs 1984, 45). 이런 전설에 따르면 남성우월성은 필연적인 자연의 현상이 아니라 사회구조의 결과이다. 그러므로 이것은 언제든지 다시 변화될 수도 있다.

서양의 산업사회에서 우리는 정치, 경제에서의 다른 상황을 알게 된다. 여기에서 성별간의 상호보완성은 거의 분명하지 않다. 경제활동에는 우위권과 하위권이 존재한다. 여기에서 남자들은 명예가 있고, 고임금의 흥미 있는 직업을 차지하고, 여자들의 일은 가족과 경제에는 중요하지만, 보수가 아예 없다거나 저임금으로 하찮게 여겨진다. 여전히 주로 여자들의 몫인 음식준비는 가치를 높이 평가받지 못하고, 많은 가정에서 돈과 남자들의 결정권에 종속되기 쉽다. 그래서 여성의 보조적 역할로 보이게 된다(Charles & Kerr 1988; DeVault 1991). 남자와 여자들은 일터에서도 분리된다. 그러나 수직으로, 즉 높고 낮음으로 분리된다. 반면에 부족사회에서의 분리는 조화와 남녀의 자율성을 바탕으로 하고 있다.

서양의 정치에서 우리는 힘에 있어서 남성은 생물학적으로 우월하고, 여성은 생물학적으로 부적당하다는 절대주의 이데올로기 위에 만들어진 우위와 하위의 분명한 상황을 볼 수 있다(Murphy & Murphy

1985, 116; Bleier 1984; Fausto-Sterling 1985). 아마존의 전설은 그리스·로마 전통의 일부이지만, 현재 우리의 이데올로기는 여자가 한때 파워를 가지고 있었으므로 언젠가 다시 그것을 차지할 수도 있다는 믿음이 부족하다.

부족사회의 남녀간의 상호보완적인 정치·경제 상황은 상호간의 신체경계 침투에 대한 믿음으로 특징되는 영향력에 있어서의 상호조화와 연관되어 있다고, 그리고 미국의 정치와 경제에서 남자와 여자의 우위-하위 관계는 일방적인 신체 영향력을 믿는 데서 비롯된다고 나는 믿는다. 나는 섹스, 출산, 양육과 관련된 믿음과 관례, 그리고 남자와 여자의 개념과 그 관계를 고찰함으로써 이런 주장들을 설명하고자 한다.

섹스와 출산

그레고르(Gregor 1985, 3)는 "문화적인 성 관례의 보편개념은 일반적으로 여자들을 향한 남자들의 성교에 관한 관심과 욕구이다"라는 논쟁의 여지가 있는 주장을 하고 있다. 그의 제안에 따르면, 이것은 섹스 관계에서 남자를 개시자(開始者)로 규정하는 일반적인 문화적 관례에 의한 것이다. 이것은 일반적으로 미국, 뉴기니, 그리고 아마존 문화의 경우이다. 그러나 성관계에서 누가, 무엇을, 누구에게 하는가에 관한 믿음과 관련된 성적행위는 매우 다양하고 복잡하다. 미국의 경우는 개인적 다양성에도 불구하고, 문화적 기대감은 섹스에서 남자는 능동적이어야 하고 여자는 수동적이어야 한다고 규정하는 베르디에의 일반화에 동의할 것이다(Verdier 1969). 우리는 '남자를 섹스 소비자로, 여자는 소비대상'으로 보는 경향이 있다(Fergusn 1989, 118). 여자들은 남자들에게 섹스를 당하고, 정액을 받아 임신이 된다. 반면에 남자들은 섹스를 하고, 정액을 사출하고, 임신을 시킨다. 남자들의 과정은 능동적이고, 여자보다 우위이다. 반면에 여자들의 과정은 수동적이고, 남자보다 하위이다(Martin 1989).

그러나 많은 부족사회에서 특히 뉴기니에서의 섹스는 남자의 침투를 통해 여자들이 정액을 받을 뿐 아니라, 여자 역시 남자다움을 위협하는 여성의 엑기스를 남자에게 침투시킨다는 분명한 의식이 있다. 그리하여 우리는 뉴기니에서 섹스를 할 때 남성이 여성으로부터 오염되는 것을 줄이기 위한 다양한 전략이 있음을 관찰할 수 있다. 예를 들어 이성간의 섹스를 줄이고, 동성간의 섹스를 선호하고 — 적어도 태평양과 아마존의 30개 부족사회에서 실행되고 있음(Herdt 1987, 201) —, 사정에서 손실된 남성엑기스를 다시 채우기 위해, 그리고 여성으로부터의 오염을 중화시키기 위해 음식을 섭취한다. 예를 들어 후아 부족에서는 정액을 보충하기 위해 사탕수수를 먹고(Meigs 1984, 79), 잠비아 부족에서는 특정한 나무의 흰색수액을 먹는다(Herdt 1987, 164). 여성의 물질로 오염된다는 두려움은 남성의 연약한 성 정체성과 관련되어 나타난다. 즉 성교에서 여자에 의해 삼켜 먹혀졌다는 두려움은 자신들이 나왔던 자궁으로 되돌아가, 성인으로서의 남자다움을 부정하는 의존성과 공생상태로 되돌아간다는 것으로 생각했다(Gregor 1985, 182~3; Herdt 1987; Murphy & Murphy 1985). 메이나쿠 부족에 관한 그레고르의 말에 따르면, "어린 시절에는 따뜻하고 친근한 존재였고, 아주 좋아했던 어머니의 존재가 어른이 되어서는 억누르는 듯한 공격처럼 두려운 존재가 되었다. 이전 어머니와의 공생상태로 되돌아가는 길은 차단되어 있다. 엄마와 함께 하나가 되었던 기억은 두려운 의미와 함께 뒤섞인다. 성에 대한 유혹은 부모, 즉 남자가 되려는 아들의 노력을 숨막히게 하고 억누르는 어머니를 부인하고 파괴하는 두려움을 일으킨다"(Gregor 1985, 183).

미국의 남자들 역시 여자에 의한 오염을 두려워할지 모른다. 그러나 그것은 성인기에 여성 음식과 성적 물질로부터의 전염과 확실하게 관련되어 있는 것 같지는 않다. 아이들은 때때로 반대의 성이 만지면 '쿠티'[cootie, 벌레 같은 것]가 생긴다고 두려워한다. 그러나 성인기에는 육체적 오염의 이런 두려움은 사라지고, 상징적 형태가 대신 들어선다. 예를 들어 남자가 여자와 너무 많은 시간을 보낸다거나 여자 같은 행동을 하는 것에 두려움을 갖게 된다. 마치 이것이 자신의 남성다움을 위협이나 하는 것처럼. 여자 같은 사내가 되는 두려움이 깊이 자리잡게 되고, 그 두려움은 아마도 남성으로서 정체성의 나약함에 관한 메이나쿠 부족의 생각과 유사한 생각을 반영한 것일 것이다(Chodorow 1974). 그러나 월경의 피에 대한 혐오가 널리 퍼져 있음에도 불구하고(Delaney, Lipton, Toth 1988), 미국 남자들은 여성 음식이나 성적 배출액과의 합체가 자신들의 남성다움을 약화시킨다고 두려워하는 것 같지는 않다. 서양문화에서 남자의 신체는 비교적 불침투성이다. 반대로 여자의 신체는 상처받기 쉽다. 특히 성폭행을 당할 만큼 취약하다.[5]

부족사회에서 출산에서의 남자와 여자의 역할에 관한 생각은 성교에 관한 생각과 마찬가지로, 미국보다 훨씬 더 상호보완적이다. 이것은

5. 에이즈(AIDS)의 만연됨은 새로운 방식으로 남자들의 신체를 질병이나 죽음에 대해 상처받기 쉬운 것으로 규정하게 만들었다. 그러나 전형적인 문화관은 남자들의 신체는 남자와 섹스를 할 때만 에이즈에 걸리기 쉽다고 보는 것이 흥미롭다. 그러면서 그것은 여자에게는 전염되기 쉽다고 보지 않고 있다. 사실 감염된 남자와 섹스를 하여 에이즈에 감염되는 것으로 알려진 것은 여자이다.

아마도 출산은 부족사회에서 아주 중요하고 특별하다는 사실과 관련이 있다. 반면에 미국에서의 출산은 수사학적으로 가치가 있다하더라도 실제로 비교적 평가절하되고, 특별할 것도 없고, 문화적 관례에 의해 평범한 일이 되어 버린다(Martin 1989; Mead 1967, 87; Rich 1986). 서양사회에서 출산이 낮게 평가되는 것은, 발달된 산업사회에서 노동은 비교적 간절히 바라는 사항이 아니고, 영아사망률이 비교적 낮고, 그리고 아이들을 키우는 것이 극히 비용이 많이 든다는 사실과 관련이 있다. 반대로 노동집약적인 부족사회의 원예 · 농업 경제에서는 아이들의 노동력과 높은 영아사망률 때문에 아이들과 출산은 그만큼 가치가 있다. 비교적 낮은 미국의 출생률, 공공탁아소 부족, 육아담당노동자들의 지나친 저임금, 그리고 가치수단으로서의 화폐보상에 대한 문화적 가치, 이 모든 것이 아기를 낳고 키우는 데에 관련이 있고, 문화적으로 그에 대해 평가절하되고 있다. 아기를 낳고 키우는 것은 여자들의 하위적인 위치에서 비롯된 것이기도 하고, 또 원인이 되기도 한다(Pollitt 1990).

미국에서 과학지식은 임신과 태아의 유전학적 기질로 남자와 여자의 역할의 평등성을 확립해 준다. 그러나 남자의 사회적 역할은 크게 임신에서 끝이 난다. 태아의 건강책임은 완전히 엄마에게 달려 있다. 그래서 가부장적 법이 규정한 '적절한' 성행위와 영양학상의 행위를 제대로 수행하지 못한 여자 — 예를 들어 유산에 민감한 시기에 섹스를 했다거나 술을 마셨다거나 약을 먹은 여자 — 를 법정으로 데려온 경우도 있다(Bordo 1993; Pollitt 1990). 뉴기니 아라페쉬(Arapesh) 부족과 같은 많은 부족사회에서처럼(Mead 1963), 특별음식이나 성교, 양육활동을 통해 태아에게 자양분을 공급하는 데 있어서 연속적이고 진행 중인 아버지 역할에 대한 관념이 없다. 실제로 폴리트(Pollitt 1990)에 따르면, 마약을 복용한다거나 혹은 임신한 부인과 함께 술을 마시는 남편은 법적 강제력을 면제받지만, 부인은 기소될 수 있다고 말했다.

부족사회에는 수태와 임신에 있어서의 남자와 여자의 역할에 관해 다양한 생각이 존재한다. 그러나 대개 남자의 역할은 임신 내내 우세하고 절대적인 것으로 규정된다. 수태에서 아버지 역할을 부인하는 트로브리안드(Trobriand) 섬 사람들조차도 태아에 남자의 계속되는 정액주입의 중요성을 인정하고 있다(Malinowski 1927). 문두루쿠 부족(Murphy & Murphy 1985, 128)과 메이나쿠 부족은 "영아는 아기를 형성할 만큼의 충분한 정액을 축적할 수 있도록 성교의 반복에 의해 형성된다. … 그러므로 아기는 거의 완전한 남자의 산물이다."는 이와 같은 믿음을 가지고 있다(Gregor 1985, 89). 그레고르에게 정보를 전해 준 사람이 다음과 같이 말했다. "우리는 아버지의 정액이다"(Gregor 1985, 90). 흥미롭게도 메이나쿠 부족은 남자는 여자가 만든 음식(주로 마니옥)을 먹어서만 정액을 만들 수 있다는 믿음을 통해 출산에서 여자들의 특별한 역할을 인정하고 있다. 그러면 그 정액은 성교를 통해 여자의 몸속으로 되돌아간다. 여자들은 남자들에게 정액을 만들도록 음식을 준다. 남자는 그 정액을 여자에게 돌려주어 태아를 만든다. 분명히 남자와 여자의 역할은 수태만이 아닌 임신 전체를 통해 상호보완적이고 필수적이다(Gregor 1985, 91). 잠비아 부족도 마찬가지로, "출산에서 남자와 여자의 역할은 분명하게 규정되어진다"(Herdt 1987, 76). 남자정액은 자궁으로 들어가 결국 태아피부와 뼈조직을 형성하고, 반면에 엄마의 피는 결국 태아를 순환하는 혈액이 된다(Mead 1963, 31; Meigs 1984, 51~2; Kahn 1986).

미국에서 임신과 출산에서의 여자의 총책임은, 여자의 출산경험을 의약과 과학 분야의 확립에 의해 가부장적으로 남자가 착복하면서 반격을 받고 있다. 많은 여성주의자들은 남자의사들이 여성의 출산경험에서 오는 여성의 파워를 줄이기 위해 출산 시에 마취제를 사용하고, 특정 자세나 특정 도구 그리고 태아 모니터[일종의 초음파기] 등을 사용하고, 출산조절을 위해 제왕절개를 한다고 주장한다. 일부 여자들은 최근에 와서야 많은 의학적 적용을 거부하면서 그 파워를 되찾기 시작하였다(Boston Women's Health Book Collective 1984; Davis-Floyd 1992; Martin 1989; Oakley 1980, 1984; Rich 1986; Rothman 1982, 1989; Treichler 1990). 우리는 비(非)상호협력의 성 시스템을 보아왔다. 즉 임신조절을 하는 것은 온전히 여자의 책임이다. 그러나 여자와 그 여자들의 출산을 통제하는 것은 남자의 일이다(Pollitt 1990). 에이드리언 리치에 의하면, 모든 계층, 종족, 그리고 인종전역에서 피임, 낙태, 다산, 그리고 출산여부 등, 여자의 출산을 남자가 통제하는 것은 가부장적 시스템에 절대적 요소이다(Rich 1986, 34).

그러나 일부 부족사회에서는 출산에 대해 다른 이론과 관습이 있다. 새로 태어난 아기의 아버지는 어머니보다 더 강한 산후금기를 지켜야 한다(Mead 1963, 35). 예를 들어 메이나쿠 부족에서는 막 아기의 아버지가 된 사람은 성관계를 금해야 하고, 특정 음식도 먹지 말아야 한다. 아기의 병은 아버지가 이런 금기를 어겼기 때문인 것으로 본다(Gregor 1985, 74, 194~5).

부족사회에서 남자들은 주로 출산에 남자가 참여했음을 확고히 하기 위한 의식을 통해서, 출산을 하는 여성의 파워에 대해 경쟁심과 질투심을 나타낸다. 그런 한 예를 보여주는 의식에는 의만(擬娩)이 있다.

남미에서 꽤 흔한 이 의만(擬娩) 의식에서는 아기가 태어날 때 아내의 행동을 아버지가 흉내 내는 것이다. 예를 들어 출산통증, 산후격리, 음식제한, 섹스금기 등이 이에 속한다(Gregor 1985, 194). 의만은 '어린 남자아이들의 삶에 여자들이 두드러지게 영향력을 발휘하여 남자들의 성 정체성에 갈등을 낳기 때문에' 여자들의 출산을 모방하며 나타내는 남자들의 질투심의 증거라고들 오랫동안 여겨왔다(Munroe & Munroe 1989, 730; Bettelheim 1962; Monroe, Monroe, Whiting 1973). 그러나 의만에 대한 보다 최근 이론에 따르면, 의만은 '아버지의 두드러짐'과 관련되어 있고, 아이를 키우는 데 아버지의 역할이 아주 크게 작용하는 사회에서 가장 많이 실행되고 있다고 한다(Broude 1988, 1989). 게다가 "의만과 비슷한 의식들은 성역할이 비교적 융통성 있고, 여성파워와 위치가 높은 사회에서 성 차별을 최소화시키기 위해 고안된 것들이다"(Broude 1988, 910; Zelman 1977). 의만은 아이들의 삶에서 아버지의 역할을 확립하는 데, 그리고 남성과 여성의 부모로서의 역할을 균형잡는 데 한몫 할 것이다. 그레고르에 따르면, "메이나쿠 부족에서 거행되는 의만의 상징성에서 가장 충격적인 것은 아버지의 여성적 본성이 자식으로 연결되는 것이다"(Gregor 1985, 195). 다시금 우리는 성이 비교적 평등한 일부 부족사회에서, 출산에서의 상호보완적이면서도 흥미로운 남자와 여자의 역할을 보게 된다.

여성의 출산능력에 대한 남성의 경쟁심을 나타내는 다른 의식적 행위는 델라니, 룹톤, 그리고 토스가 일명 '사이그네이드'(saignade)라 부르는 의식으로, 월경에 대한 경쟁의식으로 피를 흘리는 것이다(Delaney, Lupton, Toth 1988, 261~6). 월경의 피는 거의 보편적으로 두려워하면서도 한편으로는 커다란 파워를 가지고 있다고, 그리고 어떤 문화에서는 그 월경의 피가 여자들의 우수한 건강과 빠른 성장의 근원이라고 믿었다(Meigs 1984). 그러므로 남자들은 대개 월경을 흉내 내거나 혹은 소년기에 방혈(防血)의식으로 성년식을 갖는다. 그레고르가 말하는 메이나쿠 부족의 믿음은 다음과 같다: "메이나쿠 사람들에게 월경은 여자들의 생리적 특징 중에서 가장 두려움을 일으키는 것이다. 여성의 질 속에 사는 지독한 동물군에 의해 일어나는 월경의 피는 상처, 거세(去勢), 독, 질병, 성장장애, 그리고 연약함 등과 관련이 된다. 그래서 남자들이 상징적으로 월경을 치루는 의식들이 많이 있다. 그 중에서 가장 의미심장한 것은 귀를 뚫는 의식이다"(Gregor 1985, 186).

뉴기니의 고원지대 잠비아 부족에서, "피는 여성의 생명력과 수명, 그리고 여성스러움과 동일하다"(Herdt 1987, 76). 남자들에게 여자와 비슷한 건강과 수명을 주기 위해, 잠비아 성인 남자들은 잔인하고 고통스러운 의식을 치룬다. 즉 성인식에서 어린 소년들의 코에서 피가 나도록 하는 의식을 치룬다. "매우 상징적인 방법으로, 소년 몸의 경계인 코 안으로 뭔가를 강제적으로 침투시켜 흘리는 피의 양은 잠비아 사람의 자아이미지, 아름다움, 그리고 남성다움의 강한 구성요인이다 (Herdt 1987, 139). 코피를 흘리는 것은 월경에 대한 경쟁일 뿐 아니라, 남자들이 그들 부인의 월경 피로 오염되는 것으로부터 자유롭게 하는 데 한몫 한다고 믿는다. 그리고 이것은 기본적으로 결혼 후에 매달 시행된다(Herdt 1987, 164~5). 코피를 흘리게 하는 것은 피로 묘사되는 여자다움을 소년으로부터 뿌리째 뽑는 것을 상징한다. "코피를 흘리게 하는 것은 의식을 통해 소년의 신체경계를 자극하여 자아 전체가 오로지 남자로서 교정되도록 하기 위한 것이다"(Herdt 1987, 185). 이런 의식에서 우리는 요지와 관련된 몇 가지 요인을 찾아볼 수 있다. 남자의 신체경계의 침투와 여자의 영향력, 여자들의 영향력에 대한 남자들의 두려움, 자신들부터 여자의 오염을 제거하기 위해 치루는 여성화 과정과의 경쟁 등. 잠비아 사람들은 상징적으로 남자와 여자에게 방혈을 하게 하여 남자와 여자의 상호침투성, 상호보완성, 그리고 대립성을 나타낸다.

여성의 출산능력에 대한 남자들의 경쟁심을 더욱 분명히 나타내는 예는 남자들이 자신들도 임신을 할 수 있고, 출산도 할 수 있고, 아이도 양육할 수 있다고 믿는 문화에서 엿볼 수 있다. 칸의 보고에 따르면, 와미라족 남자들은 타로토란을 자기 자식들의 의식용 제물로 재배하여 여자들의 출산능력의 모방과 자신들의 출산적합성을 보여주고 있다(Kahn 1986, 90~1). 메이그스는 "후아 족 남자들은 자신들도 임신을 할 수 있으나 출산은 할 수 없다. 그래서 자신들의 상태가 중화되지 않으면 배가 터져서 죽을 것이라고 믿는다."고 말했다(Meigs 1984, 46, 52). 흥미롭게도 메이그스에 따르면, 후아 족 사람들은, 남자는 세 가지 경로를 통해 임신할 수 있다고 믿는다. 모두 여성물질의 오염과 관련되어 있다. 월경중인 여자나 갓 결혼한 여자가 만졌거나 밟은 음식을 먹음으로 해서(52), 혹은 '여자의 적수'인 주머니쥐를 먹음으로 해서(53), 그리고 월경 피에 적신 음식을 먹고 마법에 걸려(52~3) 남자는 임신이 된다. 남성물질은 건설적인 여성임신을 낳고, 여성물질은 파괴적인 남성임신을 낳는다.

부족사회에서 출산에의 남성참여의 마지막 예는 "여자는 인간을 만들지만, 남자만이 남자를 만들 수 있다."는 믿음을 나타내는 비밀스런 남성 성인식이다(Mead 1967, 103). 이런 의식은 잠비아 족, 후아 족, 메이나쿠 족, 문두루쿠 족 등 그 외 많은 아마존과 뉴기니의 부족사회에서 행해지고 있다.[6] 성인식에는 엄마로부터 남자아이를 떼어놓는 격리, 힘든 육체적 · 정신적 스트레스에의 복종, 은밀한 의식과 민간전승의 전래, 그리고 남자로의 변신 등이 따른다(Herdt 1987, 101~69). 종종 변신과정에는 음식과 섹스를 중심으로 조직화된 의식이 수반된다. 특정 음식의 섭취와 금기, 성교의 자제, 잠비아 부족에서의 코피 흘리기와 메이나쿠 부족에서의 귀뚫기와 같은 행위로 여성물질의 제거를 통한 몸의 정화의식 등.

때때로 뉴기니에서의 남자성인식은 남성정액 혹은 정액을 상징하는 물질의 섭취가 이루어진다. 어린 남자아이가 자신보다 나이가 더 많은 젊은이와 동성 간의 구강성교를 통해 정액을 장기간 동안 먹는 것은 남자로서 그들의 육체적 · 심리적 발달에 절대적으로 필요하다고 믿는 잠비아의 이런 관습을 허트(Herdt)는 노골적으로 서술하였다(1987; Kelly 1976). 그런 의식적인 믿음은 분명히 인간을 만드는 데 있어서 남자와 여자의 상호보완성을 보이고 있다. 여자는 아기를 낳고, 딸들을 사회화하는 반면에, 남자는 침투성이 있는 신체를 잘 다루어 남자를 만든다. 미국의 남자들은 아마도 "남자만이 남자를 만든다."고 믿을 수는 있지만, 아이를 키우는 데 있어서 남자들의 역할은 너무나 미약하고 드물어 실제로 남자를 만드는 것도 혹은 여자를 만드는 것도 여자에게 달려 있다. 복잡한 정체성 문제는 서로 뒤얽혀 있어 지금부터 그에 관해 쓰고자 한다.

---

6. Paige & Paige 1981. 성인식은 아프리카와 호주 원주민 사이에서 많이 실행되고 있다. 이런 경우를 살펴보는 것은 이 논문의 범위를 넘어서는 것이지만 앞으로의 연구에는 흥미로운 문제가 될 수 있다.

성 정체성과 경계

초도로우(Chodorow 1974, 1978), 디너슈타인(Dinnerstein 1977), 길리간(Gilligan 1981), 그리고 루빈(Rubin 1983)과 같은 학자들에 의하면, 소년소녀들은 서로 다른 심리적 발달과 인간성 발달이 이루어진다. 왜냐하면 유아기 동안에는 여자들이 주로 부모역할을 하기 때문이다. 소년들은 남자가 되기 위해 자신의 첫 모습을 탈피해야 한다. 그리고 엄마로부터 혹은 여자의 영향력으로부터 자신을 격리시켜 스스로에게 완고한 경계를 구축해야 한다. 그들은 독립적으로 되어가면서 여자에 대해 친밀함과 두려움의 경향도 갖게 된다(Gilligan 1981; Rubin 1983). "남성의 성 정체성을 달성하는 데는 심리적, 문화적 수준에 따라 차이가 있지만 여성성의 억제와 여성성의 평가절하가 따른다"(Chodorow 1974, 51).

그러나 소녀들은 사랑의 주요대상인 엄마와 지속적인 친밀한 관계를 가지고, 엄마와 동일시한다. 그래서 강한 성 정체성을 갖게 된다 해도 '자아경계'는 취약하다(Chodorow 1974, 57). 즉 소녀들은 여자로서 자기의식을 갖는 데는 거의 어려움이 없는 반면에, 자신이 어디에서 시작되고 어디에서 끝이 나는지 알아가는 데는 어려움이 있다. 이 딜레마는 소녀들 자신이 엄마가 되면, 즉 처음에는 자궁 안에서, 나중에는 모유를 통해 아이와 결속되면서 더욱 악화된다. 게다가 "엄마는 아들보다는 딸과 더욱 동일시하게 되어 딸을 자신으로 혹은 자신을 딸의 삶의 일부로 여기게 된다(Chodorow 1974, 47). 이것은 딸이 엄마와의 구분에 특별한 어려움을 갖게 된다는 것을 의미하기도 한다"(Chodorow 1974, 59).

소년들에게는 안전한 남성적 자아에의 도달이 어려운 반면에, 소녀들에게 성숙과정에서의 가장 문제가 되는 사항은 어린 아기가 엄마에게서 떨어져 격리되는 것처럼 엄마와 떨어져서 확실한 독립성과 자아를 구성하는 확고한 자아경계를 확립하는 것이다. 그래도 서양사회는 이런 독립성 발달에 프리미엄이 있다. 그러나 합리적 표현으로 나타나는 여자들의 자아개념은 여성하위의 원인이 되기도 하고 변명이 되기도 한다(Gilligan 1981). 굳건하고 분리된 자아를 확립하기 위한 여자들의 투쟁은, "자신들의 생물학적 성 경험(월경, 성교, 임신, 출산, 수유 등) 모두가 신체 자아의 경계에 대한 도전을 포함한다. … "는 사실에 의해 복잡해진다는 것은 흥미로운 사실이다(Chodorow 1974, 59). 음식을 먹는 것과 같은 이런 신체적 침투의 경험은 자아의 심리적 총체성에 대해 위협적인 요소가 될 수 있다. 이것은 간혹 "개인화나 자아경계의 견고성이 부족한 서양여자에게는 유달리 어려움이 될 수 있다. 그래서 이런 경계에 도전하는 경험들이 그 여자에게는 더욱 힘이 들고 갈등이 될 수 있다"(Chodorow 1974, 60).

그러나 남자들의 신체적 경계, 더 나아가 그들 자아는 서양 남자들보다 부족사회에서 더욱 침투성이 있다는 증거가 있다. 내 생각에, 이들의 경계 침투성이 더 있다는 것은 남자들이 지배적 위치에 있어도 여성의 영향력에 더욱 민감하고, 여자로부터 분리가 덜 되도록 만든다고 본다. 그리고 여자신체의 침투성은 나약함(상처받기 쉬움)뿐만 아니라 신비함과 파워의 원인이 되기도 한다.

소년들은 성장초기에 자신을 엄마와 동일시 여기기 때문에, 모든 문화에서 소년들은 남자, 특히 아버지 혹은 아버지와 같은 존재와 동일시해야 하는 새로운 도전을 맞게 된다. 뉴기니와 아마존의 부족사회에서는 남자들이 늘 소년들 가까이에 있고, 소년들의 사회화에 적극적 역할을 한다. 그들은 전설과 의식을 통해 여성에 대한 남성의 적개심, 차별성, 우세함을 표현하는 분명한 과정을 제공한다. 그러나 성과 영양부양에 관련된 상징적 언어상으로 볼 때, 모든 것은 분명 여자들과의 상호연결의 환경하에 있고, 남성의 나약함에 관한 기본관념을 가지고 있다. 미국에서 소년의 남성동일화 과정은 덜 형식적이고[성인식과 같은 특별한 의식 같은 것이 없음], 아버지들은 더욱 멀리 거리감이 있어 오히려 여성으로부터 더욱 철저하게 분리되고, 여성 위에 군림하려는 것 같다. 그것은 여성의 침투성, 그리고 남성의 비침투성에서 명백히 드러난다.

이미 언급되었듯이, 여자들은 하위에 있지만 강하고, 남자들은 지배적이지만 상처받기 쉽다고 부족사회의 남자들은 믿는다. 사실 그레고르, 허트, 칸, 메이그스, 그리고 머피 등 모두는 다음과 같이 결론짓고 있다. "아마존과 뉴기니 사회에서 남자의 정체성은 무너지기 쉽지만, 여자는, 자신들의 오염 혹은 하위에 관한 문화적 관념에 젖어 있다 하더라도, 여자로서의 정체성과 파워에 있어서 심리적 자신감을 가지고 있다." 와미라 부족에 관한 칸의 제안에 의하면, "와미라에서 여자들은 사회의 자연적 산물이고, 남자들은 사회를 창조한다고 보기 때문에 …, 출산능력에 있어서 여자들의 정체성과 위치는 외부의 파워와 요인에 대해 불안정한 남자들보다 더욱 본질적이고 확실하여 덜 취약하다. … 자연적으로 부여받은 자신들의 출산능력에 대해 알고 있는 여자들은 남자들과 달리 자신들의 능력을 상징적인 방식으로 굳이 큰소리칠 필요가 없다. 수동적으로 보이는 것은 자신감으로서 해석될 수 있다" (Kahn 1986, 124).

뉴기니의 잠비아 부족에 관한 허트(Herdt 1987, 193)의 결론은 이렇다. "남자들은 저 깊은 곳에서 여성다움을 남성다움보다 더 강력한 것으로 간주한다." 남자들은 여자들의 파워를 질투하여 은밀한 의식적 정체성을 통해 그것을 흉내 낸다. 이 은밀한 의식적 정체성은 "여자들을 정치적으로 하위로 만들기 위해 비밀로 붙여져야 하고, 근본적으로 용맹함을 유지하기 위해 조심스럽게 통제되어야 한다. … 남자들은 여자들의 타고난 창조력을 자신들의 문화적 창조력을 통해 모방한다. … 결국 남성신화는 남자들이 말하는 것보다 여자들이 일상생활에서 더욱 진정한 파워를 가지고 있다는 것을 보여주는 것이다"(193~4).

메이그스는, 후아족의 남자들은 '출산에 관한 무력함과 성적 열등감'(Meigs 1984, 31)을 가지고 있다고, 그리고 남자들의 의식적인 삶의 많은 부분 속에는 '정치적 하위계급인 여자들에게 있는 심리적 파워에 접근하기 위해 그리고 그 파워를 통제하기 위해 정치적으로 우세한 남성에 의한 탐색'(136)이 존재해 있다고 믿는다.

머피는 문두루쿠 부족에 대해 다음과 같이 말한다. "문두루쿠 여자들은 다른 사회의 여자들과 비교해 볼 때 꽤 위치가 높다. 사회적인 명성과 존경은 부족하지만, 자율성과 집단적 힘으로 균형을 이루고 있다"(Murphy 1986, 251). "문두루쿠 남자들은 다소 여자들을 지배하지만, 그것은 나약함과 두려움을 극복하기 위한 과잉보상으로 타고난 종주권이다"(256). 그레고르 역시 문두루쿠 남자들에게서 정체성의 나약함과 불안전감을 발견하였다. 그레고르는 그런 나약함과 불안전감이 남자들에게 따로 제한된 것은 아니라고 본다. "우리와 문두루쿠 사람들 사이에는 여전히 남자다운 성과 성의 불확정성과 양면성의 모든 것을 연결시켜 주는 공통적 유대가 존재한다"(Gregor 1985, 210).

그레고르의 제안에 따르면, 미국에서 남성다움의 나약성은 부족사회 남자들과 비슷하고, 배타적인 남자들만의 모임과 의리의 형제다운 조직에 의해 표명된다. 그리고 월경에 대한 열망과 여자들에 대한 적개심은 폭력, 강간, 성적 농담 등으로 분명하게 나타낸다(200~10). 그러나 우리 문화는 남자의 신체와 인격을 여자보다 덜 상처받고 덜 침투적인 것으로 규정하고 있다고 나는 생각한다. 그리고 이것은 우리가 보아온 부족사회보다 우리 문화에서 성우월성과 성하위성이 더욱 극에 달했음을 보여주는 상황의 일부이다. 초도로우(Chodorow 1974, 60)와 마찬가지로 내 생각에도, 미국 여자들에게 자신들의 신체 침투성은 자신들의 나약한 자율성과 파워를 나타낸다. 그리고 그 결과 음식을 먹고, 성교를 하고, 출산을 하는 행위들 — 육체적 경계를 지나는 — 은 그 자체로 심리적 완전함에 대한 위협의 구성요소가 될 수 있다.

서양여자들의 극히 날씬해지고 싶은 욕구와 음식거부는 그들에게 인식되어 있는 신체의 나약함[상처받기 쉬움]과 침투성이 있는 신체경계에 대한 반응으로 보일 수 있다. 왜냐하면 이런 행위는 음식으로부터 그리고 섹스로부터, 출산으로부터 자신을 완전히 폐쇄하기 때문이다. 엄격한 음식제한과 날씬함에 대한 여자들의 강박관념은 서양스타일의 부르주아 자본주의 사회와 관련된 현상이다(Bordo 1993; Brumberg 1988; Chernin 1981; Schwartz 1986). 날씬함과 빈약한 음식섭취가 가치 있는 것으로 평가되는 부족사회가 있기는 하지만(Young 1986), 내가 알기로는 날씬한 몸을 만들기 위해 사람들이 결코 자발적으로 스스로 굶지는 않는다(Messer 1989, 6장). 미국 여자들에게 있어 굶어가면서 만든 날씬한 몸은 '우리 문화에서 높이 평가되는 특성 — 초연함, 자기만족, 자기통제 등 —'을 상징할 뿐 아니라 '출산을 해야 하는 운명과 강제적이고 숨 막히게 하는 여성성 구축으로부터의 자유'를 상징한다(Bordo 1990, 105).

많은 미국 여성들은 음식을 자아표현을 위한 매개로서 선택한다. 왜냐하면 음식제한은 주요한 문화적 강박관념이고, 여자들이 스스로 완전히 통제할 수 있고 힘의 구조를 위협하지 않고도 자신을 조절할 수 있다고 느끼는 유일한 것이 음식이기 때문이다(5, 6장; Brumberg 1988; Orbach 1978). 음식제한은 적어도 800년 동안 서양문화의 이데올로기에서 높이 평가되어 왔다(Bell 1985; Brumberg 1988; Bynum 1986). 그것은 자기통제, 신체보다는 정신적 우세함, 그리고 위협을 받는 자아를 상징하는 침투성 있는 신체경계의 조절을 보여준다. 그것은 완벽함과 관련지어진 날씬함이라는 원하는 상태를 만들어주고, 성취감을 준다(Bruch 1978; Brumberg 1988).

외부 힘으로부터 받는 여자들의 위협감, 음식과 섹스에 자신의 몸을 닫아버리려는 시도, 그리고 여성적 매력과 출산의 거부는 신경성 식욕부진(거식증), 즉 '지나친 날씬함을 추구한 자발적 기아'에서 극에 달한다(Bruch 1978, ix). 거식증 환자들은 유달리 자아감, 자율성, 효율성, 혹은 파워 등이 약한 여자들이다. 사실 그들의 자아경계는 거의 존재하지 않을 만큼 너무 침투되기 쉽다(Bruch 1973, 1978; Brumberg 1988; Palazzoli 1971). 음식섭취 거부는 어떤 대상의 통과, 접촉 혹은 자아주변을 통과하는 관계 등의 거부를 의미한다. 이것은 자아에 대한 경계를 닫아버리려는 혹은 아예 자아를 완전하게 만들려는 필사적인 시도이다. 프로이트 학설파인 월러(Waller), 카우프만(Kaufman), 그리고 도이치의 제안에 의하면(Deutsch 1940), 거식증의 음식거부는 구강임신에 대한 두려움을 나타낸다는 것이다. 대부분의 경우에 이것은 절대 사실로 나타나지 않지만, 시사하는 바가 있다. 우리는 여자들의 음식거부를 '대상 침입에 대한 두려움'(Palazzoli 1971, 205)으로서, 자아를 침범 · 침투하여 위협하는 외부적 힘의 거부로서 더욱 넓게 해석할 수 있다.

많은 거식증의 경우, 월경이 끊기고, 여성다운 곡선이 사라지고, 남자와의 섹스를 경멸하게 된다. 음식거부는 섹스와 출산능력거부와 유사하고 서로 관련되어진다. 토마는 이런 거부를 그의 한 소녀 환자가 남자와 여자가 같은 빵을 먹는 모습을 보며 나타내는 반응을 인용하여 보여준다. "그 환자는 이런 행위를 성교의 친밀감과 역겨운 형태로 간주하였다. 그와 관련해서 소녀가 연상한 것은 수용성(受容性)에 집중되었다. 즉 그녀 생각의 고리는 다음과 같았다. '젖병 — 아기 — 혐오 — 주입 — 내 안으로, 내 입안으로, 혹은 내 질(膣) 안으로 무엇인가 흐르고 있다는 생각이 불쾌하다 — 완전성(integer), 완벽함(integra), 전체성(integrum)이 나에게 일어난다 — 불촉(不觸) — 남자들은 여자처럼 만질 수 없다 — 남자는 만져지지 않는다[온전하다] — 남자는 아기를 낳을 필요가 없다 — 남자는 남자 그 자체이다 — 남자는 받을 필요도 없고 줄 필요도 없다"(Thoma 1977, 444~5).

거식증은 서양사회의 많은 여자들에게 공통된 문제를 극한 형식으로 표현한다(Bordo 1993; Brumberg 1988; Gordon 1988, 1990). 그들은 수용성, 관계, 그리고 출산을 거부한다. 그들은 여자로서의 자신의 근본적인 특징을 부인하는 반면에, 그들 문화의 눈으로 보는 어떤 가치를 추구하기 위해 애쓴다. 그러다가 불행하게도 그들은 가끔 자신에게 완전히 좌절하여 죽음에 이르기도 한다. 그들은 가부장적 사회의 모든 여자들에게 나타나는 공통된 구속을 분명히 나타낸다. 가부장적 사회

여자들의 침투성 있는 자아경계는 그들의 완전함과 정체성에 위협이 된다.

아마도 우리는 로이스 폴에 의해 연구된 마야(Maya) 여자들로부터 배울 수 있을 것이다. 그들에게 '침투성이 있는 신체경계는 위험에 대한 나약함 뿐 아니라 삶과 죽음의 근원인 초월적인 파워와의 일체감'도 의미한다(Paul 1974, 299). 다시 말해, 부족사회처럼 우리도 남자와 여자 사이에 서로 주고받는 상호침투성이 인정되어 우리의 상호의존으로 연결되는 세상을 확립할 필요가 있다. 우리는 정치적, 경제적, 사회적, 그리고 성적으로도 상호보완을 위해, 그리고 남자와 여자의 융합을 위해 노력할 필요가 있다. 우리는 음식, 섹스, 그리고 출산을 통한 여자의 침투성이 자신들의 자율성과 완전함에 있어 위협이 아닌 자신들의 독자성과 파워의 실현이 되는 세상을 확립할 필요가 있다.

5장

뚱뚱하다, 날씬하다, 그리고 여성이라는 것은 무엇인가?

문헌고찰 에세이[1]

Boskind-White Marlene and William C. White, 『식욕항진증후군 : 먹고 토하는 행위의 반복』(*Bulimarexia: The Binge/Purge Cycle*), New York: Norton, 1983.

Bruch Hilde, 『황금새장 : 신경성 식욕부진의 수수께끼』(*The Golden Cage: The Enigma of Anorexia Nervosa*), New York: Vintage, 1978.

Chernine Kim, 『강박관념 : 날씬함을 위한 포학행위에 대한 고찰』(*The Obsession: Reflections on the Tyranny of Slenderness*), New York: Harper & Row, 1981.

Millman Marcia, 『아름다운 얼굴 : 미국에서의 뚱뚱한 몸매』(*Such a Pretty Face: being Fat in America*), New York: Norton, 1980.

Orbach Susie, 『여성주의자의 논쟁거리, 지방 : 영원한 체중감소를 위한 안티-다이어트 가이드』(*Fat Is a Feminist Issue: The Anti-Diet Guide to Permanent Weight Loss*), New York: Paddington, 1978.

1. 이 장은 *Food and Foodways*, 1:77~94, 1985에 발표된 에세이를 약간 수정 · 보완한 것이다. 로저 하이든(Roger Haydon), 스티브 카플랜(Steve Kaplan), 테레사 루빈(Theresa Rubin), 욜랭 솔로몬(Jolane Solomon), 그리고 그 외 초기원고에 평을 아끼지 않은 다른 많은 분들께 감사한다. 처음 이 에세이를 쓴 이후, 음식과 신체와의 여성관계를 다룬 많은, 아주 많은 책들이 출간되었다. 그 중에서 이 장과 가장 관련이 깊은 것은 Susan Bordo의 『참을 수 없는 체중 : 여성주의, 서양문화, 그리고 신체』(*Unbearable Weight : Feminism, Western Culture, and the Body*, 1993)와 Becky Thompson의 『너무 만연되고 너무 깊게 빠져버린 굶주림 : 섭식장애에 대한 미국 여성들의 외침』(*A Hunger So Wide and So Deep: American Women Speak Out on Eating Problems*)이다. 이 책들은 내가 에세이와 직접 관련이 있는 곳에 언급하고 있다. 또한 제이콥스 브룸버그의 『단식하는 여인들 : 현대질병으로서 신경성 식욕부진』 역시 중요하다. 이 책은 다음 장에서 자주 이용된다.

고찰에 이용된 위의 다섯 권의 책은 시대에 따라 북아메리카에서 여성이 뚱뚱하다는 것과 날씬하다는 것이 무엇을 의미하는지를 보여준다. 이 책들은 극한 형식으로 나타나는 음식에 대한 여성의 강박관념을 논하고 있다. 비만 강박감에 사로잡힌 충동적 음식섭취 행위,[2] 신경성 식욕부진(거식증)에 의한 자발적 기아, 그리고 식욕항진 증후군(폭식증)에 의한 폭식 후 구토 등. 이 책 모두는 여성에 관한 것이며, 한 명의 저자를 제외하고는 모두 여자들이 쓴 책이다. 그들은 모두 여성학자들로 먹는 것에 대한 여성의 강박관념에서 폭을 더욱 넓혀 20세기 북아메리카 여성들에게 영향을 주는 사회적 · 정치적 · 경제적 파워와 연관시켰다. 그들 모두는 여자와 음식 사이에 나타나는 문제는 여자가 되어가는 데 있어서 겪는 어려움, 즉 무력함과 성적 모호함에 관한 그들의 감정과 필연적으로 관련되어 있다는 의견에 일치한다. 비록 그들이 그 어려움을 설명하는 데 있어서 서로 다른 힘을 강조하지만, 그들이 제안하는 힘에는 여자아이들에 대한 가족의 모순적인 기대감, 여자들의 대상화와 여성격하, 관행화된 여성의 문화적 · 정치적 · 경제적 무력함, 그리고 여성경험과 여성가치의 문화적 경멸이 포함된다. 미국 여자들의 삶에서 음식에 대한 지나친 관심은 이런 중요한 요인들의 산물이며, 그에 대한 반응이기도 하다.

2. 오늘날에는 1985년 때보다 충동적 섭취와 비만 사이의 구분을 더욱 명확하게 할 수 있다. 그 둘은 서로 교차되기도 한다. 충동적 섭취는 폭식과 관련이 깊지만 비만을 낳지는 않는다. 비만은 충동적 섭취보다는 다른 요인에 의해 발생한다. 톰슨에 따르면(Thompson 1994), 충동적 섭취는 심각한 심리적 · 정서적 학대의 반응이다. 비만은 충동적 섭취와는 구별되는 문제를 일으킨다.

다섯 권의 고찰문헌

위 다섯 권의 책은 지방에 대한 여성의 강박관념을 사회-심리적으로 분석하였다. 이 책들은 강한 흥미를 주고 읽기도 쉽고 매혹적이다. 저자들은 자신들의 통찰을 분명하고 조직화된 태도로 표현하고 있다. 그리고 그 통찰을 직접 여성주체로부터의 인용을 광범위하게 이용하여 뒷받침하고 있다. 이 책들은 음식, 굶기 혹은 폭식에 대한 강박감에 사로잡혀 괴로워하는 여성들, 그리고 죄책감, 자기혐오, 절망의 연속에 갇힌 여성들에 대한 인도적인 동정을 표현하고 있다. 동시에 이 책들은 데이터와 강한 논의로 설득력이 있다.

체르닌(Chernin)의 책은 범위가 가장 광범위하다. 그녀의 통찰은 그녀 자신이 극복한 음식의 고착화에서, 패션과 광고의 관찰, 서양철학, 문학, 신화, 그리고 심리학으로부터 나온다. 그녀의 주장에 따르면, '날씬함을 위한 포학행위'는 서양문화의 근간이 되는 정신/신체 이분법의 산물이다. 서양문화에서 남자는 파워를 가지고, 격이 높은 정신과 동일하게 여긴다. 그리고 여자는 남자에게 헌신하고, 더럽혀진 신체에 비유되어진다. "여자들의 지방에 대한 강박관념은 남성문화에서 인정과 특권을 얻기 위해 자신의 열정적인 면을 통제하고 혹은 아예 없애버리기 위한 노력이다. 그리고 이런 노력은 무언가 먹지 않고는 못 배기는 사람들(폭식)과 신경성 식욕부진(거식)으로 굶는 사람들이 공통으로 가지는 '공허함, 갈망, 두려움과 절망의 이런 모든 특별한 감정'을 설명하고 있다."라고 외치는 체르닌의 여성주의는 그녀의 혈기왕성한 논쟁만큼 강하다(Chernin, 187).

체르닌이 뚱뚱함과 날씬함에 대해 논하고 있다면, 다른 여섯 명의 저자는 비만과 해골같이 마른 신경성 식욕부진을 똑같은 강박관념의 두 가지 버전으로 보고 있고, 밀만(Millman)과 오바흐(Orbach)는 주로 과체중 여성들을 다루고 있다. 밀만은 사회학자이다. 그녀의 데이터는 주로 뚱뚱한 여성들과 인터뷰하고, 지금은 〈미국비만인 지위향상협회〉(National Association to Advance Fat Awareness)로 이름을 바꿨지만 당시 뚱뚱한 사람들에게 도움을 주는 단체이던 〈미국비만인 도움협회〉(National Association to Aid Fat American)와 〈익명의 과식인들〉(Overeaters Anonymous), 그리고 어린이 여름 다이어트 캠프 등에 참가하여 관찰함으로써 구했다. 밀만의 책에는 제보자의 말이 듬뿍 담겨져 있다. 그들의 말은 "애처롭게도 비만은 우리 사회에서 여자가 되어가는 힘든 어려움에 대한 분별력 없는 사람의 반응"이라는 논증을 신랄하게 비판하였다.

오바흐(Orbach)와 보스킨드 화이트(Boskind White), 윌리암 화이트(William C. White)는 치료사들이다. 오바흐는 과식하는 사람을 다루고, 보스킨드 화이트와 윌리암 화이트는 식욕이상증진환자, 즉 음식을 마구 먹고 난 후 다시 토해낸다거나 설사약을 먹고 혹은 격렬한 운동을 하는 강박적 식이장애환자를 다루지만, 이들 모두의 접근법은 서로 비슷하다. 이들 모두 그룹치료법을 사용하여, 긍정적 여성 정체성을 확립해 줌으로써 여성다워짐에 문제를 가진 환자를 도우려는 시도를 한다. 오바흐는 여성주의 접근법을 강하게 받아들인다. 그녀는 연구와 치료를 다음의 문제에 의거하고 있다. "여자들로 하여금 뚱뚱함으로 문제에 대응하게 만드는 여성의 사회적 위치는 무엇인가?"(Orbach 19) 보스킨드 화이트와 윌리암 화이트는 마구 먹어대고는 다시 토해내는 행위에 대해 비슷한 접근법으로 다가간다. 그들은 강박관념에 대해 엄마를 비난하는 전통적 설명에 이의를 제기한다. 오바흐는 어쩔 수 없이 억압 속에서 딸을 키우는 사회적으로 억눌린 엄마의 역설적인 위치, 여성다움에 대해 문제가 되는 성격, 엄마와 딸의 관계, 그리고 섭식장애 등의 관계를 보여줌으로써 한 발 더 나아간다. 두 책은 환자관찰내용과, 또 환자 스스로에 의한 관찰내용이 가득하다. 그리고 여자들로 하여금 자신들의 강박관념을 극복하도록 돕는 데 성공한 특정 그룹치료법에 대해 구체적으로 제안하고 있다.

브루흐(Bruch)는 내과의사이며 심리치료사로 40년 동안 섭식장애에 관심을 가져왔다. 『황금새장』(*The Golden Cage*)은 브루흐가 치료했던 문제의 여자아이를 가까이 바라보면서 적어나간 신경성 식욕부진환자에 대한 감동적인 이야기이다. 신경성 식욕부진은 자발적 기아로, 대부분 특권을 받은 환경의 청소년기 여자아이들을 괴롭힌다. 식욕항진증후군(폭식증)처럼, 이것은 지난 15~20년 사이에 심상치 않은 비율로 증가하고 있다. 브루흐는 이들 저자 중에서 여성주의적 성향이 가장 약하다. 그러나 브루흐의 발견은 미국사회에 대해 암시적 고발을 하고 있다. 브루흐 환자들의 특징은 자아 미발달, 지나친 순종, 그리고 자신들을 둘러싸고 있는 세상을 통제하기 위한 유일한 방법으로 날씬해져야 한다는 병적애착 등이다. 브루흐는, 이런 애처로운 상황의 원인이 그들 환자[원문에서는 희생자로 표현하였음.]가 아닌 환자를 둘러싸고 있는 억압적 상황, 즉 여자는 이치에 맞지 않아도 고분고분해야 하며 날씬해야 한다는 가족과 문화로부터 오는 기대에 있다고 보고 있다.

이 책들은 모두 다이어트 책이 아니고, 여자들이 신체와 더욱 평안한 관계를 이루도록 도와주는 것이 목적이지만, 어떻게 체중을 줄였는지 볼 수 있다(Boskind-Lodahl 1976; Orbach 1982). 이 책들은 섭식장애에 대한 바이오생리학연구가 아니다. 실제로 체중과 관련된 호르몬조건과 대사조건에 대해서는 부족하다. 모든 책들이 뚱뚱함과 날씬함의 의미를 설명하는 데 있어서 사회적 · 정치적 · 경제적 배경을 언급하고 있지만, 정치경제는 전혀 고려하지 않고 있다. 북아메리카 자본주의의 발달은 정치경제 방법으로 이런 특정 형식의 정신적 노예를 만들어냈다. 마지막으로 제보자의 말에 매우 의존하였지만, 이 책들은 직접적 인명을 사용하지는 않고 있다.[3]

이 다섯 권의 모든 책은 여러 방법으로 전통적 해석을 문제 삼고 있다. 우선 저자들은 식이장애를 많은 의사와 심리학자들이 해결하지 못한 특별한 것으로 심각하게 받아들이고 있다(Broughton 1978; Chernin 1981, 1). 저자 모두는 많은 치료의 특징인 '다이어트 해라' 혹은 ' ~을 먹어라' 하는 단순한 지시로는 근본적인 원인과 정체성의 갈등을 밝힐 수 없음을 이해하고 있다. 브루흐는 특히 행동수정치료법에 대해 경고한다. 이 치료법은 신경성 식욕부진의 문제에 기본이 되는 무력감을 강화할 뿐이다(Bruch, 107). 밀만은 기본 다이어트전략의 무익함을 지적하고 있다(Millman 89~90). 이런 전략은 재발률이 대략 90~95%이다(Beller 1977, 264). 안타깝게도 저자들은 미디어, 의료계획, 의사, 그리고 보험회사들에 의해 과장되고 있는 비만의 위험(Millman 1980, 87~8)을 강조하지 않고 있다. 대신에 계속되는 체중변동, 단식, 그리고 암페타민[중추신경을 자극하는 각성제] 복용(Broughton 1978), 또 지나치게 적

3. 여성심리와 비만에 대한 토론에 대해 알아보고자 한다면 Beller 1977; Bierman & Hirsch 1981; Contento 1980; Dyrenforth, Wooley & Wooley 1980; Hirsh 1984 등을 참조하라. 여성, 체중, 음식, 그리고 정치적 경제에 대해서는 Aronson 1980; Hacker 1980; Leghorn & Roodkowsky 1977을 참조한다. 음식에 대한 개인적 관심에 대해서는 Broughton 1978; Liu 1979; Roth 1982를 참조한다.

은 체중유지에서 오는 신경계적 영향과 강박관념으로 고립된 자기중심주의 등의 심리적 부담에 관심을 기울이고 있다. 보스킨드 화이트와 윌리암 화이트는 식욕항진증후군을 여성의 전통적 역할의 거부증세로 보는 일반적인 설명에 이의를 제기하고, 오히려 그것을 그 역할에 대한 지나친 집착의 결과라고 단정하고 있다. 모든 저자들은 여성역할에 대한 모호함을 강박관념의 일부로 인정한다. 오바흐는 비만을 '분리-개별화, 자기애, 그리고 충분하지 못한 자아발달 등과 관련된 강박증세'로 보는 프로이트식 진단을 거부한다(Orbach, 17). 오바흐의 반론은 다섯 권의 책에 나오는 접근법을 특징으로 한다. 그의 반론은 섭식장애를 개인적 인격형성의 실패로 보는 설명을 거절한다. 식이장애는 오히려 미국여성이 되어가는 사회화 과정에서의 갈등을 나타내는 것이다.

강박관념의 특징

성 정체성과 성의 혼란, 파워 · 통제 · 해방 문제와의 투쟁, 외로움과 기만, 가족갈등 등 네 가지 특성이 섭식장애로 나타난다. 그러나 이런 주제를 자세히 다루기 전에, 세 가지 섭식장애[비만, 신경성식욕부진, 식욕항진증후군]의 차이를 알아두는 것이 중요하다. 비만은 '정상'체중보다 10~25% 높은 통계적 결정에 의한 체중으로 규정된다. 미국여성의 약 40%가 비만으로 보고 있다(Beller 1977, 6~9). 그리고 실제로 이보다 더 많은 사람들이 자신 스스로 '뚱뚱하다'고 느낀다(Dyrenforth, Wooley, Wooley 1980). 뚱뚱한 사람들은 모든 사회적 신분에서 나타난다. 비록 비례상으로 볼 때 부자들보다 가난한 사람들 사이에 더 많이 나타난다(Millman 1980, 89).[4] 뚱뚱한 사람들은 강력하고 불합리한 혐오감, 모욕과 멸시, 그리고 차별의 희생물이다(Millman 1980, 90; Beller 1977, 9; Dyrenforth, Wooley, Wooley 1980). 신경성 식욕부진은 자발적 기아이다. 브루흐가 강조했듯이, 굶는 것의 심리적 효과는 자아와 실체에 대한 왜곡된 지각(知覺)에 중대한 영향을 미친다. 이 왜곡된 지각은 식욕부진을 치료하기 어렵게 만든다. 신경성 식욕부진의 사람은 사회적으로나 경제적으로 우월한 가족 출신의 백인소녀일 가능성이 높다(Bruch 1978, 2장). 식욕항진증후군도 마찬가지다. 그러나 이 증후군은 더욱 다양한 백그라운드를 갖고 있고, 나이가 많은 여자들에게서도 나타난다(Boskind-White & W. C. White 1983, 3장). 이 증후군의 사람들은 비교적 날씬한 경향이 있지만, 마구 먹고 다시 먹은 것을 제거하고 하는 등의 연속된 반복이 발발하기 전에는, 굶지 않고 장기간 정상적으로 음식을 섭취한다. 만성 식욕항진증후군은 일주일에 한 번 정도에서 하루에 열여덟 번 정도로 자주, 그리고 한 번 먹을 때마다 1,000~20,000칼로리까지 섭취하면서 이 과정을 반복한다(Boskind-White & W. C. White 1983, 45). 보스킨드 화이트와 윌리암 화이트에 따르면, 식욕항진증후군 사람들은 신경성 식욕부진 사람들보다 더욱 집요하고 더욱 독립적이며, 자신의 고통을 더욱 보여주려고 하지 않는다(34). 그러나 이 책들 속에 나오는 여성 피(被)실험자들은 뚱뚱하든, 굶었든, 강박감에 사로잡혀 마구 먹어대고 토해내든지간에 음식에 대해 극한의 강박관념을 가지고 있다는 공통점을 가지고 있다. 저자들에 따르면, 이런 강박관념의 특징은 모든 여성들의 마음을 가엽게 만든다.

4. Sobal & Stunkard 1989; Stunkard 1977을 참조한다.

"여자들이 뚱뚱함/날씬함의 딜레마에 갇혀 힘들게 맞서 싸우고 있는 것은 대개 여자들이 자신의 성을 어떻게 규정하고 가꾸어 나가는지에 관한 중요한 문제이다"(Orbach 1978, 73). "식욕항진증후군과 신경성 식욕부진, 그리고 비만인 사람들은 전형적으로 자신의 몸을 혐오한다"(Boskind-White & White 1983, 115). 이런 신체에 대한 혐오는 종종 청소년기에 일어난다. 이 시기에는 마른 체형의 남녀양성의 신체가 변화되기 시작한다. 한 신경성 식욕부진 환자가 말했다. "나는 여성스러운 몸, 즉 굴곡이 생기고, 여성의 몸매로 완전히 형태가 갖추어지는 것에 대해 깊은 두려움을 갖고 있다"(Bruch 1978, 85). 그런 두려움은 종종 월경에 대한 반감을 수반한다. 월경에 대해 한 신경성 식욕부진 소녀환자인 리우(Liu)의 말은 이렇다. "내가 저지르지 않은 죄에 대해 유죄판결을 받은 기분을 갖게 된다. 나는 어떻게 해서든 나의 결백을 증명하고, 내 스스로 이런 형벌로부터 해방할 것을 맹세한다"(Liu 1979, 34). 나중에 리우는 다른 신경성 식욕부진 환자들처럼(Bruch 1978, 65), 체중 95파운드를 줄여 결국 월경이 멈췄을 때 기뻐했다. "나는 이 구제가 영원히 계속될 거라 생각하지 않는다. 그러나 잠시지만 나를 즐겁게 만들었다. 그래서 내가 더욱 체중을 줄이면 내 몸은 더욱 평면적으로[곡선이 사라짐] 될 것이다. 이것은 어린 아기의 몸으로 되돌아가는 것처럼[아기의 몸은 남자 · 여자 구별이 되지 않는다] 신이 난다"(Liu 1979, 41). 신경성 식욕부진 환자들이 어린 아기같이 성(姓)이 없어지면서 여성의 성으로부터 퇴화된다면, 과체중 여자들 역시 뚱뚱해짐으로 해서 같은 결과를 맞게 된다. 그들은 문화적으로 이상적인 여성다움의 기준을 거역함으로써 성적으로 중성이 된다(Millman 1980, 6장; Orbach 1978, 60).

베키 톰슨은 섭식장애와 성적학대 사이의 관계에 관심을 기울였다(Thompson 1994). 그녀의 보고에 의하면, "섭식장애를 가지고 있는 여성의 3분의 1에서 3분의 2는 성적학대를 받았다고 하는 많은 연구가 있다." 그러나 그녀는 섭식장애를 가지고 있는 것이 반드시 성적학대를 받았다는 것을 의미하지 않는다고 주의를 주었다(47). 어린시절의 성적학대는 여자의 심리적 · 육체적 자아를 왜곡시킬 수 있다. 음식은 여자로 하여금 편안함, 무감각, 그리고 쾌락을 제공함으로써, 또한 성적 착취로부터 자신을 자유롭게 해줄 신체 사이즈를 만들어 줌으로써 성적학대로부터 피난처를 제공할 수 있다. "대처방안으로서 섭식장애의 효과는 다재다능함 — 마음과 몸을 동시에 달랠 수 있는 능력 — 이다" (1994, 95).

이 참고문헌에 나오는 여자들은 자신들의 신체를 싫어하고 자신의 여성다운 몸매를 두려워할 뿐 아니라 자신의 신체 사이즈나 몸무게를 지나치게 걱정하였다. 마른 여자들은 계속해서 그 무게를 유지하려고 하고, 거울에 비치는 자신의 몸매를 늘 평가한다. 뚱뚱한 여자들은 외모로부터는 멀리 물러서 있지만 자신의 생각을 탈피하지는 못한다. 그들의 공통점은 스스로에게 비현실적인 기준을 확립하여 자신과 다른 사람들의 신체에 대한 왜곡된 지각을 갖게 되는 것이다(Bruch 1978, 81). 즉 "아무리 살이 빠져도 결코 충분하지 않다"(Boskind-White & White 1983, 29).

자신의 몸과의 관계에 문제를 가지고 있는 여자들의 특징은 이분법적(Boskind-White & White 1983, 33) 혹은 정신과 신체가 서로 이탈

되는(Chernin 1981, 55; Millman 1980, 9장) 의식적 대립이다. 수잔 보르도(Susan Bordo 1993)에 따르면, 심신이원론 — 몸과 마음의 분리, 의기양양한 마음을 가진 남자와 멸시받는 신체를 가진 여자의 연계성 분리 — 은 가부장적 파워와 음식과 관련된 여자들의 특정 문제들의 한 중심에 있다고 한다. 뚱뚱한 여자들은 자신의 몸을 보는 것을 거부한다. 심지어 자신의 몸에 대해 인정하는 것조차도 거부한다. 자신의 몸이 커가는 것에 대한 수치심과 혐오감은 엄청 크다. 밀만의 제보자 중 한 명이 말했다. "나를 바라보는 것이 너무 끔찍하게 느껴져 나는 내 신체와 연결되는 것을 끊어버린다. 나는 목 위를 수술하여 없애버린다. 즉 나는 거울을 보지 않는다"(Millman 1980, 195). 신경성 식욕부진 환자들은 한 사람이 두 사람으로 분리되는 것 같은 느낌에 대해 말한다. 그리고 암시적으로 그들은 분리단면을 규정지을 때, 분리된 다른 사람은 항상 남자일 것이다(Bruch 1978, 58).

다이어트는 몸에 의해 나타나는 자아의 일부를 제거하려는 혹은 보이지 않게 만들려는 시도이다(Orbach 1978, 169). 배고픔으로부터 자유로워지려는 여자의 시도는 '감각적 본성과의 힘든 투쟁'(Chernin 1981, 10), 즉 모든 인간은 거부할 수 없는 육체적 욕구를 가지고 있기 때문에 운명적으로 실패하기로 되어 있는 투쟁이다. 체르닌에 따르면, 자신의 육욕을 향한 여자들의 반감은 식욕에 대한 서양문화의 억압을 반영하고 있다. 식욕에 대한 억압은 특히 청교도적 관습에서 더욱 강하다. 비만, 신경성 식욕부진, 그리고 식욕증진증후군인 사람들은 모두 종종 식욕에 대한 생리적 동요를 허락하고 인정하여 혹은 아예 만족시켜버리는 무력함을 보이는 불합리한 기아공포를 보인다(Bruch 1978, 42~3; Orbach 1978, 108). 그들은 또한 성적 접촉에 대하여 혐오감과 두려움(Bruch 1978, 73), 그리고 자신의 성에 대한 커다란 불안감을 느낀다. 또한 성적 친밀감에 대한 불만족스런 열망도 있을 수 있다(Chernin 1981, 4장; Millman 1980, 6장; Orbach 1978, 60). "성은 실현하지 않은 쾌락, 혼란, 죄의식, 두려움, 그리고 혐오감의 커다란 불모의 지역이다"(Boskind-White & White 1983, 113).

음식에 대한 강박관념은 탈출구로서의 역할을 한다. "그 강박관념은 미래, 부모의 결혼생활, 남자, 그리고 내가 절대로 통제할 수 없는 다른 여러 문제들로부터 나의 마음을 딴 데로 돌려놓았다"(Liu 1979, 109). "비만은 여자와 남자 사이의 완충역할을 한다. 뚱뚱해지는 것은 여자를 매력적이지 않게 만들고, 전혀 성적 호기심을 자아내지 않게 만들고, 외따로 있게 만든다. 그래서 그 여자는 섹스를 완전히 피할 수 있다"(Millman 1980, 172). 지나치게 마른다는 것은 '날씬함이 아름답다'라는 문화적 이상을 만족하려는 시도로서 시작되지만, 여자를 성적 접촉으로부터 격리시킨다. 체중감소의 지나친 추구는 양성성의 결과를 낳는다. 즉 여성성의 명백하고 뚜렷한 상징인 가슴이나 월경이 없는 남자다운 몸을 만든다(Bruch 1978, 64~5; Orbach 1978, 169). 리우가 말했다. "내가 충분히 살을 빼면, 남자들이 나를 무시할 거라고 생각하였다. 나는 때때로 가슴을 동여매고, 얼굴을 가리는 것이 효과가 있다고 느꼈다"(Liu 1979, 87).

이 다섯 권의 책은 왜 여자들이 성과 그런 문제관계를 가져야 하는지에 대한 의문을 밝혀내고 있다. 어쨌든 성적 쾌락은 신날 수 있다. 그리고 여자들의 성은 출산능력과 관련된다. 그러나 이 책들에 따르면, 북아메리카에서 여성의 성은 존경받기보다는 격하되고 대상화되어 있다. 패션과 미디어에서 여자들은 이상화되고, 대상화되고, 그리고 성적 특색이 부여된 이미지로 반복해서 보여지고 있다. 품위 없는 성폭력인 포르노는 야하고 육감적인 몸을 가진 여자들에게 주의를 돌리고 있다(Chernin 1981, 133). 가부장적인 미국 미디어와 광고는 대부분의 성인 여자들이 도저히 도달할 수 없는 날씬함을 아름다움의 기준으로 이상화시켜 놓았다. 보통은 곡선의 몸매를 가진 매력적인 여자에게 남자들은 곁눈질로 힐끗 쳐다보거나, 휘파람을 불거나, 손짓으로 유혹하거나, 저속한 소리를 내기 쉽다. 그 여자는 처음에는 육체적 대상으로 평가된다고 느끼다가 두 번째가 되어서는 자신이 인간 피험자(被驗者)로 평가된다고 느낀다(Liu 1979). 어떤 여자들은 살을 지나치게 뺀다거나 아예 뚱뚱하게 살찌게 하여 전혀 성적이지 않게 하여 무성(無性)으로서 자신의 성에 대한 그런 대상화와 격하로부터 달아나려고 한다(Thompson 1994, 54).

체르닌은 우리사회에서 여성의 성과 뚱뚱한 신체를 모욕하는 것에 대해 명백한 설명을 제시한 유일한 저자이다. 체르닌은 그것을 '가부장적 문화로 모두 특징화해 버리는' 서양 이데올로기의 기본이 되는 정신/신체 이분법과 연관시키고 있다(Bordo 1993, 56). 몸과 그 몸에서 비롯되는 열정은 정신과 별도로 분리되어 억압된 그룹, 즉 여자와 아프리카-아메리칸[흑인]과 동일시된다(Chernin 129). 노예의 역사는 흑인들을 단순한 신체로 규정하여 그들 신체의 완전한 대상화를 관행화하였다(Thompson 1994, 17). 억압된 그룹 위에 군림하는 백인남자들의 파워는 위협적인 삶 속에서 억압받는 그룹의 열정적이고, 감각적이고, 본능적이고, 격정적인 경향을 통제하는 백인남자들의 표명이다. 그러나 체르닌의 제안에 의하면, 남자들은 여자들의 성과 출산능력을 두려워하고 부러워한다. 남자들은 자신들이 성적으로 무능하다고 느끼는 감정과 여자들의 출산능력에 대한 질투심을 섹스와 출산을 평가절하하여 극복한다. 이런 평가절하는 경제, 정치, 문화에서 행사하는 남성파워에 대해 이데올로기적 보호역할을 한다. 여자들에게 나타나는 음식과의 문제[섭식장애]에서 우리는 그들이 자신의 파워부족을 극복하기 위해 애쓰고 있음을 엿볼 수 있다.

파워, 통제, 그리고 해방

문헌연구의 대상인 이 다섯 권의 책은 '여성 신체의 폄하는 여성의 가치와 존재방법의 문화적 하위성과 유사하다'는 대중적인 여성주의의 관점을 공통적으로 나타내고 있다. 이러한 폄하는 더 나아가 여성의 목소리까지도 차단하게 된다(Gilligan 1983). 즉 "남자들이 아예 여자들의 역할을 대행해 주고 여자들의 경험을 설명하기도 한다"(Orbach 1978, 71). 이 모든 책에서 제안한 바에 의하면, 여성운동의 성장과 일하는 여성의 증가는 여성역할의 모순을 증가시켰다. 즉 여자들은 부인이 되고 엄마가 되는 자신들의 전통적 기대를 포기하지 않고, 여기에 생산적 노동의 새로운 목표와 독립된 공적 정체성을 더하였던 것이다(Brumberg 1988; Howe 1977). 여자들은 수동적이고 순종적이어야 한다고 교육을 받는다. 그러나 직장에서 이런 태도는 성공에 적합하지 않다는 것을 알고 있다. 여자들은 생산자(producer)가 되고 싶어 한다. 그러나 사회가 자신들을 소비자 역할 속에 내던지고, 더욱 많은 갈등을 겪게 하는 역할을 부담시킨다는 것을 여자들은 알고 있다. 정크푸드[칼로리는 높지만 영양가는 낮은 음식]를 먹으면서 뚱뚱해지지 않아야 하고, 섹시한 옷을 입으면서 조신한 부인이 되어야 한다. 이 다섯 권의 책에 따르면, 이런 생활의 갈등 속에서의 긴장은 견딜 수 없을 만큼 힘이 들 수 있다. 특히 강한 자아의식이 부족한 여자에게는 더욱 그러하다. 이에 어떤 여자들은 음식을 강제적으로 제한한다거나 혹은 지나치게 먹음으로 반응을 나타낸다.

신경성 식욕부진과 식욕항진증후군 환자들은 특히 지나치게 순종적이다. 전자는 전형적인 '착한 아이'로, 항상 시키는 대로 했다(Bruch 1978, 3장; Liu 1979, 39). 후자는 대개 남자들에게 극히 추종적이다(Boskind-White & White 1983, 20). 신경성 식욕부진과 식욕항진증후군 환자들, 그리고 비만인 여성들은 모두 자신의 권리를 주장하고 사회적 혹은 가족적 프로그램에 거스르면서 자신만의 길을 선택하는 데 어려움을 겪는다. 음식은 세상에서 그들이 통제할 수 있는 확실한 방법이다. "나는 항상 내 스스로에게 말한다. 내 인생의 다른 부분이 통제되지 않을 때, 내가 통제할 수 있는 것은 한 가지이다. 즉 내가 내 입에 넣을 수 있는 것이다"(Millman 1980, 161). 이런 통제를 음식을 먹고 뚱뚱해지는 것으로 발휘하는 여자들이 있다. 신체는 그 여자들에게 능력을 주고, 또 연약하고 무력한 여성의 범주로부터 자신들을 벗어나게 할 수 있는 파워의 근원이 될 수 있다(Orbach 1978, 2장). 그러나 많은 여성에게 이런 통제란 음식을 스스로 거부하는 것이다. 예를 들어 신경성 식욕부진 환자인 베티(Betty)의 설명에 의하면, 체중감소는 그녀에게 힘을 주었다고 한다. 체중이 1파운드 빠질 때마다 그만큼 자신에게 파워를 주는 보물과 같았다고 한다(Bruch 1978, 5). 굶는 것은 목적달성의 방법이 된다. 리우는 말했다. "이 점에 있어서는 내가 최고이다"(Liu 1979, 40).

그러나 음식이 통제를 위한 영역이 될 수도 있지만, 통제를 잃을 수 있는 매개체가 될 수 있고, 혹은 해방과 휴식을 얻을 수 있는 매개체가 될 수도 있다. "마구 먹어대는 행위의 내면은 깊고 어둡다. 그것은 당신 자신에게 부여한 모든 제약이 잘려져 나가 느슨해지는 세상으로의 하강이다. 금지된 것도 손에 넣을 수 있다. 어느 것도 중요하지 않다. 친구도, 가족도, 사랑하는 사람도 중요하지 않다. 음식 외에는 어느 것도 중요하지 않다. 넣고, 씹고, 삼키는 이런 물리적 행동은 물리적 한계(대개는 메스꺼움)에 도달하게 될 때까지 계속된다. 그리고 추구했던 무감각, 멍한 상태, 감정적 고통에 대한 무관심 등이 나타난다. 효과 좋은 마약처럼, 음식은 감각을 파멸시킨다"(Roth 1982, 15~6).

먹지 않고는 못 배기는 사람들은 음식을 마구 먹는 동안 망각과 혼미상태(무아경)를 거듭한다고 말한다. "어떤 사람들은 마구 먹는 행위를 이성적 의식 밖에서 일어날 뿐 아니라 마치 술에 취한 것 같은 행위로, 실제로는 무의식상태를 생산하는(productive) 행동으로 설명한다"(Millman 1980, 141). 한 소녀는 신경성 식욕부진을 다음과 같이 설명하였다. "그것은 알콜이나 마약과 같이 오랜 기간 동안 만성적으로 나타나는 것으로, 마치 독이 서서히 퍼져가는 것과 같다"(Bruch 1978, 15). 음식을 먹는 것은 또한 성적 해방의 대체가 될 수 있고, 감정적 배고픔을 채워 주는 방식이 될 수도 있다(Chernin 1981, 11). "나는 다른 사람들을 보살피고, 음식은 나를 보살핀다"(Millman 1980, 109).

더욱이, 여자들은 비공격적이고 차분하고 자기희생적이 되도록 교육을 받는다고 모든 저자들은 지적하고 있다. 여자들은 강한 감정을 표현하지 않도록 습관화된다(Orbach 1978, 52). 그래서 만약 여자들이 성차별이나 인종차별, 집안일을 도와주지 않는 남편, 혹은 학대에 대해서 화가 나면, 그것은 자신에 대한 분노로 바꾸어 나타난다. 먹고, 먹고,

또 먹고, 혹은 굶고, 굶고, 또 굶고. 톰슨에 따르면(Thompson 1994, 2), "섭식장애는 인종차별, 성차별, 동성애공포증, 계급주의, 문화수용의 스트레스, 그리고 감정적 · 육체적 성적학대 등의 무수한 불공평에 대한 생존전략, 즉 자기보존을 위한 민감한 행위로서 시작된다." 그러나 음식에 대한 집착은 다른 싸움들을 가려버리고, 여자들이 당하면서도 참고 지내는 잔악행위를 줄이기 위해 필요한 사회정의를 위한 투쟁을 방해한다. 실제로 많은 여자들은 자신들의 투쟁을 음식으로 해결할 때까지 삶을 완전히 지연시킨다. 음식에 대한 강박관념을 가진 여자들의 특징은 이런 지연으로 인해 잘못된 공상이 그들에게 뒤따른다는 것이다. "일단 내가 날씬해지기만 하면, 모든 것이 변할 것이다"(Atwood 1976, 47; Boskind-White & White 1983, 158; Millman 1980, 10장; Orbach 1978, 132~3). 여자들은 자신들의 문제는 자신이 너무 뚱뚱해서 생긴 거라고 믿도록 사회화된다. 날씬해지는 것은 만병통치약이다. 즉 그것은 순전히 열광적인 추구만으로, 여자들이 관습화된 무력함으로 힘들어하는 세상에서 통제권을 얻기 위한 애처로울 만큼의 환원주의식 수단이다.

고립, 움츠림, 속임, 경쟁

위 다섯 권의 책에 나와 있는 음식 강박관념의 가장 강한 특징의 하나는 개인주의이다. 여자들은 몰래 음식을 게걸스러우리만치 마구 먹는다거나 혹은 굶어버린다. 그들의 강박관념으로 나타나는 태도는 식욕부진에 대한 자부심이든 혹은 충동적 섭취에 대한 죄의식이든 그들을 더욱 고립시킨다는 것이다. 신경성 식욕부진처럼 이들 모두는 '완전히 자기중심적'으로 된다. … 음식에 대한 생각들이 다른 것을 생각할 여지를 주지 않고 밀려온다(Bruch 1978, 79). 그들은 자신의 의식(儀式), 즉 먹고 토해내고 거울을 쳐다보고 혹은 미친 듯이 운동하는 등의 행위를 혼자서 실행한다. 다른 사람들에게는 자신의 이상한 행동을 감추고, 자신의 음식 습관에 대해 거짓말을 해야 하는 필요성은 그들을 점점 더 움츠러들게 만든다. 속임은 그들 생활의 바탕이 되어버리고, 점차 자신을 혐오하고, 절망하고, 스스로를 움츠려들게 만든다. 이런 고통을 받고 있는 여자들의 고독함은, 책에서 제시되듯이, 그들의 강박관념의 주요원인의 하나인 미발달된 자아의식을 더욱 악화시킬 뿐이다. 미국의 사회적 원자화(原子化) 특징이 이들의 비밀유지를 용이하게 하고, 고립을 증가시키고, 그래서 강박적 충동으로부터 벗어나는 것을 막고 있는 것은 아닌지 깊이 생각해 보는 사람도 있을 것이다.

섭식장애를 가지고 있는 여자들의 고독함은 대개 다른 사람, 특히 다른 여자와의 경쟁과 불신을 특징으로 나타난다. 신경성 식욕부진 환자들은 다른 여자들보다 자신이 우월하다는, 즉 더 말랐다는 자부심을 갖는다(Bruch 1978, 18). 리우는 친구에게 자신의 체중감소의 비밀을 말해 주기 꺼린다. 왜냐하면 친구들이 자신보다 더 말라 자신의 승리를 약화시키지 않을까 해서이다. "식욕항진증후군 여자들은 계속해서 자신의 몸을 다른 여자들과 비교한다. 대체로 그것이 그들의 생활이다. 그러나 거의 항상 자신에게 불리하게 해석하여 더욱 자존감을 상실한다"(Boskind-White & White 1983, 38).

오바흐는 미국 여자들이 경쟁에서 겪는 어려움은 그들의 음식과의 투쟁에 스며든다고 주장한다. 그리고 실제로 오바흐의 이론을 뒷받침하고 있는 다른 데이터도 있다(Orbach 1978, 49~51). 남자들은 목적을 성취하도록 사회화되고, 성공테크닉을 교육받으며 자라면서, 여자들의 경쟁은 특히 남자들을 상대로 한 경쟁은 여자답지 않은 것으로 그려진다. 여성의 사회화는 협동을 강조한다. 경쟁적 성취감을 얻으려고 애쓰는 여자들은 낯설고, 또 그들 자신들이 위협적인 영역에 있는 것을 발견한다(Gilligan 1983, 42; Orbach 1978, 49~51). 뚱뚱해지는 것은 경쟁에 대한 힘든 감정을 뚱뚱한 살 뒤에 감춤으로써, 실패에 대한 변명으로 신체를 사용함으로써, 그리고 충동적으로 음식을 섭취하는 동안만큼은 불만스런 경쟁심을 탈피하기 위한 출구를 제공함으로써 그 힘든 감정을 대처하는 한 방법이 될 수 있다(Orbach 1978, 51).

그러나 책 저자들은 그 투쟁이 쓸데없음을 나타낸다. 성적이나 일, 몸매 등 삶의 모든 면에서 경쟁을 관습화시키는 사회에서, 그리고 여자의 경쟁력을 거부하고 여자다워야만 하는 시대에는, 여자들이 경쟁에서 손을 떼고, 경쟁을 내면에 묻어버리고, 혹은 체중이라는 사소한 영역에 그 경쟁을 제한해 버리는 것은 전혀 이상할 것이 없다. 음식과의 투쟁에 고립된 여자들의 경쟁적인 개인주의는, 책에서 제안되듯이, 서양사회의 기본이 되는 경쟁적 가치와 관행의 내면화이다. 우리 사회는 모든 문제를 개인적인 것으로 규정하고, 그리고 그 문제들은 자신을 다른 사람 위로 끌어올리는 것에 목적을 둔 개인의 노력에 의해 극복될 수 있다고 제안하는 경향이 있기 때문에, 개인의 분노는 사회를 향해 집중되어지는 것이 아니고 개인 자신을 향해 집중된다. 이로 인해 여자들에 대한 체계적 억압 위에 세워진 현상은 지속되는 것이다.

가족갈등

위 다섯 권의 책 내용은 신경성 식욕부진, 식욕항진증후군, 그리고 비만이 여성스러움의 사회적 상황뿐 아니라 가족이라는 조직에 대한 반응이라는 것이다. 음식은 성장기의 여자아이들이 부모와의 관계에서 늘 접할 수 있는 자율성, 통제, 그리고 사랑 문제를 놓고 다툴 수 있는 핵심적인 전쟁터이다(Millman 1980, 72). 어떤 여자아이들은 부모에게 반항하기 위해 과식을 한다. 애트우드(Atwood)의 『레이디 오라클』(*Lady Oracle*, 1976)의 여주인공은 엄마와의 갈등을 해결하는 한 방법으로, 그리고 자율성을 요구하는 한 방법으로 자신을 '흰돌고래'로 표현한다. 톰슨(Thompson 1994)은 장기간의 식이장애로 어려움을 겪고 있는 다양한 인종, 계급, 그리고 성적 취향 등을 가진 18명의 여자들과의 인터뷰를 통해 많은 여자들이 성적·육체적·감정적 학대와 가족 내의 문제를 포함하여 사회의 편견으로부터 탈피하기 위해 음식을 사용하고 있다고 제시하고 있다. 인터뷰 제보자 대부분은 가족문제를 극복하기 위해 충동적 폭식 방법을 이용함으로써 음식이 마약과 같은 역할을 하여 감정적, 육체적 고통을 달래준다는 것을 알았다.

이와는 달리 가족문제를 극복하는 방법으로 자발적 기아방법을 사용하는 여자들도 있다. 신경성 식욕부진 환자는 과거에 '완벽한' 딸이었다. 그들의 음식거부는 자신들의 무력함, 자신들의 삶을 살 권리를 박탈해 간 부모들에 대한 분노를 표현하는 방법이다(Bruch 1978, 38). 즉 음식거부는 저항의 행동이다(Bruch 1978, 38). '승리감에 찬 자아극기(自我克己)는 여자아이들에게 불합리하다'고 느끼는 세상에서, 음식거부는 성취감을 위한 구체적인 출구를 제공한다. 신경성 식욕부진 환자에게 굶는 것은 먹을 것을 먹여주는 부모에 대한 어린아이 같은 의존성을 부모에게 되돌려주어, 부모의 기대감에 대한 부담으로부터 자유로워질 수 있다. 자신을 '황금새장 안의 참새'(24)로 묘사하는 브루흐의 환자는 이 감정을 알고 있다. 그리고 리우는 많은 신경성 식욕부진 환자와 식욕항진증후군 환자들의 전형적인 상황을 다음과 같이 표현한다. "나의 환자들은 풍요롭고 모험적이고 사랑스러운 보호 아래에서 자랐다. 초년기 동안 내내 케이크가 떨어지지 않을 만큼 풍요했지만, 운명적으로 모든 것이 가능한 환경에서 그들은 최고가 되어야 한다는 부모님의 무언의 약속에 싸여 자랐다"(Liu 1979, 1).

이런 높은 기대와 특권을 누리는 가족상황은 '현실'에서 여자아이들이 맞서 싸워 성취하기에는 어려운 것들로 하여금 그들을 더욱 고통스럽게 만든다. 여자아이들은 그들의 남자형제에게는 열려 있지만 자신들에게는 장래성이 다르다는 것과(Boskind-White & White 1983, 4장), 그들 어머니들이 해온 일에 대해 사회적 인정이 부족하다는 것을 우연히 알게 된다. 실제로 어머니들은 대개 가족에게 전념하기 위해 개인적 포부와 직업을 포기한 여자들이다(Bruch 1978, 28). 그들은 후회하는 마음이 가득하고, 자신의 딸들을 자신들보다 더 멀리 나아가도록 압력을 가함으로써 인생을 다시 살고 있는 것인지도 모른다. 또한 어머니들은 자신의 제한된 상황에서 여성의 성취가 어려웠다는 것을 증명하고, 또 자신의 딸들을 제한함으로써 자신의 삶이 정당하다는 것을 인정하려고 시도하고 있는지 모른다(Orbach 1978, 26~32). 자신들에게는 지배적이고 지나치게 간섭하면서, 남편에게는 비굴하고 성취감에 실패한 엄마에게 딸들은 화가 날 것이다(Boskind-White & White 1983, 67; Liu 1979). 딸들은 아버지에게도 화가 날 것이다. 아버지들은 냉정하고, 힘을 휘둘러 뽐내고, 거리감이 느껴지고(Boskind-White & White 1983, 172~4), 성적으로도 위협적이다(Millman 1980, 173~4). 과식과 자발적 기아는 통제를 나타내는 것이고, 관심을 끌고 분노를 표현하는 방법이다. 그러나 그런 방법들은 결국 자기파멸의 길로, 이상적인 것과는 거리가 먼 아버지-딸 관계와 갈등을 지고 있는 엄마-딸 관계를 만들고 있는 현재의 사회적 조건을 바꾸는 데는 어떤 역할도 하지 못한다. 오바흐는 말한다(Orbach 1978, 113). "가부장적 문화가 엄마들로 하여금 딸들을 사회적 하위위치를 그대로 받아들이도록 키울 것을 요구하는 한, 엄마의 역할은 긴장과 혼란으로 가득 차게 될 것이다. 이들의 긴장과 혼란은 엄마와 딸이 음식이라는 주체를 놓고 서로 영향을 주는 방식에서 명백하게 드러난다."

하필 왜 지금?

신경성 식욕부진과 식욕항진증후군에 대한 보고가 지난 20~30년 사이에 걱정스러우리만치 증가하였다(Bruch 1978, viii). 그리고 비만에 대한 관심 역시 증가하고 있다(Chernin 1981, 9장). 그에 대한 몇 가지 이유가 고찰중인 이 다섯 권의 책에 제시되고 있다.

첫째, 북아메리카의 물질자본주의 문화에서는 음식이 풍부하여 소비를 강요받는다. 풍부하게 넘쳐나는 소비상황에서, 자발성 기아를 통한 자기부정은 강력한 상징적 행동이다(Bruch 1978, 9; Chernin 1981, 103). 그러나 사회적 풍요는 여자들이 일주일 동안 먹을 수 있는 식품을 하루에 먹어 치우고, 다시 토해내게 할 수 있는 향락을 누릴 수 있다는 의미이기도 하다(Boskind-White & White 1983, 48). 정크푸드의 만연 역시 과식을 하면서도 몸에서 요구하는 영양을 만족시키지 못할 수 있다는 의미를 가지고 있다. 존 키츠가 말했다. "일부 미국인들은 체중이 늘어날 때조차도 생명에 위험할 만큼 영양이 모자란다"(Keats

1976, 12).

미국의 식품산업은 이 문제에 한몫 하고 있다(Aronson 1980; Hacker 1980; Hess & Hess 1977; Hightower 1975). 모든 자본주의식 노력처럼, 식품산업 역시 살아남기 위해 성장해야만 한다. 비교적 변화 없는 인구를 놓고, 광고는 신제품 판매를 촉진해야 한다. 여자들이 먹은 이런 음식은 지방으로 전환되기 때문에, 여자들은 그 지방을 없애기 위해 다이어트 식품을 사도록 권고 받는다. 경제는 소비자로 하여금 가능한 많이 사도록 유도하는 것에 달려 있다. 그중 한 가지 방법이 먹도록 재촉하면서 동시에 다이어트가 필요하다고 주입하는 것이다. 보르도(Bordo)에 따르면, 섭식장애는 배고픔과 욕구의 조절을 철저히 문제화시키는 소비문화 속에서 완벽하게 규제 · 조절된 자아의 이상형으로 헛된 기대를 갖게 하여 힘들게 만드는 것이다. 패션과 미의 현 기준은 유달리 마른 체형을 제시함으로써 음식에 대한 여자들의 강박관념이 일어나도록 한다. 체르닌은 미국에서 보면, 여성미의 기준이 수년에 걸쳐 변동되어 왔다고, 그리고 여자들이 중대한 권리를 요구할 때마다, 그만큼의 마른 체형을 요구하였다고 언급하고 있다. 그녀는 여성주의식 강한 여성의 이미지 제시가 증가함에 따라 아동포르노와 근친상간(Chernin, 108~9)이 증가하였다고 지적하고 있다. 그리고 그녀는 대담하게 말한다. "여성주의자들의 주장이 난무하는 이 시대에, 남자들은 어린아이 같은 몸과 마음을 가진 여자들에게 끌린다. 왜냐하면 어린아이의 연약함과 무력함에는 불온한 뭔가가 덜 있기 때문이다. 그리고 성숙한 여자의 몸과 마음에 대하여서는 정말로 불온한 뭔가가 있기 때문이다"(110; Bordo 1993, 207). 미디어도 거의 도달하기 힘든 깡마른 이상형을 조장하는 데 한몫 한다. 이상형에 도달하면 대부분의 여자들에게는 결국 영양부족의 육체적 약화를 낳게 할 것이다(Kaufman 1980). 이런 이상형은 한 여자와 실제 자아와의 거리를 멀게 만들어 그녀의 갈등을 악화시키고, 그녀가 혼자서 어찌하기에는 더욱 힘들게 만든다. 그리하여 강박관념에 더욱 사로잡히게 된다.

여성주의는 가능성 있는 삶에 대한 여성의 기대감을 높여 주었다. 그러나 실제 기회는 그에 보조를 맞추지 못하였다. 즉 희망과 실제 사이의 불균형이 증가하였다(Bruch 1978, ix; Brumberg 1988; Chernin 1981, 9장). 게다가 여성주의는 성적인 기준을 포함해서 모든 이중적 잣대가 끝이 나기를 요구하였다. 서양문화에 파급된 보다 자유로운 성 관습과 함께, 이런 요구는 소녀들에게 그 어느 때보다 일찍이 성관계를 가지라는 압박감을 주었다. 더욱 심해진 성에 대한 자유는 소녀로 하여금 소녀에서 여성으로의 전환에 대한 걱정을 증대시켜 신경성 식욕부진과 식욕항진증후군의 증가에 중요한 원인이 될 수 있다(Bruch 1978, ix; Boskind-White & White 1983, 90).

강박관념의 대안

우리는 비만, 신경성 식욕부진, 그리고 식욕항진증후군의 공통적 특징을 살펴보았다. 이 다섯 권의 책에서, 이런 자기 파괴적이고 비생산적인 섭식장애는 종종 여성스러움의 문화적 문제에 대한 반응이라고 지적하고 있다.

일부 여자들은 지나치게 뚱뚱해지거나 살을 빼는 방법으로 자아부정을 통해 여자다움의 고정관념에 도전한다. 그러나 그 방법은 부정(否

定)만을 가진 희생자를 남기고 만다. 그런 반응은 새로운 긍정적 자아 이미지도 주지 않고, 혹은 우리 사회에 만연되어 있는 여성에 대한 고정관념이 생산적이지 못하고 억압받고 있는 이유를 분석할 능력도 주지 않는다(Millman 1980, 5장). 그들은 브루흐가 의미하고 다른 저자들이 진술하고 있는 내용이 강박관념 혹은 여자의 사회적 하위위치의 근거라는 것을 비난하지 않는다. 식욕항진증후군, 신경성 식욕부진, 그리고 비만의 희생자들은 죄의식과 절망감의 악순환에 잡히고 만다. 여자들은 스스로 자신에게 반복적으로 벌을 준다. 그들은 자신의 부끄러움과 절망에서 탈출하기 위해 먹고, 굶고, 다시 먹고, 토하고를 반복한다. 그들은 전보다 자신을 더욱 철저히 증오한다. 그리고 다시 잊기 위해 혹은 자신을 더욱 벌주기 위해 마구 먹는다. 그 과정에 그들은 자신의 건강을 황폐화시키고, 몸을 쇠약하게 만들고, 그리고 뚱뚱한 비인격체로 혹은 '보이지 않는' 신경성 식욕부진 환자로 자신을 사회적으로 무능하게 만든다(Orbach 1978, 146). 그들의 모든 에너지는 음식에만 쓰인다. 그들의 모든 희망은 강박관념을 쳐부술 때 일어날 기대에 찬 변화의 기적에 꽂혀 있다.

이 다섯 권의 책은 먹고 다시 굶는 것에 대한 대안을 제안하고 있다. 그 대안은 강하고 긍정적인 여성 정체성을 발달시키는 데 그 근본을 두고 있다. 여자들에게 자신의 개인문제를 보다 폭넓은 사회분석의 일부로 만들도록 가르치는 것이다.[5] 여기 이 책들은 널리 알려진 여성주의 교수법에 공통으로 나오는 테크닉을 처방해 주고 있다: 억압에 관한 토론을 통한 지적 해방, 자립기반(자조), 그리고 후원단체 등. 신경성

5. Thompson 1994, 6장, 그리고 Brown & Rothblum 1990을 참조한다.

식욕부진 환자와 함께 한 브루흐의 주장에 따르면, 첫 단계는 병원 입원이 필요하더라도 체중을 증가시킴으로써 기아에서 오는 심각한 정신생리학적 영향을 없애는 것이다. 그리고 치료는 부(否)정직성, 자기기만, 그리고 맹종 등 신경성 식욕부진의 특징에 초점을 둔다. 이것은 '확실한 자아개념과 자기 주도적 행동을 위한 능력'을 발달하도록 할 것이다(Bruch 1978, 130). 오바흐와 보스킨드 화이트, 윌리암 화이트의 제안에 의하면, 그들 환자들은 충동적으로 음식 먹은 것에 대해 자신을 괴롭히는 일을 그만두어야 한다는 것이다. 그리고 과연 어떤 행동이 자신들을 위한 것인가를 묻는다. 그래서 그들은 같은 일을 두고 서로 다른 방법을 찾아내어 만병통치약으로서 음식에 완전히 의존하는 것을 줄일 수 있게 된다. 음식강박관념은 전체문제가 아니라, 더욱 심각한 심리사회적 문제들이 해결되어지는 매개이다. 그래서 표면아래에 내재되어 있는 문제를 들춰내고 처리하는 것에 초점을 맞춘 치료전략을 제안한다(Bruce 1988).

저자 모두는 여자들이 다른 사람들도 같은 공통된 강박관념을 가지고 있다는 것을 인정하고, 그 강박관념을 여자들의 압박과 연결하면 이점을 얻을 수 있다고 믿는다. 그래서 오바흐와 보스킨드 화이트, 윌리암 화이트는 그룹치료법을 실행한다. 그룹치료법은 여자들이 홀로 고립되어 있는 상태에서 나오는 것을 도와주고, 자신의 문제를 덜 창피하게 만들고, 더욱 참기 쉽고, 가능성을 제공하고, 그리고 자신의 연약한 이미지를 강화시키는 것을 목표로 한다. 또한 여자들에게 단순히 음식을 먹는 데 사용하기보다는 단호하고 분노를 표현하기 위해 입을 사용하도록 가르친다(Orbach 1978, 58). 여자들은 자신들이 먹을 권리가 있고, 사회가 요구하는 것에 반대할 권리가 있고, 자신들의 정체성은 외모로 보이는 그 이상의 많은 것으로 구성되어 있음을 말할 권리가 있음을 배울 필요가 있다고 모든 저자들은 일축하고 있다.

일부 아프리칸-아메리칸 여성들은 여자의 몸을 대상화하고 그들의 먹을 권리를 부정하는 문화적 관습에 성공적으로 도전할 수 있을 것 같다. 최근 몇몇 연구에서 지적한 바에 의하면, 많은 아프리칸-아메리칸 여성들은, 비록 아름다움을 희고 고운 피부로 규정하는 미디어 메시지와 계속적으로 싸우고 있지만, 여성의 신체에 대한 생각에 대안적이고, 융통성 있고, 발전적인 방법을 규정하고 있다.[6] 아프리칸-아메리칸 중에서는 여자의 덩치 큰 몸은 아름다움, 파워, 그리고 인종차별주의와 가난에 대한 승리를 나타내기도 한다(Hughes 1997). 가난한 도심지의 흑인사회에서 뚱뚱한 몸은 마약으로부터의 자유와 자아존중을 상징할 수 있다(Freedman 1990a). 소울 푸드[soul food; 주로 아프리칸-아메리칸 요리를 일컫는 말로, 예전 노예시대 때 노예들이 충분하지 못한 재료를 이용해 만든 음식에서 유래되었다. 전통적으로 지방함량이 많아 노예들의 건강에도 좋고 마음 따뜻하게 하는 음식이다. 현재 사람들은 스트레스를 받는다거나 힘들 때 편안함을 찾고자할 때 이런 음식을 먹는다.] 섭취는 아프리칸-아메리칸의 기억과 전통을 생생하게 유지시키는 데의 성공을 나타낸다(Beoku-Betts 1995; Harris 1994; Shange 1998).

한 연구는 신체 이미지와 체중에 대한 관심에 있어서 청소년 시기의

6. 아프리칸-아메리칸의 신체와 미에 대한 태도에 대해서는 Collins 1990; Hughes 1997; Parker et al. 1995; Russell, Wilson & Hall 1993; Wilson & Russell 1996; Freedman 1990a, 1990b; Gray Ford & Kelly 1987; Hsu 1987 등을 참조한다. 아프리칸-아메리칸 요리와 그들의 정체성에 대해서는 Angelou 1997; Beoku-Betts 1995; Harris 1994; Hughes 1997; Mintz 1997; Shange 1998; Wade-Gayles 1997을 참조한다.

흑인소녀와 백인소녀 사이에서의 중요한 차이를 발견하였다(Parker et al. 1995). 흑인소녀의 약 70%는 자신의 체중에 '만족한다' 혹은 '아주 만족한다'고 응답한 반면에 이와는 아주 반대로 90%의 백인소녀들은 '불만족'이라고 응답했다. 조사에 따르면, 미(美)에 대한 정의에 있어서 흑인 10대들이 백인소녀들보다 더욱 융통성 있고 덜 절대적이다. 흑인소녀들은 미를 표면적인 몸매보다는 '올바른 마음자세'로부터 나온다고 보았다. 그들은 미를 옷, 스타일, 몸짓과 연관시켜, 자신과 자신의 문화에 대해 자부심을 가진 여자라면 누구나 그 미를 얻을 수 있다고 강조하였다. 많은 흑인 10대들은 주위 친구들이나 엄마에게 외모에 대한 칭찬을 받는다고 하였다. 이것은 자신의 몸매가 어떠하든 그들로 하여금 기분 좋게 하였다. 파커(Parker)와 일부 학자들에 의한 연구에 따르면, 많은 젊은 흑인여성들은 '깡마르기 위한 포학행위'를 무시하고, 자신을 주체로서 규정짓고, 대상화된 신체보다는 개인적 특성을 가치 있게 여긴다.

가부장적이고, 백인지상주의적인 미의 기준에 흑인여성들이 도전하는 방법과 이유에 대해 더욱 많은 연구가 필요하다. 그들의 경험이 마른 체형의 유행에 도전하고 싶은 백인여성에게 도움이 되는 실마리를 제공할 수 있지 않을까? 두 가지 중요한 사실이 파커의 연구에서 나타난다. 그것은 흑인여성들이 다른 여자들에게 받는 지지(칭찬)와 그들 문화가 요리를 통해서 혹은 다른 생산적인 일을 통해서 여성들의 사회 혹은 가족에 대한 기여도를 인정해 주는 가치이다. 이런 사실은 외부로부터 오는 신체적 압박에 도전하기 위해서 모든 여성들은 여성의 미와 생산적 가치에 대한 정의를 다양하게 주장할 수 있도록 함께 힘을 모아야 한다는 것을 가르쳐 주고 있다.

그 외에 여러 의문 사항들

이 다섯 권의 책에서 제시하고 있는 지나치게 뚱뚱하고 지나치게 마른 여자들에 대한 데이터와 그에 대한 설명을 깊이 고찰해 보면 몇몇 의문들이 떠오른다. 이런 지나침이 여자가 되어갈 때 문제시 되는 특징에 대한 반응이라면, 왜 남자들에게도 섭식장애가 나타나는가? 브루흐의 신경성 식욕부진 환자의 약 10분의 1이 남자들이고(Bruch 1978, viii), '심각하게 과체중'인 남자들 역시 거의 여자들만큼 흔히 있다(Beller 1977, 6). 책에는 남자 식욕항진증후군 환자에 대한 언급이 없다. 단지 사회문제로 드러나지 않았을 수도 있지만, 남자들에게는 거의 나타나지 않는 것 같다. 다섯 권의 책 중에서 밀만의 책만이 남성 섭식장애를 「뚱뚱한 남자들, 또 다른 이야기」라는 제목의 부록에서 분명히 다루고 있다. 남자들과의 인터뷰는 여자들보다 수가 적고, 나이도 많고, 한정적이기 때문에, 밀만은 신중을 기한다. 그러나 밀만은 남자들이 뚱뚱해지는 것은 여자들과는 현저히 다르다는 것을 발견한다. 남자들은 자신들이 뚱뚱하다고 덜 생각한다. 남자들은 뚱뚱하다는 것을 심리적, 개인적, 감정적 문제와 연결시키는 경향이 적다. 남자들은 사회적 멸시를 내면화시키기보다는 오히려 싸워나간다. 그리고 남자들은 뚱뚱하다는 것이 자신의 인간관계, 경력, 남성다움에 영향을 줄 거라고 생각하지 않는다. 다시 말해 그들은 뚱뚱해도 비교적 수월하게 살아간다.[7] 그러나 밀만(Millman 1980, 244)의 제안에 따르면, "우리 모두는

7. 그러나 일부 남성동성연애자는 이성연애자보다 체중에 더욱 신경을 쓰는 것 같다(Millman 1980, 245). 일부 여성동성연애자는 날씬함에 대한 강박관념을 거부하는 것 같다(Crowder 1993). 성적 호감도와 섭식장애에 있어서의 성차이, 그리고 신체에 대한 태도

점차 생산자가 되기보다는 소비자가 되도록 사회화됨에 따라, 여자들뿐 아니라 남자들도 점차 일에서의 성과보다는 매력적인 미디어 이미지에 들어맞는 정도에 따라 평가되어진다. 그리하여 남자들의 체중관리는 점점 더 여자들을 닮아갈 것이다." 아마도 섭식장애를 겪고 있는 남자들은 극히 무력하고 맹종적이고 불만족스런 자아이미지의 위치에 있는 특유의 가족과 사회적 상황을 통해 자신을 발견하였을 것이다. 경제적, 정치적 파워의 집중이 더욱 의존적이고 불안전한 남자를 만들어낸다면, 섭식장애를 겪는 남자의 수가 더욱 증가할 것이다.

음식강박관념이 한 소녀가 여자로 변화되는 데 어려움을 겪게 되는 것과 아주 가깝게 연결된다면, 청소년기 이전의 어린이들은 왜 그런 경험을 갖게 되는가? 캠 리드(Cam Reed)는 자신이 기억할 수 있는 기간 내내 충동적 폭식을 했었다. 그녀의 자서전은 아이스크림 트럭[미국에서는 아이스크림을 트럭에 싣고 다니며 판매함]이 왔을 때 나타났던 황홀감을 회상하면서 시작된다(Broughton 1978). 『레이디 오라클』의 여주인공은 어릴 적 아기사진들을 보면서 하나하나 이야기했다(Atwood 1976, 43). "나는 절대 사진을 찍지 않았어요. 대신에 내 입안에 뭔가를 넣으려고 했지요." 어린 시절 처음부터 음식을 많이 먹는다거나 혹은 살이 쉽게 찌는 경향이 있는 어린이들도 있다(Beller 1977, 2장; Bruch 1973). 그러나 식이장애와 학대, 특히 아동 성적학대와의 관계에 관한 톰슨의 연구는 일부 아동의 충동적 음식섭취가 어린 나이에 발달하는 이유를 설명하고 있다. 그리고 신경성 식욕부진의 여자들과 충동적 섭

에 대한 연구가 더욱 필요한 상황이다. 남자와 섭식장애에 대해서는 Frasciello & Willard 1995; Garrett 1992; 『섭식장애를 겪는 남자들』(*Males with eating Disorders*, 1990); Sharp et al. 1994 등을 참조한다.

취를 하는 여자들 사이의 차이점에 대해 더욱 생각해 보도록 하고 있다(1994).

음식에 대한 욕구, 체중, 그리고 배고픔을 정상으로 인정하고 만족시켜 주는 데에 영향을 주는 것에는 생물학적 요인들이 있다. 다섯 권의 책 중 어느 것도 이런 요인들을 다루지 않고 있다. 그러나 벨러(Beller 1977)는 이 요인들을 장황하게 다루어, 한 개인의 음식과의 관계를 구체화하고, 여자들이 살찌는 것을 촉진하는 데 있어서 생물학과 진화는 중요한 역할을 해왔다고 제시하고 있다. 즉 사회적 · 심리적 요인들이 섭식장애에 아주 중요하다고는 하지만, 신체작용 때문에 지나치게 뚱뚱해지는 사람들도 있다. 생물학, 유전학, 그리고 내분비학 연구는 이 문제에 중요한 기여를 하고 있다. 그래서 그 기여도를 고려하지 못한 것이 이 다섯 권 책들의 취약점이다.

아주 어린 아동들의 음식에 대한 열망이 다르다면, 우리는 개인적, 혹은 성적 생물학의 영향뿐 아니라 어린 유아기 때의 수유태도의 역할에 대해서도 궁금해질 것이다(Bruch 1973). 예를 들어 엘레나 지아니니 벨로띠(Elena Gianini Belotti 1975)는, 한 연구에서 이태리의 엄마들은 딸들보다 아들들에게 더욱 자주, 더욱 오랜 기간 동안, 더욱 신경을 써서 젖을 먹이는 것으로 보고하였다. 그렇다면 그런 성에 따른 차별적 수유가 과연 널리 만연되어 있는가? 그 차별적 수유가 어떻게 여자들의 음식과 날씬함에 대한 강박관념에 영향을 주는가? 비교문화의 데이터에 따르면, 수유 관습이 평생 동안 아이의 성격과 인간관계에 영향을 줄 수 있다고 한다(Du Bois 1941, 1960; Mead 1935; D. Shack 1969; W. Shack 1971). 그렇다면 미국에서 어린 시절의 수유가 음식의 강박관념과 거식 혹은 폭식 등의 특정 형태에 어느 정도까지 책임이 있는지 더 많은 연구가 필요하다.

미국에서 과연 뚱뚱하면서 행복해하는 여자가 있을까? 책들은 비참한 생활을 하는 많은 뚱뚱한 여자들을 설명하고 있다. 저자들은 여자가 되어가는 사회적 · 심리적 압박과의 싸움에서의 성공은 자신의 평온함, 대개는 체중감소임을 함축하고 있다. 많이 먹어서 뚱뚱해진 자기 자신과 그런 자신의 사회적 위치에 자신하고 만족해하고 있는 여자들이 있을까? 예를 들어 이태리(10장) 같은 다른 문화에서도 뚱뚱한 여자들은 있다. 그들은 체중증가를 피할 수 없는 정상적인 성숙과정으로 받아들인다. 뚱뚱한 사모아 여자들은 자신의 체구에 만족해하는 듯하다. 그러면서도 미국에서의 비만과 관련되어 있는 고혈압을 어느 누구도 가지고 있지 않는 것 같다(Mackenzie in Chernin 1981, 32). 생물학적으로 얼마만큼의 지방이 '정상'인가? 우리사회는 행복하고 건강하고 사교적인 뚱뚱한 여자가 있을 수 없게 만들기 위한 투쟁으로 가득 차 있는가?

문화간의 비교는 통찰력을 제공할 수 있다(6장). 우리는 많은 문화에서 그리고 미국 내에 있는 여러 인종그룹 사이에서 통통하거나 뚱뚱한 여자들이 마른 여자들보다 선호되고 있다는 것을 알게 된다. 왜냐하면 뚱뚱하다는 것은 출산능력, 웰빙, 양호, 그리고 유복함과 관련되어 있기 때문이다(Becker 1995; Beller 1977; Brink 1995; Chernin 1981; Emmons 1992; Massara 1989; Parker et al. 1995; Pollock 1995; Sobo 1994; Styles 1980). 더 나아간 비교문화 연구는 여성의 사회적 가치평가, 그들의 자율성, 신체에 대한 태도, 그리고 신체 사이즈 등의 관계성을 조사함으로써 미국에서의 음식 강박관념에 대한 여성학적 설명을 알아볼 수 있다. 특히 우리사회의 특징인 정치적 · 경제적 계층화가 존재하지 않는 사회로부터의 데이터는, 어떻게 해서 여자들의 음식

강박관념이 미국 여자들의 무력감의 산물이 되는지에 관한 견해를 제공할 수 있다.

6장

서양여성들의 단식에 대한 인류학적 해석

문헌고찰 에세이[1]

Bell Rudolph M, 『종교적 거식증』(*Holy Anorexia*), Epilogue by William N. Davis, Chicago: University of Chicago Press, 1985.

Brumberg Joan Jacobs, 『단식하는 여인들 : 현대질병으로서 신경성 식욕부진』(*Fasting Girls: The Emergence of Anorexia Nervosa as a Modern Disease*), Cambridge: Harvard University Press, 1988.

Bynum Caroline Walker, 『종교적 축제와 종교적 단식: 중세 여인들에게 있어서 음식의 종교적 의미』(*Holy Feast and Holy Fast: The Religious Significance of Food to Medieval Woman*), Berkely: University of California Press, 1987.

서양 여자들은 거의 800년 동안 때로 죽음에 이르기까지 하는 단식으로 음식과의 평범하지 않은 관계를 표현해 왔다. 이 장(章)은 위 세 권의 책에서 자세하게 나누어 제시된 흥미로운 역사 데이터를 함께 엮어서, 인류학의 기본이 되는 비교문화적 방법에 따라 그리고 전반적인 시각으로 그 데이터들을 관찰함으로써 그런 단식행동을 설명하고자 한다. 나는 서양여자들의 단식이 지구상의 인류학자들에 의해 관찰된 다

1. 6장은 본래 *Food and Foodways*, 3 4:357~75, 1989에 발표된 논문을 약간 수정한 것이다. 나는 스티브 카플랜, 파멜라 쿼지오또, 그리고 짐 타가트에게 감사한다. 그들은 누구보다도 나의 원고를 열심히 읽어주었다.

른 문화에서의 단식과는 근본적으로 다르다는 것을 보여주고자 한다. 그리고 그 단식은 여자들의 음식에 대한 보편적 관계를 아주 상징적으로 변형한 것이라는 것도 보여주고자 한다. 나는 단식이란 복합적으로 한정된 행동으로서, 즉 이데올로기적 · 경제적 · 정치적, 그리고 사회적 요인들의 상호작용으로서 가장 잘 이해되어진다고 본다. 비록 서양문화가 800년에 걸쳐 여자들의 음식거부를 엄청나게 변화시켰지만, 특정한 지배적 힘들은 계속 지속되어, 극단적인 단식을 암시적인 성명서로 만들었다. 이런 지배적 힘에는 여자와 음식의 동일화, 이원론적이고 절대적인 유대-기독교적인 이데올로기, 가부장적 정치구조와 경제구조, 그리고 여성의 자율성과 잠재성을 제한하는 가족구성 등이 있다.

이 고찰문헌은 단식하는 여자들의 수수께끼를 밝히고자 상호보완적 데이터와 해석을 제공한다. 루돌프 벨(Rudolph Bell)은 심리분석학적 접근법과 1200년대와 현재 사이에 극한의 단식을 했던 몇몇 이태리 성녀에 관한 풍부하고 심층적인 자료를 제공한다. 자료가 가능한 한, 그는 성녀들의 가족생활, 어린 시절과 모유수유 경험, 그리고 그들의 구순고착의 증거에 초점을 맞추고 있다. 종교적 거식증을 보였던 그녀들의 개인적 심리와 가족경험은 그녀들이 단식을 하게 된 이유를 설명해 주는 중요한 부분을 제공한다.

C. W. 바이넘(Caroline Walker Bynum)은 단식의 문화적, 상징적 차원에 초점을 맞추기 위해 '기능주의와 현상주의' 접근법을 사용하고 있다. 바이넘은 중세 여자들에게 비춰지는 '음식의 다양한 의미와 종교적 상징주의에서의 음식의 침투성'을 보여주고자 하였다. 비록 바이넘은 성인전(聖人傳) 작가들의 묘사에 중점을 두고 논의하고는 있지만, 성녀 자신들의 말에도 특별한 관심을 보이고 있다. 성녀들의 잦은 단식

과 복합성, 성체(聖體)예배, 기적의 음식, 음식기부, 그리고 종교적 표현의 중심인 성녀 신체에서 발산되는 기적적인 빛에 관해 들려준다. 바이넘의 책은 음식과 단식을 통한 신과의 합체에 관한 성녀들의 시적이고, 에로틱하고, 황홀하고, 상징적인 표현으로 가득하다. 이 책은 성녀들의 행동 해석에 중요한 기여를 하고 있고, 우리로 하여금 단식에 대한 의미심장한 상황으로서 시대에 따른 이데올로기의 역할을 평가할 수 있게 해준다.

제이콥스 브룸버그의 책은 역사적으로 가장 광범위하게 설명하고 있고, 중세에서 현대까지 여성단식의 변화와 그에 대한 반응을 고찰함으로써 처음으로 신경성 식욕부진(거식증)의 발생을 현대병으로서 설명하고 있다. 브룸버그는 16, 17세기의 '기적의 단식을 하는 처녀들'에 대하여, 특히 19세기의 거식증 환자에 대하여 의료저널, 신문, 그리고 미발표 기록 등 주요한 자료를 풍부하게 사용하고 있다. 브룸버그는 어떻게 해서 거식증이 본래의 종교적 영적 차원을 잃고, 빅토리아 여왕 시대 때 질병으로서 확립되었는지를 살펴보고 있다. 또한 '부르주아 가족에서의 사랑과 일'(Brumberg 126)이 19세기 청소년기에 있는 소녀들에게 음식을 거부하라고 어떻게 자극했는지, 그리고 현대의 여성단식이 날씬함과 완벽함에 대한 믿음과 여성들의 사회적 하위위치, 그리고 가족관계와 어떻게 연관되어 있는지 잘 서술하고 있다. 또 거식증을 생물적, 심리적, 그리고 문화적 요소로 뒷받침되는 '기아중독'으로 보는 복합요인 모델을 옹호하고 있다.[2]

2. 현재의 지식에 따르면, 생물학적 기능장애는 종교적 거식증 혹은 현대 거식증의 원인인 것 같지 않다(Bell 1995, 14~5; Brumberg 1988, 24~7; Bruch 1973, 3장). 중세와 현대 단식에서 생물학적 증세 — 비틀어진 지각작용, 추위와 밝기에 대한 민감도, 변비, 대사

전일론(全一論)적이고 비교학적인 인류학

문화의 전일론적인 개념은 인류학 연구방법과 해석의 중심이 된다. 저명한 에드워드 타일러(Edward Tylor 1958, 1)의 말을 인용하자면, "문화란 사회일원으로서 인간에 의해 획득되어지는 지식, 믿음, 예술, 도덕, 법, 관습, 그리고 그 밖의 여러 수용력과 습관 등의 복합체이다." 인류학자들은 사물, 행동, 상징, 혹은 사상 등 무엇이든지 어떠한 문화유물도 항상 생물적, 심리적, 그리고 사회적 인간의 산물로 보아야 하고, 경제, 정치조직, 사회구조, 이데올로기를 구성하는 총체적 문화시스템의 일부로서 설명되어야 한다고 믿는다. 분석적 단순함을 위해 분리된 이런 구성요소들은 각각 러시아 인형[큰 것에 작은 것이 차례대로 끼어 넣어지는 배열]처럼 자리를 잡고 있다. 인류학에 대한 근본적인 믿음은 문화시스템의 기능적 통합이다(Geertz 1973; Wolf 1974; Peacock 1986).

서양여자들의 단식에 관한 인류학적 설명은, "단식은 문화라는 모자

저하, 호르몬불균형, 시상하부기능부전, 그리고 무월경증 등(Bruch 1973; Bynum 1987; Bell 1985) — 가 일어난다하더라도, 그것들은 원인이라기보다는 결과로 보인다. 전체 기아에 대한 연구에서 전쟁과 강제수용소 희생자에 대해 연구한 인류학자(Holmberg 1969; Turnbull 1972)나 전문가들(Bruch 1973, 2장; Winnick 1979) 어느 누구도 식량부족만이 신경성 식욕부진을 초래한다는 것을 관찰하지 못했다. 벨은 중세 사람들에 대해 진술하였다. "기아만으로는 분명 종교적 거식증을 낳지 않는다."(14) 게다가 음식제공이 섭식장애를 치유해 주지는 않는다. 대개 억지로 음식을 먹은 사람은 대개 곧바로 단식을 시작한다(Bruch 1978, 6장; Lawrence 1984, 5장). 반면에 정상적으로 굶주림을 당한 사람은 음식을 반갑게 먹는다(Firth 1959; Winnick 1979). 그러나 일부 사람들은 — 서양사회에서만 나타난다는 이유가 없다 — 생물학적 소인이 있는 것 같다. 그러나 문화적 그리고 심리적 힘이 음식에 대한 자아거부를 강력하게 주장하지 않는다면, 그들은 종교적 단식가가 된다거나 혹은 신경성 식욕부진이 되지 않을 것이다.

이크의 한 조각 — 평범하지 않은 조각이지만, 서로 잘 들어맞는 조각 — 이다"라는 가정으로 시작된다.[3] 단식은 생산, 분배, 소비, 자원관리와 할당, 권력구조, 여론형성, 가족구성, 결혼패턴, 자식양육, 그리고 믿음체계 등을 포함하고 있는 문화그림과의 관계에서만 이해될 수 있다. 특히 이런 것들이 문화의 음식습관을 통해 분명히 나타날 때는 더욱 그러하다(Richards 1939; Kahn 1986).

인류학적 인식론의 기본인 비교문화적 접근법은 중세에서 현재 유럽과 북아메리카에 이르기까지 여성들의 단식을 이해하는 데 도움을 줄 수 있다. 그런 행동이 얼마나 만연되어 있는지를 알게 해주고, 극단적인 단식을 자극한다거나 혹은 단념하게 하는 상황을 고찰하도록 해준다. 비교적인 시각은 서양여자들의 다양한 단식과 서양이 아닌 다른 문화의 여자들의 음식 관련 태도에서의 근본적인 차이점에서 공통된 실마리를 찾을 수 있게 해준다.

나눔과 나눔의 거절

음식거절은 모든 문화에서 관계거부를 의미하는 중요한 표현의 하나이다. 마르셀 모스는 저서 『선물』에서, 어떻게 문화가 기능적 통합시스템인지 보여주었다. 기능적 통합시스템에서 나눔은 사람들을 서로 연결하고, 평화를 유지하고 믿음을 확고히 하는 데 중요한 역할을 한다

3. 기어츠(Geertz 1973, 43)는 그것은 한 민족의 문화적 독자성 안에 존재할 거라고 주장한다. 그리고 '인간이란 무엇인가'에 관한 가장 교훈적인 발견이 있을 것이라고 주장한다.

(Mauss 1967).[4] 그의 주장에 따르면, "나눔은 많은 총체적 사회현상의 하나이다. … 모든 종류의 관례는 종교적, 법률적, 도덕적, 경제적 표현을 동시에 나타낸다." 나눔에는 세 가지 의무가 따른다. 즉 주기, 받기, 보답하기. 보답을 거절하는 것은 보답할 수 없다는 것과 체면손상을 의미한다. 수용자는 기증자에게 신세를 지기 때문에, 다른 사람과의 나눔은 파워의 기본이 된다.

모스는 모든 종류의 주고받음을 두루 고찰하고 있으나, 그중 많은 것이 음식의 주고받음이다. 음식의 주고받음은 원시문화에서는 당연히 근본적이고, 모든 사회에서도 역시 중요하다. 마샬 사린스는 여러 모임에서 음식의 나눔과 사교성을 결정하는 그 힘에 대해 유달리 강조하고 있다.

> 음식은 기운을 북돋우고 절대적이며, 대개는 어머니의 상징은 아니더라도 적어도 가정의 상징이다. 다른 것과 비교해 볼 때, 음식은 더욱 기꺼이, 혹은 더욱 부득이하게 나누게 된다. … 음식의 나눔은 말하자면, 사회관계의 민감한 지표이며 의식의 표현이다. 그래서 음식은 간접적으로 사회성의 시동(始動), 유지, 그리고 파괴의 제어장치로 사용된다. … 일반적으로 접대로서 제공되는 음식은 좋은 관계형성이다. … 수단적인 음식교환의 이런 원리에서 보면, 부족 간에도 거의 다를 것이 없다(Sahlins 1972, 215~6).

수렵과 수집으로 생활하는 남아프리카의 부시맨(Lee 1979, 1984; Marshall 1976; Shostak 1981; Thomas 1959), 아마존 페루의 사라나후아 족(Sharanahua; Siskind 1973)과 전원적인 사르데냐 사람들

4. 교환의 중요성은 인류학에서 너무 자명한 공리(公理)처럼 아주 기본적이다. 예를 들어 Levi-Strauss 1967; Malinowski 1922; Weiner 1988을 참조한다.

(Counihan 1981) 같은 다양한 그룹들은 음식의 나눔을 관계의 개념으로 만들었다. 음식을 서로 나누어 먹는 편리공생은 모든 문화에서 친교와 교제를 확립한다. 음식을 스스로 거부하고 다른 사람들과 서로 나누어 먹는 것을 거절하는 것은 관계의 심각한 파괴를 의미한다. 비록 고찰문헌의 세 명 저자들이 시대에 따른 여성단식의 유사성에 대해 의견을 서로 달리한다 해도, 그리고 음식의 특별한 의미는 문화에서 비롯되므로 그 의미는 문화에 따라 다양하다는 바이넘의 생각이 옳다하더라도(Bynum, 206), 민족지학상의 데이터에 따라 가장 보편적 수준에서 보면 음식거절은 관계파괴를 의미하고, 이 의미는 여성단식에 의해 표현되고 있음을 암시하고 있다.

여자와 음식

민족지학상의 데이터는 종교적 거식증과 현대판 거식증과의 관계에서 또 다른 보편개념인 여자와 음식과의 깊은 관계를 제시해 준다. 모든 문화에서 음식은, 특히 여성에게, 중요한 관심사이고 상징물이다. 여자들은 음식준비와 소비에 대해(D'Andrade 1974), 그리고 많은 문화에서의 생산과 분배에 대해(Lee 1979) 보편적인 책임을 가지고 있다. 여자들은 양육을 하는 사람으로 규정되고, 주로 음식을 만들어 먹이는 것을 통해 이런 역할을 수행한다. 게다가 여자들은 임신기간과 수유기간 중에 자신 스스로가 자식들을 위한 음식이 된다. 그래서 음식을 상징으로서 관련시켜 자신의 정체성을 강화한다. 고대 혹은 현대의 멕시코 원주민들과 같이(Taggart 1983) 많은 문화에서, 여자들은 땅의 비옥함과 그 땅의 풍부한 음식과 연관되어진다.

서양여자들 역시 자아의 상징으로 음식을 사용하지만, 단식하는 사람들 역시 부정과 강박관념에 있어서 자신들을 음식과 동일시하는 생각을 밑에 깔고 있다. 서양역사를 통해 대부분의 단식하는 사람들은 여자들이었다. 비록 남자들도 중세에 단식을 하였지만, 남자들은 여자들처럼 유행이라든가 혹은 신과 이웃과 하나가 되는 자신의 우월한 이미지로 빵, 피, 굶기, 그리고 음식섭취 등을 계속 사용하는 가혹한 행위로 단식하지 않았음을 바이넘(Bynum, 3장)은 분명히 밝히고 있다(93). 브룸버그에 따르면, 17, 18, 19세기 동안 혹독하게 그리고 절대적으로 음식을 삼간 사람들은 '단식하는 기적의 소녀들'이었다(Brumberg 49, 3장). 실제로 단식을 하는 소년은 없었다(99). 극단적으로 단식을 했던 남자는 거의 없었다. 단지 남자들은 절충주의 의사 헨리 테너(Henry S. Tanner)와 같이 특별한 사항을 증명하기 위해 단식하는 경우는 있었다. 헨리는 뉴욕에 있는 클라렌던 홀(Clarendon Hall)을 빌려, 그냥 할 수 있다는 것을 보여주기 위해 40일 동안 단식하였다(89~90). 오늘날 대부분의 전문가들은 거식증의 10명 중 9명이 여자라고 한다. 그래서 섭식장애는 여자들의 장애라는 결론을 내린다. 일부 남자들의 경우는 여성경험의 특정한 일면만이 공통점으로 나타난다(Lawrence 1984, 13).

서양역사를 통해 볼 때, 강박관념은 음식과 단식하는 여자를 동일시하는 것이 특징이다. 예를 들어 중세의 성녀 콜롬바 다 리에띠(Colomba da Rieti; b. 1497)에 대해 그녀의 친구가 전하는 바에 의하면, "어느 날 우리는 그녀가 저녁식사로 과일을 약간 맛보는 정도, 즉 과일에서 흘러나오는 즙을 핥는 정도를 제외하고는 빵이나 생선, 계란,

치즈 혹은 다른 음식들을 먹는 것을 본적이 없다. 그녀는 물은 마셨다. … 때로는 수녀들의 그릇에 남아 있는 약간의 수프를 마시거나 남은 샐러드를 핥곤 했다(먹는 것이 아니라). … 그녀는 자신의 감각기관에게 벌주기 위해 그랬다. 그 음식은 상해서 파리들이 들끓고 있었다"(Bell, 156 인용).

다른 중세 성녀들은 음식의 유혹이 나타나는 괴로운 꿈을 꾸고, 마음속에서 음식을 신으로 그리고, 신을 음식으로 그렸다. 그리고 예수와 같은 성체(聖體)와 무아경의 관계를 가졌다. 비록 우리는 17, 18, 19세기 단식을 했던 소녀들의 음식에 대한 생각이나 감정에 관한 데이터가 부족하지만(Brumberg, 165), 콜롬바는 끝없이 음식에 대해 몰두하는 현대판 거식증에 관해 미리 예상하였던 것이다. 리우가 자신의 거식증에 관한 자서전적 설명에서 말하였듯이, "음식. 그것은 천벌이다. 나는 음식을 멀리 할 수가 없다. 먹지 않으면 기분이 좋아지지만 끊임없이 무언가 허전함을 느끼게 된다. 음식을 먹으면 내 자신을 저주하게 되고 몇 번이고 반복하여 음식 먹은 것을 후회하게 된다. 그러나 정말로 용서가 되지 않는 것은 그것이 나로 하여금 남은 인생 동안 판단력을 잃게 하고 맹목적으로 만들어 버리는 것이다"(Liu 1979, 153~4). 음식으로 남모르는 의식 — 한 입 물고 백여 번씩 씹는 것과 같은 행위 — 을 행하는 거식증 환자들도 있다(Levenkron 1978). 음식 한 조각에 완전히 신경을 곤두세우는 환자도 있다. 브루흐의 환자 타냐(Tania)는 아주 작은 M & M 초콜릿 한 조각을 아주 천천히 먹곤 하였다. 정말 말 그대로 갉아먹는 것이었다. 그러면서 스스로에게 배부르다고 말하였다 (Bruch 1978, 91).

13세기에서 현재까지, 음식은 나름대로 특별한 의미가 다양하지만,

여성에게는 자아표현의 중요한 방법을 제공해 주었다. 바이넘에 따르면, 중세 여자들은 문화적으로 양육자로서 규정되었고(Bynum, 277), 그 여자들은 자기 자신을 음식으로 바라보면서 신성함의 근원을 발견하였다. 왜냐하면 그들은 인간성을 되찾기 위해 미사시간에 음식이 되는 예수와 동일시했기 때문이었다. 모유수유를 할 수 있는 여자들의 능력은 '영혼에게 음식을 먹이는 성스러운 행위를 하는 마리아의 가슴'과 같은 것이었다(271). 빅토리아 여왕 시대에 부르주아 여자들은 자신의 사회적 위치와 가족에게 주는 사랑의 상징으로 정성들여 만든 음식을 사용하였다(Brumberg, 5장). 거식증을 가지고 있는 현대 여자들은 자신의 정체성의 중심이 되는 극도의 날씬함, 즉 '중요한 자아표시'를 추구하기 위해 음식을 만들면서도 거부하기도 한다(Brumberg, 260).

역사의 시대에 따라 음식이 여자들에게 주는 의미에는 주요한 차이점이 있다. 그 차이점은 벨(Bell, 170~7)과 브룸버그에 의해 언급된 일반적 세속화와 비슷하고, 바이넘(Bynum, 300)에 의해 언급된 삶과 자연에 대한 근본적으로 다른 태도를 반영하고 있다. 현대의 여자들은 마른 체형을 통해 완벽함을 이루기 위해 자신의 몸을 지배하고자 한다. 중세의 여자들은 금욕주의를 통해 성스러움을 이루기 위해 자신의 몸을 초월하였다. 빅토리아 여왕 시대의 여자들은 신체적 욕구의 거부를 통해 빼어나고 우아한 여성스러움을 원했다. 이 모든 의미들이 공통적으로 가지고 있는 것은 부정(否定)이다. 신체에 대한 부정, 여성적 특징에 대한 부정, 그리고 심한 경우에는 삶 자체의 부정이다.

중세의 성녀들은 음식을 경건함을 위한 중심 매개체로 만들었다. 그리하여 바이넘은 그들의 행동을 다음과 같이 해석한다. "여자들은 단식한다. 그 배고픔은 신에 대한 참기 어려운, 그리고 절대 만족스럽지 않은 사랑의 이미지가 된다. 여자들은 음식을 만들어 다른 사람을 먹인다. 그 여자들의 몸은 다른 사람들을 위해 퍼붓는 고생의 이미지가 된다. 여자들은 먹는다. 신체에서 나오는 메스꺼운 오물을 먹든 혹은 성찬식 때의 피와 살을 먹든 상관없이, 그 음식은 예수의 고난이고 예수의 인간다움이다. 승리, 영광 혹은 신성함에 다가가기 전에 사람은 예수의 고난과 인간다움에 함께하여야 한다"(Bynum, 186).

그들의 기이한 행위에는 단식 — 종교적 거식증 — 뿐 아니라, 바이넘이 강조하는, 다른 여러 음식 중심의 행동들이 있다(93, 4장, 5장). 중세의 성녀들은, 죽기 전 혹은 죽은 후에, 자신의 몸에서 흘러나오는 오일이나 우유로 아픈 사람들을 치료했다. 예수가 보여준 기적의 빵과 물고기와 맞먹는 기적을 일으켜 많은 음식을 만들어낸 성녀들도 있었다. 많은 성녀들은 종종 그들 아버지나 남편의 요청을 어기고 음식을 가난한 사람들에게 나누어 주었다. 어떤 성녀들은 음식을 씹다가 뱉어내고, 혹은 오늘날의 폭식증 환자처럼 충동적으로 먹은 음식을 토해냈다(Boskind-White and White 1983; Cauwels 1983; Striegel-Moore, Silberstein & Robin 1986). 신앙심이 두터운 또 다른 단식자들이 있었는데, 그들은 오직 성찬용 빵과 포도주만을 먹었고, 성찬식 광경만을 보았고, 효모를 사용했는지 혹은 단맛이 나는지 성병(聖餠)을 맛만 보고 다시 토해냄으로써 신성한 것인지 혹은 신성하지 않은 것인지 말해주었다. 일부 성녀들 — 성 베로니카(Veronica; Bell, 76~7), 시에나(Siena)의 캐서린(Catherine; Bynum, 172, Bell, 25), 제노아(Genoa)의 캐서린(Catherine; Bynum, 182), 그리고 안젤라 다 폴리그노(Angela da Foligno; Bell, 108) — 은 희생적인 행위 혹은 자기극복으로서 오물을 먹었다. 그리고 고름, 상처딱지, 이, 나병환자의 진물, 썩은 음식, 고

양이가 토해 낸 것, 벌레, 구더기, 그리고 거미 등을 먹었다. 그들의 많은 행동은 음식에 대한 여자들의 일상적 관계와는 달리 왜곡되었다. 그들은 아기들에게 주는 젖과 같은 신체의 물질로서가 아니라 가난한 사람들에게 영적 영양물로서 몸에서 나오는 유출물을 주었다. 그들은 음식을 받아들이지 않고 토해냈다. 그들은 음식이 아니라 그 반대되는 것 — 오물 혹은 영적인 것 — 을 먹었다.

현대의 거식증 환자들 역시 음식섭취와 왜곡된 관계를 가지고 있다. 그들은 종교적 신성함을 위해서가 아니라 음식거부를 통해 날씬함과 자아통제를 얻으려고 애쓴다(Bruch 1978, xi).[5] 거식증 증세가 있는 소녀들은 악액질 상태[극도의 전신쇠약상태로, 뼈와 가죽밖에 남아 있지 않은 상태]를 매우 자랑스럽게 여기고, 상당히 불안정한 신체 이미지를 갖고 있다. 그들은 자신의 쇠약함을 보지 못하고 계속해서, 심지어 굶다가 죽을 때까지도, 자신이 뚱뚱하다고 느낀다. 그들은 체중의 25% 이상을 줄이고, 기아와 관련된 많은 건강상의 영향을 받는다. 그들은 음식과 그들 신체에 온통 사로잡혀 있다. 음식을 정신없이 먹고 광신적으로 다이어트를 하거나 운동을 한다. 그리고 중세의 거식증 여자들처럼 굶는 것은 즐겁고 가치 있는 것이라고 스스로 확신한다(Bruch 1973, 1978). 비록 많은 보고에 의하면 그들의 단식은 자신들이 깨끗하

5. 신경성 식욕부진에 관해서는 많은 문헌들이 있다. 그것은 Brumberg의 책, 특히 1장과 주석에 잘 나타나있다. 섭식장애에 대한 여성학자들의 접근법은 이 책의 5장에서 잘 고찰되고 있다. 일부 중요한 논제는 Bruch 1973, 1978, 1988; Bordo 1993; Boskind-Lodahl 1976; Boskind-White & White 1983; Cauwels 1983; Chernin 1981, 1985; Dally 1969; Garfinkel & Garner 1982; Gordon 1988; Lawrence 1984; Levenkron 1982; Macleod 1981; Orbach 1978, 1982; Palazzoli 1974; Striegel-Moore, Silberstein, Rodin 1986; Thompson 1994 등에 있다.(#5번에 해당됨.)

고, 순결하게 정화되었다는 기분이 들게 한다고 하지만, 현대의 거식증 여자들은 대개 단식을 통해 종교적 초월이나 신과의 합체를 구하지 않는다(Bruch 1978, 18).[6] 리우는 다음을 예로 들고 있다. "내가 생각하는 한, 다이어트는 선(금욕)과 악(탐닉) 사이의 경쟁과 같은 것이었다. 그 게임을 계속해서 속행하면, 나는 깨끗하게 정화될 것이다. 터무니없는 태도로 음식을 계속 먹는 한, 나는 더럽혀진다"(Liu 1979, 109). 즉 음식은 물리적 물질에서 도덕성을 위한 매개체로 전환된다.

중세 거식증의 성녀들처럼, 현대 거식증 환자들도 음식에 대해 왜곡된 관계를 가지고 있다. 음식을 사람들에게 영양분을 주는 것으로 생각하기보다는 스스로 그것을 거부하는 데 온 정신을 집중시킨다. 음식은 더 이상 사람들과의 관계를 이어주는 역할을 하지 않고(현대거식증), 신앙심이라든가 완벽함을 추구하기 위해 세속적인 자신을 초월하게 만드는 역할을 한다(중세 거식증).

비교문화적 견해에서 본 단식

'종교적 거식증', '단식하는 소녀들' 그리고 현대의 거식증 환자들은

6. 일시적으로 신경성 식욕부진을 보였던 한 여대생의 묘사는 극한의 단식에서 특정화제의 문화적 지속에 관한 주장을 뒷받침하고 있다. 그리고 종교적 순수성과 금욕주의의 추종은 여전히 그에 대한 의미 있는 요인이 될 수 있다는 것을 나타낸다. "나는 신성한 교회의 한 멤버가 되었다. … 나는 금욕주의 실천을 결심하였다. 그리고 거식증의 고통을 당했다. 이 모든 것은 내 삶을 통제하려는 시도이고 신을 즐겁게 하려는 시도였다. 나는 며칠 동안 액체음식만을 먹으며 지냈고 여러 시간동안 성경만을 읽었다. 성욕을 느끼면 나는 단식을 하여 내 몸을 성경에 복종하게 하였다. 그러면 잠시 후에 성욕이 사라진다. 성경은 당신 자신을 신에 대한 살아 있는 제물로 바치도록 하였다. 그러면 나는 그것을 해냈다. 나는 성스러움에 도달하기 위해 나의 실천에 열중하였다."(저널, 1988년 12월 6일)

비서양 사람, 즉 비계층화된 사람들에 의한 단식과 비교할 때 더욱 뚜렷하게 나타나는 공통된 특징이 있다(Powdermaker 1960). 비서양 사람들과의 차이점은 서양 여자들의 음식사용 의미를 이해하는 데 중요한 열쇠가 된다. 모든 문화에서 음식은 중요한 상징이다. 그러나 메시지를 전달하기 위해 음식을 사용하는 방법과 음식에서 나오는 의미는 문화에 따라 매우 다르다.[7] 메리 더글라스는 단언한다. "인간의 신체는 항상 사회의 이미지로 취급받는다. 그리고 신체의 안팎에서 일어나는 음식의 통과는 사회적 경계와 경계침입을 상징할 수 있다"(Douglas 1973, 70). "신체통제는 사회통제의 표현이다."라는 그녀의 주장은 여기에서 다루는 우리의 관심사 중에서 가장 중요하다(70). 자신의 음식섭취를 통제하려는 서양여자들의 강한 관심은 자아통제를 도덕적 의무로 만드는 문화 속에서 자신의 신체와 운명을 통제하려는 노력의 은유적 표현이다. 그러나 이것은 만연된 서양 사람들의 관심사를 드러내고는 있지만 문화적 보편성은 아니다. 많은 비서양 사람들도 단식을 한다.[8] 그러나 그들에게는 서양의 단식하는 여자들의 완전성 혹은 혹독함은 거의 없다(Katona-Apte 1975, 317~21; Messer 1989). 금욕 뒤에는 탐닉이 따른다(Goody 1982, 78). 그래서 매년 식량이 부족한 기간 뒤에 오는 가나의 북쪽지역인 곤자(Gonja)에서의 추수제처럼, 축제는 보통 음식섭취를 제한하며 보낸 기간 사이에 끼어들어 있다. 예를 들어

7. 음식상징주의에 대해서는 Barthes 1975; Douglas 1972, 1984; Kahn 1986; Levi-Strauss 1969; Meigs 1984; Tambiah 1969; Verdier 1969; Weismantel 1988 등을 참조한다.

8. 일부 잘 알려진 예로는 에티오피아의 구라게 족(Shack 1969; Shack 1971), 굿이너프 섬의 칼라우나 족(Young 1971, 1986), 멜라네시아의 트로브리안드 섬 사람들(Malinowski 1922), 볼리비아의 시리오노 족(Holmberg 1969), 그리고 노던 로데시아의 벰바 족(Richards 1939) 등이 있다.

이슬람교는 라마단 기간 동안 낮에는 단식하다가 저녁이 되면 그 단식을 깨고 음식을 먹는다(Messina 1988). 대조적으로 신경성 식욕부진은 그 끝이 없다.

부족사회에서의 단식은 보통 집단적이고 의식(儀式)적이다. 한 사회의 일부 단체나 그 사회전체가 특정음식을 먹지 않는다. 그들의 단식은 전통적 형식을 따르고, 사회에 의해 특별한 의미를 부여받게 되고 인가된다. 구디의 1982년 연구에 기록된 가나 북쪽지역의 로다가(LoDagaa)족은 매년 바그레(Bagre) 의식을 개최한다. 이 의식이 진행되는 중에는 일련의 음식금지 명령이 내려진다. 그리고 그 명령은 몇 주 동안에 걸쳐 서서히 해제된다(Goody, 3장). '금지해제는 공개시범의 형태'로 시행된다(81). 공개시범에서 시범소년들이 금지된 음식을 먹는다. 그들의 잠깐 동안의 부분단식 후에는 공개적인 향연이 베풀어지고, 집단적 축제를 통해 의미가 고취된다. 식욕을 통제하고, 음식섭취를 뒤로 미루고, 그리고 음식을 서로 나누어 먹는 등의 단식과 향연은 모두 인간성과 사회성을 확고히 한다. 반대로 우리가 살펴보고 있는 서양의 단식은 고독하고, 때로는 은밀하고, 결코 공개적으로 의식화되지 않는다.

많은 비서양 사람들에 의한 단식은 흔히 "완전한 거부보다는 대체적 식생활을 요구한다"(Goody 1982, 117). 굿이너프 섬의 칼라우나 사람들은 오랜 기간 동안 배고픔을 견디기 위해 '부드럽고, 걸쭉한 음식'을 먹기보다는 '딱딱하고, 마른 음식'을 먹는다(Young 1986, 117). 트로브리안드(Trobriand) 섬 사람들은 오랫동안 경작해 온 음식(곡식)을 먹지 않게 하기 위해 '숲 속의 과일을 먹고 싶게끔 만듦으로써' 빌라말야(vilamalya)라는 마술을 부린다(Malinowski 1922, 169). 뉴기니의 후아 족에서는 여성들과 연관된 특정 음식들은 위험하다고 믿기 때문에 성인식을 거치는 소년들은 그 음식들을 금지한다. 그러나 동시에 그들을 보호해 주고 튼튼하게 만들어 준다고 믿는 많은 음식을 먹도록 격려한다(Meigs 1984, 2장). 중세 서양의 기독교 왕국에서조차, 신성한 날인 금요일과 사순절[예수의 고난에 동참하는 기간으로 부활절 전까지 술과 육식을 금하며, 마음과 몸을 깨끗이 하고 경건하게 보낸다] 동안에만 제한되는 금식이 있었다. 이 때 고기와 기름진 음식은 쳐다보지도 않지만, 빵, 물고기, 물, 채소와 같은 간단한 음식은 허락되었다(Bynum, 40). 사실 바이넘(47)과 벨(Bell, 118ff.)이 언급한 바와 같이, 모든 음식을 먹지 못하게 하는 전체 단식은 교회에 의해 비난받았다. 그리고 많은 종교적 거식증은 교회당국으로부터 철저한 반대에 부딪혔다. 음식을 먹는다고 해서 신의 의지를 거스르는 것이 아니라는 주장으로 그들은 꾸준히 전체 단식을 피했다.

교회와 의료계 그리고 사회적 반대에도 불구하고, 적어도 13세기 이후 서양 여자들은 죽음에 이를 정도로 단식을 하였다. 부족사회 문화에서 사람들은 결코 자발적인 기아로 인해 죽은 경우가 없지만(내가 알기로는), 중증거식증의 15~19%가 죽는다(Brumberg, 13; Gordon 1988). 먹기를 거부하다가 죽은 17, 18, 19세기 여자들의 사례를 브룸버그는 자세히 기록하고 있다. 종교적 이유로 단식하는 많은 사람들은 노골적으로 죽음을 바랬다. 그중 코르토나(Cortona)의 마가렛(Margaret)은 먹을 것을 권하던 그녀의 신앙 고백자에게 말했다. “신부님, 저는 저의 몸과 영혼 사이에 평화조약을 맺을 생각도 없고, 말릴 생각도 없습니다. 그러니 저에게 식생활을 변경하지 않도록 하여 그냥 이대로 몸을 무기력하게 만들도록 허락해 주십시오. 목숨이 끝날 때까지, 저는 남은 인생 동안 이를 멈추지 않을 것입니다”(Bell, 101).

서양 여자들의 단식은 반사회적이고, 끝이 없고, 죽음에 이르게 할 정도의 아무 것도 먹지 않는 전체 단식이다. 대부분의 다른 사회에서 실행되는 단식과는 다르다. 아마도 역사상에 상당수의 여자들이 왜 단식을 하다 죽는지 설명해 주는 공통된 특징을 가지고 있는 문화가 있을 것이다. 나는 여기에서 단식의 원인이 되는 이데올로기와 가부장적이고 계층화된 정치적 구조와 경제적 구조, 그리고 가족구성의 의의를 고찰해보고자 한다. 이런 요인들은 특히 문헌고찰의 책들 속에서 설명되고 있다. 이 책들은 역사적 차이점에 관한 약간의 데이터를 제공하고 있다. 시대에 따른 위의 요인들간의 상호관계와 유사점에 관한 체계적 고찰은 서양 여자들의 음식거부를 조명할 수 있을 것이다.

이데올로기

절대주의와 완벽함의 추구

서양 여자들의 단식은 다른 역사시대와는 분명히 다른 목적을 가지고 있다. 이런 차이는 전반적인 세속화 과정(Bell, 170~7; Brumberg)과 문화 차이에서 비롯된다고 본다. 그러나 서양사회가 분명 덜 종교적으로 되어가고 있지만, 특정 이데올로기들은 존속하고 있다. 왜냐하면 서양문화에서 이데올로기는 깊이 뿌리박혀 있기 때문이다. 다른 사회의 이데올로기와는 달리 서양의 유대-기독교적 이데올로기는 다음을 토대로 한 이원론적 절대주의이다.

절대적인 선과 악, 절대적인 강자와 약자, 절대적인 믿음과 불신, … 등의 분리.

> 유대-기독교적 태도는 선과 미덕 등을 유지하는 종교적 역할을 이해하기 위해 죄와 미덕, 벌과 은총, 타락과 구원 등을 비교하고 있다. 유대-기독교적 사상의 일반적 개요 내에서 이분법적으로 정반대되는 것이 존재하는 것은 필연적이다. 그리고 개인의 삶 속에서 한 개인은 신의 은총으로 이루어진 자신의 현 생활의 덕행을 원죄를 지은 과거를 가지고 판단하고 있다(Pandian 1985, 50).

판디안이 언급했듯이, 중세동안 서양문화는 "그리스 신화에서 제시되어온 폭넓은 인간의 가능성과 자아정체성의 개념적 조합을 다양한 신들과 함께 — 질투의 신, 지혜의 신, 무지의 신, 분노의 신, 평화의 신, 나약함의 신, 강력함의 신 등 — 상실했다(Pandian 1985, 51). 남아 있는 것은 단순히 파멸 혹은 완전히 반대되는 완벽함이다."

중세 여자들은 단식을 통해 종교적 신성함을 갈구하였고, 빅토리아 여왕 시대의 젊은 여자들은 사회적 혹은 영적 우월감과 관련된 연약함과 나약함을 구하고자 했고, 현대 여자들은 날씬함 을 위해 노력하고 있다. 이 모두는 그들 문화의 가치체계에서 완벽함의 일면들이다. 윌리암 데이비스의 제안에 따르면, "날씬함과 종교적 신성함 모두는 문화적 환경에서 존재의 이상적 상태를 나타낸다"(Davis 1985, 181~2). 또 브룸버그는 말한다(Brumberg, 7). "거식증은 새로운 종류의 완벽함에 대한 세속적 중독처럼 보이고, 개인적 구원을 외부적 몸매 달성에 연결하고 있다." 그리하여 여자들은 완벽함의 정의를 바꾸지 않고, 사회가 점차 세속화됨에 따라 단식을 통해 계속해서 그 완벽함의 절대적인 기준에 도달하고자 한다.

시간이 흘러도 절대주의 이데올로기는 서양 여자들의 비정상일 정도의 단식과 관련되어 있다. 음식거부는 모든 음식의 거부이다. 어느 것이라도 먹으면 원하는 완벽한 상태에 도달할 수 없다. 비록 시에나의 캐서린(Bell, 2장; Bynum, 169)과 코르토나의 마가렛(Bell, 101)과 같은 많은 중세의 성녀들은 자신들의 신앙 고백자와 종교적 지도자들이 음식을 먹으라고 명령했지만, 그들은 완전단식이 자신의 종교적 신성함과 신과의 합체에 반드시 필요하다는 믿음 속에 그것을 거부했다. 브룸버그는 앤 무어(Ann Moore, 60)와 사라 제이콥(Sarah Jacob, 64ff.)처럼 17, 18, 19세기 여자들의 많은 사례를 기록하고 있다. 그들은 모든 음식을 거부하는 척했고 혹은 진짜로 거부하였다. 왜냐하면 완전단식은 그들의 자아개념 형성과 다른 사람들에게 미치는 영향에 필수적이었기 때문이다. 현대 거식증 환자들은 엄격한 다이어트에 집착하고, 이를 어기면 자신들의 목적달성에 방해가 된다고 느낀다. 리우가 말하길, "나는 자기규율, 즉 극기발휘로 학교 내에서 유명하게 되었어요. … 이 점에 있어서 나는 최고였어요. 그러나 내가 모든 것을 그냥 제멋대로 되도록 놓아버리면, 모든 것을 잃게 되지요. 그래서 나는 다이어트에 집착하는 것입니다"(Liu 1979, 40). 그러나 완전단식은 대부분의 여자들에게 너무 고통스럽고 힘들다. 그래서 많은 여자들은 여러 해 동안 계속해서 하는 단식이든 혹은 폭식에 의한 단식이든 마음이 동요되어 위험할 정도로 단식을 하였다가 폭식을 했다가 그러면서 단식이나 다이어트를 완벽하게 하지 못했다는 죄책감에 다시 토해 냈다가를 반복하게 된다.

신체-정신의 이원론과 여성비하

많은 비서양 부족사회의 이데올로기 바탕과는 달리 서양 이데올로기 밑에 흐르고 있는 또 다른 바탕은 신체와 정신의 분리이다(Pandian

1985). 중세시대, 빅토리아 여왕시대, 그리고 현재의 여성단식에 관한 문헌연구는, 그런 여자들에게 주요한 이슈는 신체와 정신의 분리, 그리고 정신에 의해 신체를 통제할 수 있다는 도덕적 가치에 대한 믿음이라는 것을 명확하게 밝히고 있다(Bordo 1993; Chernin 1981). 브룸버그(Brumberg, 77ff.)가 실례로 든, 14년 동안 단식한 '브룩클린(Brooklyn)의 불가사의'의 주인공 몰리에 팬셔(Mollie Fancher)는 그녀의 영적 추종자들에게 '신체와 정신의 이원성'의 증거로 비춰졌다(87).

이 이원성은 적어도 고대 그리스 시대 때부터 서양의 도덕성에 절대 필요한 요소이다(Bell, 118~9). 신체에 대한 정신의 통제를 규정하는 주요한 두 가지 방법은 단식과 순결이다. 바이넘(Bynum, 2)의 주장에 따르면, 중세 사람들에게 '음식을 억누르고 굶는 것은 자주 일어나지 않는 섹스나 돈의 본질적인 희열을 버리고, 다른 어떠한 것보다 훨씬 기본인 규율 속에서 신체를 통제'하는 것이다. 빅토리아 시대 사람들은 성을 단단히 통제하였고, '식욕은 성의 지표'로 여겨졌다(Brumberg, 175). 그러므로 식욕거부는 성의 억제를 나타내었다. 현대사회에서 음식섭취통제는 도덕성 표현에서 가장 중요한 것으로 여긴다. 그리고 성 통제는 비교적 덜 중요하게 되었다. 그러나 풍요로움의 시대, 즉 음식을 항상 구할 수 있는 상황에 음식섭취를 조장하는 광고의 한가운데서 음식제한은 어렵기도 하고 그래서 아예 존경스럽게 여겨지기도 한다(Brumberg, 발문; Mackenzie 1976; Schwartz 1986).

이브(음탕한 육체)에 의해 유혹당하는 아담(의혹을 품는 정신) 이야기에서처럼(Chernin 1987), 서양의 이원적 전통에서 여자들은 통제되어야 하는 본능과 감각적 신체로 동일시되고, 남자들은 통제를 하는 문화와 정신으로 연관되어 있다(Bynum, 282; Chernin 1981). 서양문화의 개념적 조건에서 가치를 찾고자 하는 여자들은 식욕을 자신의 의지로 통제해야만 자신의 영성(靈性), 규율성, 그리고 도덕성을 확고하게 할 수 있다. 신체적 감각을 지배하는 정신을 요구하고, 여자를 신체와 식욕으로 관련시키는 문화 속에서 통제에 대한 부담감은 특히 여자들에게 강하게 지워진다.

이원적 세계관으로 여자를 보기 때문에, 완벽함을 추구하는 여자들이 신체를 지배하기 위해서는 음식섭취의 통제와 배고픔의 인내가 필요하다. 바이넘과 벨은 중세 여자들이 종교적으로 성스러워지기 위한 노력으로 어떻게 배고픔을 억누르며 자신들을 고문하였는지 여러 번 반복하여 설명하고 있다. 그들은 고통과 고난을 즐거움과 사랑이라고 생각하였다(Bell, 60). 그리고 배고픔은 '신에 대한 갈망'을 상징하였다(Bynum, 152). 예를 들어 13세기 플랜더(Flander)의 신비론자, 하데비치(Hadewijch)는 아름다운 시로 자신의 믿음을 표현하였다. "배고픔은 … 고난당하고 있는 예수의 인간적 속성과의 합체이다. 이는 신격의 예수에게 다가갈 수 있는 길이다. 우리는 배가 고프면 배고플수록, 우리는 예수로 더욱더 배가 부르게 된다[예수에게 더욱더 가까이 다가가게 된다]"(Bynum, 160). 브룸버그는 빅토리아 시대의 여자들이 어떻게 식욕을 저속하고, 여성답지 않고, 정신적이 아닌 현세적인, 그리고 부도덕한 것으로 생각하게 되었는지를 보여주고 있다(Brumberg, 7장). 음식은 하류계층, 고된 노동, 대식(大食), 그리고 육체적 추악함으로 연관되었다. 식욕은 성과 자제력 부족으로 연관시켜 놓았다(178~9). 음식절제는 사회적 순화, 우아함, 고상함, 그리고 도덕성을 의미하였다. 빅토리아 시대 여자들은 이런 특징들을 매우 숭상하였다. 마찬가지로 거식증 환자들은 자기가치를 음식섭취를 제한하는 데 온 정신을 집중시키는 자기절제로 규정하였다(1979, 40).

바이넘은 종교적 여성단식의 의미로 신체/정신 이원론의 중요성이라고 확언하고 있지만, 중세 여자들이 단순히 자기학대나 이원론을 바탕으로 내면화된 문화적 여성혐오증을 나타내는 것은 아니라고 주장하고 있다(208). 오히려 현대 거식증 환자들과는 달리, 그들은 자신의 단식으로 파워를 움켜쥐고, 긍정적 표현을 하였다. 실제로 중세시대는 현대를 위한 교훈을 남겼다고 바이넘은 주장하고 있다.

> 중세 사람들은 음식과 신체를 생명의 근원으로, 그리고 감각의 저장소로 보았다. 그래서 음식과 신체는 생식력과 고통을 상징하였다. 생명을 주기 위해 파괴되어야만 하는 음식, 그리고 탄생(출생)을 주기 위해 찢어져야만 하는 신체는 동의어가 되었다. 이를 서로 동일시할 때, 여자들은 고통을 피할 수 없는 육체적, 인간적 존재였다. … 반대로 현대 사람들은 음식과 신체를 통제되어져야만 하는 것으로 보고 있다. 그래서 음식과 신체는 인간의 지배력을 위협하는 것으로 여겨진다. … 신체와 음식은 우리 자신을 통제하려는 노력의 실패를 상징한다(Bynum 300).

바이넘은 고통에 대한 중세와 현대 사람들의 태도에서 나타나는 중요한 차이를 강조한다. 중세시대 여자들은 신체적 고통을 즐겼다. 그들은 신체적 고통을 속죄로 생각하였다. 비록 신체가 악의 근원이 될 수도 있지만, 신체의 고통은 구원을 가져올 수도 있었다. 빅토리아 시대 여자들은 고통을 육체적 우아함으로 다가갈 수 있는 방법으로서 경이롭게 보았다(Brumberg, 5장). 현대 여자들은 신체와 신체의 고통을 부인하려고 한다. 이것은 감각을 통제하는 정신능력의 실패를 나타낸다. 이런 차이에도 불구하고, 단식하는 여자들은 모두 신체를 악의 잠재적 요인으로, 그리고 유혹에 민감하게 반응하는 두려움으로 보는 공통적 믿음을 가지고 있다. 로이스 폴(Paul 1974)은 이와 비슷한 마야족 여자들(기독교인들의 영향을 강하게 받았음)과 다른 많은 문화에서도 여성의 신체를 불결한 것으로 규정하고 있다고 보고하고 있지만(Douglas 1966; Meigs 1984; Delaney, Lupton, Toth 1988), 나는 중세, 빅토리아 시대, 그리고 현대 거식증의 특징이 되는 모든 음식의 냉혹한 거절로 자신들의 신체를 정화하려고 시도하는 그런 문화를 아직 발견하지 못했다.

여성성과 출산의 거부

시간을 초월하여 지나치게 단식하는 서양 여자들의 공통된 특징은 출산능력과 여성스러움을 나타내는 성적 특징의 거부이다. 내가 생각하기에, 이것은 생명의 근원이면서 유혹의 근원인 신체에 대한 유대-기독교적 사람들의 양면적 태도에서 비롯되었다고 본다. 중세(Bynum, 138, 148, 214, 217), 빅토리아 시대(Brumberg, 132), 그리고 현대(Bruch 1973, 275)의 모든 단식하는 여자들은 월경이 멈추고, 여성스러운 몸의 곡선이 사라진다. 그리고 사람은 굶주리면 성욕이 없어진다(Firth 1959; Holmberg 1969; Turnbull 1972; Winnick 1979). 마가렛 미드의 기록에 따르면(Mead 1967, 144), 여자들에게 있어서 먹는 것과 성교에는 시작단계가 필요하다. 먹는 것을 그만둔다는 것은 성생활을 포함한 모든 시작단계의 거절을 상징한다. 식욕과 성본능, 즉 입과 여성의 성기는 상징적으로 서로 연결되어 있다(Freud 1962, 1). 음식에 대해 입을 다무는 것은 섹스에 대해 성기를 닫아버리는 것을 상징한다.

성관계의 두려움, 성관계에 대한 혐오, 그리고 성관계의 거부는 거식증환자와 중세성녀들의 세계에서는 흔한 테마이고, 그러한 것들은 음식거부와 연결되어 있다. 19세기 후반 거식증 환자의 섹스에 관한 분명한 토의는 드물지만, "남자로부터의 구애에 있어서 혼란스럽고 혹은 충족되지 않은 기대는 흔히 소녀들의 정신이상을 부추겼다"는 증거는 있다(Brumberg, 134~5). 당시 식이장애를 가지고 있는 여자들에 관한 많은 연구에 따르면, 그런 여자들은 남자들과의 성관계에 대해 적개심을 가지고 있었다고 보고하고 있다(Orbach 1978; Millman 1980, 188~9; Chernin 1981; Bruch 1973, 275~80). 예를 들어 리우에 따르면, "저는 남자들이 싫어요. 그들은 내 살갗을 구물구물 기어 다녔어요. 그들은 나로 하여금 내 자신을, 내 몸을, 그리고 섹스를 경멸하게 만들었어요. 남자들은 한마디로 개자식이에요. 그건 사실이에요. 그러나 그들을 성적으로 애타게 만든 것은 내 몸의 살이었어요. 얼마나 혐오스런 일이에요! 남자와 여자의 양성을 갖기 위한 방법이 있어야 했어요"(Liu 1979, 101). 그래서 그녀는 음식을 먹지 않게 되었고 월경이 멈추고, 가슴이 없어지는 것을 기뻐하였다. 그리고 '아기의 몸'으로 되돌아가기를 원했다(41). 그녀의 태도는 14세기 도미니크의 수녀, 프란체스카 부사(Francesca Bussa)의 경우와 비슷하였다. 프란체스카 역시 섹스의 두려움으로 음식을 거부하였다.

> 결혼의 결정은 겨우 13살이던 소녀에게 갑작스런 쇼크를 안겨다 주었다. 결혼식이 끝나자마자, 경고도 없이 그녀는 갑작스럽게 자신의 모든 저항력을 잃고, 몸이 마비가 되더니 감각이 사라졌다. 그녀는 아무 것도 먹을 수가 없었다. … 17, 18세가 되면서 프란체스카는 음식을 적게 먹기 시작하더니 결국 하루 한 끼만을 먹었다. 이 한 끼마저도 완전히 스파르타식으로 생선도, 계란도, 닭고기도

먹지 않고, 달콤하고 맛있는 어느 것도 먹지 않고, 그저 어떠한 양념도 하지 않은 쓴 맛의 콩만을 먹었다. … 그녀는 잠도 하루 2시간만 잤다. 이 잠자는 시간에도 그녀가 제일 싫어하고 속을 메스껍게 만드는 양파요리를 들고 와 자신의 얼굴에 문지르며, 입 안에 마구 밀어 넣는 남자들 꿈으로 힘들어했다고 한다 (Bell, 136~8).

유대-기독교적 이데올로기의 특징인 절대주의, 이원론, 그리고 자신감 없는 여성성은 여자들의 성욕에 대한 강한 양면적 감정을 일으키는 여자들의 속성을 만든다. 여자들은 그것들을 부인하지만 음식에 대한 생각이나 성적 악마에 의해 고통을 받는다. 그들은 욕구를 억누르려고 하지만, 계속되는 자기부정은 단지 그 욕구를 악화시킬 뿐이다. 신체적 욕구부정은 서양의 단식하는 여자들의 공통된 특징이고, 개인적 자율성과 목적을 위한 방법을 제공한다. 그러나 단식 외의 다른 방법은 거의 존재하지 않는다.

가부장제와 여성하위

전일적(全一的)이고 비교(比較)적 관점은 서양 여자들의 단식이 역사적으로 전개되어온 그들의 사회적, 경제적 하위위치와 어떻게 관련되어 있는지를 조명할 수 있다. 여자들의 하위위치는 그들의 자아표현 통로를 제한하였다. 벨, 바이넘, 그리고 브룸버그 모두는 서로 다른 방식으로 여자들의 단식이 가부장제에 대한 반응이고 투쟁이라는 문제를 제기하고 있다.[9] 그들은 신경성 식욕부진 환자들을 연구하는 많은 학자들에게 어느 정도까지는 동의하고 있다. 비록 많은 학자들이 이 문제와 관련된 중요한 통찰을 제시하고 있지만, 그 어느 누구도 가부장제에 대한 확실한 정의를 제시하지 못하고, 또 여자들의 단식이 어떻게 가부장제에 저항하는지에 관한 분명한 설명도 제시하지 못하고 있었다.

인류학적 관점으로 볼 때, 가부장제 사회는 여자들이 정치적으로, 경제적으로, 사회적으로 그리고 이데올로기적으로 가치가 하락되고 불리한 위치에 있는 사회이다. 그런 사회에서 여자들은 경제력과 파워의 통제권이 부족하고, 남자들보다 도덕적 · 육체적으로 하위로 여겨진다. 계급체계와 성 불평등의 체계 속에서 단식하는 여자들의 특별한 위치에 대한 체계적 분석은 이 세 권의 책으로는 부족하지만, 그래도 어느 정도의 정보는 제공해 주고 있다.

종교적 단식을 하는 사람들 중에는 도시의 유복한 가정에서 태어나 자란 사람들도 있다(Bynum, 18). 현대의 거식증 환자들은 주로 중 · 상류층의 백인이든지 혹은 형상지향적인 중 · 하류층으로(Bruch 1978;

9. 벨의 주장에 따르면, "역사적으로 많은 여자들은 억압적인 가부장적 사회구조에 대한 반응으로 거식증을 나타내었다."(Bell, vii) 중세의 종교적 단식을 한 여자들은 남성 권위주의를 회피하고 신과의 직접적인 관계를 확립하기 위해 단식으로 자신의 의지를 나타냄으로써 사회적 하위위치와 투쟁하였다고 그는 말하였다. 바이넘은 벨과는 달리 주장하여, 중세의 종교적 단식 여성들은 가부장제도의 희생양으로 보는 것이 최고는 아니라고 하고 있다(Bynum, 295). 남성 성인(聖人)전 작가들도 그들을 묘사하고 있지만, 바이넘(208)은 그들이 남성 월권에 대한 단순한 저항이 아닌 단식을 통해 파워를 쥐고 있었고, 신과 직접적인 관계를 확립하고 있었다고 주장하고 있다. 브룸버그는 여자들의 행동을 남성에 대한 반대로 보고자 하였다. 그래서 여성들의 단식을 가부장제도에 대한 저항으로 분명하게 특징짓지 않고 있다. 왜냐하면 시간에 따라 그 단식의 목표와 의미가 다양하다고 주장하고 있기 때문이다(Brumberg, 37). 그러나 브룸버그의 책은 단식에 대한 남성 해석자들과 여성단식인 사이에 존재하는 우위-하위의 분명한 관계를 나타내고 있다. 게다가 거식증 감소에 대한 브룸버그의 제안은 여성들에게 자신들의 성에 대해 가치를 부여하게 하고, 일반적인 그들의 특정한 열망과 여성창의력에 대해서고 뒷받침하고 있다(269). 그리고 그들의 자아파괴적인 단식이 그들의 하위위치와 관계가 있음을 암시하고 있다.

Lawrence 1984), 10만 명의 미국인 중에 1명꼴로, 그리고 100명의 고등학생 중 20명, 대학생 중에는 1명이 심각한 경우로 발생하고 있다(Brumberg, 13). 거식증과 폭식증은 미국과 서유럽의 흑인 소녀들 사이에는 비교적 드물게 나타난다(Brumberg, 280, n. 14; Emmons 1992; Hsu 1987; Parker et al. 1995). 가족 내에서 그리고 지역사회에서 흑인여성들은 백인여성들보다 두드러지게 존경과 자신의 위치를 획득하고 있고, 음식의 주고받음에 대한 통제권은 그들 파워의 중요한 원천이라고 제시된다(Stack 1974; Styles 1980). 브룸버그가 언급한 19세기의 많은 단식여성들은 '적당히 경제적 형편도 괜찮고, 존경도 받고, 지적이고, 연줄도 좋은' 몰리에 팬셔(Mollie Fancher)와 같은 중류층 출신이다(Brumberg, 79; Brooklyn Daily Eagle, June 7, 1866). 그렇다고 비천한 출신이 없는 것은 아니다(47). 앤 무어는 노동자의 딸이고(56), 사라 제이콥은 웨일즈 시골 소작농의 일곱 아이들 중 하나였다(64). 사실 브룸버그에 의하면, "19세기 후반, 단식하는 소녀들은 일반적으로 도시의 교육받은 혹은 보통의 정신세계를 가진 부르주아의 딸들이 아니고(91), 오히려 오랜 여성의 종교적 문화의 마지막 남은 유물이었다"(100). 이 외에 아마도 여자들이 자신들의 노동이 여분으로 남아돌아 역할이 없을 때, 자신들을 재차 확인하기 위해 단식을 선택했을지도 모른다는 파멜라 쿼지오또(Pamela Quaggiotto)의 제안을 평가하기 위해서는 단식에 관한 더 많은 데이터가 필요하다. 물론 서양사회는 중세에서 현재에 이르기까지 엄청난 변화를 겪었으나, 비계급제도 · 비서양사회의 여자들과 비교해 볼 때, 시간이 흐름에 따라 여자들은 특히 무력해지고 하위위치가 되고, 말이 없는 위치를 갖게 되었다.

인류학자들은(Brown 1975; Lee 1979; Murphy & Murphy 1985;

Shostak 1981; Weiner 1988 등) 비계층화 사회의 사례들을 하나하나 기록하였다. 비계층화 사회에서 여자들은 음식생산, 분배, 준비, 소비에 이르는 과정에서 자신들의 자력과 중요한 역할을 통해 많은 영향력을 가지고 있다. 예를 들어 이로코이(Iroquois) 족 여자들은 상당한 파워를 가지고 있다. 왜냐하면 그들은 가장 중요한 음식인 옥수수, 콩, 호박, 일명 '세 자매'를 생산하기 때문이다. 그리고 다른 사람들에게 의무를 지우는 주요 통로인 분배에 대한 통제권을 가지고 있기 때문이다 (Brown 1975). 이로코이 여자들은 또한 식량저장고(부의 주요원천)를 차지하고 있어 정치적 결정에도 영향을 미친다.

그러나 그들 부족사회의 여자들과는 달리, 단식하는 많은 서양 여자들은 중요한 경제적 자본에 대한 통제권이 없고, 식품생산에서도 적극적으로 일하지 않고, 분배에도 관여하지 않는다. 그들은 오직 음식준비와 소비만 집행한다. 그것도 대개는 집안에서만. 벨(Bell, 88)과 특히 바이넘(7장)은 중세 여자들이 음식을 가난한 사람들에게 나누어주면서 남성권위를 어떻게 앞지르는지에 대하여 언급하고 있지만, 이것 역시 정당한 권한은 아니었다. 그런 행동은 아버지나 남편, 종교적 지도자들로부터 비난을 불러일으켰다. 그러나 소비통제는 서양 여자들에게는 자신들의 정체성, 영향력, 그리고 의지를 표현하는 주요한 수단이다. 다른 사람들에 의해 생산되어 주어진 음식의 거부는 신세지는 것에 대한 거부이다. 그러므로 여자들에게 단식은 남성파워에 직접 도전하지 않고 공개적으로 자신의 통제력을 발휘하는 몇 안 되는 정당한 방법의 하나이다. 이것은 아마 영향력을 발휘하는 다른 수단을 가지고 있는 비서양 여자들의 방식과는 달리, 서양여자들이 음식과 단식에 강박관념을 가지게 되는 이유일 것이다.

가족, 단식, 자율성, 그리고 인간관계

가부장적 서양사회는 여자들의 경제적 · 정치적 기회를 제약할 뿐 아니라, 그들의 역할도 음식을 사용하여 자신의 목소리를 낼 수 있는 역할인 아이들 양육과 음식준비로 가족 내로 한정하였다. 그리고 서양 사회에서 대부분 여자들이 비교적 무력함에도 불구하고, 단식을 선택하는 여자들은 아주 소수에 불과하였다. 이들은 특별한 가족경험으로 자율성과 친밀감, 그리고 음식섭취 등에 유달리 심각한 심리적 어려움을 가지고 있는 여자들이었다.

각 시대마다 거식증 전문가들은 거식증이 특수한 가족역동과 관련이 있다고 제시하였다(Bruch 1973, 1978; Lawrence 1984; Minuchin, Rosman, Baker 1978 등). 특히 섭식장애는 부모가 완벽함에 몰두하여, 자식들에 대해 지나치게 간섭한다거나, 지나치게 자식들과 동일시하고, 과잉보호하여 아이들의 독립성과 자율성에 제약을 가하는 가족에서 일어난다. 게다가 섭식장애는 부모가 음식과 사랑을 혼동하여 아이들의 욕구에 적절히 대응하지 못해, 결국 아이들로 하여금 배고픔을 인지하여 음식을 적절히 먹음으로 해서 만족감을 느끼게 하는 능력을 저해하는 가족에서 주로 일어난다(Bruch 1973, 4장). 어떤 부모들은 음식과 신체, 그리고 자신의 존재가치 사이의 관계에 지나치게 관심을 둔다. 그들은 근본적으로 음식섭취를 올바른 도덕적 판단방법으로 본다. 그런 가족패턴이 현대의 섭식장애와 관련되어 있음은 잘 입증되어 있다. 그러나 중세와 빅토리아 시대에 단식하는 사람들의 가족관계에 관한 데이터는 상당히 부족하여 비슷한 패턴이 과거 단식하는 여자들에게도 존재했는지 알아보는 것은 어렵다.

음식거부는 관계거부이다. 그리고 단식하다 죽는 것은 인간관계의 극단적인 파괴이다. 친교의 어려움은 모든 서양 여성의 단식에서 명백히 나타나는 테마이다. 이들 단식은 자기도취적이고 자기중심적이다. 중세의 성녀들은 자기 자신 안에서 신을 찾고자 했다. 제노아의 캐서린은 다음과 같이 적고 있다. "내 안에 신이 있다"(Bynum, 277). 현대 거식증에는 완전히 자신만이 개입된다. 리우는 다음과 같이 적고 있다. "이 거울, 저 거울, 세면대 위의 큰 거울 등 모든 거울은 내 삶에서 중요한 역할을 하고 있다. 나는 몇 시간 동안 거울 속의 내 자신과 이야기한다"(Liu 1979, 75). 중세, 빅토리아 시대, 그리고 현대의 단식하는 사람들은 모두 친구도 거의 없이 외로운 삶을 살았다. 실제로 단식에의 집착과 금욕주의 생활은 매일 몇 시간 동안의 은둔을 필요로 한다. 즉 다른 사람들과의 관계를 위해 시간을 할애할 수 없게 된다.

벨의 책 에필로그에서, 윌리암 데이비스는 단식하는 여성들의 내적인 자세를 설명하기 위해 재미있는 가설을 제시하고 있다. 그는 여성 정체성은 인간관계에 토대를 두고 있다는 캐롤 길리간의 말(Bell 1981)을 언급하고 있고, 단식하는 사람들은 특히 초인간적 관계에 대한 강한 욕구를 가지고 있다고 제안하고 있다. 종교적으로 단식을 하는 사람은 남성권위주의의 간섭 없이 신과의 직접적인 합일을 구하였고, 그것을 확립하였다. "그녀는 무엇보다도 남자들과의 계급주의적이고 복종적이고 '소유적인' 관계를 초래하지 않고, 단지 자신이 독립적으로 깊이 연결되기를 원하였다."(184) 현대 거식증 환자들은 "협력을 무시하고, 대신에 파워획득에 온 정신을 쏟는다"(185). 그들은 자신들이 관계를 통해 달성한 정체성을 완전히 빼앗겼다고 생각한다. 빅토리아 시대의 중류계층 소녀들이 가지는 인간관계에 대한 어려움은 분명하지 않다. '가족 밖에서의 자기표현에 대한 선택권이 부모의 관심과 사회관습에 의해 제한'을 받았다(Brumberg, 188)는 사실은 아마도 그들의 인간관계도 제한받았다는 것일 것이다.

가족은 먹기를 거부하는 소녀들의 가장 가까운 양육의 장소이다. 그리고 가족은 단식을 하는 그 소녀로 인해 가장 화를 내는 영역이기도 하다. 브룸버그는 중류층 양육의 근본이 되는 음식을 19세기의 소녀들이 거부한 것은 '부르주아 가족체계에서의 두드러진 역기능'이라고 설명하고 있다(Brumberg, 134). 많은 전문가들은 가족역동의 역할, 특히 거식증으로 나타나는 엄마와 딸의 관계를 고찰하였다. 오바흐(Orbach 1978, 1982)와 체르닌(Chernin 1981, 1985, 1987)과 같은 여성주의자들은, 딸을 그들 엄마와 동일시 여기면서 하위위치로 보고 그들을 존경하지 않는 가부장적 사회에서 엄마와 딸 관계는 지극히 문제가 있는 것으로 제안하고 있다. 엄마들은 딸들이 자신들보다 더 발전하기를 원하지만 그들의 발전을 방해하기도 한다. 왜냐하면 딸들의 발전은 엄마 자신의 능력부족을 강조하기 때문이다. 소녀들은 자신의 삶의 선택에서 도전을 하기보다는 엄마에게 타격을 주는 통로(예를 들어 음식을 이용한 통로)를 통해 자율성과 우수성을 찾는다.

빅토리아 시대의 '부르주아 가족에서의 사랑과 음식'이라는 브룸버그의 토론(5장)은 가족갈등이 어떻게 거식증을 낳게 하였는지를 보여주고 있다. 이런 사회적 환경에서 음식은 아주 중요하였다. 딸들은 더욱 의존적으로 되었다. 가족, 특히 엄마와 딸 사이의 관계는 억압적이었다. 19세기 딸은 어머니의 사회적 노력의 상징이며 매개체였다. 딸의 음식섭취는 사랑과 사회적 위치, 그리고 적당한 에티켓 등이 반영되었다. 즉 빅토리아 시대의 딸들은 가족적 압박으로 질식될 정도였고, 자신의 열망은 음식거절에서 반항의 완전한 형식을 찾았다. 이것은 관계를 파괴하지 않고도 억압받는 본성에 항의할 하나의 방법이었다. 그리고 이것은 가족관계에 대한 소녀의 양면적 감정을 분명하게 상징화하였다.

중세시대 때 단식하는 사람들은 자율성을 놓고 엄마와의 갈등이 있었다는 증거가 있다. 예를 들어 메리 막달레나(Mary Magdalen dé Pazzi)는 자신의 '가장 심각한 감정적 싸움'을 엄마와 했다. 그리고 종교적 신성함과 아버지의 애정을 놓고 엄마와 경쟁하였다(Bell, 172). 벨은 가장 극적이고 영향을 주었던 종교적 거식증을 보인 시에나의 캐서린에 대해 다음과 같이 말한다. "젖을 떼는 것과 같은 서로의 의지의 경쟁은 너무 평범하고 겉보기에도 사소하지만, 딸 캐서린을 이긴 사람은 당연히 엄마였다. 그러나 지금 이 세상에서 다른 사람들에게 복종으로 보이는 것은 다음 세상에서 자신과 결합할 신랑[예수와 같은 종교적 존재]을 위한 승리라고 종종 마음속에 그 상황을 재차 확인하면서(32), 어른이 되어 이 아이는 그런 싸움에서 결코 지지 않을 거라고 다짐하였다."

중세 혹은 빅토리아 시대 그리고 현재의 가족 내에서, 단식을 하는 여자들은 자율성에 대한 특별한 욕구를 가지고 있는 사람들이다. 대개 그들은 특히 사회적 역할의 제한에 의해 속박 받는다고 느끼는 지적이고, 투쟁적이고, 창조적이고, 혹은 상상력이 풍부한 여자들이다. 대부분의 거식증 환자는 성취형으로, 장애가 나타날 때까지는 외면상으로 볼 때, 학교나 스포츠, 그리고 생활면에서 성공적이다(Bruch 1978, 3장). 종교적 거식증 역시 평범하지 않은 여자들이었다. 야심 차고, 완벽주의자이고, 생각이나 감정을 명확히 표현하고, 시적이고, 그리고 종교적 단식에 광신적으로 전념할 수 있고, 기운차고, 외향적이며 쾌활하다 (Bell, 114). 벨은 결혼 후 혹은 자식을 낳은 후 자신의 행동을 바꾼 종교적 거식증을 자세히 적고 있지만(4장), 중세(Bynum, 119)나, 빅토리아 시대(Brumberg), 그리고 현대에(Bruch 1978, 4장) 청소년기를 즈음하여 딸이 성인 여성으로서의 정체성을 나타내기 시작하면서 엄마와 딸 관계가 특히 어려워졌다. 이때부터 대부분의 단식하는 여자들은 평범하지 않은 행동을 시작한다거나 행동이 격해지는 것 같았다. 여자에게 있어서의 음식의 구심성과 의미 때문에 그리고 다른 수단이 없기 때문에(Bynum, 6장), 여자들은 음식거부를 정체성, 관계, 그리고 자율성의 추구를 위한 중심 매개체로서 사용하였다.

수유와 같은 유아시절 혹은 어린 시절의 외부적인 음식공급은 비슷한 문화와 심리적 문제점을 안고 있는 다른 사람들과는 달리 왜 일부 여자들만이 단식을 하게 만드는지에 대한 이유를 설명해 줄 것이다. 브룸버그(Brumberg, 213)와 벨(Bell, 11)이 말하듯이, 프로이트 심리학은 이런 문제에 관심을 두었다. 한 세미나 논문에서, 안나 프로이트(Freud 1946)는 아동의 인격, 엄마와의 관계, 그리고 후에 음식에 대한 태도를 확립하는 데 있어서의 수유의 중요성에 대해, 아버지 지그문트 프로이트(Sigmund Freud)의 함축적인 개념의 많은 부분을 확장하였다.[10] 브루흐(Bruch 1973, 4장)는 자식들에게 배고픔의 인지와 그에 대

10. 안나 프로이트는(Freud 1946, 126) '음식에 대한 아동의 갈등적 행동'은 '엄마에 대한 갈등적 감정'으로부터 비롯된다고 보고 있다. 즉 그런 갈등적 감정이 엄마를 상징하는 음식으로 전달된다고 보는 것이다. 엄마에 대한 양면적 감정은 과식과 음식거부, 엄마에 대한 죄의식과 음식을 즐기지 못함으로써 오는 엄마의 애정을 즐기지 못함, 엄마가 주는 음식에 대한 투쟁으로서 엄마에 대해 고집을 부린다거나 엄마에 대한 적의 사이의 동요로 표현된다.

한 적절한 반응, 그리고 적절한 포만감을 가르치지 못한 부모로서의 실패가 많은 식이장애 환자들의 기본적인 원인임을 발견하였다. 벨은, 미래의 인간관계 패턴은 모유수유의 일관성 혹은 일관적이지 못함에 의해 결정되어진다고 믿는다. 예를 들어 그는 시에나(Siena)의 캐서린의 엄청난 신념은 어린 시절의 '구강만족'에서 비롯되었다고 본다(Bell, 30~5). 그리고 라코니지(Racconigi)의 캐서린의 심리적, 영적 혼란은 엄마의 모유가 부족하여 그녀를 오빠의 팔에 안겨 '동네 아낙네들의 동냥 젖'을 먹였다는 사실 탓으로 보고 있다(159).

인류학자들은 모유와 같은 초기 어린 시절의 외부적 음식공급이 어떻게 성인이 되었을 때의 인성과 음식에 대한 태도 — 거식증을 일으키지 않고 — 에 영향을 주는지에 관해 흥미롭게 바라볼 수 있도록 하는 데이터를 제공해 주고 있다. 도로시 쉑(Dorothy Shack 1969)과 윌리암 쉑(William Shack 1971)은, 에티오피아의 구라게 족에서 배고플 때 먹을 것을 빼앗고 포만상태에서 억지로 음식을 많이 먹이는 것을 포함하여 어린 시절의 일관성 없는 음식공급은 어른이 된 구라게 사람들 사이에 만연되어 있는 인성, 즉 이기심, 감정분리, 수동성, 의존성, 무력감, 음식에 대한 열망 등의 많은 인성에 책임이 있다고 주장한다. 엄마로부터 음식혜택을 제대로 받지 못하고, 아주 의존적이고 좌절감을 갖고 있는, 신분이 낮은 구라게 남자들은 거식증을 생각나게 하는 어리(*awre*)라 불리는 귀신의 빙의현상(귀신들림)으로 힘들어한다. 이것은 신경성 식욕부진과는 현저히 다르다. 이것은 식욕상실, 메스꺼움, 위장통증 등이 특징이다(Shack 1971, 35). 이 귀신들린 희생자의 친척들은, 어리(*awre*)귀신이 희생자의 몸 내부에서 "나는 배부르다."라고 울부짖을 때까지 그에게 특별한 제사음식을 먹이는 집단의식을 통해 그 귀신을 쫓아낸다(36). 구라게 사람들에게 나타나는 이런 현상은, '심리적 이상(異常) 상태는 서양사회뿐 아니라 비서양 사회에서도 먹는 행위를 통해 표현된다'는 것을 보여주고 있다. 그리고 음식에 집중되는 심리적 이상상태는 어린 시절의 부적절한 음식섭취와 가족역동(기능)에 의해 결정되어질 수 있다는 것을 보여주고 있다. 그러나 그들은 또한 그 장애를 해결하기 위해 희생자의 섹스와 음식의 사용은 독특한 문화적, 사회적, 경제적, 심리적 배경에 따라 다르다는 것도 보여주고 있다. 구라게 사람들에 관한 데이터는, 식이장애는 여러 가지 요인에 의해 결정되지만, "개인의 생물적 취약성, 심리적 경향, 가족, 그리고 사회적 환경 등에 의해서도 좌우된다"는 브룸버그의 주장을 뒷받침해 준다(24).

결론

인류학에 대한 전일적, 그리고 비교문화적 견해는 음식과 신체의 관계에 영향을 주는 문화적 힘의 배열을 명확하게 하여 800년 동안 걸쳐온 서양 여자들의 단식을 설명하는 데 도움이 될 수 있다. 절대주의적이며 이원론적인 세계관은 식욕의 완전한 거부가 완벽함에 도달할 수 있는 의미 있고 찬탄 받는 방법이 되는 배경상황을 확립하였다. 가부장적 사회는 여자의 지위를 보조적, 하위적 위치로 떨어뜨렸다. 어떤 사람들은 — 아마도 특별히 야심이 있고, 투쟁적이지만 억압적인 가족에 의해 구속받는 여자들 — 음식을 거부함으로써 자신의 종속성, 하위성과 맞싸우면서 자신의 목소리를 찾는다. 그들은 단식을 선택한다. 왜냐하면 정신은 신체를 지배한다는 서양의 믿음과 그들 삶에서 차지하는 음식의 구심성 때문이다. 음식은 여자들이 통제하는 — 비록 소비만을 통제하는 것이지만 — 가장 중요한 물질이다. 음식과 식욕거부는 이를 실행하는 사람에게 도덕적 가치, 찬탄, 그리고 사회적으로 인정받는 성스러움, 고상함, 이것도 아니면 날씬함, 혹은 아예 죽음을 통해 단식하는 사람들의 완전한 부정이 따르는 덧없는 상태를 가져다준다.

역사학자와 인류학자들에 의한 꾸준한 연구에 의하면, 서양 여자들이 신체와 음식에 대해 가지고 있는 자기파멸적인 관계는 많은 비서양 문화의 여자들과는 상당히 다르다고 나는 생각한다. 이 글에 의해 제시된 다음과 같은 문제에 대한 해답을 얻기 위해서는 더 많은 데이터가 필요하다. 자본주의의 발달이 여자들의 신체와 음식, 그리고 단식과의 관계에 어떠한 영향을 주었고, 그 관계를 어떻게 변경시켜 왔을까? 패션이나 예술을 통한 신체의 상품화, 특히 여성신체의 상품화는(Berger 1972; Nochlin 1988) 여성하위의 이데올로기적 강화에 어떠한 역할을 하였으며, 극한의 단식에서 분명해진 자신들의 육체적 자아로부터의 이탈에도 어떠한 역할을 했는가? 여자들의 혹독한 단식은, 과연 여자들의 노동이 경제적으로 불필요한 여분으로 보이는 상황에서 중요한 사회적 참여를 위한 노력으로 나타나는 현상인가? 여자들이 경제적으로 중요하게 참여하는 문화적 배경에서도 이런 식으로 단식을 하다가 죽는 경우가 있을까? 우리는 고든(Gordon 1988)과 브룸버그(Brumberg, 13, 280~1, n, 15)에 의해 언급된 일본 여자들의 거식증을 어떻게 설명할 수 있을까? '갑작스런 서양화'에 의해 혹은 다른 고유의 문화적 힘에 의해 거식증은 어느 정도까지 일어나는가? 그리고 서양 여자들의 음식거부를 이해하기 위해서 우리는 어떤 시각으로 바라보아야 하는가? 마지막으로 우리는 수세기에 걸친 단식이 여자들의 특정 경험과 아주 가까이 관련되어 있다는 주장을 무효화하지 않고 남자에게서 나타나는 거식증을 어떻게 설명해야 하는가? 내 생각으로는 일부 남자들은 여성 하위, 자기표현의 중요한 출구의 결여, 그리고 금욕주의 위에 프리미엄을 얹어주는 절대주의적인 도덕적 이데올로기 속에 살기 때문에 단식을 한다. 비록 다른 이유로 단식하는 남자들도 있지만 이에 대해서는 더욱 연구가 필요하다. 서양 문화가 자아실현, 파워, 그리고 중요한 인간관계에 대해 많은 여자(혹은 일부 남자)들의 기회를 거부하는 한, 또 여자들을 억압적인 가족 속에 가두어 두고 엄마의 역할을 하찮게 보는 한, 그리고 완벽함에 대한 절대적 기준을 고집하는 한, 일부 여자들이 때로 자신들의 음식소비를 자아개념을 나타내는 수단으로 계속해서 사용할 것이 나는 염려된다.

7장
미국의 음식관례

개인주의, 통제력, 그리고 계급제도[1]

"내 그들을 이미 모두 알고 있기에, 알고 있기에,
저녁에도, 아침에도, 오후에도 알고 있기에,
나는 내 삶을 커피 스푼으로 재어왔노라. … "

T. S. 엘리엇, "J. 알프레드 프루프록(J. Alfred Prufrock)의 연가"

서론

식품소비에 관한 관례는 인간이 현실을 구축해 나가는 데 중요한 수단이다.[2] 그 관례들은 사회적 관심의 상징으로, 사람들은 자기 주위의 물질적, 사회적, 그리고 상징적 세계의 질서를 유지하는 데 그 관례를 이용한다. 이 장에서는 미국문화에서 먹는 음식과 먹는 방법에 관한 관

1. 이 장은 본래 *Anthropological Quarterly* 65, 2:55~66, 1992에 발표된 글이다. 나는 필리스 피즈 초크, 린 에몬스, 자넷 아이첸, 엘렌 메세르, 페기 라췌슨, 짐 타가트에게 감사한다. 그리고 이 외의 이 글에 사려 깊은 평을 해준 여러 사람들에게도 감사한다. 89차 〈미국인류학회〉(American Anthropological Association) 정기모임에서 이 글을 발표하여 음식의 의미에 관한 생각을 서로 공유할 수 있도록 자금을 지원해 준 밀러스빌 대학에도 감사한다.

2. 서로 다른 이론적 견해를 가지고 있는 여러 인류학자들은 현재의 문화적 구조를 밝히기 위해 음식에 대해 연구해 왔다. Barthes 1975; Douglas 1974; Harris 1985; Hull 1986; Kahn 1986; Laderman 1983; Levi-Strauss 1966; Manderson 1986a, 1986b, 1986c; Meigs 1984; Reid 1986; Weismantel 1988; Young 1986 등을 참조한다.

례를 알아보기 위해 대학생들이 쓴 식품저널의 자료를 사용하고 있다. 그리고 대학생들의 식품관례는 자아통제와 개인선택과 관련된 생각을 전달하고, 계급제도의 사회관계를 옹호하고 있음을 보여주고 있다.

식품에 관한 대학생들의 생각은 미국사회의 가치체계에 깊이 파고 들어 있다. 음식교환(음식의 주고받음)이 사회적 거리감을 좁혀 주고 서로의 관계를 단단하게 굳혀 주는 비자본주의 사회와는 달리(Mauss 1967; Sahlins 1972, 215~9), 자본주의 사회에서 음식은 오히려 교환을 함으로써 거리감과 차별을 만드는 하나의 물품이다. 샤린스가 '부정적 상호관계'라 부르는(Shalins 1972) 자본주의적 교환을 통해 개개인들은 서로 분리되고, 서로에 대해 적대적 위치에 놓이게 된다. 음식에 대한 통제권을 가지고 있는 사람이 있는 반면에 또 다른 사람들은 통제권을 가지고 있지 않다. 그래서 음식은 파워의 매개체가 된다.

학생들에게 있어 자신의 혹은 다른 사람들의 음식소비를 결정할 수 있는 능력은 사회적 계급제도 안에서 그들의 위치와 자율적이고 독립적으로 될 수 있는 능력을 확립해 준다. 남학생과 여학생 모두에게 마찬가지로, 자아통제란 식욕을 거부하고, 배고픔을 견디어내고, 좋아는 하지만 스스로 살이 찐다고 믿어지는 음식을 거부하는 능력이다. 개인선택은 스스로 어떤 음식을 먹을 것인지, 혹은 언제 어떤 음식을 먹고 혹은 삼갈 것인지 결정하는 것이다. 자아통제와 개인선택은 유로-아메리칸 문화의 이상적 이념의 일부이다. 나의 인터뷰 제보자들은 공통적으로 시델의 '뉴 아메리칸 드림'(New American Dreams) 견해를 가지고 있었다. 즉 "인생에서 자신의 길을 만들 수 있고, 만들어야 한다. … 그리고 자신의 삶을 통제할 수 있고, 통제해야 한다. … 그러면 성공은 잡힐 만한 그곳에 있다. 즉 필요한 것은 오직 제대로 된 방법을 알아내고 열심히 일하는 것이다. 무엇보다도 남의 도움을 받지 않고 혼자서 헤쳐 나갈 준비가 되어 있어야 한다"(Sidel 1990, 9).

성공은 개인적으로 열심히 일하고 자신의 삶에 대한 통제로부터 온다는 믿음은 학생들의 음식관례에서도 분명히 나타난다. 그들의 음식관례 속에는 이런 믿음이 거의 무의식적으로 존재해 있다. 그래서 그들이 고수해 온 계급, 인종, 그리고 성의 계층화로 이루어진 현실은 젊은 이들에게서는 드러나지 않고 숨겨져 있다. 그리고 식품관례는, 어떤 특권이 가치를 규정한다고 생각하기보다는 특권을 가지고 있는 사람들이 가치를 획득하는 거라는 학생들의 생각을 강화한다.

음식은 대개 풍부한 상징적 순응성을 가지고 있기 때문에(Barthes 1975, 57), 아주 다양한 문화적 이데올로기를 나타내기에 아주 적절한 매개체이다. 다른 여러 문화에서 사람들은 음식의 색, 맛, 촉감, 혹은 냄새와 같은 주요 성질을 토대로, 혹은 준비방법이나 배열에 따라, 혹은 음식을 대접하는 매너와 순서에 따라 의미를 부여한다. 음식은 또한 준비와 생산에 기여한 사람들의 특징이 부여된다. 게다가 음식은 신체 내에서의 역할, 즉 체중감소 혹은 기분전환 등의 역할에 따라 다른 의미를 가진다. 많은 인류학자들은 성별, 계급, 자연, 종교, 도덕성, 건강, 그리고 사회질서 등의 문화형성을 설명하기 위해 음식관례와 음식금기를 연구하였다.[3]

3. Adams 1990; Brumberg 1988; Frese 1988; Harris 1985; Kahn 1986; Laderman 1983; Manderson 1986a; Meigs 1984; Weismantel 1988을 참조한다. 뉴기니의 후아 족과 같은 사람들은 식량정책에 음식의 독특하고 만연되어 있는 특성을 만든다(Meigs 1984, 17). 그들의 '삶의 이데올로기'(27)는 관계에 집중되어 있기 때문에 그들은 사람이 다른 사람에게 줄 수 있는 좋은 영향과 나쁜 영향에 관한 믿음에 대한 많은 음식 관련 규칙을 기본 토대로 하고 있다. 미국 대학생들은 음식을 주로 본질적 성질로 규정하고, 먹는 행

미국에서는 먹는 행위가 어떻게 규정되며 평가되는지를 깨닫는 것은 중요하다. 그것은 미국의 음식관례에 의해 주어지는 지식으로 다른 문화에서의 음식의미를 더욱 정확하게 연구하도록 한다. 영양 교육 프로그램의 성공여부는 그 문화패턴에 얼마나 적합하게 잘 들어 맞추는가의 능력에 달려 있다. 그리고 음식관례는 대개 삶을 있는 그대로 강화시켜 가는 문화적 이데올로기의 일부이다. 그럼에도 불구하고 대개는 자세히 연구되지 않았다. 왜냐하면 먹는 행위는 존재의 기본조건이기 때문에 사람들은 음식습관을 당연한 것으로 생각하여, 거의 그것을 의식적으로 평가하지 않는다. 안토니오 그람시의 말을 사용하자면, 음식관례는 '세상의 확고한 개념'을 내포하고 있는 '언어'로 구성되어 있다(Gramsci 1955, 3~4). 그러나 음식관례는 미국사회에 아주 만연되어 있는 성별, 인종, 그리고 계급체계를 반영하고 있고, 다시 그런 것들을 재창조하기 때문에, 음식관례의 해체는 하위그룹의 가능성과 기회를 제한하고 있는 계급제도를 폐지하는 과정의 일부이다.

대학문화의 음식관례에 관한 연구

연구방법과 연구대상

나는 주로 몇 년 동안 나의 수업 '식품과 문화'를 수강한 학생들이 쓴 식품리포트에서 데이터를 수집하여 왔다.[4] 리포트는 수업의 필수사

위가 어떻게 지역사회보다는 자아를 결정하는지를 강조하고 있다.

4. 저널들이 학생들의 음식규칙에 관한 문화적 구조를 잘 표현하고 있지만, 학생들의 실제

항으로 학생들은 일주일에 두 번 내가 제시해 준 주제나 자신들의 관심사에 관한 글을 제출한다. 그 중에 이 장과 관련된 주제는 '좋은' 음식과 '나쁜' 음식, 음식과 성별, 음식과 파워 혹은 통제권, '뚱뚱함'(fat)과 '날씬함'(thin)의 의미, 음식과 가족, 음식과 명절, 단식, 그리고 폭식 등에 관한 것이다. 자료는 뉴저지에 있는 스탁튼 대학과 펜실베이니아의 밀러스빌 대학의 약 250명 학생들이 쓴 글에서 얻었다. 학생들은 주로 노동을 하는 중류계층으로 조상들이 유럽에서 온 백인들이다. 그 중 부모들이 중등교육 이상을 받지 않은 학생들도 있고, 비록 이혼한 부모들이 많지만 대다수는 양친부모가 다 있다. 일반적으로 학생들의 엄마들은 아이들이 어렸을 적에는 집에서만 일을 하였으나 아이들이 자란 후에는 밖으로 나가 직장 일을 하였다. 학생들 대부분의 경우 엄마가 준비해 준 음식을 먹었다.

이 장에서 나는 여학생과 남학생에게서 나타나는 음식관례에서의 차이점에는 신경을 쓰지 않았다. 왜냐하면 대부분의 경우 비록 차별적 영향을 받고, 남자들보다 여자들이 훨씬 심각한 제한을 받고 있다하더라도, 그래도 그들 사이에는 공통된 음식문화를 가지고 있기 때문이다. 이런 면에서 홀랜드와 아이젠하트의 연구와 상당히 같은 결과를 보이고 있다. 홀랜드와 아이젠하트는 남부 대학생들에 대한 연구에서 "남자

먹는 행동에 관한 정보를 잘 전달해 주지는 못하고 있다. 그러나 그들 자신의 선택과 해석을 잘 걸러서 표현하고 있다. 특정 질문에 대해서는 저널을 이용하기보다는 직접관찰을 통해 보다 나은 해답을 제시하고 있다. 예를 들어 학생들의 실제 음식소비가 어떻게 그들의 이상적이 규칙에 적용되고 있는지, 음식 관련 행사가 어떻게 음식소비에 영향을 주는지, 학생들이 실제로 먹는 행위를 관련시키는지 등의 질문 등. 나는 또한 학생들이 2주 동안 먹은 음식기록을 통해 그들의 음식행위에 대한 데이터를 가지고 있다. 나는 이것을 가장 일반적인 표현으로 여기에 언급하고 있고, 그것들이 음식소비에 대한 다른 모든 데이터와 유사하다는 것을 알고 있다(Quandt & Ritenbaugh 1986 참조).

들의 삶보다 여자들의 삶이 훨씬 더 속박을 받는다."고 남자와 여자에 대한 다른 기준을 아예 가지고 평가하지만, 결국 남학생과 여학생 모두 '매력'에 대해서는 서로 비슷한 모델을 가지고 있다는 것을 알았다(Holland & Eisenhart 1990, 94). 그래서 나는 남자와 여자들에게 공통되고, 또 넓게는 유로-아메리칸 사회에서 공통되는 식품관례를 살펴보기 위해 남학생과 여학생들을 인용한 것이다.[5]

왜 대학생들을 연구대상으로 하는가?

현재와 과거의 대학생들은 미국사회의 구석구석을 형성하고 있다. 전 인구를 완전히 대표하는 것은 아니지만, 오늘날 18~21세 사이에 속

5. 아프리칸-아메리칸, 아시안-아메리칸, 히스패닉 학생들은 나의 표본조사에서 아주 적은 부분을 차지하였다. 그래서 나는 그들의 특징을 말할 수 없다. 이것은 크게 이런 학생들이 밀러스빌 대학과 스탁튼 대학에, 특히 나의 〈식품과 문화〉 수업을 수강하는 학생들이 없었기 때문이다. 마찬가지로 다른 인종, 종교에 속하는 학생들도 적었다. 대부분의 학생들은 기독교를 믿거나 혹은 종교가 없었다. 나의 표본조사에는 이슬람교, 힌두교, 유대교, 불교, 혹은 그 외 식생활에 영향을 주는 종교를 가진 학생들이 거의 없었다. 미국의 다양한 인종적 · 종교적 집단의 먹는 습관과 태도에 대해 초점을 맞춘 연구는 상당히 부족하다. 무어가 말하듯이, 인류학은 데이터나 이론에서 여성과 유색인종의 경험을 포함함으로써 인종주의와 성별주의에 도전할 필요가 있다(Moore 1988). 그렇게 함으로써 일반화시킬 수 있는 능력도 한층 나아가고 인류학이 온 인류의 상태를 이해하려는 목표에 더욱 사실적으로 다가갈 수 있을 것이다. 음식과 신체에 대한 아프리칸-아메리칸 여성의 태도와 유로-아메리칸 여성의 태도에는 차이가 있는 것 같다. 전자는 덜 자주 먹고(Emmons 1992) 큰 신체사이즈에 대해 문화적으로 수용적이다(Parker et al. 1995; Styles 1980). 게다가 그들은 자신의 미래에 대해 더욱 자기-의존적 태도를 가지고 있는 것 같다. 그리고 자신의 삶을 백인 여대생들보다 남자에 대해 경제적으로 의존하려는 생각을 덜 가지고 있다(Holland & Eisenhart 1990, 85). 이런 자아-의존적 태도는 만연되어 있는 날씬함에 대한 집착을 덜 가지게 만든다. 마사라에 따르면, 필라델피아의 푸에르토리코 사람들은 결혼 후 여성의 체중증가를 긍정적으로 바라본다(Massara 1989). 그것은 남편이 여자에게 경제적으로 풍요롭게 해주고, 여자는 좋은 부인으로서의 역할을 잘 수행하고 있고, 결혼생활에 만족해하고 있다는 상징이다(297).

하는 미국 젊은이의 약 절반가량이 대학에 다닌다는(Horowitz 1987, xi) 사실은 대학생이 연구하기에 충분하다는 것을 의미한다. 대학생들은 특히 나의 목적에 맞게 흥미롭다. 왜냐하면 대학생들은 청소년과 성인 사이의 중간상태인 '리미날 상태'(Liminal State)로, 자신들의 요구사항에 대해 자율적이지만 아직은 완전히 책임을 다할 수 없기 때문이다. 그들의 요구사항은 기숙사와 학교급식에 의해서 제공되고 있다. 그리고 그들은 중추적 문화가치를 실행하면서도 그에 대해 도전도 하고 있다. 홀랜드와 아이젠하트는 대학생들을 — 남부에 있는 흑인 대학교와 백인 대학교에서 — 대상으로 한 연구에서(Holland & Eisenhart 1990) 납득이 가도록 보여주었듯이, 또래문화는 가장 중요한 가치의 정보출처이고, 행동결정요인이고, 흥미대상이다(Horowitz 1987; Moffatt 1989). 특히 '성 특권에 관한 정보를 전달해 주는 매개체'이다(Holland & Eisenhart 1990, 8). 대부분의 대학생들에게 '로맨스 문화'는 최우선적으로 중요하다. 이런 문화 속에서 "남자들의 인기와 매력은 여자들에게 받는 관심과 스포츠나 교내활동 등에서의 성공으로부터 나온다. 여자들의 인기와 매력은 오직 남자들에게서 받는 관심으로부터 나온다"(104).

결과적으로 남자들과의 인연은 여자들에게 가장 중요한 사회적 연결고리로, 여자들과의 인연보다 더욱 강하고 결정적이다. 학문적 연구는 대부분의 여자들에게는 또래관계 다음으로 부차적인 것이다. 로맨스 문화의 참여는 여자들을 하위적인 사회위치를 위해 준비시키고 강화시킨다. 왜냐하면 그것은 여자들의 자아가치를 학교에서의 성공보다는 남자들의 관심과 연관시키기 때문이다.

홀랜드와 아이젠하트는 여자의 매력을 단지 '원하는 남자로부터 좋은 대접을 요구할 수 있는 여자의 능력'으로 규정하고 있다(1990). 그리고 또래문화에서 여자의 매력의 절대적인 결정요인은 '날씬함'이라는 것이 대학생들의 많은 데이터로부터 분명히 나타났다. 매력적으로 되기 위해 날씬해지려는 여학생들의 바람은 성별계층화에서 남자들 밑으로, 즉 자신들의 하위위치를 강화하는 것이다. 그러면서 같은 여자들 사이에서는 보다 높은 위치를 주장한다. 그래서 나는 홀랜드와 아이젠하트의 연구에서 다루지 않은 영역인 음식관례와 의미에 관한 데이터를 제공함으로써, 그들의 연구를 재차 확인시켜 주고, 또 그 범위를 확대해 주고 있다.

동시에 나의 데이터는 대학의 또래문화에 관해 많은 것을 밝혀 주고 일반적인 미국문화에 관한 정보를 제공해 주기도 한다. 왜냐하면 먹는 행위에 대한 대학생들의 생각은 그들의 성장기간 동안 가족, 친구, 선생, 그리고 대중매체를 통해 배운 기준과 가치를 반영하고 있기 때문이다. 확실히 말하자면, 학생으로서의 생활은 먹는 행위와 태도에 특별한 특징이 있다. 예를 들어 학생 대부분은 부모들과 함께 살지 않고 기숙사에서 혹은 혼자 산다는 사실은 '가족음식'의 의미에 영향을 준다. 가족음식은 매일 먹을 때보다는 없을 때 더 큰 상징적 의미를 갖게 된다. 식사계획에 따라 학생들은 정해진 시간에 밥을 먹든지, 그렇지 않으면 식사를 놓치게 된다. 이것은 때때로 그들로 하여금 배가 고프지 않아도 억지로 먹게 만든다거나, 그 정해진 시간에 기숙사 밖에 있을 때는 배가 고프면 정크푸드나 패스트푸드를 먹어야 한다. 또한 그들은 방에서 혼자 먹거나, 식당이나 파티장소 혹은 늦은 저녁 피자가게에서 많은 또래들 앞에서 음식을 먹게 된다. 그들이 사람들 앞에서, 그리고 아는 사람 혹은 좋은 인상을 주고 싶은 사람과 함께 음식을 먹을 때, 아마도 얌전하게 먹는 것에 신경을 쓰고, 다른 때보다 음식관례에 더욱 신경을 쓰게 된다. 그러나 오로지 같은 연령층만 모여 있는 세상에서 산다는 특별한 상황에도 불구하고, 학생들에 의해 채택된 음식관례는 유로-아메리칸 미국사회에서의 주요가치와 관심사를 잘 드러내고 있다고 본다.

미국 대학문화에서의 음식관례

미국 대학생들의 의미체계에서 음식의 가장 중요한 측면은 애매하게 이해되는 영양, 특히 칼로리, 그리고 식욕을 유혹하는 힘, 뚱뚱하게 만드는 역할, 감정적 연상 등이다. 예를 들어 칠면조는 추수감사절에 먹는 음식이고, 돼지고기와 싸우어크라우트[독일식 양배추절임]는 새해 첫날에 먹으면 펜실베이니아에 사는 독일인들에게 행운을 가져다준다는 의미 등, 학생들이 몇몇 음식에다 특정한 상징적 의미를 붙여놓았음에도 불구하고, 음식에 관한 전반적인 관심은 음식 그 자체의 고유성질에 있는 것이 아니라 음식과 연결된 관계성이다. 극단적인 날씬함에 비추어 본 자신의 신체에 대한 느낌 그리고 미의 기준에 대한 느낌은 음식과의 관계에서 비롯된 결과이다.

영양: 좋은 식품과 나쁜 식품

미국 문화에서 음식에 관한 두드러진 특징의 하나는 영양이다. 이 사실은 대중적인 이데올로기가 과학적 모드를 따르고 있음을 나타내고 있다. 좋은 음식에 대한 통례는 뜨겁다, 차갑다(Laderman 1983, Manderson

1986c); 남성적이다, 여성적이다(Meigs 1984); 달다, 향기롭다(Douglas 1974); 조리되지 않은 음식이다, 조리된 음식이다(Lévi-Strauss 1966) 등의 말로 규정되는 것이 아니고, 영양소에 따른 기본 식품군으로 규정된, 균형잡힌 식생활 관념에 따른다(Science & Education Administration 1980).

과학적으로 규정된 균형잡힌 식생활의 주요 목적은 개인의 필요에 따른 적절한 영양소와 칼로리를 보장하는 반면에, 당이나 지방, 콜레스테롤, 염분 함량이 높은 해로운 식품을 제한하는 것이다. 그런데 학생들은 과학적 영양에 대해 모호한 지식을 가지고 있다. 사람은 기본식품군에 들어 있는 식품의 어느 한 가지라도 매일 섭취하여야 한다는 것을 많은 학생들은 성장하면서 어느 정도까지는 배운다. 비록 어느 누구도 분명하고 구체적인 권고를 하지는 않았지만. 많은 학생들은 붉은색 고기와 동물성 지방, 콜레스테롤, 설탕, 정크푸드, 기름진 음식 등의 지나친 섭취를 규탄한다. 그들은 '좋은 음식'으로 채소와 과일, 전곡류, 저지방 유제품, 생선, 닭고기와 같은 가금류, 섬유소 음식, 그리고 예외적인 음식으로 팬케이크, 옥수수, 양고기 등이라고 말한다. 1980년대 말, 귀리(오트)에 관한 대대적인 선전에도 불구하고, 학생들은 귀리에 대해서는 거의 언급하지 않았다. 식사에 관한 보고서와 음식섭취 일지에서 나타나듯이(Stasch, Johnson, Spangler 1970), 영양적인 가르침을 이해한 학생만이 대략적이나마 그것들을 인지하고 충실히 따르는 것 같았다(Sobal & Cassidy 1987). 학생들은 신선한 채소나 과일을 적게 먹고, 청량음료와 사탕류, 기름에 튀긴 스낵, 그리고 알콜성 음료 등은 너무 많이 섭취하는 경향이 있다. 그리고 정확히 말하자면 대체로 권장식생활에서 말하는 '균형'을 잃고 있다. 그럼에도 불구하고, 영양에 적합하게 먹지 못하고 있는 것에 화를 낸다거나 당황해하는 것 같지 않다.

사실, 대학생들은 자기 자신의 좋은 식생활을 명확히 하여 개인주의와 자립심을 나타낸다. 계속 반복하여 그들은 리포트에 다음과 같은 글을 적고 있다. "'좋은' 음식과 '나쁜' 음식은 내가 좋은 음식이라고 혹은 나쁜 음식이라고 생각하는 바로 그 음식이다"(F/F 1990).[6] 즉 과학자가 정해 준 것이 아니다. 특히 여자들은 비타민과 미네랄, 지방, 탄수화물, 단백질 등보다는 칼로리에 대해서 더욱 관심을 두고 있다. 이는 다음의 글에서 충분히 알 수 있다. "나는 항상 음식하면 칼로리를 생각한다. 마치 내 뇌 속에 계산기가 장착되어 있는 것 같다. 나는 뭔가를 먹을 때마다, 자동적으로 내가 무엇을 먹고 있는지, 그리고 얼마나 되는 칼로리를 섭취하고 있는지를 생각하게 된다. 영양은 생각하지 않고, 그저 칼로리만 생각한다"(F/S 1986).

학생들이 가장 많이 생각하는 것은 음식을 얼마나 먹어야 하고, 어떤 방법으로 먹어야 하는가이다. 그들은 음식 자체에 대해 생각하기보다는 음식을 둘러싸고 있는 행동에 더 관심을 갖는다. 문화적으로 인정된 특정 상황에서 의지력과 통제력의 표현은 음식과의 관계 속에서, 그리고 전반적인 삶의 이데올로기 속에서 주요한 논쟁거리이다. '올바른' 식생활은 적절한 시간 간격으로 아침에, 점심에, 그리고 초저녁에 세 끼를 먹고, 배고픔을 달래기에만 충분한 양으로 제한하는 것이라고 학생들은 믿고 있다. 한 학생의 말에 의하면, "나는 건강에 좋은 음식으로 하루 세 끼를 먹으려고 노력한다. 간식을 줄이고, 운동을 하고, 배가 부

6. 학생들의 리포트로부터 얻은 데이터에서 F는 여성을, M은 남성을, 그리고 F는 가을학기를, S는 봄학기를 나타낸다.

르면 그만 먹는다"(M/S 1990). '그릇된' 식생활은 즐거움만을 위해(특별한 경우는 제외하고) 혹은 지나치게 많이, 식사시간 사이에, 밤늦게, 제한하지 않고, 그리고 배고픔을 만족시키는 시점을 넘어서까지 먹는 것이다. 간식을 먹는다거나, 폭식을 한다거나, 바삐 돌아다니며 먹는다거나, 혼자서 먹는다거나, 그리고 배불리 마구 먹는 것 모두가 '그릇된' 것이다.

학생들이 과학적인 영양규정을 잘 따르지 못하는 데는 많은 이유가 있다. 무엇보다도, 학생들의 행동은 자신들의 믿음을 아메리칸 드림에 반영하고 있다. 즉 개개인 모두는 성공으로의 길을 개척할 수 있고, 또 개척해야만 한다는 것이다. 먹는다는 것 역시 다른 추구하는 바와 마찬가지로 개인에 맞추어 고려되어야 한다. 게다가 경험적 증거는 과학과 상반되고, 과학사상에 젖어 있는 학생들의 신념을 침식해나간다. 이것은 다음의 한 남학생에 의해 아주 잘 표현되고 있다.

> 나쁜 음식. 사람들은 붉은색 고기를 나쁜 음식이라고 너무 많이 이야기한다. 내 생각에, 그것은 과학적으로 증명되어진 것으로 본다. 그러나 84세의 나의 할아버지는 매일 고기와 감자를 수년 동안 먹어왔다. 그런데도 할아버지의 건강은 아주 양호한 상태이다. 나쁜 음식의 또 다른 예는 패스트푸드이다. 미국 미식축구리그(NFL; National Football League)의 훌륭한 선수인 허셸 워커(Hershel Walker)는 패스트푸드점에서 구입한 4개의 햄버거로 하루에 한 끼를 먹는다. 그리고 하루 내내 그는 8~10개의 캔디바[초콜릿과 같은 과자류]를 먹는다. 그는 최고의 건강상태로 뚱뚱하지 않은 멋진 몸매를 자랑하고 있다(M/S 1990).

경험은 과학적 기준에 상반될 뿐 아니라, 혼란스럽고 때로는 모순되면서 비효과적인 것으로 인지된다.[7]

먹어서 콜레스테롤 수치를 낮추는 음식이 고혈압에는 좋지 않을 수 있다. … 콜레스테롤을 낮출 것으로 예측되는 음식이 실제로는 그 수치를 높일 수 있다. … 이런 문제들이 친구와 가족에게서 일어나는 것을 본적이 있다. 우리 아버지가 통풍(痛風)을 없애준다고 들은 음식은 실제로는 콜레스테롤을 낮게 유지하기 위해 먹도록 '허가된' 음식이었다. … 콜레스테롤 수치를 낮추기 위해 의사의 말을 열심히 따른 친구가 있었다. 그리고 나름대로의 신념을 가지고 먹는 음식을 조심하였다. 그러나 콜레스테롤 수치가 낮아지기는커녕 오히려 올라갔다. 그러니 누가 나에게 어떤 것이 '좋은' 음식이고 어떤 것이 '나쁜' 음식인지 말해 줄 수 있단 말인가? 아마도 언젠가, 누군가 '좋은' 음식과 '나쁜' 음식 리스트를 발견하였다고 나를 확신시켜 줄지 모르겠다. 그때까지 나는 내가 먹고 있는 것을 그대로 먹을 것이다(F/F 1990).

학생들이 현실에서 스스로 지각하고 있는 혼란은 그 관례를 쉽게 깨뜨릴 수 있게 만드는 원인이 된다.

학생들이 과학적인 영양규칙에 따라 먹지 않는 또 다른 이유는 래더만(Laderman 1983, 3)의 '규칙을 깨기 위한 규칙'이라는 생각을 가지고 있기 때문이다. 이런 생각은 사람들로 하여금 식품규칙에 맞는 식생활 패턴을 유지하기보다는, 문화상으로는 타당한 방식으로 생활하도록 한다. 미국 대학생들은 자신이 정한 식품규칙을 어떤 상황에서 깨도 괜찮은 것인지에 대해 명확한 생각을 가지고 있다. 그리고 이런 생각들은 자신에 대한 태도와 먹는 행위에 대한 태도를 분명하게 한다. 그들은 우선적으로 영양에 관해 알고 있는 것 ― 과학에서 얻었든, 민간전승에 의해 얻었든 상관없이 ― 을 토대로 자신의 행동양식을 형성해 가면서도, 또한 음식이 그들에게 주는 복잡한 의미에 따라 음식을 먹는다.

7. 지하수 오염에 대한 전문가들간의 반박이 어떻게 일반인들이 그들의 처방을 믿지 못하게 만들었는지를 알아보기 위해서는 Fitchen 1987을 참조한다.

미국 대학생들에게 먹는다는 것의 의미

음식은 즐거움과 축하의 의미를 가지고 있다. 이런 의미들 때문에 경축일이나 명절은 학생들이 평상시에 나쁘다고 여겼던 방식으로 음식 먹는 것을 정당화해 준다. 한 학생이 말했듯이, "경축일이나 명절은 과식하기 위한 변명이다"(M/F 1990). 그런 날의 의례적이고 사회적인 본성은 보통 때와는 다른 행동 — 평상시에는 비난받을 행동 — 을 가능하게 하고, 소비자본주의의 중심인 모순 — 즉 소비의 쾌락과 절제로부터 얻는 도덕적 우월성 사이의 흥분감 — 을 강조한다. 방에서 혼자 과식하는 학생들은 곧바로 죄의식을 느끼는 반면에, 추수감사절에 혹은 파티에서 폭식을 하는 사람들은 자신의 행동을 맘에 들어 하지 않을 수 있지만 죄의식 같은 것은 느끼지 않는다. "나는 레스토랑에서 혹은 파티에서 항상 배불리 먹는다. 맛있는 음식의 유혹은 너무 강하다. … 나는 우울해진다거나 혹은 이미 먹은 것에 대해 생각하지 않는다. 그저 내일은 덜 먹어야 된다는 것을 알고 있을 뿐이다"(F/S 1986).

학생들은 또한 음식을 신체의 연료로 규정한다. "음식은 나에게 무슨 의미인가? 음식은 에너지로, 음식이 없으면 나는 휘발유 없는 자동차와 같다"(M/S 1990). 이런 믿음 때문에 '제대로' 먹지 못할 만큼 바쁜 생활은, 연료를 위해 어쩔 수 없이 자판기나 패스트푸드점에 들러 정크푸드를 사먹으며 올바르게 먹지 못하는 것에 대한 또 다른 변명이 된다. 즉 이 믿음은 좋은 음식에 비해 더욱 편리해진 나쁜 음식을 쉽게 접할 수 있는 학생들이 식품규칙을 깨고 그 위반을 정당화할 수 있게 하는 이유가 된다.

그리고 음식은 학생들에게 안락함과 사랑을 의미하기 때문에, 달콤

하고 특별한 음식을 먹는 것은 심적 고통, 즉 슬픔, 우울증, 분노 등을 다루기 위한 버팀목으로 인정되고 있다. 학생들은 특정 음식을 먹으면 기분이 좋아진다는 것을 알고 있다. 그래서 음식의 기분치료 가치를 인정하여 너무 많이 먹을 경우나 그릇된 것을 먹을 경우의 영양적 단점을 무시해버린다. 한 여학생은 다음과 같이 적었다. "청소년기에, 나는 한 위기시기를 넘기고 있었다. 음식은 나의 유일한 위로였다. 다른 아이들은 담배를 피기 시작하고, 마약을 시작하였지만, 나는 정크푸드에 중독되었다. 어느 시점이 되자 나는 아예 갈색설탕을 사서 그냥 그 설탕을 먹곤 하였다. 음식은 나의 친구였고 위안이었고 취미였고 동료였다. 나는 외롭고 기분이 가라앉고 우울해지면, 곧장 냉장고로 달려갔다"(F/S 1986).

학생들의 음식습관에 관한 아주 흔한 설명은 '몸에는 좋지만' 맛이 없는 음식과 '몸에는 나쁘지만' 맛이 좋은 음식 사이의 현저한 차이를 인식하고 있다는 것이다. 예를 들어 한 학생은 다음과 같이 적고 있다.

> 좋은 음식이란 무엇인가? 그것은 건강에 좋은 음식이라고 나는 생각한다. 그렇다면 나쁜 음식은 무엇인가? 나쁜 음식은 건강에 나쁜 음식이다. 나는 오랫동안 나쁜 음식을 좋아했다는 것을 알았다. 맛이 좋으면 왜 나쁜 음식일까? 나쁜 음식은 혈관이나 심장을 막히게 한다는 것을 나는 알고 있다. 그런데 왜 그런 음식은 그리 맛이 좋은 걸까? 정크푸드가 맛이 나쁘다면 문제가 없을 것이다. 정크푸드가 맛이 좋은 데는 이유가 있다고 생각한다. 맞다. 정크푸드는 대개 우리에게 즐거움이다. 그래서 우리는 대접을 받는 기분이 든다. 어쨌든 우리는 정크푸드든 아니면 다른 음식이든 항상 먹지 않으면, 배가 고플 것이다(M/S 1990).

학생들은 소위 나쁜 음식을 좋아하기 때문에 '그릇되게' 먹고 있다.

그리고 이런 음식을 즐거운 음식으로 규정하고 있다. 즉 '그릇되게' 먹는 것은 위로이고 보상인 셈이다.

학생들이 음식섭취 행동에서 과학을 토대로 하여 만들어진 영양규칙을 위반하는 또 다른 이유는, 한 학생이 말했듯이, '사실상의 결과'가 없기 때문이다(M/F 1990). 다른 문화에서 식품규칙의 위반은 초자연적인 벌(Mauss 1967, 53~9)과 질병(Laderman 1983), 수치심(Kahn 1986), 그리고 사회적 배척(Young 1986)을 받을 수 있다. 그러나 미국에서는 과학적인 영양규범에 따라 음식을 먹지 않았다고 해서 바로 나타나는 결과가 거의 없다. 어떠한 결정적인 건강효과도 명확히 나타나는 데는 수년이 걸린다. 그리고 미국의 젊은이들은 개인주의에 의해 형성된 일종의 "우리는 경고를 어겨[과학적인 영양규범에 따라 음식을 먹지 않았다고 해서] 생기는 결과로부터 개인적 면책권을 가지고 있다는 불사신과 같은 생각을 가지고 있다. … 젊다는 것 그 자체는 규칙을 깨도 된다는 특별면책권을 준다. … 젊음은 위반에 대한 처벌에 면역성을 제공한다"(Flichen 1990). 그러나 실제로 많은 미국인들은 잘못된 방식으로 음식을 먹어서, 즉 너무 많이 먹어서 나타나는 결과로 힘들어한다. 먹는 행동은 자아를 형성하는 행동이다. 그래서 바람직하지 않고 부도덕적이고 부적절한 성-자아(gender-self)를 갖지 않기 위해, 먹는 행동은 적절하고 통제된 방식으로 이루어져야만 한다.

통제력

음식을 삼가서 먹는 것은 미국과 많은 다른 문화에서 적당한 인간행동의 측정 정도이다(Young 1986). 예를 들어 뉴기니 파푸아 섬의 와미라 사람들은 탐욕을 두려워하고, 그러면서도 음식에 대해서는 관대해야 한다는 사회적 기대를 깊이 간직하고 있다(Kahn 1986). 탐욕과 인색함은 부도덕하다. 왜냐하면 그것들은 음식과 향연으로 서로 나눠가며 정성들여 세워놓은 커뮤니티를 위협하기 때문이다(Mauss 1967; Young 1986). 미국 대학생들에게 탐욕을 통제하는 것은 너무도 중요하다. 그러나 와미라 사람들처럼 음식을 나눈다거나 커뮤니티 건설을 서로 공동으로 나누어 하는 것을 장려하지는 않는다. 미국에서 적절히 먹는 것은 개인주의와 개인적 파워를 촉진시킨다. 한 학생의 기록에 의하면, "나는 때때로 내 삶에서 통제력을 보여주기 위해 음식을 사용한다. … 내 삶에서 다른 측면들이 나의 통제를 벗어나는 것 같을 때, 나는 자아통제의 감정을 되돌리기 위해서 항상 음식에 의존한다"(F/F 1990). 대학생들은 음식억제를 높이 평가한다. 왜냐하면 그것은 개인적인 매력, 도덕적 우월감, 높은 사회적 위치, 그리고 지배력을 얻는 통로이기 때문이다.

나에게 날씬함은 통제의 상징이다. 이 통제는 다른 사람과 내 자신의 행동과 욕구에 적용된다. 한 사람의 신체 형태를 결정하는 데는 유전적 역할이 작용함에도 불구하고, 즉 신체 형태에 대한 통제가 없음에도 불구하고 날씬한 사람들에게 나는 더욱 존경심을 갖고, 더욱 매력을 느낀다. 내 자신의 선호도는 다른 대부분의 사람들의 선호도와 비슷한 것 같다. 지나치게 풍요로운 사회에서 날씬해지고 그 날씬함을 유지하는 데는 많은 자아성찰과 통제가 필요하다. 미각의 힘에 굴복하여 자아이미지와 다른 사람들에게 주는 이미지를 무시하면서 황홀함에 빠지기 쉽다. 날씬한 사람들은 이런 이미지를 통제하여 지나친 과식에 거의 굴복하지 않는다. 날씬한 사람들은 또한 날씬하지 않은 사람들도 통제한다. 날씬하지 않은 사람은 날씬한 사람을 볼 때, 대개는 자신에 대해 분개한다. 그리고 이것을 말로 표현하는 사람들에게도 분개한다. 이런 분개와 함께, 날씬한 사람들에게는 일종의 '보이지 않는' 통제력을 엿볼 수 있다. 왜냐하면 어쨌든 날씬한 사람들은 통제면에서 더욱 강하기 때문이다. 날씬함은 자신과 다른 사람에 대한 통제의 원인이고 결과이다. 이런 통제는 매력과 비(非)매력에 관해 우리가 가지고 있는 생각에서 나온다(M/S 1990).

계급제도

본 연구에 사용된 리포트를 제출한 학생들의 다수인 백인의 중산층 학생들은 계급, 인종, 그리고 성별에 의한 계층화에 토대를 두고 있는 문화적 현실을 뒷받침하고 있는 음식관례를 고수하고 있다. 개인적으로 그 관례에 도전하거나 때에 따라서는 뒤엎는 사람도 있지만, 그런 음식관례들이 뒷받침하고 있는 계급제도나 그 관례 자체에 집단적으로 도전하는 증거를 나는 찾지 못하였다. 사실 학생들이 가끔 음식 먹는 습관을 통해 뒤엎고자 하는 유일한 파워는, 놀라울 것 없이, 그들 부모의 파워이다.

심리학자와 소아건강전문가들은 음식이 어떻게 부모와 아이들의 싸움터가 될 수 있는지를 보고하고 있다(Bruch 1973; Freud 1946; Satter 1987). 대학생들은 부모들이 음식을 통해 발휘할 수 있는 파워를 인정한다. 음식의 종류와 양의 통제, 아이들이 원하지 않는 것을 먹도록 만들려는 부모들의 노력, 음식으로 보상해 주고 억제시키고 하는 능력, 그리고 감정적 파워로서의 음식사용 등. 어떤 학생들은 집에서 만든 음식과 가족식사에 강한 긍정적 감정을 나타낸다. 집에서 만든 음식과 식사는 그들에게 사랑과 양육을 나타낸다. "내게 음식하면 생각나는 것은 '가정'과 '사랑'이다. 엄마가 뭔가 특별한 것을 만들 때면, 나는 엄마가 우리를 사랑하고 우리 가족을 위한 최고를 만들고자 한다는 것을 알고 있다"(F/S 1986). 먹는 음식과 먹는 양을 놓고 부모들과 벌이는 무서운 싸움을 놀라울 정도로 자세히 묘사한 학생도 있다.

> 오늘 저녁에도 시작되었다. 왜 오늘 저녁은 다르리라 기대했는지 나도 모르겠다. 매일 저녁 오후 5시 가량이 되면 저녁식탁은 싸움터가 된다. 나는 저녁식사 시간에 자주 집에 있지 않는다. 그러나 내가 집에 있을 때면, 그것은 가차 없이 잔혹한 시간이다. 엄마는 최악이다. 매일 저녁식사에 우리는 엄마의 잔소리를 듣는다. 엄마가 얼마나 힘들게 일하는지, 우리들이 얼마나 버릇없는지, … 등등. 그러고 나서 엄마는 불평을 늘어놓기 시작한다. 직장에서 집에 돌아오면 얼마나 피곤한지, 우리를 위해 저녁식사를 만들기 위해 얼마나 노력하는지, 그리고 만약 음식을 먹지 않으면 우리 보고 감사할 줄 모르는 아이들이라는 둥. 엄마는 식사시간 내내 우리에게 심술궂게 불평을 한 뒤에, 어떻게 우리가 그 음식을 먹기를 기대한단 말인가?(F/S 1986)

학교에서 자유롭게 원하는 시간에 원하는 것을 먹을 수 있는 것을 즐기는 학생들도 있다. 또 가족과 함께 하는 식사를 몹시 그리워하는 학생도 있다. 만약 홀랜드와 아이젠하트가 말하는 학생들의 또래문화의 일반화된 특징이 권위주의와 상반된다는 것이 옳다면(Holland & Eisenhart 1990), 많은 대학생들이 음식습관을 통해 부모의 권위에 반대하고, 성장하는 자신의 독립심을 주장하고자 하는 것은 놀랄 것도 없는 일이다(Counihan & Tarbert 1988). 섭식장애(식이장애)에 관한 문헌이 이런 가정을 뒷받침해 주고 있고, 부모들로부터 자율성을 획득하고 자신의 삶을 통제하기 위해 정말 어렵게 노력하는 학생은 전통적인 가족식습관을 가장 극적으로 반대하는 학생일 거라는 것이 분명해 보인다.[8]

학생들에게 있어 음식제한이라는 도덕적 행동은 파워의 축에서 볼 때, 보다 높은 곳에 위치한다. 연구에 따르면, 계급상태는 남자나 여자 모두에게 날씬한 정도에 따라 다양하다 — 비록 여자에게 좀더 강하게 작용하지만(Sobal & Stunkard 1989; Stunkard 1977). 계급사회가 높으면 높을수록 더욱 날씬한 경향이 있다. 날씬함의 기준에 매달려 과식을 조절하는 학생들은 계급사회 구조를 지지하고 또 그 구조 안에서 자신들의 높은 위치를 유지하려 한다. 그들은 과식하지 않으려고 혹은 음식이 자신들을 먹어치우도록 하지 않으려고 무척 신경을 쓴다. 그들은 자아통제로부터 오는 도덕적 권위를 상실할까봐 걱정한다. 그리고 뚱뚱해짐으로써 오는 사회적 비난을 두려워한다. 우리 문화에서 뚱뚱하다는 것은 가장 매력 없는 것일 뿐 아니라 통제력 상실의 명확한 상징이다. 날씬한 몸은, 음식을 '올바르게' 섭취하는 것은 좋은 것이라는 것과 자신이 사회의 이상형에 적합하다는 것을 공포하는 것이다. 한 학생이 설득력 있게 적었듯이, 날씬한 사람들은 자신의 통제를 상징하는 몸을 가지고 있다. 그래서 그들은 다른 사람에 대한 파워, 즉 독선과 도덕적 올바름과 함께 나오는 파워를 갖게 된다.

학생들은 윈저(Windsor) 공작부인이 말하여 유명해진 "아무리 부자가 되어도 지나치지 않고, 아무리 날씬해도 지나치지 않다."는 기준을 고수하고, "가난한 사람들은 다른 사람들과 다르기 때문에 먹는 것도 다르게 먹어야 한다."는 믿음에서도 계급구조를 지지하고 있는 것이다(Fitchen 1988, 311). 특히 식품가게에서 아르바이트하는 학생들은 종종 푸드 스탬프[가난한 가족을 위한 보조프로그램으로 일종의 무료쿠폰과 같음]를 가지고 정크푸드나 고급식품을 사며, 현명하게 식품구입

8. 5장과 Brumberg 1988; Bruch 1973, 1978; Chernin 1981; Lawrence 1984를 참조한다.

을 하지 않는, 그리고 자신들의 한정된 재원에 보탬을 주지 않는 그런 가난한 사람들에 대해 불평한다. 푸드 스탬프 보조금을 결정하는 USDA의 '검소한 식품정책'은, 가난한 사람들의 식생활 패턴은 다를 거라는 — 즉 육류는 적게 먹고, 고단백질 식품과 빵, 시리얼, 콩 등은 더욱 많이 먹을 거라는 — 기대를 밑바탕으로 하고 있다(Emmons 1986, 1987). 그러나 가난한 사람들은 박탈감과 빈곤과 연결된 차별을 극복하고자 다른 사람들처럼 똑같이 먹으려고 한다(Fitchen 1988). 중·상류 계층의 사람들은 자신들이 가난한 사람들의 식생활을 결정하는 것은 당연하다고, 또 자신들은 식품에 관해 까다로울 만큼 능력이 있다고, 그리고 자신들은 가난한 사람들보다 더 나은 식생활을 하고, 파워도 더 강하고 행동에 관해서나 도덕적으로도 우위라고 주장한다.

적절하게 제한된 식생활은 미국문화에서 윤리적 혹은 인종적 계급제도를 강화한다. 전문가들에 따르면, "미국 사람들의 특정 하위집단들 사이에서 과체중의 정도와 패턴에는 강한 윤리적 요소가 있다."고 본다. 이것은 특히 여자들 사이에서 두드러진다(Beller 1977, 8). 아프리칸-아메리칸 여자들(Parker et al. 1995; Styles 1980), 푸에르토리코 사람들(Massara 1989; Massara & Stunkard 1979), 그리고 미국 원주민(Grab, Garb, Stunkard 1975) 모두는 백인보다, 특히 부자 백인들보다 비만율이 높고 그것을 자연스레 받아들이고 있다(Sobal & Stunkard 1989; Stunkard 1977). 음식과 신체 사이즈를 통제하려고 노력하면서 학생들은 자신들을 인종적 소수그룹인 낮은 사회계층과는 차별화한다. 그러면서 아마도 자신도 의식하지 못한 채 미국의 인종적 계급제도를 지지하고 있는지 모른다.

이와 비슷하게, 우리 문화를 포함하여 많은 문화에서 남자와 여자들은 음식소비에 관한 관례를 기준으로 계층화하고 서로 다르다고 규정하고 있다(Meigs 1984). 아담스의 주장에 의하면, "미국에서 남성우월의 의미는 상징적 의미에서나 현실에서 육류섭취를 통해 전달된다"(Adams 1990, 189). 오늘날 대학생들은 샐러드나 닭고기와 같은 '가벼운' 음식은 여성의 음식이고, 쇠고기와 감자와 같은 '투박한' 음식은 남성음식이라는 애매한 생각을 나타내고 있으면서, 또한 무엇을 먹느냐보다는 얼마만큼 먹느냐로 남성섭취 혹은 여성섭취로 더욱더 규정하고 있다.[9] 남자와 여자는 서로 다르게 먹도록 강요받는다. 남자들은 기운차고 배부르게 그리고 풍족하게 먹도록, 그리고 여자들은 우아하게 그리고 좀 부족하다 싶게 먹도록 강요받는다. 한 여학생이 말했다. "여자가 남자 앞에서 많이 먹으면, 남성다운 성질을 가지고 있는 것처럼 보인다"(F/F 1990). 미국 사람들은 성별에 따라 음식을 다른 태도로 먹고 양도 달리 먹음으로써 성 차별과 계층구별을 끊임없이 유지하고 있다. 한 여학생은 '음식과 음식섭취에 대한 전형적인 남성의 태도'를 갖고 있는 자신의 친구에 대해 다음과 같이 이야기하였다. "여자들은 '먹는 것을 주의'해야만 하고, 남자들은 원하는 것은 무엇이든 먹을 수 있다고 그는 믿었다. 또한 남자들은 자신들이 파워를 가지고 있어 여자들에게 먹고 먹을 수 없는 것을 대신 정해 줄 수 있다고 느끼는 것 같다"(F/F 1990).

학생들은 누가 누구의 음식소비를 통제할 권리를 가지고 있느냐로

9. 프레쎄가 언급했듯이 과거 미국에서는 여성음식과 남성음식들이 색깔, 혈액생산능력 등을 토대로 규정되었다. 예를 들어 빨간 음식은 남성음식, 흰 음식은 여성음식으로 규정되었다(1989; 과거 알맞은 여성과 남성의 음식섭취에 관해서는 Brumberg 1988을 참조한다).

성계층화를 강화한다. 부자들이 가난한 사람들이 먹어야 하는 것을 결정할 권리를 주장하는 것처럼(Fitchen 1988), 남자들은 종종 여자들 식생활의 조정자가 된다. 여자들은 남자들이 있는 곳에서 음식 먹는 것이 신경 쓰인다고 거듭해서 말한다. 데이트 중에도 그들은 '돼지'로 평가되지 않기 위해 충분한 양을 먹지 못한다. 몇몇 여학생들은 여자들이 먹는 양을 가지고 헐뜯는 남학생에 대해 적고 있다. 그리고 과체중과 과식에 대한 이야기로 자신들을 괴롭히는 자신의 남자친구나 아버지들, 즉 밀만(Millman 1980, 165)과 브루흐(Bruch 1973, 1978)의 섭식장애에 관한 연구에서 보고된 경험에 대해 적고 있는 여학생들도 있다. 예를 들어 한 여학생의 보고는 다음과 같다.

> 초등학교 3학년 이후 나의 아버지와 나는 항상 내 몸무게를 놓고 다투곤 했다. 아버지는 내가 어떤 특정 음식을 먹지 못하게 하려고 늘 애썼다. 아버지가 나의 있는 그대로를 인정하지 못하는 것에 나는 항상 짜증이 났다. 물론 아버지가 나를 사랑한다는 것을 알고 있지만, 제발 아버지가 나를 변화시켜야만 한다고 느끼지 않았으면 했다. … 아버지는 저녁시간을 편안하게 만들려고 하지만, 나는 아버지가 내 몸무게에 대해 어떻게 생각하는지를 여전히 기억하고 아버지 앞에서는 적게 먹으려고 했다. 그리고는 저녁 늦게 몰래 나가 상점에서, 혹은 패스트푸드점에서, 혹은 친구 집에서 음식을 더 많이 먹곤 했다. 결국 이것은 내 몸무게를 불려나갔다. 나는 아버지가 내가 먹는 것에 제한을 가한 것을 원망했다. 그래서 나는 아버지 뒤에서 몰래 더 많이 먹었던 것이다(F/S 1986).

이 학생은 자신의 식생활에 대한 아버지의 간섭에 의해 압박을 느끼고 자신에 대해 불만을 느꼈다. 그녀는 아버지의 권위 밖에서 더욱 많이 먹음으로 해서 반발하였다.

남자들은 여자들에게 몸무게와 음식섭취에 대해 불안감을 느끼게 만들고, 여자들의 몸무게를 평가할 '권리'를 가짐으로 해서 여자들에 대한 통제권을 획득한다. 먹는 것과 관련된 모든 토픽에 있어서, 사실 여자들은 남자들보다 남자와 여자에 의해서 만들어진 비평의 대상이 되기 쉽다. 남자뿐 아니라 평가를 받고 있는 여자들도 이런 사실을 그대로 수용하고 끊임없이 재생하여 여성하위를 강화한다. 대학의 '로맨스 문화'(Holland & Eisenhart 1990)에서 남자들에게 매력적으로 보이는 것에 중요성을 두는 상황에서, 여학생들이 자신의 몸무게와 음식섭취에 대해 신경 쓰며 많은 시간과 많은 에너지를 투자하는 것은 전혀 이상하지 않다. 그들은 홀랜드와 아이젠하트의 여성제보자들과 거의 같다. "그들은 계속해서 남자들에게 성적 매력을 기준으로 한 사회적 평가, 즉 자신의 가치평가에 노출되어 있었다. … 그리고 그들은 그런 평가를 개선한다거나 피하기 위해 많은 것을 했다"(18). 학생들의 리포트를 통해 남자들에게 먹는 행위는 신체 사이즈와 파워를 얻는 경로인 반면에, 여자들에게는 날씬함과 통제로 가는 경로임이 드러났다.

> 날씬해지려는 것은 여자들의 공통 목표이다. 날씬해지려고 하든 날씬함을 유지하기 위해서든, 자신의 외모를 위해 여자들은 엄청난 고통을 겪는다. 날씬해지기 위한 여자들의 투쟁은 강해지려는 남자들의 목표와 맞먹는 거라고 나는 생각한다. 모든 여자들이 자신의 몸무게에 신경을 쓰듯이 모든 남자들이 자신의 체력에 신경을 쓰는 것은 아니다. 그러나 대체로 대부분의 여자들은 날씬해지고 싶어 한다. 날씬하다는 것은 매력적이고 자신의 몸에 대한 통제력을 보여주는 것이다. 남자에게 있어 역시 강함은 매력으로 여겨지고 통제력을 보여주는 것이다. 그럼에도 여자들은 자신이 원하는 상태에 도달하기 위해 아주 적게 먹고, 반면에 남자들은 몸집을 크게 하고, 근육과 강함으로 전환하기 위해 많이 먹는 데 이것은 아이러니라고 할 수 있다(F/F 1990).

여자들처럼 남자들도 뚱뚱해지고 싶어 하지 않고, 음식에 관해 지나치게 탐욕스러워지고 싶어 하지 않는다. 그렇지만 그들은 많이 먹고 '커져도'(big) 된다. 한 학생이 말했듯이, "나의 아버지는 자신의 크고, 둥근 배를 이유로 파워와 권위를 내세운다고 나는 생각한다. 이상하지만, 나는 아버지보다 엄마의 몸무게가 더 늘어나는 것에 더욱더 열을 올렸다. … 남자는 여자보다 몸무게가 덜 증가한다는 것에 나도 동의한다"(F/S 1986). 종종 남학생들은 자신의 몸집이 더 커지기를, 여학생들은 작아지기를 원한다고 적고 있다. 남자들이 자기 자신이나 여자들에게 적용하는 기준보다, 여자들 스스로가 자기 자신에게 적용하는 날씬함의 기준은 더욱 엄격하다(Miller, Coffman, Linke 1980). 여자들은 비합리적이고 압박적인 문화적 기준을 그대로 받아들여 자신에게 내면화시키고, 자신이 실제 자기보다 더 뚱뚱하다고 받아들이는 경향이 있다(Mable, Balance, Galgan 1986). 성별과 연관되어 서로 다르게 먹는 행위는 그들의 문화적 정의와도 비교할 만하다. 여전히 남자들은 몸집이 크고 튼튼하고 자유롭고 우세하다고 여기는 반면에, 여자들은 작고 우아하고 제한을 받고 순종적이어야 한다고 여겨진다.

결론 : 현상유지와 저항

미국문화에서 음식관례는 무엇을 어떻게 먹는가에 집중된 삶의 이데올로기를 나타낸다. 대학생들은 우선적으로 자신 나름대로 규정한 좋은 음식, 나쁜 음식에 의해 생각이나 감정이 좌우된다. 그리고 음식섭취 통제에 온통 관심을 쏟고 있다. 그들에게 먹는다는 것은 단순히 에너지 공급 차원이 아니라 도덕적 행동이다. 이를 통해 그들은 자기 자신을 좋은 인간, 나쁜 인간으로 형성해 간다. 그리고 사회계급, 인종, 성별의 경계는 먹는 행위의 차이에 의해 유지된다. 우아하게 먹는 것은 여자를 기운차게 먹는 남자들과 분리해 놓고, 여자들을 파워가 적은 존재로 만들어 버린다. 음식에 대한 자발적인 금지와 선택의 자유는 배고픔과 배고픔을 채워 주는 제한적 방법으로 부유한 사람들과 가난한 사람들을 구별짓는다. 대학생들은 음식을 먹으면서 자신들이 독립적이고 특별하고 도덕적인 개체임을 보여준다. 그들은 자신들이 살고 있는 복잡한 인종, 사회계급, 성 차별의 사회에서 자신의 존재위치를 선포하고자 음식을 먹는다.

대부분의 경우, 노동중산층의 백인학생들은 자신들 문화의 음식관례를 지지하는 것 같다. 남자들이 그 관례를 고수하는 것은 이해가 된다. 그 관례는 미국문화에서 남자 자신들의 선택된 위치를 강화하고 있기 때문이다. 그러나 여자들은 미국문화의 음식관례를 받아들임으로써 속박 받고 있다. 자기 자신들의 하위위치를 확언해 주는 그런 관례에의 순응은 더욱더 분석이 필요하다.

모든 여자들이 결코 음식관례를 반대하지 않은 것은 아니다. 그러나 홀랜드와 아이젠하트의 학생들처럼(Holland & Eisenhart 1990), 그들의 저항은 개인적이고 국부적이다. 그들은 자신들을 억압하는 근본적인 의미체계에는 도전하지 않고 있다. 엄격하게 식생활을 제한하는 아버지의 부담 때문에 몰래 나가 친구 집에서 음식을 먹으며 저항했던 학생처럼, 여자들은 몰래 먹는 것과 같은 행동으로 그 관례를 뒤엎고자 한다. 그러나 그 학생은 그런 행동이 자신에게 해로웠다는 것을 깨달았다. 왜냐하면 그녀는 자신의 외모에 대한 아버지의 멸시를 중단시키지 못했고, 그 멸시를 일으키는 몸무게도 줄이지 못했고, 게다가 그녀는 몰래 음식을 먹은 것에 대한 죄의식을 느꼈기 때문이다. 그러나 그 학생은 몰래이기는 하지만 그렇게라도 얼마 안 되는 반항을 함으로써 음식에서 약간의 위안을 얻었고, 약간의 자율성을 얻었다.

'자기 맘대로' 하기 위한 노력으로 음식을 마구 먹어치움으로써 음식관례를 뒤엎는 학생들도 있다(Cauwels 1983; Gordon 1990; Boskind-White & White 1983).

그들은 관례에서 벗어나기 위해 엄청난 양의 음식을 먹고 그것을 다시 토해내어 문화적 기준에 맞는 외모를 유지하고 있다. 그러나 불행하게도 그들은 정도에서 벗어난 행동을 함으로써 자부심을 상실하고, 심각한 질병을 유발할 수 있는 혹은 사망에도 이를 수 있는 병리학적 · 심리학적 소용돌이에 갇히고 만다. 일부 여학생들은 거식증으로 거의 아무 것도 먹지 않을 만큼 음식섭취가 줄어드는 등의 극단적 상황으로 가서 음식관례를 거부하게 된다(Bruch 1973, 1978; Gordon 1990; Lawrence 1984). 그러나 그들 역시 이런 행동으로 결국에는 자신들을 생명에 위협적인 상황에 처하게 된다. 그리고 그들은 결코 필사적으로 찾고자 했던 자율성과 통제를 얻지도 못하고 만다. 제멋대로 먹어 뚱뚱해짐으로써 음식과의 게임에서 손을 뗀 여학생들도 있다. 그러나 자신의 자존심과 자부심을 유지해 나가는 여학생은 거의 드물다. 그들은 적의를 갖고 날씬함과 자아통제의 문화적 코드를 강요받게 된다(Millman 1980).

여학생들이 자신들의 하위위치를 강화하고 있는 전반적인 음식관례 체제를 내동댕이칠 단체를 조직하고 있다는 증거는 나타나지 않았다.

미국에서의 날씬함에 대한 문화적 주도에 도전하는 〈미국비만인 지위향상협회〉(National Association to Advance Fat Awareness; NAAFA)[10]와 같은 운동이 학생들 사이에서 일고 있다는 증거도 없다. NAAFA에 따르면, "살찐 것이 아름다울 수 있다. … " 그 운동은 살찐 사람들과 살찌는 것에 대한 찬미론자들이 어떻게 편견과 치욕, 그리고 그 결과로 일어나는 자아혐오 등의 희생자가 되는지를 강조한다. NAAFA의 목적은 뚱뚱한 사람들을 향한 배척, 착취, 그리고 심리적 억압에 관심을 불러일으키고, 뚱뚱한 사람들이 받는 취급방식에 변화를 강조하고자 하는 것이다. 그들의 주요 메시지는 뚱뚱하다는 것은 문제가 되지 않는다는 것이다(Millman 1980, 4).

그런데 왜 여학생들은 자신들을 억압하는 음식관례에 대해 집단적으로 저항하지 않는가? 아마도 여러 가지 이유가 있을 것이다. 첫째, 여자들은 자신들의 억압을 보지 못할 수 있다. 그래서 성계층화가 미국문화에 철저히 파고드는 것이다. 둘째, 또래문화에서 여자들 간의 관계는 남자와의 관계에 비해 부차적이다(Holland & Eisenhart 1990). 그래서 여자들의 단체운동을 어렵게 만든다. 셋째, 음식관례는 중심적 문화가치를 구체화한다. 자신의 식습관과 체중을 통제하는 책임수용은, 모든 것이 자신의 운명을 결정한다는 유로-아메리칸 문화적 신념에 딱 들어맞는다. 학생들은 다음과 같은 글로 이런 견해를 되풀이하여 재차 단언하고 있다. "뚱뚱해지는 것은 항상 개인의 잘못이라고 수년 동안 나는 느끼며, 어떻게 내 자신을 뚱뚱하게 만들 수 있는지 의아하게 생

10. NAAFA는 본래 National Association to Aid Fat Americans(미국비만인 도움협회)였으나 어느 시점에 National Association to Advance Fat Awareness(미국비만인 지위향상협회)로 이름이 바뀌었다.

각했다. 뚱뚱한 사람들은 자신들이 어떻게 생겼는지에 대해 전혀 상관하지 않고, 그리고 더욱 자신을 제대로 돌보지 않기 때문에, 그들이 뚱뚱한 것은 당연히 그럴 만하다고 나는 가끔 생각했다"(F/S 1986). 그리고 뚱뚱하다는 것은 개인의 잘못이 아니라고 이성적으로 이해할 수 있다하더라도, 학생들은 여전히 감정적으로는 뚱뚱하다는 것이 천하고 개인의 의지태만이라는 그 믿음을 떨쳐버릴 수 없다.

마지막으로, 음식관례체계에 대한 집단적 반대나 거부는, 많은 여학생들이 그 체계로 인해 어떤 이점을 얻고 있기 때문에 무산되고 만다. 그들은 음식소비를 조심스럽게 모니터하여, '매력적'으로 될 수 있고, 그래서 남자들의 관심을 받고, 또래문화에서 특정 위치에 도달할 수 있다. 게다가 그런 위치는 또래들과의 관계를 넘어선 삶까지도 결정해 줄 가능성이 있다. "학교에서 여학생들에게 따라다니는 매력과 그와 관련된 억제나 압박들에 의해 계층이 정해지는 것은 직장에서도 마찬가지였다"(Holland & Eisenhart 1990, 107). 그러므로 음식관례체계를 거부하는 것은, 많은 여자들이 동료의 세계에서나 직장에서 매력적 관심이나 위치, 그리고 성공가능성을 잃게 되는 즉각적이고 부정적인 결과를 맞게 될 확률이 높다. 반대로 관례를 따르면 오히려 긍정적 결과를 만들기 쉽다. 여자들이 이 모든 분명한 성 차별적인 계급제도에 도전할 수 있는 위치에 있기 전에는 미국문화에서 여자들이 음식관례를 거부하는 것은 어려울 것이다.

8장
판타지 푸드

유치원 어린이들의 공상이야기에서 성 차이와 음식 상징주의[1]

"우리는 당신을 먹어치울 겁니다. 우리는 그만큼 당신을 사랑합니다."

모리스 센닥(Maurice Sendak), 『괴물들이 사는 나라』(*Where the Wild Things Are*)

서론

이 장은 어린이들이 공상이야기의 음식테마를 통해 성 정체성에 관한 단서를 나타내는지에 관해 묻고 있다. 나는 앞에서 논의한 음식 습관에서 각인된 억압받는 성에 의해 생기는 파워관계의 발단에 호기심

1. 8장은 1991년 〈미국인류학회〉(American Anthropological Association) 정기모임과 1992년 〈북동부인류학회〉(Northeastern Anthropological Association) 정기모임, 1994년 버클리의 캘리포니아 대학 민속기록보관소에 참석해 나의 발표에 대한 평가와 그 외의 몇 개의 고찰평가로 전개된다. 나는 버클리의 인류학과에 교환교수로 나를 초대해 준 알란 둔데스(Alan Dundes)와 스탠리 브랜드스(Stanley Brandes)에게 감사한다. 나는 그곳에서 이 장에 관여된 많은 연구를 할 수 있었다. 에이미 쉘던(Amy Sheldon)과 린다 휴(Linda Hughes)에게도 감사한다. 나는 그들의 논평에 그대로 따르지는 않았지만 많은 영향을 받았다. 밀러스빌 대학의 학생인 테리 위너(Terri Widener)와 케이스 애플비(Keith Appleby)에게도 가치로 평가할 수없을 만큼의 충고 감사히 여긴다. 내가 작업했던 센터의 어린이들과 직원들에게도 감사한다. 협조를 아끼지 않고 나의 원고를 읽어준 나의 남편 짐 타가트에게도, 그리고 이야기로 나를 즐겁게 해주고 음식을 맛있게 먹어준 나의 아들 벤과 윌리에게도 감사한다.

이 일어 이 질문을 하게 되었다. 우리도 알고 있듯이, 서양문화에서 식습관과 음식에 대한 태도는 남성우위와 여성하위를 표현하기 위한 경로가 되고 있다.[2] 여자들은 당연히 날씬한 몸을 가지고, 적게 먹고, 다른 사람들, 특히 남자들을 위해 음식을 준비하는 존재로 여겨진다. 남자들은 튼튼한 몸을 가지고, 많이 먹고, 음식을 대접 받는 존재로 여겨진다. 이렇게 성에 따라 음식과 신체에 대한 다른 태도는 자아에 대해서도 다른 태도로 나타난다. 때때로 음식을 둘러싼 여자들의 노예역할과 그리고 음식제한과 날씬함에 관한 관심은 여자라는 것과 무력하고 하위위치라는 느낌의 불안을 드러낸다. 반면에 남자들의 태도는 자신감과 권한을 드러낸다. 이 장은 음식과의 관계에서 성 차이와 파워 불균형이 어떻게 그리고 언제 나타나는지, 그리고 3~6세 어린이들 사이에도 과연 그런 현상이 나타나는지를 평가하기 위한 노력을 다소간 반영하고 있다.

어린이들이 성발달과 성의미를 위해 먹는 행위나 음식에 관한 상상적 표현을 어떻게 사용하고 있는가에 관한 데이터는 성인에 대한 데이터보다 훨씬 부족하다. 어린아이들의 식습관과 문제점, 욕구 등에 관한 문학작품들이 좀 있기는 하지만,[3] 음식소비와 음식에 대한 태도에 있어서의 성 차이에 관한 연구는 아직도 많이 이루어져야 한다고 본다. 이 연구는, 음식을 통해 전달되는 생각과 가치는 음식의 사회적 · 상징적

2. Boskind-Lodahl 1976; Bruch 1973, 1978; Brumberg 1988; Charles & Kerr 1988; Chernin 1981, 1985; DaVault 1991; Kaplan 1980; Millman 1980; Orbach 1978 등을 참조한다.

3. Birch 1890; Birch, Martin & Rotter 1984; Bruch 1973; Dietz & Gortmaker 1985; Dyrenforth, Wooley & Wooley 1980; Freud 1946; Katriel 1987; Satter 1987; Shapiro et al. 1984.

의미 때문에, 어린이 성 정체성 발달에 중요하다는 개념을 가지고 시작하였다. 그리고 다음의 질문을 고찰하고자 하였다. 음식과 먹는 행위는 어린이에게 성 정체성 혹은 파워를 암호화하고 있는가? 유치원의 남자아이와 여자아이들은 뚱뚱함과 날씬함의 개념을 통해 자기 자신을 규정할까? 어린이들은 음식에 대한 상징적 통제 혹은 글자 그대로의 통제를 통해 세상에 대한 파워와 통제권을 발휘하는가? 음식이 성별에 의해 발생하는 가족관계와 갈등을 나타내고 반영하는가? 어린이에게 배고픔과 탐욕, 폭식의 의미는 무엇이며, 그것들은 성 유사성과 성 차이성을 반영하고 있는가?

어린이 공상이야기의 역할과 중요성

어린이들이 성 정체성의 표시로서 음식을 사용하는지를 연구하던 중, 나는 어려움에 봉착하였다. 나는 유치원에서 참여관찰을 하고난 후 아이들과 기록인터뷰를 하고자 하였으나, 내가 어린이들에게, "좋은 음식과 나쁜 음식의 이름을 대볼래?", "남자음식과 여자음식이 있니?", "뚱뚱하다는 것이 무엇이라고 생각하니?", "날씬하다는 것은 무엇일까?" 등의 질문을 하자, 그들은 대부분 관심도 없었고, 대답도 하지 않고, 좀 흥미가 있는 토픽에나 잠깐 반응을 보였을 뿐이다. 어찌할 도리가 없었던 나는 그들의 이야기를 녹음하고 나중에 살펴보는 방법을 사용하기로 했다.[4] 어린이들은 기꺼이, 그리고 아주 흥미를 가지고 이야기하였

4. 나의 남편 짐 타가트가 수년 동안 민담을 분석하고 있었다는 사실은 이 결정에 큰 요인

다. 유치원의 어린이들은 도화선에 불이 붙은 듯 음식에 관한 이야기를 해주었다. 왜냐하면 내가 그들과 함께 앉아서 점심을 먹으며 식습관에 대해 질문을 던졌기 때문이다. 그러나 교실에서는 음식에 관한 질문을 하지 않고 그들이 하는 이야기를 그냥 녹음하였다. 아이들 이야기의 어느 정도는 음식에 관한 내용이었다.

아이들의 이야기를 듣는 것은 어린아이들에 대해 알게 되는 좋은 방법이다. 왜냐하면 아이들은 기꺼이, 자발적으로, 그리고 즐겁게 이야기하기 때문이다. 미국문화 속에서 자라는 어린이들의 이야기와 그들의 언어, 놀이 등의 다양한 분야에서 여러 가지 연구가 이루어지고 있지만, 불행하게도 다른 문화의 어린이들의 인류학적 분석을 발견할 수는 없었다.[5] 그리고 어린이들의 이야기를 그들 가족과 사회생활에 관한 지

으로 작용하였다.

5. 폭넓은 연구에서 나는 브래디가 10~12살 사이의 나바조(Navajo) 어린이들에게서 수집한 '스킨워커'(Brady 1984)와 미나미 & 맥카베가 5~9살 사이의 17명의 일본 어린이들에게서 수집한 이야기(Minami & McCabe 1991)를 제외하고는 다른 문화 혹은 미국 내에 있는 유색인종의 어린이들 이야기가 발표되지 않았다는 것을 알게 되었다. 맥도웰은 텍사스에 사는 멕시코계 미국인과 유럽계 미국인 어린이들로부터 수수께끼를 수집하여 구조와 내용을 비교분석하였으나 성별에는 주목하지 않았다(McDowell 1979). 수톤-스미스는 헤스가 아프리칸-아메리칸 어린이들로부터 수집한 이야기를 언급하였고 나의 발표 논문에 있는 것도 약간 언급하였다(Heath 1982, 1983, 1986, 1994). 헤스와 마이클(Heath & Michaels 1981)은 아프리칸-아메리칸과 유로-아메리칸 어린이 사이의 차이를 이야기체로 지적하고 있으나 성별에는 주목하지 않고 있다. 아이오나와 피터 오피는 영국 어린이들에게서 수수께끼, 유머, 동시, 내기놀이, 조롱, 농담 등 모든 종류의 민간 전승되는 것을 수집하였으나 이야기는 제외되었다(Iona & Peter Opie 1959). 나프 & 나프(Knapp & Knapp 1976)와 브로너(Bronner 1988) 역시 미국 어린이 동화를 수집하였으나 이야기체는 아니다. 스피로는 이스라엘 키부츠에서 남자 · 여자 어린이들의 공상놀이의 차이점에 대해 재미있는 관찰을 하였다(Spiro 1975, 1979). 그러나 공상이야기에 대해서는 보고되지 않고 있다. 스티드만은 영국 노동계층의 9살짜리 여자 어린이들에 대해 서술된 이야기들을 살펴보고, 특히 한 이야기를 분석하여 계층과 성별에 대한 결론을 내리고 있으나 이야기체 표현은 나타내지 못하고 있다(Steedman 1982). 다이슨과 게니시는 어린이 이야기 속에서 성과 인종적 다양성에 관한 여러 논문을 발표하였다(Dyson

식과 연결시킨 아동 민속지학적 연구도 전혀 발견할 수 없었다. 그런 민속지학적 연구는 매우 필요하다고 본다. 어린이들의 이야기를 해석할 수 있는 나의 능력은 민속지학적인 자료부족으로 어려움을 당했다. 특별히 그런 이유로, 이 장은 결론을 내리기보다는 시사적인 것에 목적을 두고 있다.

몇몇 전문가들은 초기 어린 시절에 어린이들이 과연 성 차이를 어떻게 생각하는지, 그리고 성 차이를 분명하게 드러내는지를 알기 위해 어린이들의 이야기와 공상놀이, 언어사용 등을 연구하였다.[6] 나의 연구도 이 연구를 계속하여 음식의 상징적 의미에 초점을 맞추어 새로운 영역을 넓혀갔다. 그리고 다른 사람들의 작업을 취결하여 아동을 이해하는 데 있어서 공상과 언어의 중요성을 확고히 만들었다.

비비안 거신 패일리의 연구는 어린이들이 하는 이야기의 의미를 보여주는 능숙하고 통찰력 있는 인본주의적 증거이다. 시카고대학 부설 유치원에서 25년 동안 근무한 패일리는, 어린이들은 '자신들의 모든 생각과 감정을 이야기 형태 속에 넣는 법'을 알고 있다고 결론 내렸다 (Paley 1990, 4). 유치원 어린이들과 주로 일하면서, 패일리는 말하고, 기록하고, 그들의 이야기를 공연하는 것이 배움과 성장, 사회화의 기본이 된다는 교실문화를 개발하였다. "한 그룹의 공상이야기는 그 그룹문화의 기초를 형성한다"(1990, 5)고 믿는 패일리는 어린이들이 갈등과 의문점, 두려움, 그리고 외로움과 맞붙어 싸우기 위해 자신들의 이야기를 어떻게 이용하는지를 보여주고 있다. 어린이들은 배우며 성장하고

& Genish 1994).

6. 수톤-스미스 역시 6~10세 사이 어린이로부터 들은 이야기를 적고 있으나, 나는 이 연구에서 이 나이에 속하는 어린이에 대해서는 고려하지 않고 있다(Sutton-Smith 1981).

그리고 서로의 관계를 맺는 데 이야기를 이용한다. 어린이는 이야기를 만들면서, '사건을 재조명'하여 그 사건을 더욱 이해하기 쉽고 사실감 있게 만든다(Paley 1981, 158). 패일리가 쓴 많은 책들은 알기 쉬운 문장으로, 어린이들이 자신의 이야기를 어떻게 사용하여 세상 밖을 이해하고, 다시 그것을 자신들에게 유리한 방식으로 전환하여 자신의 한계를 넘어서는지 보여주고 있다.

브라이언 수톤-스미스는 어린이 연극놀이, 민속학, 동화의 연구에 있어서 선구자였다(Sutton-Smith 1972, 1979, 1981). 그의 주장에 따르면, 어린이 전래동화는 민화와 좀 다르기는 하지만, '같은 기본적인 줄거리 구조와 운명에 대한 같은 일반적 관심사, 즉 저항할 수 없는 운명 혹은 무력해진 운명'을 다루는 데 있어서 민화와 같다(1981, 2). 어린이 전래동화는 어린이들의 인식조직이 드러나면서, '숙명적이고 갈등적인 문제를 이야기체로 말하려는 시도'가 엿보인다(1981, 9). 수톤-스미스는 "마음을 이야기로 간주하고, 이야기분석을 마음의 분석으로 보는 것은 타당하다"라고 주장함으로써 어린이 전래동화의 주요한 의미성을 확언하고 있다(Sutton-Smith 1981, 37).

유명한 아동연구가인 피아제처럼, 수톤-스미스는 어린이의 이야기를 자기중심적 욕구의 만족과 사회적 현실의 제약에 대한 욕구조절의 중개자로 보고 있다. 피아제에 따르면(Piaget 1962), 공상은 어린이들이 자아를 다른 사람의 요구와 바람에 복종하기보다는 경험을 되새겨 자기 자신을 만족시키는 한 방법이다. 그들의 이야기는 대개 소원성취의 내용—이루어졌으면 하고 바라는 방법의 재현—을 담고 있어 능력고취와 자아발전의 길이 된다. 어린이 이야기를 바라보던 학자들은 모두 피아제가 말한 깊은 '정서적 도식'으로부터 그들의 이야기가 나온다는 것에 동의한다(175). 즉 어린이의 이야기는 아이들의 의식적인 마음 속에서 깊이 느껴지는 문제를 다루고 있다. 항상 분명하게 표현되는 것은 아니지만. 어린이들은 이야기를 통해서 너무 두려워서 혹은 표현하기 어려워서 인지적 개념의 사고에서는 표현될 수 없는 초기의 불완전한 감정, 생각, 갈등 등을 나타낼 수 있다.

피처(Pitcher)와 프리링거(Prelinger)는 1950년대 중반 어린이들로부터 모은 이야기를 분석하는 흥미로운 프로이트식 분석법을 제안하였다. 그들에 따르면, 어린이들의 이야기는 어린이들의 무의식적인 욕구와 그들에게 사회에서 수용되는 방식으로 행동하라는 어른들의 요구 사이에서 일어나는 갈등에 대한 해결책이라고 주장하고 있다(Pitcher & Prelinger 1963, 216~7). 그들의 공상이야기는 자신의 억제되지 않은 충동을 행동으로 옮기고, 어른 역할을 연습하고, 그에 도전하기 위한 중요한 방법이다. 프로이트와 피아제의 영향을 받은 로사린드 굴드는 유치원 선생님들에게서 수집한 공상놀이와 공상이야기를 분석하였다(Gould 1972). 굴드는, 공상이란 희망과 충동, 그리고 감정에 대한 무의식적인 전이(轉移)라고 믿는다. 공상은 생활에서 '참을 수 없는 제약과 좌절을 개선하고', 성적이고 공격적인 충동에서 나오는 불안감으로부터 자신을 보호하려는 어린이들의 노력에서 나온다. 공상은 어린이들에게 정서적 갈등, 통제력을 얻기 위한 도전 — 감정이나 신체적 기능을 통제할 수 있도록 — , 자부심에 대한 위협, 혹은 수수께끼 같은 미스터리를 다루는 방법을 제공한다. 굴드의 제안에 따르면, 어린이들의 공상이야기와 공상놀이는 아이들의 '내부적인 심리과정'을 나타낸다. 그리고 자신들이 원하는 인물이 되는 것을 연습하고 부모의 의존도에서 벗어나 '핵심 자아 이미지' 발달을 가능하게 한다(Gould 1972, 54).

어린이 공상이야기의 의미와 중요성에 관한 브루노 베틀하임의 연구는(Bettelheim 1977), 어린이들이 무의식 상태에서 은연중에 문제가 되는 사항을 털어놓고, 그리고 그들의 위협적인 본성을 제거하고 '긍정적인 목표를 위해 진력할 수 있게 하는' 은유적 형태로, 의식 상태에 다가갈 수 있게 만드는 데 있어서 공상이야기의 파워를 분명히 전해주고 있다(7). 패일리처럼, 베틀하임은 분리불안, 즉 버려질까 두려워하는 마음, 빈곤, 그리고 의존성의 좌절 등을 어린이들의 중심문제로 보고 있다. 음식과 식욕을 통제하고 그것을 만족시키기 위한 어린이들의 갈등을 집중 표현한 『헨젤과 그레텔』의 이야기에서 이러한 문제가 특히 잘 표현되었다고 그는 생각한다. 이 이야기는 어린이들의 굶주림을 어린이들의 모든 의존욕구에 대한 은유적 표현으로 사용하고 있다.

동화 속에서의 성 차이를 다룬 책들이 최근 들어 간혹 출간되고 있다.[7] 공상이야기 역시 어린이들의 깊은 갈등과 희망을 나타내고 있기 때문에, 남자아이와 여자아이가 같은 문제를 같은 방식으로 표현하는지를 알아보기 위해 우리는 그들의 이야기를 사용할 수 있다. 어린이 이야기들을 연구하면서 나는 이야기 구조나 배경보다는 내용에 더욱 관심을 기울였다.[8] 연구는 1950년대 중반부터 지금까지의 어린이들로부터 나온 수많은 이야기를 읽고, 유럽계 미국 중류계층의 어린이 문화 발전의 대표성으로서 그 이야기들을 한데 뭉뚱그려 해석하였다.

7. 내가 처음 이 글에 대한 연구를 한 이후, 비비안 패일리(Vivian Paley)는 3권의 책을 내놓았다.

8. Ames 1966; Corsaro 1985; Davies 1989; Hughes 1988; Knapp & Knapp 1976; Nocolopoulou, Scales & Weintraub 1994; Sachs 1987; Sheldon 1990; Sheldon & Rohleder 1996; Sutton-Smith 1981을 참조한다.

아동발달에서 음식의 중요성

모든 문화에서 음식은 인간의 위치를 중재하고 표현하는 데 중심적 역할을 한다. 음식은, 마가렛 미드가 말했듯이(Mead 1967, 70), 어른들이 아이들과의 관계를 확립하고 세상에 대해 자신들이 조직해 놓은 태도를 전해주는 방식 중에서 가장 초기적이고 중요한 방식의 하나이다. 어른들은 어린아이의 배고픔을 만족시켜 주는 방법을 통해 자라나는 어린이들에게 의사를 전달한다. 어른들이 아이들을 자주 안아주든 혹은 조금 안아주든, 요구에 맞추어 밥을 주든 혹은 시간에 맞추어주든, 아기의 배고픔에 즉각 반응을 하든 혹은 기다리게 하든, 평온한 상태에서 음식을 주든 혹은 어수선한 분위기에서 주든, 오직 영양으로 음식을 주든 혹은 안락함으로서 음식을 주든, 먹는 행위를 즐거움으로 표현하든 혹은 실리주의적 이상으로 표현하든, 이 모든 것은 아이에게 세상이 어떻다는 느낌을 전해 준다. 즉 문화적 습관과 신념의 많은 범위가 음식을 먹는 관계에서 표현된다(Du Bois 1941; Shack 1969).

안나 프로이트는 아동의 정상적인 심리사회적 성숙에서 음식공급의 중요성을 해석하는 데 선구자였다(Freud 1946, 1968). 유년기 어린 아기는 대개 본능에 의해 자극을 받고, 배고픔이 가장 강한 본능이다. 참기 어려운 배고픔을 스스로 만족시키지 못하는 완전히 무력한 아기는 고통스런 긴장을 해소하기 위해 다른 사람들에게, 대개는 엄마에게 의존할 수밖에 없다. 배고픔의 만족은 어린 아기들에게 '소망충족감, 만족감, 행복감 등의 경험'을 소개시켜 주는 사람과의 강한 정서적 인간관계의 기초가 된다(Freud 1968, 443).

음식으로 맺어진 인간관계는 기본적인 중간매개로, 이 매개를 통해 유아들은 심리학자들이 소위 일차적 자기애(自己愛)와 공생이라 부르는 것으로부터 분리, 개별화, 대상애(對象愛)로의 전이, 즉 심리적 · 정서적 성장에서의 절대적인 전이를 이룬다. 처음에 유아는 누군가가 자기에게 먹을 것을 주는 경험 그 자체를 좋아한다. 안나 프로이트는 이것을 '자기애'라고 부르는데, 이것은 자아만족에 집중되어 있다. 그리고 전이단계에서 유아는 '즐거움의 근본인 음식', 즉 모유나 분유를 좋아하게 된다. 마지막으로 유아는 '먹을 것을 주는 사람, 즉 엄마나 대리모'를 좋아한다(Freud 1946, 125). 이 마지막 단계는 심리적 성숙의 중심인 '대상애'의 성질이 나타난다. 대상애 상태의 아동은 생후 4, 5개월의 특징인 엄마와의 동일성 감정에서 벗어나 자신의 분리를 인지하고 다른 대상을 사랑할 수 있게 된다(Mahler, Pine, Bergman 1975). 일차적 공생단계에서 분리 · 개별화 단계로의 전이는 정상적인 아동발달에서 중요하다. 그리고 안나 프로이트는 이 전이단계에서 음식의 중요한 역할을 조명하고 있다.

먹는다는 것은 어린이에게 최초의 즐거움이고, 배고픔의 좌절감은 무서운 불안감을 일으킨다. 안나 프로이트가 지적했듯이 유아나 아동들은 배고픔을 참지 못한다. 배고픔으로 인한 좌절은 긴장과 고통을 안겨준다. 그래서 배고픔은 결국 즐거움의 결과를 낳을 수 있고 반면에 고통의 결과를 낳을 수도 있다. 그래서 어린이에게 배고픔은 만족감과 좌절감을 상징하게 된다. "먹는다는 것은 성적인 의미와 진취적인 의미가 주어진다. … "(Freud 1946, 120). 먹는다는 것은 또한 어린이를 보호자와의 갈등 속으로 밀어 넣는다. 왜냐하면 어린이는 배가 고프면 먹을 것을 즉각 원한다. 그러나 보호자는 때로 테이블 매너, 즉 음식 먹는 순서 등의 음식과 관련된 까다로운 조건을 규정해 놓았기 때문이다.

음식 먹는 것에 관한 적절한 훈련은 어린이의 사회화에 중요한 경로이지만, 어린이의 감사하는 마음을 보류하게 되고, 때로는 화나게 만들어 음식을 깨물어 뜯고 거부하고 던지게 된다. 분노는 부모가 다른 형제에게 음식을 주는 것을 보고 생긴 어린이의 질투심에서 비롯될 수도 있다. 패일리가 동화 속에서 핵심 관심사로 규정하고 있는 '두려움, 즉 누군가[엄마]에게 있어서의 특별한 위치를 잃어버릴지도 모른다는 두려움'은 이런 분노와 아주 근접한 관련이 있다(Paley 1990, 157). 이런 두려움은 피할 수 없는 부모로부터의 분리 · 개별화의 필수과정의 결과이다(Piaget 1962, 175; Pitcher & Prelinger 1963, 218, 229). 먹는다는 것은 사랑과 자율성의 첫 경험, 즐거움의 첫 깨달음, 공격성의 첫 표현, 그리고 좌절과 분노의 첫 영역이기 때문에, 아동의 다양한 자아표현의 영역이다.

안나 프로이트는 어린이들이 의사소통의 한 형태로서 음식과의 관계를 사용할 수 있는 몇 가지 방법을 제안하고 있다(Groud 1972). 어린이들 이야기 속에서 배고픔의 표현은 빈곤을 표현할 수 있다. 이 빈곤은 그들에게 거대하고 저항할 수 없는 것으로 혹은 제어할 수 있고 만족할 수 있는 것으로 묘사될 수 있다. 탐욕은 분리 혹은 거절로 인해 엄마의 사랑을 상실했을 때의 반응일 뿐 아니라 형제와의 라이벌 관계의 표현일 수도 있다. 어린이들은 이야기 속에서 배고파하는 사람으로 혹은 배고픔을 채워 주는 사람으로 자신을 표현하여 빈곤한 사람으로 혹은 파워를 가지고 있는 사람으로 나타낼 수 있다.

어린이의 공상이야기는 폭력과 공격 투성이다. 그리고 가끔은 입과 관계되는 단어로 표현된다. 이를 갈고, 먹어치우고, 삼키고, 먹히고 등등의 이미지를 통해(Gould 1972, 18~9; Pitcher & Prelinger 1963,

176). 에임스(Ames)에 따르면, 어린이들은 '선천적으로' 폭력적이다. 반면에 다른 전문가들은 그들의 공격성을 오디프스적 갈등과 의존성 좌절 — 모든 자신의 욕구가 다른 사람에 의해 만족되어질 수 없다거나 혹은 스스로 그 욕구를 만족시키지 못하는 — 과 연결시킨다(Gould 1972; Pitcher & Prelinger 1963; Bettelheim 1977). 다시 말해 이 마지막 설명은 배고픔의 만족, 즉 어린이의 모든 욕구를 대표할 수 있는 기본적 욕구에 대한 만족의 매개체로서 음식과 직접적으로 연결하고 있다(Freud 1946).

음식상징주의는 부모와의 동일시를 위한 확실한 수단을 제공한다. 굴드가 지적했듯이(Gould 1972, 30~1), 동일시는 어린이들에게 다른 사람이 될 수 있도록 하고, 그 모델의 파워와 특성을 요구할 수 있게 한다. 그리하여 예를 들어 어린이들은 나쁜 사람과 동일시하여 난폭하고 무서운 사람이 될 수 있고, '개인의 악마'를 구체화하여 밖으로 발산할 수 있다(Paley 1988, 21). 엄마와의 동일시는 엄마와 깊은 관계를 더욱 확고히 해두어 분리의 두려움을 극복하는 데 도움이 되게 한다. 게다가 어린이들은 이야기 속에서 음식을 주는 것으로 엄마의 역할을 나타내고, 음식을 제공함으로써 양육을 한다거나 음식을 주지 않아 독단적으로 처벌을 주는 사람과 동일시하여 부모의 힘을 얻는다. 마지막으로 어린이들은 인간관계를 만들고 깨뜨리는 것을 상징하기 위해 이야기 속에서(그리고 실제 생활에서, Katriel 1987) 음식을 선물로 이용한다거나 거부한다.

이런 음식의 상징적 특성은 '제공하는 음식을 마치 자신의 일부인 양 취급'하는 엄마의 경향에 의해 강화될 수 있다(Freud 1946, 126). 안나 프로이트(1968)와 브루흐(Bruch 1973)는 부적절한 음식공급과 왜곡된 심리적 · 감정적 내용으로의 지나친 부담이 어떻게 어린이에게 충동적 음식섭취 혹은 거식증에서 증명된 정신병리현상의 결과를 낳게 하는지 보고하고 있다. 음식을 먹여주는 관계는 어린이의 심리적, 감정적 성숙에서 매우 중요하다. 그리고 이것 때문에 '음식의 상징적 의미는 어린이의 공상적 생활에서 큰 역할을 하는 것'이다(Freud 1968, 456).

어린이 공상이야기 속의 음식과 성별 : 방법론과 발견

나는 1991년 가을, 유치원에 다니던 3~5세에 해당하는 아동 71명, 그리고 1992년 가을, 5~6세에 해당되는 어린이 58명으로부터 129개의 이야기를 수집하였다. 이 두 유치원은 펜실베이니아 중동부에 있는 대학 — 하나는 사립대학이고 또 다른 하나는 공립대학 — 부설유치원이다. 유치원생 가족들은 대개 이 두 대학과 친밀한 관계가 있고, 대학 근처에 살고 있었다. 많은 부모들은 전문직에 종사하였고, 일부는 기술직이었다. 어린이 모두는 또박또박 표현이 가능하였고, 이 장에서 다룰 다른 연구대상의 어린이들과 사회경제적, 인종적으로 서로 비슷한 배경을 가지고 있었다. 거의 모두는 중 · 상류층의 유럽계 미국인 어린이였고, 그들 가족 모두는 음식을 충분히 먹을 수 있을 만큼 유복하였다. 즉 여기에서 고찰되는 이야기에 대한 모든 해석은 이들 어린이들이 백인이고, 중류계층이고, 교육혜택을 받고 있다는 사실을 바탕으로 하고 있다. 다른 식습관과 상징적 관계를 가지고 있는 다른 인종의 어린이들과 배고픔과 먹을 것의 박탈로 고통당하고 있는 어린이들에 대한 해석은 분명 다른 종류의 이야기가 필요하다. 그러므로 다양한 계층과 다양

한 인종의 어린이에 대한 다른 연구가 매우 필요한 상황이다.[9]

나는 어린이들이 나에 대해 편안함을 느낄 만큼 오랫동안 교실에 머물면서 그들에게 질문을 해가며 이야기를 수집하였다. 나는 조그만 녹음기를 들고 가, "나에게 이야기 좀 해줄래?"라고 질문을 하였을 때 "예." 라고 대답을 할 경우 녹음기를 틀었다. 몇 아이들은 무관심하였지만, 대부분의 어린이들은 나에게 한두 가지의 이야기를 열심히 해주었다. 나는 그들에게 강제력을 띠지 않았고, 그래서 몇 아이들에게는 여러 개의 이야기를 들을 수 있었지만, 어떤 아이들은 전혀 이야기를 하지 않았다. 나는 모든 이야기를 녹음기로부터 받아 옮겨 적었다. 12명의 남자아이들이 47개의 이야기를 해주었고, 19명의 여자아이들이 82개의 이야기를 해주었다. 이들 이야기는 길이가 다양하여 겨우 몇 문장으로 된 것도 있었고, 1쪽 이상이 되는 것도 있었다.

해석이 가능한 이야기의 수를 늘리기 위해, 나는 다른 사람의 수집도 살펴보았다. 피처와 프리링거는 1955년에서 1956년 사이에 137명의 아이들(70명의 남자아이와 67명의 여자아이)로부터 360개의 이야기를 수집하였다(Pitcher & Prelinger 1963). 에임스는 1959년부터 1961년 사이에 피처와 프리링거가 작업했던 같은 센터에서 135명의

9. 다음의 연구는 성별에 대해 언급하고 있다: Cook-Gumperz & Scales 1996; Corsaro 1985; Gilbert 1994; Goodwin 1990, 1993; Goodwin & Goodwin 1987; Hendrick & Strange 1991; Hughes 1988; Kyratzis & Guo 1996; Nicolopoulou, Scales & Weintraub 1994; Paley 1994; Pitcher & Schultz 1983; Sachs 1987; Sheldon 1990, 1992; Sheldon & Rohleder 1996; Spiro 1975, 1979; Steedman 1982; Tanz 1987. 다음은 어린이 공상 이야기의 표현과 언어에 관한 다음은 인종 혹은 계층에 대해 연구하고 있으나 성별에 대해 고려하지 않고 있다: Allen & Bradley 1993; Britsch 1994; Brady 1984; Dickinson & Snow 1987; Feagans 1982; Heath 1982, 1983, 1986; Jewson, Sachs & Rohner 1981; Michaels 1981; Minami & McCabe 1991; Smitherman 1994; Umiker-Sebeok 1979.

남자아이들과 135명의 여자아이들로부터 270개의 이야기를 수집하였다. 그러나 에임스는 그중 약 80여 개의 이야기만을 발표하였다(1966). 수톤-스미스는 2~5세 사이의 어린이 22명 — 가장 많은 이야기를 해준 나이대의 어린이들 — 으로부터 얻은 292개 — 12명의 남자아이에게서 180개, 10명의 여자아이에게서 112개 — 의 이야기를 발표하였다(Sutton-Smith 1981).[10] 마지막으로 나는 패일리의 책 여기저기에 나오는 이야기도 참고하였다(Paley 1981, 1984, 1986, 1988, 1990, 1992).[11] 모두 합해서 나는 36년의 기간 동안 모아온 1,000여 개가 넘는 이야기를 읽었다.

나는 내가 직접 수집한 이야기와 피처 & 프리링거가 수집한 이야기에서 음식의 상징성이 내재된 이야기의 수를 세었다. 그 결과는 〈표 8-1〉에 요약되어 있다. 이 표는 통계학적 유효성은 없다. 왜냐하면 어린이 표본집단의 수가 적고, 무작위로 골라진 것이 아니고, 그 수가 정확하게 입증된 것이 아니기 때문이다. 숫자들은 단지 남자 · 여자 아이들이 그들의 이야기에서 특정 이미지로 사용한 빈도수에 대해 시사적 의미만을 가지고 있다. 나와 피처 & 프리링거의 수집 기간에 있어서 35년의 시간간격 역시 분명 관계가 없다고 할 수 없다. 그러나 여기에서 평가된 범주에 대해서는 두 수집 사이에 약간의 유사성이 나타나고 있다. 나의 분석은 이야기의 전반적인 주제와 내용을 읽고, 음식과 관

10. 특히 Dyson & Genish 1994l Slobin et al. 1996; Tannen 1993을 참조한다.

11. 수톤-스미스와 그의 동료들(Abrams & Sutton-Smith 1977; Botvin & Sutton-Smith 1977; Caring 1977; Sutton-Smith, Mahony & Botvin 1976) 같은 구조주의 학자들은 이야기 형성과정, 이야기의 구성요소, 이야기 구성 등에 초점을 맞추어 어린이들의 인지 · 언어발달에 대한 결론을 내렸다. 브래디(Brady 1984)는 이야기 내용에 관심을 두었으나, 나는 내용과 구조에는 관심을 두지 않았다.

련된 낱말의 수를 세는 것으로 이루어졌다. 그 예로 뚱뚱하다, 날씬하다(여위다), 배고프다, 섭취 의미로서의 먹다, 폭식 의미로서의 먹다, 식사나 요리, 장보기, 굽다, 바비큐, 소풍 등과 같은 음식 중심의 활동을 나타내는 낱말 등.

남자 · 여자 아이들이 말한 이야기의 절반이상이 음식을 상상, 즉 상징적 매개체로 사용하였다. 어린이들은 줄거리를 옮기거나, 줄거리를 뒷받침하고자 특별한 의미 없이 음식을 사용한다. 그리고 아이들은 또한 심각한 휴먼드라마를 묘사하기 위해서도 음식을 사용한다. 아이들이 말하는 이야기 속에서 맹수들이 사람을 잡아먹고, 어린 아기들이 먹을 것을 달라고 울고, 엄마가 아기에게 젖을 주고, 그리고 아이들은 욕심스럽게 음식을 마구 먹는 내용이 나온다. 아이들은 공상이야기 속에서 몇 가지 중심 관심사를 표현하고, 음식의 상징을 통해 그 관심사를 다루는 의미심장한 방법들을 만들어낸다. 음식을 먹여주는 것은 모든 양육 행위를 대표한다. 배고픔은 모든 결핍을 나타낸다. 먹는 것은 욕구만족에 대한 은유적 표현이다. 반면에 마구 음식을 먹는 폭식은 아이들의 욕구를 충족시켜 주지 못하는 사람에 대한 공격을 상징한다. 요리와 장보기는 부모와의 동일시 혹은 자신의 결핍을 충족시킬 수 있는 능력을 표현하는 전달수단이다. 공상이야기 속에서 음식은 아이들에게 다양한 메시지 표현으로 기꺼이 상징성을 띠게 된다.

비록 내가 관찰한 아이들은 음식에 대해 이론적으로 말하는 것에는 크게 흥미 있는 것 같지는 않았지만, 나와 피처 & 프리링거의 수집에서 평가된(Pitcher & Prelinger 1963) 어린이들 이야기의 절반 이상에는 음식에 대한 언급이 있었다〈표 8-1〉. 나는 특정 음식, 식사나 식사 이벤트, 식사임무, 음식과 관련된 사람, 먹는 장소, 그리고 폭식 등에

〈표 8-1〉 1991년과 1992년 코니한에 의해 수집된 이야기와 피처와 & 프리링거에 의해 수집된 이야기(1963)의 분석

A	총 489가지 이야기 168명 어린이 89명의 여자아이로부터 262가지(전체 어린이의 53%, 전체 이야기의 54%) 79명의 남자아이로부터 227가지(전체 어린이의 47%, 전체 이야기의 46%)
B	전체 이야기의 250/489(51%)가 음식과 음식 관련 활동을 언급하였음. 여자아이에 의한 이야기의 134/262(51%) 남자아이에 의한 이야기의 116/227(51%)
C	섭취 의미로 eating 혹은 drinking을 언급한 회수 : 157 여자아이의 언급 : 99(63%) 남자아이의 언급 : 58(37%)
D	식사나 식사이벤트[1]에 관해 언급한 회수 : 132 여자아이의 언급 : 96(73%) 남자아이의 언급 : 36(27%)
E	식사임무, 음식 관련 일을 하는 사람, 혹은 식사장소[2] 등을 언급한 회수 : 106 여자아이의 언급 : 74(70%) 남자아이의 언급 : 32(30%)
F	100가지가 넘는 음식을 언급한 이야기 수 : 360 여자아이의 언급 : 237(66%) 남자아이의 언급 : 123(34%)
G	폭식의 의미로 먹다를 언급한 회수[3] : 199 여자아이의 언급 : 86(43%) 남자아이의 언급 : 113(57%)
H	전체: 음식, 섭취, 식사이벤트, 음식 관련 활동, 폭식 등의 언급 회수 : 954 여자아이의 언급 : 592 ; 폭식 86회(15%), 음식 등 506회(85%) 남자아이의 언급 : 362 ; 폭식 113회(31%), 음식 등 249회(69%)

1. 식사(breakfast, lunch, supper, dinner, meal), 간식, 디저트, 소풍, 생일파티, 야외파티, 바비큐 등.
2. 제과점(빵집), 캔디스토어, 요리사, 아이스크림 맨, 부엌, 마켓, 팬케이크 가게, 쇼핑 등
3. 먹어치우다, 삼키다, 굶주리다, 깨물다, 씹다, 독이 든 음식, 그리고 과자 등

대한 언급의 횟수를 세었다. 대략 음식을 언급한 — 단 한 번의 언급에서 이야기 전반에 걸쳐 언급하는 것에 이르기까지 다양하게 — 이야기의 절반이 음식테마로 이루어졌다. 에임스에 따르면, 음식과 먹는 테마는 그녀가 모은 어린이 이야기 속에서 공격성과 폭력에 이어 두 번째로 흔하게 나타났다(Ames 1966, 344). 어린이 이야기에 음식의 상징성과 먹는 테마의 사용에 있어서 남자나 여자아이들 사이에는 유사성뿐 아니라 차이점도 있었다.

몸이 뚱뚱하다거나 날씬하다는 언급은 여자아이나 남자아이 모두에게서 매우 드물게 나타났다. 남자아이나 여자아이들은 모두 시간을 나타내기 위해, 줄거리를 이어나가기 위해, 가족과 부모와의 동일시를 나타내기 위해, 형제간의 경쟁 등 문제를 소개하기 위해, 빈곤을 나타내기 위해, 양육과 인간관계를 명백히 밝히기 위해, 그리고 공격성을 나타내기 위해 이야기 중에 음식을 사용하였다. 그러나 남자와 여자아이들 모두 음식이미지를 통해 먹을 것이 충분치 않을 것에 대한 두려움을 암시하였다. 그러나 여자아이들은 대개 사회적 활동 혹은 음식물과 관련된 활동 — 음식을 먹여주고, 빵을 굽는 등 — 을 통해 빈곤이나 결핍을 극복해 나가는 반면에, 남자아이들은 이야기 속에서 적대감과 폭력 — 깨물기, 씹기, 먹기 등 — 을 통해 의존에 대한 좌절감을 대처해 나갔다. 이제 이런 발견을 더욱 자세하게 제시해 가면서 설명을 해나가겠다.

어린이 공상이야기 속에서 뚱뚱하다는 것의 상징성

유치원의 아이들을 관찰하고 토의하는 과정에, 나는 음식과 신체에 대한 남자아이와 여자아이들의 물리적 관계에서 분명한 차이를 발견하지는 못했다. 이것은 7장에서 논의되었던 남자 · 여자 대학생이 음식과 신체에 다르게 관련되어 있었던 것을 토대로 하여 우리가 기대했던 것과는 달랐다. 유치원의 남자와 여자아이들은 자신들이 무엇을 먹어야 하는지 혹은 어느 정도 먹어야 하는지에 대한 느낌에 있어서 분명한 성의 차이가 나타나지 않았다. 그들은 몸매와 뚱뚱해진다는 것과 관련된 치욕스러움에 있어서 거의 관심이 없었고, 성별에 의한 차이가 있다는 증거도 없었다. 이런 현상은 다른 연구에서 보면 청소년기의 남자아이들보다는 여자아이들에게 더욱 강하게 나타나고, 4학년의 어린이에게서 분명히 나타났다(Thelen et al. 1992; Zaslow 1986). 가끔 어린이들의 언급에서 보면, 그들 문화의 특징인 뚱뚱함을 얕보는 것처럼 보일 수 있으나, 남자아이도 여자아이도, 즉 어느 쪽도 그것으로 더 힘들어 하는 것 같지는 않았다. 뚱뚱함에 대한 어린이들의 경멸은 주류 흐름인 유로-아메리카 문화에서 날씬함에 가치 — 즉 미디어에서 나타나는, 그리고 다이어트를 하는 부모와 함께 사는 가정에서 비춰지는 가치 — 가 주어지는 상태에서 전혀 놀라울 것이 없다. 다이렌포스(Dyrenforth)와 울리(Wooley)가 발표한 연구에서 보면, 유치원 아이들은 뚱뚱한 인형보다 날씬한 인형을 더 좋아하고, 뚱뚱한 사람을 그리기보다는 날씬한 사람을 그렸다. 이것은 '유능한 사람으로 뚱뚱한 아이보다 날씬한 아이를 묘사'하는 경향을 나타내는 것이다. 게다가 '더 날씬한 아이들이 평균체중의 아이나 뚱뚱한 아이들보다 사랑받는 경향'이 있다. '지방이 없다'보다 더욱 높이 평가되는 것이 "날씬함"이라는 표시이다(Dyrenforth & Wooley, 35). 이 연구는 뚱뚱함에 대한 민감함에 있어서 남녀차이를 밝히지 못했지만, 뚱뚱함은 우리 사회에서 부정적 부담을 가져온다는 사실을 어린이들은 인생에서 일찌감치 배운다고 결론을 내리고 있다.

텔렌(Thelen), 파우엘(Powell), 로렌스(Lawrence), 그리고 쿠네르트(Kuhnert)는 2, 4, 6학년 191명의 학생을 대상으로 먹는 행위와 신체 이미지에 대한 생각을 연구하였다(1992). 2학년 여학생과 남학생들은 체중에 관해 성별에 의한 차이를 보이지 않았다. 그러나 4학년과 6학년 여학생들은 같은 학년의 남학생들보다, 그리고 2학년 여학생들보다 자신의 신체에 대해 더욱 불만족스러워했고, 몸무게에 더욱 관심을 보였다. 이 연구에 따르면 신체 이미지에 관한 관심은 2학년과 4학년 사이의 여학생들에게서 시작되었다.

비록 유치원 아이들은 실제생활에서 분명 뚱뚱하다는 것을 경멸하지만, 그들의 이야기 속에는 뚱뚱함의 이미지가 그리 등장하지 않는다. 사실 수집된 129개의 이야기 중에 겨우 2개만이 뚱뚱함을 언급하였다. 피처와 프리링거가 수집한 360개의 이야기 속에도 4개만이 언급되어 있었다. 그리고 그 뚱뚱함의 언급조차도 어조와 사용면에서, 칠면조에 대한 긍정적 표현에서 악어와 공룡, 자이안트 몬스터에 대한 중립적 혹은 부정적 표현, 그리고 위험상태의 표현에 이르기까지 다양하였다. 뚱뚱함을 언급한 어린이 이야기 중에서 두 개만이 뚱뚱함을 원하지 않는 특징으로 언급하였다. 한 남학생의 이야기에는 '두 명의 뚱뚱하고 덩치가 큰 인디언'이 언급되었다. "그들은 우리를 괴롭혔다. 아니 그들은 나를 괴롭혔다"(Pitcher & Prelinger 1963, 45). 이 남자아이는 아래의 여자아이 이야기에서처럼 '뚱뚱함'을 줄거리 안에 통합하려 하기보다는 포괄적 모욕으로 사용하였다.

Story 1 점심을 먹어요. 그리고 그 아이의 아버지는 그 애에게 수영을 가르치러 가지요. 그들은 바닷가에서 음식을 먹었어요. 소풍은 집에서 하는 것이 아니기 때문에, 그들은 매일 밖에서 샌드위치와 햄버거를 먹고 음료수를 마셨어요. 왜냐하면 그들은 매일 수영을 가기 때문이지요. 그리고 그 아이와 아버지는 시간을 낭비하고 싶지 않았기 때문이에요. 그들은 먹지 않았어요. 왜냐하면 그들은 뚱뚱해졌기 때문이에요. 그리고 다시 날씬해지고 싶어 했어요. (테스, 4년 2개월, Pitcher & Prelinger 1963, 110)[12]

이것은 뚱뚱해지는 것을 피하기 위해 먹는 것을 제한한다는 것을 언급한 유일한 이야기였다. 여기에서 뚱뚱하다는 것은 원하지 않는 상태를 의미하고 있었다. 다음 이야기에서는 과식과 뚱뚱하다는 것이 서로 연결되지만, 평가는 중립적이다.

Story 2 엄마와 내가 파티에 갔을 때, 그 때는 나의 생일이었어요. 문이 열리더니 거기에 우리 할머니가 있었어요. 할머니가 케이크를 전부 먹으려고 해서 우리가 말했어요. "오, 저런!" 그 때 문이 조용히 열렸어요. 이번에는 다른 할머니였어요. 두 명의 할머니가 오셨는데 할머니들은 케이크를 모두 먹어치우려고 하였어요. 왜냐하면 두 할머니는 모두 뚱뚱했기 때문이에요. 두 할머니는 서로 다른 할머니인데, 더욱더 뚱뚱해졌어요. 할머니들은 더욱더 뚱뚱해졌어요. 왜냐하면 케이크를 더 많이 먹었기 때문이지요. 그러고도 할머니들은 한 접시 더 먹었어요. 그리고 다시 또 한 접시를 더 먹었어요. 할머니들은 와서 케이크를 전부 먹으려고 했어요. 왜냐하면 할머니들은 모두 뚱뚱했기 때문이에요. (레슬리, 3년 11개월, 코니한 10/91)

12. 이야기 끝에 나오는 이름은 가명이다. 다른 연구에서 사용된 이름은 그 저자에 의해 붙여진 이름이다. 어린이의 이름과 나이는 괄호 안에 표시했고, 날짜는 이야기를 들은 날이다.

할머니들은 케이크를 계속해서 먹고 뚱뚱해졌다. 그러고도 더욱 케이크를 많이 먹는다. 그러나 레슬리는 할머니들이 케이크를 먹었다고 혹은 뚱뚱해졌다고 비난하지는 못하고 그만두었다. 다음 이야기는 남자아이의 것으로, 뚱뚱하다는 것을 필연적이고 긍정적인 특징으로 규정하고 있다. 비록 사람을 위한 것이 아니고 추수감사절 칠면조 때문이지만.

Story 3 옛날 옛날에 한 남자가 살았어요. 그 남자는 칠면조를 찾아다니고 있었어요. 왜냐하면 추수감사절이 다가오기 때문이었어요. 그래서 그는 칠면조를 찾으러 숲 속으로 갔지요. 마침내 그 남자는 칠면조를 발견하였지만 뚱뚱하지 않았어요. 그래서 그는 다른 칠면조를 찾아 나섰어요. 그것도 역시 뚱뚱하지 않았어요. 마침내 뚱뚱한 칠면조 하나를 발견하였지요. 그는 그 칠면조를 가지고 집으로 돌아와 먹었어요. 끝. (네이트, 5년 6개월, 코니한 10/92)

뚱뚱하다는 것이 사람에게 좋다는 것이 아니다. 이 이야기에서 뚱뚱하다는 것은 먹기에 좋다는 것이다. 수톤-스미스(Sutton-Smith 1980)가 수집한 두 명의 남자아이 이야기에서 뚱뚱하다는 것은 지나치게 많이 먹은 결과로, 결국 터지고 만다 — 한 이야기 속에서는 음식을 먹은 사람이, 다른 이야기에서는 그의 집이.

Story 4 옛날에 자이안트 몬스터가 있었어요. 그가 잠을 자고 있는데, 그의 엄마가 들어왔어요. 몬스터 엄마는 몬스터에게 저녁을 먹으라고 말하기 위해 그 몬스터를 깨웠어요. 그 자이안트 몬스터는 먼저 씨리얼 한 그릇을 먹고, 다시 10그릇을 더 먹었어요. 그는 결국 너무 뚱뚱해져서 집이 터지고 말았어요. (브라이언, 대략 5세, 수톤-스미스 1980, 137)

마찬가지로 Story 9인 탭의 이야기에서도, 공격과 배고픔, 그리고 탐욕을 그리고 있는데, 한 무시무시한 악어가 너무 많이 먹어 뚱뚱해지다가 결국 죽는다는 이야기다. 이런 경우에 아이들은 재앙의 원인이 뚱뚱한 것이기보다는 너무 많이 먹는 것이라고 보는 것 같다. 유치원 아이들 이야기에서 뚱뚱함과 연관된 의미의 언급이, 항상은 아니지만, 매우 적다는 것은 체중과 신체에 대한 의식이 유치원 아이들에게는 깊은 관심사가 아니라는 것을 나타내고 있다. 초등학교 4학년이 되어서야 여자아이들은 남자아이들보다 훨씬 더 신체에 대해 고민하고 자기비하를 하는 것으로 나타난다. 그런데 언제, 왜, 어떻게 여자아이와 남자아이들이 자신의 신체에 대해 달리 생각하기 시작하는지를 알아보기 위해 초등학교 학생들을 대상으로 한 연구가 더 많이 이루어질 필요가 있다(Thelen et al. 1992; Zaslow 1986).

음식통제와 통제로서의 음식

어린이들의 이야기 속에서 남자와 여자아이들은 음식과 먹는 행위, 식사 등 많은 언급을 한다. 많은 가족의 식사와 먹는 행위에는 특정한 패턴과 규칙성이 있기 때문에, 아이들은 이야기 속에서 사건의 순서를 나타내기 위해, 확대해석하면, 곧 세상의 돌아가는 순서를 나타내기 위해 식사나 음식, 먹는 행위 등을 사용한다. 예를 들어 다음의 2살 반 된 남자아이의 이야기를 살펴보자.

Story 5 작은 남자아이는 집으로 가서 점심을 먹어요. 그리고 그 아이는 머리를 쿵하고 박았어요. 그 아이는 다시 또 쿵하고 박았어요. 그리고 또 박았어요.

그리고 또 … 그리고는 접시 안으로 들어갔어요. 그 애는 배가 고파요. 엄마가 와요. 그 아이는 그냥 밖에서 놀아요. (토비아스 M., 2년 6개월, 피처 & 프리링거 1963, 33)

여기에서 음식에 대한 암시는 시간을 편성하고, 줄거리를 이어가는데, 그리고 중요한 사건과 상태를 제공하는 데 한몫 하고 있다. 다음의 3살 반 나이의 여자아이 이야기 역시 비슷한 방식으로 음식을 사용하고 있다.

Story 6 옛날 옛날에, 우리 아버지는 저녁을 먹고, 나는 아이스크림을 먹었어요. 어느 날 우리는 숲 속으로 갔지요. 거기에는 스티브 삼촌이 모는 트랙터가 있었어요. 고스트는 없었어요. 삼촌은 우연히 곰과 마주쳤어요. 그리고 내가 거기에서 무엇을 발견했는지 알아요? 바베큐 파티였어요. 언젠가, 언젠가 내가 아이스크림을 먹고 있었어요. 하루는 엄마가 나에게 골리락 비디오를 보았냐고 물었어요. 나는 골리락 비디오를 보았어요. 그리고 골리락이 아기곰하고 나란히 누워있을 때, 골리락이 '와'하고 소리쳤어요. (폴리, 3년 2개월, 코니한 10/91)

앞의 두 이야기에서 음식은 설명순서를 위해 고의적으로 언급되고 있다. 또한 다음 이야기에 나오는 맥스가 자신의 생일에 대한 이야기에서처럼 아이들은 자신의 만족을 가져옴으로써 세상을 통제하기 위해 음식에 대한 공상을 사용한다.

Story 7 우리 아빠가 저녁을 다 먹고, 나도 저녁을 다 먹고, 우리 엄마도 다 먹고, 우리는 야구를 했어요. 그리고 배구도 했어요. 나는 배구네트 여기저기를 주먹으로 쳤어요. 우리 엄마, 아빠는 좁은 골목에서도, 길에서도, 차 밑에서도 배구공을 가지고 놀았어요. 그리고 우리는 다시 축구를 했어요. 우리는 저녁을 먹었어요. 엄마는 저녁을 만들고 난 후 말했어요. "저녁시간이다." 그리고 저녁을 먹은 후에 우리는 밖에 나갔어요. 그리고 내 생일이 되었어요. 그리고 우리는 생일 케이크를 먹고, 양초를 불었어요. (맥스, 3년 2개월, 코니한 10/91)

이 이야기는 스포츠를 함께 즐기며 가족을 하나로 묶고 있다. 그리고 생일로 끝을 냈다. 패일리가 말하길, 생일은 '음식활동에서 조사된 훌륭한 아이디어'의 하나라고 하였다(Paley 1988, 9). 아이들에게 생일의 이미지는 — 생일 케이크의 이미지 역시 — '안전과 파워의 확인', 즉 남자와 여자아이들에게 만족과 양육의 안식처라고 믿는다(108).

맥스의 이야기는 손쉽게 만족을 가져온 반면에, 다음의 레슬리 이야기는 자신의 욕구에 대한 해결책을 더욱 힘들게 나타내고 있다.

Story 8 엄마와 나는 리나와 함께 팬케이크를 먹었어요. 리나와 엄마, 그리고 나는 팬케이크 가게를 나왔어요. 우리는 다시 들어가 팬케이크를 먹었어요. 엄마와 나는 다시 팬케이크 가게로 돌아갔는데, 가게가 닫혀 있었어요. 그래서 우리는 다른 팬케이크 가게로 갔는데, 팬케이크가 다 팔리고 없었어요. 그래서 아빠가 말했어요. "문이 열려 있는 팬케이크 가게가 있는데." 엄마가 말했어요. "어떤 가게예요?" 그리고 아빠가 말했어요. "숲 안쪽에." 그래서 엄마와 나는, 리나는 데리고 가지 않고, 우리는 숲으로 갔어요. 거기에 팬케이크 가게가 있었어요. 그러나 장사를 하지 않았어요. 우리는 가게 안으로 들어갔지요. 그런데 안에 몬스터가 있어서 안으로 들어가지 않았어요. 우리는 아빠에게 몬스터 집에 간 이야기를 모두 했어요. 그런데 커다란 몬스터가 우리 뒤에 있었어요. 그것은 진짜 몬스터가 아니었어요. 그것은 리나와 아빠였어요. 그들은 우리를 겁주었어요. "어떻게 우리를 속일 수가 있어요?" 엄마가 말했어요. "우리는 정말 몬스터인줄 알았어요." "난 몬스터가 아니지." 아빠가 말했어요. (레슬리, 3년 11개월, 코니한 10/91)

이 이야기는 충분한 음식에 대한 불안감을 나타내는데, 아이들의 이야기 속에서 흔히 나타나는 화제로 때로는 해피엔딩이고, 때로는 불안감과 공격성을 낳는다. 레슬리의 이야기에서 팬케이크를 찾아다니는 것은 길고 좀 당황스러운 이야기이다. 이것은 막다른 골목과 몬스터로 이끌어 가고 있다. 일반적으로 몬스터는 할아버지나 할머니로(아빠와리나), 즉 몬스터보다는 훨씬 자애로운 사람으로 변형되는데, 이 이야기에서는 음식 찾는 것을 해결해 주지 못한 사람으로 변형되고 있다. 충분한 음식에 대한 불안감은 충분한 사랑과 돌봄, 그리고 관심에 대한 불안감—남자아이나 여자아이 모두의 관심사—을 반영할 수 있다. 공상에서의 불안감 증가는 그 불안감을 대단하지 않게 만든다거나 혹은 아예 그 불안감을 해결하도록 도울 수 있다.

음식과 가족 : 서로간의 결합, 일치감[자아 확인], 그리고 갈등

레슬리의 이야기(Story 8) 속에서, 음식은 핵가족 혹은 대가족과 관련된 사회적 활동의 중심적 존재이다. 이 이야기에는 가족구성원이 몬스터로 변형된 생각이 들어가 있으나, 결국 그 가족구성원은 몬스터가 아님을 확인하고 있다. 그래서 아이들이 부모에 대해 느끼는 양면성—이야기 속에서 종종 '좋은 부모'와 '나쁜 부모'의 두 성격으로 나누어서 표현됨—을 보여주고 있다(Bettelheim 1977). 남자아이와 여자아이들의 이야기 속에서 음식의 중요한 사용은 대개는 어린이들이 가족구성원에 대해 가지고 있는 즐거운 감정을, 때로는 상반되는 감정을 표현한다. 일치감과 사랑, 결합, 그리고 적대감 등이 이런 감정에 속한다. 음식상징주의의 좋은 점은 음식이 이런 모든 복잡한 감정을 동시에 전달할 수 있다는 것이다. 음식제공에 관한 이야기 세부사항은 상징적으로 부모와의 일치감과 모든 종류의 양육을 나타낼 수 있다. 그러나 동시에, 먹는 행위는 폭력적이고 공격적인 행위가 될 수 있다. 왜냐하면 그것은 깨물고, 씹고, 자르고, 우적우적 먹는 행위가 따를 수 있기 때문이다.[13] 게다가 음식의 회수(回收)는 사랑의 회수를 상징할 수 있다.[14] 유치원 아이들은 부모와의 일치감과 애정을 표현하기 위해서 뿐 아니라 그들에 대한 적대감 표현에도 음식메시지를 사용하였다. 상호결합과 반감 사이의 변화는 아동의 분리 자율성에 대한 정체성 발달의 일부분이다.

피처와 프리링거가 이야기를 수집하던 1950년대의 엄마들처럼, 가족 내에서 엄마가 여전히 음식제공자의 1순위라는 사실 때문에(DeVault 1991; McIntosh & Zey 1998), 음식을 중심으로 한 부모와의 일치감에 있어서는 여자아이들이 남자아이들보다 좀 강하다. 사실 여자아이들의 음식 언급의 대다수는 음식의 식용(食用)적 이용과 사회적 이용에 관한 것이다〈표 8-1〉. 여자아이들은 식사나 식사이벤트에 대해 남자아이들보다 2배가량 자주 언급하였다. 여자아이들은 소풍, 야외파티, 바비큐파티 등을 자주 말한 반면에, 남자아이들은 이런 이벤트에 대해 그리 자주 언급하지 않았다. 한 여자아이의 다음 이야기를 살펴보자.

---

13. 『부모들의 잔인한 충동』에서 디브뢰는 어린이들의 난폭한 은유는 부모들의 잔인한 충동을 반영한 것이라고 설명하고 있다(Devereux 1980).

14. 모리스 센닥(Sendak 1963)의 훌륭한 어린이 동화 『괴물들이 사는 나라』는 이런 모든 방식으로 먹는 것을 테마로 삼고 있다(1장 참조). 이 이야기는 음식을 통해 어린이와 부모들 사이에 흔히 전달되는 상징적 메시지의 많은 것과 시적으로 결부되어 있다. 아마도 이런 이유 때문에 이 책은 독자로부터 사랑받고 아동문학상을 받았을 것이다.

Story 9 옛날 옛적에, 나는 우리 엄마와 함께 소풍을 갔어요. 그런데 바구니에는 아무 것도 없었어요. 왜냐하면 소풍바구니에 구멍이 나 있었기 때문이에요. 우리는 바구니를 다시 엮고, 그 안에 음식을 넣었어요. 음식은 빠져나가지 않았어요. (마가렛, 3년 9개월, 코니한 10/91)

여기에서 여자아이는 충분한 음식에 대해 걱정하는 것 같다. 그래서 그 걱정을 표현하기 위해 구멍이 난 소풍바구니를 은유적으로 표현하고 있다. 그리고 그 구멍을 고치는 엄마는 강한 인물로 그려지고 있다. 아마도 아이는 소풍 — 일반적으로 재미있는 음식 이벤트 — 을 이용하여 박탈감에 대한 불안을 감소시키고 있을 것이다. 여자아이들은 남자아이들보다 식사임무, 음식과 관련된 사람, 장소를 더 많이 언급하였다. 여자아이들은 흔히 직접 장보러 간다거나, 다른 사람이 장보러 간다거나, 요리를 한다거나, 그리고 다른 사람에게 음식을 주기도 한다.

Story 10 우리 엄마는 조그만 스토브를 가지고 있어요. 엄마는 햄버거도 만들고, 빵도 만들어요. 그런데 어느 날 저녁, 엄마가 말했어요. "너 뭐하니?" "장난감 갖고 놀아요. 엄마는 뭐해요?" "나는 요리하고 있지." 끝. (카트리나, 5세, 코니한 10/91)

여기에서 카트리나는 조그만 스토브에서 일하는 엄마의 이미지를 통해 엄마의 일을 자신의 놀이와 나란히 연결해 놓는다. 조그만 스토브는 장난감 스토브를 연상시킨다. 전체적으로 여자아이들은 남자아이들보다 사회적 역할을 실행하기 위한 중간 매개체로 음식을 더 많이 사용하는 경향이 있다(Pitcher & Prelinger 1963, 203). 그리고 이것은 여자아이들에게 음식을 통제한다거나 나누어 줄 능력을 통해 파워를 얻는 수단을 제공한다.

다음의 카렌 이야기 중 하나는 어머니와의 일치감이 어떻게 자아를 키우고 만족스런 파워를 부여하는지에 관해 더욱 발달된 감각을 보여주고 있다.

Story 11 옛날 옛적에 엄마와 아빠는 마켓에 갔어요. 그리고 숙모를 위해 분유를 많이 샀어요. 왜냐하면 숙모는 아기이기 때문이에요. 나는 아직 엄마의 배속에 있어요. 나는 아직 태어나지 않았어요. 나는 엄마, 아빠와 함께 마켓에 갔어요. 다음 날 나는 엄마 배에서 나왔어요. 그리고 나는 엄마가 나를 데리고 있는 것을 보았어요. 나는 엄마가 결혼하는 것을 보았어요. 나는 새 아기 웨딩드레스를 입고 있었어요. 그 웨딩드레스에는 조그만 꽃들이 달려 있었고 내 머리 위에는 꽃이 꽂혀 있었어요. 나는 엄마가 웨딩드레스를 입고 결혼하는 것을 보았어요. 엄마는 결혼을 하고, 내가 결혼식에서 했던 다른 것들을 보고 싶어 했어요. 나는 색칠을 하고 케이크를 먹었어요. 케이크가 내 얼굴 여기저기에 묻었어요. 나는 케이크를 좋아했어요. 그래서 나는 말했지요. "와! 맛있다!"하고. 엄마와 아빠는 내가 케이크를 더 먹고 싶어 한다는 것을 알아챘어요. 이제 나는 케이크는 충분하였어요. 왜냐하면 엄마는 내가 더 먹지 않기를 원했기 때문이에요. 왜냐하면 나는 이빨이 막 나오려 하고 있었기 때문이지요. 내 이빨이 이제 막 나오려 하고 있었거든요. 결혼식에서 내가 울려고 할 때마다 엄마와 아빠는 내 이빨이 나오려 한다는 것을 알았어요. 그리고 나는 페퍼민트를 많이 구해서 집으로 돌아왔어요. 버터도요. 우유도 오렌지 주스도 많이 구했어요. 우리는 그것들을 가지고 집으로 돌아왔어요. 우리는 먹고, 또 먹고, 마셨어요. 그리고 난 후 엄마는 나를 침대에 눕혔어요. (카렌, 4년 11개월, 코니한 10/91)

이 이야기에서, 카렌은 마켓을 중심으로 먹으면서, 말 그대로 엄마의 배 속에서 조차도, 핵가족과 대가족에 대한 언급을 조직화하고 있다. 카렌은 또한 엄마의 결혼식에 대해 이야기 하고 있다. 엄마가 입고 있었던 웨딩드레스를 묘사하고, 웨딩드레스를 이용하여 자신과 엄마를 동일시하고 있다. 엄마는 결혼을 하고 웨딩드레스를 입고 있었다. 또한 이 이야기가 보여주는 것은 아기가 무엇을 의미하는가이다. 아기는 울고, 먹고, 먹고, 또 먹고 하는 부족의 상태이다. 아이들의 공상이야기에서 아기는 동시에 어디든 있을 수 있는 존재의 상징이다. 아기는 안전한 자율적 자아를 형성하기 위해 투쟁하는 어린이들의 불안감을 구체화하는 것 같다고 패일리는 말하고 있다: "요구를 하면서 징징 울어대는 아기의 내면은 분리와 사회화를 저항하는 모든 힘을 구체화하는 것 같다"(Paley 1988, 108). 카렌에게 결혼식에서 먹는 케이크는 그녀의 아기시절과 연결되고, 울면서 요구를 시위함으로써 모든 양육욕구를 표현하는, 그녀의 커가는 능력과 연결되어 있다.

카렌의 이야기는, 같은 성의 부모와 동일시함에 있어서 음식제공자—즉 전통적으로 남자아이들보다 여자아이들이 더욱 쉽게 영향을 받을 파워—와 동일시함으로써 얻어진 파워를 나타내고 있다. 물론 아버지들이 점차 아이들 양육에 관여함에 따라, 그만큼 남자아이들도 아버지와 동일시함을 이용할 기회를 갖게 되어 이런 파워를 얻게 될 것이다. 3살 난 남자아이들 사이의 공상놀이에서 흔치 않은 다음의 에피소드는 그 또래의 아이들이 하는 것을 그대로 보여주고 있다.

Story 12 "착하게 굴지 않으면 어느 음식도 주지 않겠다."고 크리스토퍼가 위협해요. 그는 아버지이고, 스튜어트와 바니는 울면서 담요를 내던지는 행동을 하는 그의 아기들이지요.

"나는 착하지요?" 스튜어트가 말해요.

"아니, 너는 착하지 않아. 너는 맨 날 울잖니? 착한 아기만이 음식을 먹을 수 있단다."

"전 착하니까, 파이 주세요. 파이! 파이!"

"이것은 내가 만든 것이 아니니, 이 아빠가 요리가 무엇인지 보여주마."

"아빠가 만든 것 주세요."

"네가 진짜 착한 아기라면."

"울지 않을게요, 아빠."

"준비될 때까지 기다려라. 너무 뜨겁단다. 그렇지만 착하지 않으면 음식도 없는 거다."

"우리 웃고 있잖아요."

"오케이, 자, 여기 음식이다."

"저 착하죠?"

"그래. 착하구나. 이제 먹어도 돼."

(Paley 1986, 129)

이 이야기는 크리스토퍼를 음식 책임자로 나타냄으로써 자신의 아버지와의 동일함을 표현하고 있을 뿐 아니라, 어른의 힘을 작은 어린이가 깨닫고 있음을 표현하기도 한다. 어른은 음식을 제공하여 양육을 할 수 있고 혹은 음식을 제약하여 벌을 줄 수도 있다. 크리스토퍼는 아이들의 견지에 맞게 아이들에게 음식을, 특히 아이들이 좋아하는 파이나 사탕과 같은 기쁨의 음식을 제약함으로써 아이들에 대한 부모의 공격성을 미묘하게 나타내고 있다(Satter 1987).

앞의 이야기(Story 12)는 음식제공에 대한 어두운 면을 반영하고 있지만, 다음 이야기에서는 엄마와 동일시 여기는 것이 파워의 근원이 될 수도 있지만 두렵고 위험할 수도 있다는 것을 보여주고 있다.

Story 13 옛날 옛적에 나와 엄마는 꿀을 좋아하는 곰이었대요. 나와 엄마는 꿀에 손을 담가 끈적거렸어요. 그런데 벌 한 마리가 우리 손을 쏘았어요. 우리는 집으로 돌아오는 내내 "아얏, 아야."하고 소리 냈어요. 우리는 꿀빵을 만들어 먹었어요. (카렌, 4년 11개월, 코니한 10/91)

여기에서 카렌은 엄마처럼 곰이 되어 꿀을 구하고, 꿀빵을 만들면서 자신을 엄마와 동일시하고 있다. 그러나 엄마처럼, 혹은 엄마와 함께 벌에 쏘이게 된다. 이런 이미지는 지나친 애착과 동일시의 위험 가능성을 함축하고 있다.

공격성으로서의 폭식

어린이들은 공격성 — 때로는 부모에 대한, 때로는 일반적인 다른 사람에 대한 공격성 — 을 분명하게 표현하기 위해 음식을 흔히 사용한다. 어린이들은 많은 이야기를 하는데, 그 이야기 속에서 난폭함을 나타내기 위해 먹는 행위를 이용하고, 괴롭힘을 나타내기 위해 깨무는 행위를 이용한다(Freud 1947, 1968). 다음 이야기는 약 5살 난 벤이라는 한 소년의 이야기이다. 몬스터의 존재는 이 나이 어린이에게 나타나는 전형적인 특징이다.

Story 14 옛날 옛날에 한 몬스터가 사람을 10명이나 잡아먹고 꽥꽥 소리쳤어요. 그래서 고스트가 그 몬스터를 잡아먹었어요. 그리고 마녀가 죽었어요. 그들은 모두 서로의 머리를 먹었어요. 그래서 그들은 움직일 수 없었어요. 그리고 나갈 수가 없었어요. … 그러고 나서 마녀가 죽었어요. 그러자 고스트는 마녀를 먹었어요. 그리고 그들은 모두 다 죽었어요. 이제는 사람들이 뒤죽박죽이 되어 아무 것도 할 수 없었어요. 그들은 꼼짝달싹 할 수 없이 갇혀버려 일어날 수가

없었어요. 그들은 갇혀서 죽었어요. 그들은 나갈 수 없었어요. (벤, 4년 10개월, 코니한 10/91)

벤의 이야기는 난폭함으로서 먹는 행위를 분명하게 언급하고 있다. 이것은 공격적이고, 험악하고, 위협적인 행동이다. 영양적으로 먹는 진짜 음식에 대한 언급은 없다. 그리고 먹는 것에 대한 사회적이고 평범한 성질에 대한 언급도 없다.

약 5살인 위니는 다음의 이야기 속에서 먹는 행위 — 요리와도 연결하여 — 를 난폭함과 죽음으로 보고 있다.

Story 15 아주 옛날에 한 농부가 소를 기르고 있었어요. 한 나쁜 남자가 와서는 나무 뒤에 숨어서 몰래 소를 훔쳐보았어요. 그 남자는 거기에서 몰래 소를 훔쳐보며 그 소에게 총을 쏘려고 했어요. 그리고는 그 소를 쏘았어요. 그래서 농부는 저녁거리를 위해 그 남자를 쏘았어요. 그리고 먹어버렸어요. 경찰이 와서 농부를 체포했어요. 그리고는 그의 배에서 그 남자를 끄집어냈어요. 그러나 그는 모두 조각조각으로 쪼개져 있었어요. 그래서 경찰은 그 남자를 테이프로 붙여 원래대로 만들었어요. 그러나 그는 죽고 말았어요. (위니 4년 10개월, 코니한 10/91)

앞의 예들은, 음식과 먹는 테마가 남자와 여자아이들의 중요하면서도 보편적인 관심, 특히 부모에 대한 의존성의 불안감, 자율성, 적대감, 그리고 공격성 등을 표현하기 위해 사용되는 다양한 방법을 보여주고 있다. 더 앞서 서술했듯이, 어린이들 이야기의 거의 절반이 음식과 먹는 행위, 혹은 음식 중심의 활동을 언급하고 있다. 그러나 여자아이들이 음식을 먹고 제공하는 의미에서 음식에 대한 언급이 훨씬 많은 반면에, 남자아이들은 난폭함으로서 먹는 행위를 더 많이 언급하고 있다. 남자아이들이 음식을 언급할 때 약 절반이 난폭함 혹은 죽음으로 먹는 행위를 언급한 반면에, 여자아이들은 약 3분의 1 정도가 그러했다〈표 8-1〉. 남자아이들은 아래 이야기와 같은 경향을 훨씬 강하게 나타내었다.

Story 16 늑대 한 마리가 싸우기 시작했어요. 그 늑대는 곰을 잡아먹었어요. 그리고 집도 먹어치웠어요. 그리고 잔디도, 쓰레기도, 닭도, 자전거도, 자동차도, 사람들도 먹어버렸어요. (키프 P., 3년 7개월, Pitcher & Prelinger 1963, 50)

공격적인 공상은 남자아이들에게 무섭거나 불안하지 않다. 반대로 남자아이들은 깨물고, 부수고, 난폭한 행위로 가득 차 있는 이야기를 하는 것에 신이 난다. 아래의 이야기는 남자아이들이 입을 통해 공격성을 표현하는 것으로 자신의 일체감을 느끼는 즐거움을 얻는 좋은 예가 된다.

Story 17 한 남자, 즉 보안관. 그게 나예요. 나는 그들 모두를 죽였어요. 그리고 그들을 먹어치웠어요. 맛이 이상했어요. 왜냐하면 나는 고기와 피를 좋아하기 때문에 먹었어요(이것은 단지 이야기임). 그리고 그 보안관은 말도 먹었어요. 그리고 다른 곰도 먹었어요. 그리고 마녀도 먹히고 말았어요. 왜냐하면 마녀는 모든 사람들을 죽였기 때문이지요. 카우보이가 온 나라를 먹었어요. 그리고 한 거인이 와서 그 카우보이를 죽이려하자 그 카우보이는 그 거인을 죽였어요. 카우보이는 모든 것을 물리쳤어요. (엘리어트 M., 4년 11개월, Pitcher & Prelinger 1963, 79)

여자아이들 역시 공격적인 테마를 이야기로 표현한다. 그러나 그들은 남자들에 비하면 수준이 남자아이들 반 정도에 불과하다. 여자아이들은 남자아이들보다 그런 테마로 전체 이야기를 끌어가지는 않는다.

공격성, 배고픔, 그리고 탐욕

공격성을 표현하기 위해 음식의 비유적 표현을 남자아이들이 더 많이 사용하는 것은, 일부 전문가들이 제시한 것처럼(예를 들어, 패일리), 남자아이들의 불안감이 더 커서 그런 것인지 나는 궁금하였다. 나는 내가 수집한 이야기와 피처와 프리링거가 수집한 이야기 속에서 배고픔과 탐욕에 관한 이야기를 골라냈다. 왜냐하면 내 생각에 그런 이야기들은 아이들의 중심 관심사인 결핍(가난)과 채워지지 않는 욕심에 대한 이야기로 보기 때문이다. 나는 배고픔 이야기는 배고픔이 그대로 언급되었거나 넌지시 배고픔을 암시하는 이야기로 규정하였고, 탐욕 이야기는 주인공이 지나치게 너무 많이 먹는 이야기로 규정하였다. 나는 모든 이야기를 읽고, 배고픔과 탐욕이야기라고 여겨지는 것들을 귀납적으로 골라냈다. 분명 이 방법은 인상적이지만, 왜곡되기 쉽고 과학적이지도 못하다. 나의 생각은 이 평가가 절대적이기보다는 단순히 시사적이고자 하는 것이다.

나는 13개의 배고픔 이야기(5개는 남자아이, 8개는 여자아이의 이야기)를 조사하였다. 그 이야기들은 남자와 여자 아이들 사이의 유사성을 보여주었다. 이야기들은 다양하고 애매하며, 항상은 아니지만 대개는 해피엔딩이다. 그러나 11개의 탐욕이야기(6개는 남자아이, 5개는 여자아이의 이야기)에서는, 차이점이 넌지시 나타났고, 유치원 여자아이들보다 남자아이들에게 결핍이 더욱 문제가 되고 있음을 시사하였다. 남자아이들의 탐욕이야기는 먹는 욕구에 대한 성공적 만족으로 거의 끝나지 않는다. 오히려 만족은 문제가 된다. 존재하지 않고, 애매하고, 불완전한 그릇된 사물이 뒤따른다. 예를 들자면 토끼로 잘못 본 나무, 죽은 쥐, 생기 없는 오리와 여우 등. 이것이 지나치면 해로운 결과를 낳는다. 토하고, 죽고, 배 터지고, 그 외의 해로운 성질 등. 남자아이들의 탐욕이야기 모두는 해로운 결과가 나타나 아래의 이야기와 같이 탐욕은 음식을 먹은 사람의 배가 터지게 하고 만다.

Story 18 한 남자아이가 호수에 빠졌어요. 그 아이는 땅으로 올라왔어요. 그는 보트를 구해 물속에 밀어 넣고, 그 배 위에 올라탔어요. 그 아이는 물고기를 잡으러 갔어요. 그 아이는 100마리의 물고기를 잡아 집으로 돌아왔어요. 그 아이는 그 물고기를 전부 먹고 배가 터져버렸어요. 사람들이 그를 땅에 묻어주었어요. (데이어, 5년 11개월, 피처 & 프리링거 1963, 132)

아마도 이 이야기는 지나치게 많이 먹는 것은 위험하다는 소년의 인지를 드러내고 있다. 다음 이야기 역시 지나친 과식으로 뚱뚱해져 죽는다는 내용이 있다.

Story 19 옛날에 날카로운 이빨을 가진 무서운 악어가 있었어요. 그는 사람을 보면 잡아먹었어요. 그 악어는 점점 뚱뚱해지고, 뚱뚱해지고, 뚱뚱해졌어요. 그는 결국 토하면서 죽었어요. 그 악어는 땅 밑에 있었어요. 일어날 수가 없었어요. 왜냐하면 그 악어는 죽었기 때문이에요. 그 악어는 씨앗으로 변했어요. 그 악어는 우리가 배속에 아기를 가지고 있는 것처럼, 작은 씨앗을 가지고 있었어요. 그리고 그 씨앗은 자라서 다시 악어가 되었어요. 왜냐하면 그 악어는 땅에 심어져 다시 악어가 되어 나왔기 때문이에요. 끝. (탭, 5세, 피처 & 프리링거 1963, 132)

이 이야기는 죽음과 부활을 묘사하는 데 있어서, 그리고 구강기적 성질을 출생 — 어린이들의 공상에서 종종 보이는 관심 — 과 은유적으로 연결하는 데 있어서 뛰어나다. 이 이야기는 먹는 행위를 임신과 상징적으로 연결시켰을 뿐 아니라, 지나친 음식섭취의 위험과 소원충족의 역할을 표현하고 있다. 이 어린이는 자신의 필요사항을 만족시키는 것이 과격하고, 위험하고 어렵다는 것을 느끼고 있는 것 같다. 탭은 아마도 빈곤함에 대한 불안을 극복하기 위해 부활의 공상을 사용하고 있는 것이다.

여자아이들은 이야기 속에서 빈곤함을 해결하는 데 더욱 성공적인 듯하다. 그리고 남자아이들보다 덜 위협적이다. 이것은 다른 모든 이야기에서처럼, 여자아이들의 탐욕이야기가 남자아이들의 이야기보다 더욱더 사회적 위치를 차지하고, 가족구성원에 대한 언급이 더 많고, 다른 성격의 인물들도 더 많이 관여되고 있는 경향이 있다는 사실과 관련이 있다(Pitcher & Prelinger 1963). 여자아이들의 탐욕이야기 모두는 배고픔을 만족시켜 주며 끝이 난다. 어느 것에게도 해를 입히지 않는 것으로 끝이 난다. 다음의 이야기를, 모든 남자아이들의 탐욕이야기는 손상이나 해를 끼치며 끝이 난다는 것을 기억하며, 그들의 탐욕이야기와 비교해 보자.

Story 20 작은 아기 동생과 그 애는 온통 지저분하게 어지럽혔어요. 그리고는 그 아기는 파이를 만들어 먹었어요. 그 애는 아기가 파이 먹는 것을 지켜보면서 자기도 파이가 먹고 싶다는 생각을 했어요. 그 애는 파이가 먹고 싶었어요. 그래서 그 애는 파이를 모두 먹어버렸어요. (애니타 W., 2년 10개월, 피처 & 프리링거 1963, 34)

애니타의 이야기는 욕구를 표현하고, 아무런 부정적 결과 없이 그 욕구의 해결책을 허락하고 있다. 이 이야기 속에는 아기를 언급하여 형제간의 경쟁관계가 엿보인다. 그러나 이런 감정은 나쁜 감정으로 만들어지지 않는다. 다음의 이야기 역시 주인공으로 하여금 과할 정도로 먹게 하지만 해피엔딩으로 끝난다.

Story 21 고양이 한 마리와 강아지 한 마리. 그들은 모두 엄마와 아빠가 없이 혼자 살았어요. 그들은 과자를 많이 먹었어요. 그들은 부엌에 있는 모든 음식을 먹어치웠어요. 그리고 여기저기에 빵 부스러기를 흘렸어요. 그 때 개미가 와서 그 부스러기를 모두 먹었어요. 그러고 나서 그 고양이와 강아지는 사탕가게로 갔어요. 가게 선반 위에 있는 모든 사탕을 먹었어요. 그리고도 집으로 돌아와서 음식을 더 먹었어요. 그리고 그들은 서커스 구경을 가서 회전목마를 탔어요. 그리고 학교에 가서 공부를 하고 점심과 저녁을 먹었어요. 그리고 잠을 자고 다시 아침을 먹고, 그리고 더 이상 학교에 가지 않았어요. (보니 C., 3년 11개월, 피처 & 프리링거 1963, 55)

이 이야기는, 고양이와 강아지가 부모의 부재상태에서 음식욕구를 성공적으로 다룰 수 있는 한 여자아이의 구상을 보여주고 있다. 고양이와 강아지는 과자와 사탕 등 '더 많은 음식' — 모두 해롭지 않은 음식 — 을 먹는다. 그리고 계속해서 수업을 받고, 밥을 먹고, 잠도 자고, 그리고는 다시 귀찮은 수업을 빼먹기도 하면서 자립성을 보여주고 있다. 그들은 즐겁게 행동한다. 다음의 마지막 이야기는 음식상징주의를 중심으로 한 여러 가지 내용의 이야기를 하나로 묶는 방식으로 가장 관심을 끄는 이야기 중의 하나이다.

Story 22 옛날에 베씨라고 불리는 작은 여자아이가 살았어요. 그 아이는 뜰에서 오랫동안 놀았어요. 엄마가 그 아이에게 들어오라고 불렀으나, 그 아이는 너무 재미있어 엄마에게 말했어요. "엄마, 저 조금 더 놀아도 돼요?" 그 아이는 배가 고팠어요. 그 아이는 음식을 보았어요. 그 모든 음식이 접시에 나오자마자, 식탁 밑으로 내려가 모든 스파게티를 자기 스파게티에 묶었어요. 언니, 오빠들의 모든 스파게티가 그 아이의 입으로 들어갔어요. 엄마가 말했어요. "언젠가 너는 그 대가를 받을 거야." 그 아이의 꿈속에 한 작은 남자가 나타나 그 아이를 보고 걸어가라고 시키더니 앞치마를 주었어요. 그리고 식탁의 음식을 그 아이에게서 멀리 잡아당겼어요. 그 남자는 기계의 전동장치가 있는 작은 가게로 갔어요. 그리고 모든 장치를 조절하여 베씨에게 아이스크림과 케이크를 먹으라고 했어요. 그가 의자로 돌아왔을 때 그 여자아이는 배가 꽉 찼어요. 그런데도 그 여자 아이는 여전히 배가 고팠어요. 그 아이는 닭다리 하나를 더 들었어요. 그러고 나니 엄마가 아침밥을 먹으라고 불렀어요. 그 아이는 엄마의 가르침을 깨닫지 못했어요. 그런데도 엄마는 아이에게 아침밥을 먹으라고 불렀어요. 엄마는 다른 뭔가 아이디어가 떠올랐지만 그것이 무엇이었는지 몰랐어요. 그 아이는 여전히 꿈속에서도 교훈을 배우지 못했어요. 이야기 끝. (엘레노어 K., 5년 2개월, 피처 & 프리링거 1963, 137)

이 이야기는 여자아이의 배가 아이스크림과 케이크로 꽉 찼음에도 불구하고 잠시 후에 "여전히 배가 고팠다"는 것을 통해 결핍감과 불만족을 잘 전달하고 있다. 언니, 오빠의 스파게티를 모두 먹어버리고 엄마에게 꾸지람을 듣는 — "언젠가 너는 그 대가를 받을 거야." — 주인공을 표현하여 배고픔과 정서적 욕구 사이의 관계를 분명히 하고 있다. 즉 아이는 형제간의 경쟁 때문에 뭔가 충분하지 않다고 느낀다. 그것이 음식이든, 사랑이든, 관심이든. 아이는 아마도 탐욕으로 배가 고플 수 있다. 왜냐하면 그것은 신체적 배고픔이라기보다는 정서적 배고픔이기 때문이다. 이 이야기는 어린이의 의존성의 좌절감과 그런 좌절감에 대한 성인의 역할을 보여주고 있다. 왜냐하면 이야기에서 여자아이에게 음식을 거부하게 하기도 하고 먹게 하기도 하는 '작은 남자'가 등장하고 있기 때문이다. 어른들은 어린이들의 욕구만족을 조절해 준다. 그래서 어린이들에게는 결과적으로 종종 독단적이고 비열한 것 같이 보인다. 그러나 엘레노어는 자신의 의존성의 좌절감과 그에 따르는 탐욕을 분명히 나타내고 있다. 그러나 이 이야기 속의 베씨에게 좋지 않은 결말로 끝나게 하지 않고 있다. 엘레노어가 말한다. "그 여자아이는 엄마의 가르침을 깨닫지 못했다." 이것은 베씨가 엄마의 교훈을 배우게 될 미래의 이야기를 위해 길을 닦아놓고 있다. 이것은 남자아이들의 탐욕 이야기의 끝처럼 배가 터지거나 죽는 것과는 반대로 더욱 문이 활짝 열린 미래이다.

요약과 해설

남자와 여자아이들 이야기 속에 나타나는 음식과 먹는 행위의 상징적 의미에는 몇 개의 차이점이 발견된다. 첫째, 여자아이들은 음식관련 활동 혹은 음식 관련 역할에 관한 언급이 더 많이 나타난다. 둘째, 남자아이들은 게걸스레 먹는 것에 대해서 여자들보다 더 많이 언급한다. 셋째, 탐욕에 관한 남자아이들의 이야기는 대개 좋지 않은 결론이 나는 반면에, 여자아이들의 탐욕이야기는 대개 해피엔딩 혹은 명확하지 않은 결과로 끝이 난다.

나의 분석에서 성별에 따른 차이의 암시는 비슷한 중류계층의 백인 어린이들을 대상으로 연구한 다른 학자들과 일치한다. 다른 학자들은 경쟁적인 문체, 논쟁, 그리고 놀이를 연구하여, 남자아이들이 더욱 개인적이고, 가부장제에서 자신의 위치확립에 더욱 관심이 많고, 공격성과 폭력성을 더 많이 보이고 있다는 것을 발견하였다. 여자아이들은 남자아이들보다 서열을 확립하기보다는 관계를 유지하는 데 더욱 신경을 쓰고, 더욱 사교적이며, 덜 호전적이다.[15]

예를 들어 피처와 프리링거는 공격성의 내용과 상처 혹은 불행의 내용에 따라 이야기들을 분류하고 있다. 그들에 따르면 언어를 통한 공격성 내용의 이야기는 흔하다고 한다. 남자아이들의 이야기는 여자아이들의 이야기보다 심각하게 공격성이나 상처, 그리고 불행 등이 명백히 드러난다는 것을 그들은 발견하였다. 그리고 남자아이들의 공격성은 여자아이들보다 더욱 폭력적인 경향이 있다는 것도 발견하였다(Pitcher & Prelinger 1963, 176~7, 252). 에임스는 2~6세 어린이 사이에서 가장 흔한 이야기 테마는 폭력과 공격이라는 것과, 남자들의 공격성이 대체로 여자들보다 더욱 폭력적이라는 것을 발견하였다(Ames 1966, 342). 공상놀이에서의 어린이 갈등해결에 관한 최근 분석에서, 쉘든(Sheldon)은 남자아이들이 '더욱 강압적이고 더욱 지배적인' 갈등을 더욱 많이 가지고 있고, 우월감과 개인적 끝맺음을 확실히 해두는 데 더욱 목표를 두었다는 것을 발견하였다. 여자아이들의 이야기는 협력적이어서 갈등협상은 더욱 완화된다. 여자아이들은 놀이배경에서 가부장제의 꼭대기에 오르려고 하기보다는 의사(意思)를 전달하고, 다른

15. Corsaro 1985; Goodwin & Goodwin 1987; Hughes 1988; pitcher & Schiltz 1983; Sachs 1987; Sheldon 1990, 1992; Spiro 1975, 1979를 참조한다.

사람의 욕구에 대해 응대해 주고, 서로의 관계를 유지하는 데 목표를 두고 있다(Sheldon 1990, 28). 패일리는 유치원의 여자와 남자아이들의 이야기를 다음의 방식으로 요약하고 있다. "남자아이들은 위험한 몬스터로 가득 차 있는 슈퍼히어로의 모험에 대해 이야기하는 반면에, 여자아이들은 가족구성원들을 비교적 안전한 역할에 놓는다. 만약 길을 잃으면 재빨리 길을 찾게 해주고, 만약 다치면 치유가 된다거나 다른 것으로 대체된다. 남자아이들은 죽고 죽이는 동물에 대해 이야기하고, 여자아이들은 폭력적인 동물에 대해서는 거의 언급하지 않는다. 숲 속에서 우연히 만난 곰이나 사자는 여자아이를 집으로 데려다주지, 총에 맞아 저녁식사용으로 먹혀지는 일은 없다"(Paley 1981, 203).

문헌연구에 따르면, 유로-아메리카 문화에서 자란 중류계층의 3세가량의 어린이들을 살펴볼 때, 남자아이들의 자아연기는 공격적이고 폭력적이다. 반면에 여자아이들의 자아연기는 보다 사교적이고 온화하다. 이러한 성별에 따른 차이를 설명하기 위해, 우리는 특정 문화의 어린이들에 의해 경험되는 성사회화, 성 개념, 가족구조 등을 살펴보아야 한다. 자세히 서술된 민족지학적 데이터가 있다면, 어린이들 이야기의 내용을 해석할 수 있는 능력을 최대화하였을 것이다. 그러나 그런 데이터 없이 이루어진 문헌연구는 해석의 실마리를 제공할 수 있을 뿐이다. 미국과 그 외의 많은 문화에서 대부분의 남자아이들은 사회화되면서 대부분의 여자아이들보다 신체적으로 더욱 활동적이고, 기업가적이고, 독립적이고, 경쟁적이고, 공격적으로 된다.[16]

16. Gilmore 1990; Spiro 1979; Tobin, Wu & Davidson 1989; Whiting & Edwards 1974, 1988을 참조한다.

게다가 미국문화에서, 남자와 여자의 정체성은 양극적이고 서로 양립할 수 없는 것으로 규정하고 있다. 아이들은, 특히 남자아이들은, 자신들을 남자 혹은 여자로서, 서로 반대의 존재로 인식하는 일이 절대 없는 타협하지 않는 개념에 집착한다. 즉 대부분 남자가 되는 것은 여자가 되지 않는 것이고, 그 반대로 여자가 되는 것은 남자가 되지 않는 것이다. 패일리의 말에 따르면, "자신을 남자답게 혹은 여자답게 만들기 위한 모든 기회를 잘 이용한다. 내가 오직 남자만이 하는 뭔가를 하고 있다면, 나는 분명 남자이다"(Paley 1984, 18). 이것은 남자아이가 남자와 남자다운 것 — 활동, 장난감, 색깔 등 — 을 동일하게 여기도록 배운다는 것을 의미한다. 마찬가지로 지나친 패션과 같은 것이 아니고서는 여자아이들은 여자와 여자다운 것을 동일시하도록 배운다(Davies 1989; Paley 1984).

그러나 아이들의 세상은 주로 여자들과 함께 한다. 엄마, 유모, 유치원 선생님, 초등학교 선생님들은 단연 여자들이 우세하게 많다. 이것은 두 가지 결과를 낳는다. 첫째, 패일리가 지적했듯이, 신체적 원기 왕성함으로 표시되는 남자아이들의 자연스런 배움의 스타일이 여자 어른들과는 '조화되지 않는' 것으로서 경험되어 부정적 피드백을 받을 수 있다. 그래서 남자아이들의 불안감을 증가시키는 반면에, 여자아이들의 배움의 스타일은 선생님의 스타일과 더욱 가깝게 조화되어 긍정적인 피드백을 받을 수 있다(1984, xii 등). 둘째, 여자아이들은 많은 동성의 역할모델을 가질 수 있지만, 남자아이들은 거의 가질 수 없다. 이것은 낸시 초도로우와 다른 학자들에 의해 연구된 아동의 분리불안감과 두려움 같은 성장도전의 경험에 영향을 줄 수 있다.[17] 초도로우의 주장에 따르면, 유로-아메리카 문화와 그 외 많은 다른 문화에서 남자아이들과 여자아이들은 '가정교육의 대칭적 조직화'를 경험한다. 왜냐하면 우선적 부모는 여성이고, 남성부모는 대개 좀 거리감이 있다(Chodorow 1978, 166). 이것은 피처와 프리링거가 이야기를 수집하던 1950년대에 비하면 오늘날에는 덜하지만, 이는 여전히 맞는 사실이다.

여자아이들은 아기 때는 동성부모와, 그리고 후에는 동성역할 모델과 함께 보다 가까운 관계 안에서 성장한다. 그리하여 "여성성은 남성성보다 다른 사람들과의 관계 속에서 있는 그대로 자연스럽게 규정하게 된다." 성 정체성에 대해 남자아이들의 발달은 엄마와의 분리와 엄마가 대표적으로 나타내는 여성성의 거부가 뒤따르게 된다. 그러나 아버지와 다른 남성역할모델은 대체로 엄마나 여성역할모델보다 거리가 멀고, 정서적으로 분리되어 있다. 이와는 달리, 여자아이들은 실제현실에서나 동일시화 단계에서 엄마와 그대로 가까이 있다. 그래서 정신적 쇼크인 극단적 분리과정은 겪지 않는다. 시나리오를 토대로, 여자보다 남자아이들이 분리문제에 더욱 쉽게 겁을 내고 두려워하게 되어, 결국 그들의 공상이야기 속의 음식내용에서 나타나는 두려움, 적대감, 그리고 자아개념을 경쟁적 언어로 표현하는 것인지를 관찰할 수 있다.

게다가 남자아이들은 유기(遺棄)를 더욱 강하게 경험하는 동시에 의존욕구의 좌절감을 더 크게 경험하고, 스스로 그 욕구를 만족시키는 능력이 적음을 경험한다. 엄마와 여자아이들의 가까움은 여자아이들로 하여금 엄마의 양육과 음식통제행동을 흉내내면서 신체적, 정서적 배고픔을 만족시킬 수 있게 해준다.

---

17. Chodorow 1974, 1978; Ehrensaft 1990; Gilligan 1981, 1990; Gilligan, Lyons & Hanmer 1990; Gilmore 1990; Greenson 1968; Rubin 1983; Taggart 1992를 참조한다.

다양한 비교문화에서 개개인의 어린이, 부모, 그리고 그들의 사회화에 관한 자세한 민속지학적 연구가 요구되어지고 있고, 그런 연구는 유아시절의 성 개념과 아동들의 가족구조 간의 관계를 설명하는 데 도움이 될 것이다. 타가트의 주장에 따르면, 멕시코의 나후아트(Nahuat) 족 남자들은 스페인 남자들보다 자신들의 민화 속에 매우 발달된 관계적 정체성이 잘 표현하고 있다고 한다. 왜냐하면 어린아이들의 가정교육에 있어서 나후아트 족 남자들의 보다 활동적인 역할 때문이다(Taggart 1992, 1997). 그의 연구는, 가정교육에서 엄마와 함께 아버지의 많은 참여는 여자아이들뿐 아니라 남자아이들이 인간관계 경험과 일반적 흉내를 토대로 정체성을 발달할 수 있게 해준다는 초도로우(Chodorow 1974, 1979)와 이렌사프트(Ehrensaft 1990)의 주장을 뒷받침하고 있다. 이것은 남자아이들에게 분리불안감에 정신적 상처를 덜 주어, 남성공격을 줄여줄 수 있다. 다양한 가족구조 내에서 사회화되어 가는 어린이들의 공상이야기에 관한 더 많은 연구는 우리로 하여금 부모역할에 의해 성 개념이 어느 정도까지 영향을 받게 되는지 알 수 있게 해주고, 또 어린이들의 음식내용의 이야기와 일반적인 음식제공과 양육에 있어서의 부모참여가 자아개념의 다양성에 영향을 주는지를 살펴보게 해준다.

여기에서 주체가 되고 있는 어린이들은, 앞에서 언급되었듯이, 먹을 것이 부족하지 않다. 그러나 비교문화적 연구에서 보면, 먹을 것이 부족한 여러 문화 속에서 여자아이들의 엄마와의 친밀도는 남자아이들보다 배고픔을 더욱 성공적으로 만족시킬 수 있게 한다. 그리고 남자아이들과 남자어른들은 평생 동안 의존성의 좌절감과 함께 배고픔의 불안감을 겪기 쉽다(Shack 1969; Shack 1971; parker 1960). 심리분석적 문헌연구에 따르면, 이유가 무엇이든 초기 의존좌절감은 욕구를 만족시킬 수 있는 편안하고, 합리적이고, 자율적 능력으로의 전이를 어렵게 만든다.[18] 에티오피아의 구라게 족(1장, Shack 1969; Shack 1971)과 북아메리카 북부지역의 오지브와 족(Parker 1960) 사람들의 배고픔에 대한 불안감의 연구는 이 주장을 확실히 뒷받침해 주고 있다. 오지브와 사람들은 모진 기후 속에서 계속되는 식량부족 상태에서 살아왔다. 어린이 양육패턴은 어린이들의, 특히 남자아이들의, 의존성의 좌절감을 악화시켜, 극한 경우에는 '위티코(wiitiko) 정신장애'라 불리는 현상을 낳았다. 오지브와의 갓난아기들은 우선적으로 요구에 따라 '관대하게' 모유를 먹으면서 자랐다(605). 그러나 3~5세가 되면 어린이들에 대한 태도는 바뀌었다. 부모들은 그들에게서 모질게 젖을 떼고, 추위와 외로움에 그대로 방치하고, 단식 혹은 배고픔을 견디도록 강요했다(605). 어려서부터의 그런 호된 독립심 훈련은 특히 남자아이들에게 명령되었다. 그리고 그것은 때로 평생의 '의존에 대한 열망'(606)을 낳았고, 또 음식을 파워와 관련시키고, 배고픔을 나약함과 거부로 연결시켰다(607). 신체적, 정서적 박탈감이 극에 달하여, 위티코 정신장애를 일으키게 되는 사람들이 — 거의 남자들 — 생겨났다. 배고픔에 대한 불안에 떨고 있는 희생자는 기본 장애증상인 우울증, 메스꺼움, 식욕부진의 증세가 나타나다가, 결국에는 위티코 몬스터로 알려진 잔인한 형상에 의한 망상이 나타난다. 강박관념 혹은 망상에 사로잡힌 희생자는 가족과 친구를 잡아먹고 싶은 '맛있는 살찐 동물'로 보게 된다(603).

18. 유아의 배고픔에 대한 부적절한 부모의 반응이 어떻게 평생 독립심과 식이장애의 문제를 낳게 되는지에 대해서는 Bruch 1973과 Freud 1946을 참조한다.

위티코 정신장애에 대한 파커의 설명은 넌지시 다음과 같은 제시를 하고 있다. "의존성에 대한 정신역학의 연구에 따르면, 좌절되고 불만족스런 의존의 열망은 대개 게걸스레 먹는 이미지 혹은 게걸스레 먹히는 이미지로 표현될 수 있는 억압된 분노를 낳는다(Parker, 611). 공격성과 분노는 의존욕구를 만족시킬 수 없는 사회에 속해 있는 사람들에게서 더욱 일어나기 쉽다."

오지브와 사람들 사이에서 남자들은 위티코 망령의 망상에 아주 예민하다. 이상적인 남성다움은 장기간의 단식이 요구되고, 장기간 동안 집에서 멀리 떨어져 혼자서 사냥하기를 요구받고, 또 여자들의 요리로부터 분리될 것을 요구받는다. 반대로 여자들은 음식에 다가가 통제하고, 단식을 강요받지도 않고, 남자들처럼 박탈감을 느끼지도 않는다. 그리고 남자들보다 더욱 상호협조적인 사회적 결합을 맺는다. 살아가는 내내 여성들은 남자들보다 정상적인 의존욕구를 더 잘 만족시킬 수 있고, 위티코 정신장애를 거의 겪지 않는다(617~8).

오지브와와 구라게의 경우는 미국문화에서 남자와 여자아이들 사이에서 차이 나는 공격성을 이해하는 방법이 된다. 처음 5년 동안 여자아이들은 역할모델로서 그리고 동일시 대상으로서 엄마 혹은 다른 여자들이 존재하고 있기 때문에 의존의 좌절감을 덜 겪고, 욕구에 대한 자율적인 만족으로의 전이를 용이하게 만들 수 있다. 공상에서 엄마가 됨으로써 여자아이들은 자신의 욕구를 만족시켜 주고 부딪히는 욕구에 대한 불안감을 극복할 수 있는 파워를 얻을 수 있다. 그리고 남자와 여자아이들 모두 두려움은 정복될 수 있다는 것을 증명하기 위해 두려움을 나타내는 데 공상놀이를 이용할 수 있다. 그러나 여자아이들은 불안감을 누그러뜨려주고 파워를 보여주는 가까운 어른모델을 접하기 더욱 쉽다(Paley 1988, viii). 그러나 남자아이들은 엄마가 될 수 없다. 그래서 그들은 나쁜 아이가 된다(Paley 1988). 나쁜 아이는 파워가 세다. 보살핌을 통해서보다는 공격성을 통해 그 파워를 보인다. 남자아이들의 놀이에서 공격성과 폭력성이 더 많이 나타난다. 왜냐하면 남자아이들은 분리불안을 겪고, 모방할 가까운 역할모델이 부족하기 때문이다. 패일리가 말하길, "남자아이들은 보호받지 못하고 있다고 더 많이 느낄수록, 더욱 크게 포효한다"(1984, 50).고 한다.

이 연구는 남자와 여자아이들이 세상에서 자신들을 표현하고 확인하기 위해 음식테마를 사용하는 여러 방법을 보여주고 있다. 남자아이들과 여자아이들은 다양한 방법으로 음식을 사용하지만 절대적인 차이점은 보이지 않고 있다. 그러나 남자아이들이 게걸스레 먹는 모습을 통해 공격과 폭력의 상징으로 자주 음식을 사용하는 반면에, 여자아이들은 부모와의 동일성 상징으로 음식을 만들어 먹여주는 모습을 통해 음식을 자주 사용한다. 이 연구에 따르면, 아주 어린 시절 남자와 여자아이들 모두는 파워를 얻기 위해 음식을 사용한다. 그러나 해결되지 않은 질문이 여전히 남아 있다. "왜, 그리고 어떻게 청소년기와 성인이 되면, 음식과 여자들의 관계는 능력상실과 불안전의 매개체가 되는 반면에, 남자들의 관계는 더욱 적극적인 자기강화가 되는가?" 어느 시점이 되면, 요리를 해서 먹이는 행위, 즉 여자들에 의해 보통 실행되는 활동으로부터 오는 파워를 거부하게 된다고 여자와 남자들은 믿게 된다. 그들은 남자들의 활동이 보다 높이 평가되고, 경쟁과 공격이 양육보다 더 큰 대가를 거둬들이게 된다는 것을 배우게 되고, 동시에 제한적인 음식섭취, 날씬함, 그리고 식욕거부는 여자들에게나 적절하고, 왕성한 음식섭취와 커다란 몸집 그리고 식욕표현은 남자들에게 적절하다고 배우게 된다. 이런 서로 다른 정의는 미국문화의 불평등한 성관계를 명백히 하고 또 강화한다. 성평등을 이루는 한 가지 방법은 여성들의 식욕, 여성들의 다양한 몸매, 그리고 여성들의 요리와 음식관련노동을 문화적으로 인정받기 위한 투쟁이 수반된다. 다음 두 장에서 우리는 플로렌스 여자들이 어떻게 음식과 신체를 통해 성을 경험하는지 탐구하여, 미국의 여자와 남자에게 그 차이점과 변화의 모델을 제공할 수 있을 것이다.

9장

결속력과 불화로서의 음식

플로렌스 가족 내에서의 친밀감과 자율성의 타협[1]

서론

이 장은 두 쌍의 모녀들이 음식을 통해 어떻게 삶의 과정과 그에 따른 인간관계를 타협해 가는지 살펴보고 있다. 음식제공[예: 모유수유]은 엄마와 자식들 사이의 관계에서 최초의 그리고 가장 중요한 근간이 된다.[2] 대부분의 이태리 가족에서, 엄마는 음식을 만들어주고 아이들은 그 음식을 먹는다. 엄마들의 음식제공은 모든 양육을 대표적으로 나타내고, 아이들의 먹는 행위는 엄마의 보살핌을 받아들인다는 것을 의미할 수 있다. 관심을 이끌어내는 가족역동성의 역설은 음식제공 관계에서 풀려나간다. 왜냐하면 양육의 결과는 양육의 필요에서 나온 성장이

1. 이 장의 초기버전은 훨씬 짧은 글로 *Europea*, 4, 1, 1998에 발표되었다.
2. 이 책 8장; Brudh 1973; Freud 1946, 1968; Freud 1962; Satter 1990; Shack 1969 등을 참조한다.

기 때문이다. 엄마의 음식제공은 아이들에게 의존성을 가르쳐주고, 동시에 독립성을 향한 성장으로 전진해 나가도록 한다. 아이들이 성장함에 따라, 음식제공 관계는 변하여 커져가는 아이들의 자율성과 자신의 욕구를 만족해 줄 수 있는 그들 능력을 반영하게 된다. 상호 협조적으로 음식을 주고받음은 엄마와 아이들에게 자아주장과 평등관계에 필수적인 다른 사람의 인정(認定)과 함께 균형을 이룰 수 있는 방법 — 즉 음식을 주고받으며 생기는 정서적 관계를 유지하면서, 독립성 성장관계를 향해 나아가는 방법 — 이 될 수 있다.[3] 음식을 서로 나눠먹기를 혹은 서로의 요리솜씨를 인정하기를 거부하는 것은 부모-자식 간에 문제가 있음을 확실히 표시하는 것이다.

여기에서 나는 플로렌스의 두 커플의 엄마-딸이 음식제공 관계를 다루어가는 방법을 고찰한다. 한 커플은 엄마(엘다)와 딸(지글리욜라)이다.[4] 두 번째 커플은 엘다의 여동생(티나)과 그녀의 딸(산드라)이다. 그들은 이태리 플로렌스에서 — 엘다는 1918년, 티나는 1920년, 지글리욜라는 1945년, 그리고 산드라는 1943년에 — 모두 태어났다. 그들의 이야기는 나의 저서 『마음속의 음식 : 이태리, 플로렌스에서의 성과 가족』(*Food at the heart: Gender and Family in Florence, Italy*, 1908~84)의 일부로도 나온다. 이 책의 주체는 내가 13년 동안 잘 알고 지내던 가족의 구성원 25명이다. 데이터는 음식 중심의 삶 이야기를 녹음하였고, 그들 가족들의 요리법을 모은 것이다.

3. Benjamin 1988을 참조한다.
4. Gigliola는 지글리욜라로 발음한다.

결속력으로서의 음식 : 엘다와 지글리욜라

음식은 평생 동안 엘다와 지글리욜라 사이를 연결해 주는 고리였다. 그리고 그들의 긍정적인 관계를 강화시키는 중요한 원동력이었다. 엘다는 임신을 하자마자, 음식제공 관계, 즉 임신 중의 배고픔을 딸의 왕성한 식욕과 연결하고, 뱃속의 딸이 좋아하는 음식을 먹고자 하는 임신 중의 유별난 식욕은 아기와 연결하기 시작하였다. 이 두 여자에게, 엘다의 음식제공과 지글리욜라의 음식섭취는 서로의 연결고리 관계의 중요한 형태이다. 후에 딸 지글리욜라의 요리솜씨에 대한 엄마 엘다의 평가는 음식을 서로 주고받음으로 서로의 관계를 표시해 주었던 그들 관계의 성숙함의 표시였다.

이런 데이터가 모여지는 동안, 엘다는 여전히 플로렌스의 한 아파트에서 살았다. 그녀는 남편, 개스톤이 죽은 후에(1978) 이사했다. 지글리욜라는 그녀의 외동딸이었는데, 이태리계 미국인으로 미국의 전기회사 엔지니어인 존과 결혼하여 1967에 미국으로 이사했다. 지글리욜라는 각각 1967, 1970년에 두 딸, 글로리아와 샌디(사촌 산드라의 이름을 본 땄음)를 낳았다. 지글리욜라는 1976년에 미국의 대학에서 파이 베타 카파(Phi Beta Kappa) 과정을 마치고, 1985년 국제관계로 석사학위를 취득해서 보스턴 외곽지역에 있는 고등학교에서 교편을 잡고 있다. 그녀는 여름이면 플로렌스를 방문하였다.

엘다의 부모는 1936년에서 1964년까지 플로렌스의 피아자 도나텔로(Piazza Donatello)에서 제과점을 운영했었다. 그녀는 남편 개스톤과 딸 지글리욜라, 그리고 부모와 함께 제과점 뒤에 있는 한 아파트에서 함께 살았다. 엘다는 그 제과점에서 10대초부터 46살 때까지, 즉 그 제과점을 팔 때까지 일했다. 엘다와 개스톤이 약혼할 때, 엘다는 18세, 개스톤은 20세였다. 그들은 세계 2차 대전이 한창이던 1943년 1월 23일에 결혼했고, 개스톤은 결혼휴가를 마친 후에 다시 전장으로 돌아가야 했다. 그는 1944년 말, 전장에서 돌아왔고, 그 후 바로 엘다는 임신을 했다. 그녀의 임신기간은 우연히도 2차 대전의 마지막 달과 일치했다. 그 때는 음식이 매우 귀했다(Wilhelm 1988). 굶주림이 흔하던 이 기간 동안에, 엘다는 엄청난 식욕을 보이는 임신중기였다.

> 나는 필사적으로 음식을 먹으려고 밤중에도 일어났던 것을 기억해요. 그랬어요. 나는 그 당시 삶은 밤을 많이 먹었는데, 왜냐하면 밤은 절대로 부족하지 않았기 때문이지요. 나는 임신 중에 50파운드의 체중이 늘어났어요.[5] 사실 내 주위의 모든 여자들, 즉 숙모, 엄마, 할머니, 증조할머니가 말했어요. "너는 2인분을 먹어야 해. 1인분을 먹으면 안 돼." 나는 식욕이 엄청났기 때문에 항상 배가 고팠어요. 그래서 늘 먹는 것 속에 빠져 있었어요.

엘다의 임신기억은 임신한 여자는 먹어야 한다는 전통적 믿음 속에 깊이 빠져 있던 엄마와 아기 사이의 단단한 결합력을 나타내고 있었다. 다음의 르 보글리에(*le voglie*) — '임신의 욕구' — 이야기에서 보여주듯이, 임신 중 나타나는 유별난 배고픔과 섭취행동은 딸 지글리욜라에게 직접적 영향을 줄 거라고 엘다는 확신했다. 플로렌스 사람들은 이태리의 보편적인 믿음을 믿었다. 즉 임신한 여자가 음식이 먹고 싶은데,

5. 엘다의 체중증가는 임신 때문만이 아니라 밤이나 빵과 같은 탄수화물 음식 때문이기도 할 것이다. 그것은 '쿠멀스펙'(kummerspeck) — '슬픔의 지방' — 이라 불리는 2차 세계대전 동안 일부 독일인들이 경험했던 체중증가와도 관련이 있을 것이다. 힐드 브루흐는 이것을 '반응적인 비만'이라고 부르면서 '감정적 상처에 대한 반응으로 흔히 죽음, … 혹은 죽음에 대한 두려움 혹은 상해로 발달'해 가는 것으로 보고 있다(Bruch 1973, 126).

그 음식을 먹지 못하고 자신의 신체를 만지면, 아기는 엄마가 만졌던 그 신체부위에 먹고 싶었던 그 음식모양의 모반을 갖고 태어난다고 믿었다. 엘다는 다음과 같이 이야기했다.

> 내 기억에, 내가 임신했을 때는 먹을 것이 거의 없었어요. 나는 구할 수 있는 것만을 먹어야 했지요. 한 번은 나의 아버지가 커다란 살라미[6] 하나를 어렵사리 사왔어요. 아버지는 그것을 부엌 벽에 걸어두었지요. 나는 막 임신 2, 3개월째였는데, 나는 그 살라미를 쳐다보며 이야기했지요. "우와, 그 살라미 맛있겠다. 정말 맛있겠다." 그 후 아버지는 내가 임신했다는 사실을 알고 그것을 잘라서 한 조각 나에게 주었지만 그 때는 너무 늦은 때였어요. 내 아기는 그 살라미 모양의 모반을 가지고 태어났던 거예요. 아기는 대머리로 태어났어요. 정말 단 한 개의 머리카락도 없는 완전한 대머리였어요. 나는 항상 내 머리카락을 뒤로 넘기기 위해 머리를 만졌는데, 바로 그 머리부위에 아기는 분명 살라미 모양의 모반이 있었어요. 내가 바로 그곳을 만졌었는데 …
>
> 그래요. 나는 이웃에 사는 여자가 나에게 말했던 것을 항상 기억해요. "임신을 했을 때, 먹고 싶은 것이 보이면 절대 얼굴에 손을 대지 마라. 보이지 않는 곳을 만져야 한다. 이것을 꼭 기억해야 한다. 그렇게 하면 그 욕구는 보이지 않는 곳에 나타날 것이다."
>
> 그런 일이 있은 후 나는 살라미를 보고 먹고 싶어 했어요. "저 살라미가 얼마나 맛있는지 누가 알까?" 그리고 지글리욜라가 태어났어요. 그러나 그 모반은 너무 작아 보이지 않았어요. 그러나 나는 분명 살라미 조각 모양의 조그만 모반을 찾을 수 있었어요. 그러면서 나는 보이지 않는 곳을 만졌었던 것에 감사했지요.

재미있게도 살라미는 지글리욜라가 플로렌스에 올 때마다 먹고 싶

6. 이태리 말로 salame(단수), salami(복수)라고 한다.

은 음식 중의 하나였다. 엘다는 딸이 도착하기 전에 살라미를 통째로 2, 3개 사놓곤 하였다. 지글리욜라는 항상 그것을 간식으로 먹다시피 하였다.

> 지글리욜라는 식사시간이 아닌 대낮에도 혹은 식사 사이사이에, 냉장고에 있는 살라미를 두 조각씩 잘라 먹었지요. 그 애는 집에 도착하자마자 살라미를 먹고 싶어 했어요.

지글리욜라는 머리에 엄마의 욕구자국을 가지고 있다. 그리고 그것은 살라미에 대한 열정으로 남아 있다. 임신 중 엘다의 욕구가 아기에게 영향을 주었듯이, 그녀의 굶주림도 그러했다. 왜냐하면 지글리욜라는 항상 왕성한 식욕을 가지고 있었기 때문이다. 엘다는 딸의 엄청난 식성을 기억했다. 그녀는 커다란 기쁨을 가지고 딸에게 모유를 먹였다.

> 나는 모유먹이는 것이 무척 좋았어요. 나에게 그것은 너무도 아름다운 것으로 결코 그만두고 싶지 않았어요. 비록 나는 마른 체형에 그리 덩치가 크지 않았음에도 불구하고 젖이 많이 나왔어요. 나는 젖이 많이 나와 다른 아기들에게도 젖을 줄 수 있었어요. 그래서 나는 엄마 젖이 나오지 않는 다른 집 아기들을 찾았지요. 사람들은 그들 아기들에게 젖을 줄 수 있겠느냐고 내게 물어왔어요. 나는 그렇게 할 수 있는 것을 기뻐했어요. 나는 내가 좋아하는 이웃의 모든 아기들에게 젖을 나누어 주었지요.[7]

엘다는 자신의 풍부한 젖은 그녀 엄마와 할머니가 그녀에게 먹으라

7. 전쟁 전후에는 모유수유가 꽤 흔했던 것 같다. 나의 조사대상자 중 일부가 그것을 언급하였다.

고 권해 준 음식 때문이라고 생각하고 있다. 그리고 자신의 음식섭취를 성공적인 자신의 아기양육, 즉 모유수유와 연결시켰다. 그러면서 음식의 결속력을 강조하였다.

지글리욜라는 6명의 할아버지, 할머니가 있었어요. 그들은 모두 나에게 무엇을 먹어야 하는지 말해 주었지요. 나는 파리나타(farinata)—물에 익혀 약간의 올리브유로 향을 내어 만든 밀가루 음식—를 싱크대 옆에서 먹어야 했어요. 나의 할머니는 말했어요. "싱크대 옆으로 가서 먹어라. 그러면 젖이 잘 나온단다." 매일 아침 나는 파리나타를 먹었어요. 할아버지, 할머니들은 이 음식이 좋은 젖—달콤한 향과 영양이 많은 젖—을 만든다고 생각했어요. 그러니 당신들도 싱크대 옆에서 그것을 먹어야 하지 않겠어요? 회향 또한 향이 좋은 젖을 만들기 때문에 먹어야 해요. 콩이나 돼지고기는 먹어서는 안 되지요. 왜냐하면 그것들은 아기에게 위장병을 일으킬 수 있기 때문입니다. 아기가 젖을 좋아하지 않을 수 있기 때문에 양파도 먹으면 안 돼요. 젖에 양파냄새가 날 수 있거든요. 엄마가 먹는 모든 것은 젖에 나타난다고 믿었지요. 즉 젖은 음식의 맛을 그대로 나타낸다는 겁니다. 아스파라거스를 먹으면 신맛의 시큼한 맛이 나게 되지요. 그래서 나는 그들의 지시사항에 따라 아기가 좋아하는 음식을 먹었어요. 그것은 효과가 있었어요. 아기가 진짜로 젖을 잘 빨았어요.

맞아요. 할머니는 정말로 훌륭한 양육자였어요. 내 젖은 흘러 넘쳐났어요. 아기가 젖을 먹고 사이사이에 제과점 뒤에 있는 침실에서 잠을 잤던 것을 기억해요. 그러는 동안에 나는 가게에서 일을 했어요. 나는 잠시 짬을 내어 아기를 체크하기 위해 엄청나게 빨리 왔다 갔다 했지요. 왜냐하면 아기 방은 제과점에서 약간 떨어져 있었거든요. 그러나 나는 계속해서 제과점에서 일했어요. 손님들이 한 말이 기억나네요.

"엘다씨, 아기가 배고파하겠어요."

"왜요? 아기 우는 소리가 들리나요?"

"아니요. 젖이 새고 있잖아요."

그들은 젖이 내가 입고 있던 흰 앞치마로 흘러내리는 것을 보았던 거예요. 그러면 나는 그랬지요. "시간이 됐네요. 아기가 젖 먹을 시간이 되었어요." 아기에게 젖을 먹이는 그 시간은 정말 즐거웠어요.

엘다에게는 젖이 흘러내리는 것 역시 자신의 아이를 위한 빠뜨릴 수 없는 즐거운 양육의 일부분이었다. 다음은 그녀가 모유수유를 좋아했던 주요 이유이다.

그 순간 아기는 완전하게 나에게 속하기 때문에 그래서 좋았어요. 그 순간만큼 아기는 정말로 모두 내 것이었어요. 나는 생각했어요. 나는 아기에게 내 젖을 주고 있는 중이기 때문에, 즉 아기에게 영양분을 주고 있기 때문에, 아기가 커가는 것을 바라보며 내 스스로에게 이야기했어요. 나에게 그것은 너무도 아름다운 순간이어서 그만두고 싶지 않았어요. 그리고 내가 젖먹이는 일을 그만 두어야 했을 때가 되었는데도, 나는 그러질 못했어요. 내가 아기에게 젖 주는 일을 너무 좋아하자 나의 할머니는 나에게 말했어요. "아기에게 젖 주는 일은 이제 그만 두어라. 그것은 아기에게 아무 역할도 해 주지 못 해. 그것은 그냥 물일 뿐이야." 그러나 매일 저녁 아기를 침대에 눕히기 전 나는 젖 한 방울이라도 아기에게 주는 것을 너무 좋아했어요. 그것이 영양가가 없다는 것을 나는 알고 있었어요. 왜냐하면 이미 아기는 모든 음식을 먹고 있었거든요. 나는 그저 아기에게 모유수유를 통해 사랑을 주고 있었어요.
그러던 어느 날, 정확히 말하자면 지글리욜라의 첫 생일날, 그 애가 말했어요. "엄마, 나 더 이상 젖 안 먹을래." 그 애는 더 이상 젖을 원하지 않았어요. "그만 먹을래. 엄마." 그 애가 나에게 말했어요. 그날 저녁 내가 얼마나 울었는지 … 나의 남편 개스톤이 웃으며 말했어요. "그러면 언제까지 그 애에게 젖을 주려고 했는데? 그 애는 이제 혼자서도 걷고, 말도 하고, 뭐든지 먹고. 그런데도 그 애에게 계속해서 젖을 주려고?" 아기가 나에게 말했어요. "그만 엄마." 분명히 그 애의 첫 생일날에.

엘다는 젖 주는 일을 그만 두고 싶지 않았다. 왜냐하면 그것은 그녀의 생명을 전해주고 아기와의 결합을 상징하였기 때문이다. 그러나 지글리욜라는 젖을 거부하였다. 그리고 자율성을 향해 첫발을 내딛었다. 이 때 지글리욜라는 아빠의 지지를 받았다. 그 애에 대한 아빠의 애착은 사랑이었다. 그러나 엄마의 사랑보다는 덜 맹렬했다. 그러나 지글리욜라는 엄마의 젖을 피하면서 엄마와 일정 거리를 확보했지만, 계속해서 엄마가 만들어 준 음식을 먹으며 서로의 관계를 유지하였다. 엘다는 딸의 식욕을 다음과 같이 설명하고 있다.

> 그 애는 음식을 정말 좋아했어요. 그래서 내가 요리해 주는 것은 뭐든지 먹었어요. 내 기억에, 그 애가 아주 어렸을 적에, 그 애는 너무 많이 먹었어요. 그 결과 그 애는 뚱뚱한 편이었지요. 하루는 그 애 아빠가 말했어요. "지글리욜라가 너무 많이 먹지 않도록 저녁식사에 신경 써야겠어요. 삶은 호박을 큰 접시에 담아줘요. 맛있게 요리하지 말고 그냥 삶은 호박이어야 해요. 단지 약간의 올리브 오일만을 떨어뜨려서. 그러면 그 애는 아무래도 덜 먹게 될 거야." 마마 미아, 호박이라고요? 게걸스럽다는 것이 무엇을 의미하는지 아나요? 빵과 함께 게걸스럽게 마구 먹던 그 애는 그 호박까지도 좋아했어요. 그 애는 뭐든 좋아했어요. 그 애는 멈추지 않고 먹었어요. 치즈를 예로 들어 볼게요. 우리는 그 애에게 치즈 한 조각을 작은 빵 한 조각과 함께 주었어요. 그런데 그 빵을 다 먹고 나서 말했어요. "엄마, 남은 치즈랑 먹을 빵 좀 더 주세요." 항상 이랬어요. 그래서 그 애는 약간 통통한 편이었어요. 그런데 그 애는 조금씩, 조금씩 날씬해졌어요. 우리는 그 애에 대해 걱정 같은 건 하지 않았어요. 왜냐하면 그 애는 항상 건강했기 때문이지요. 그렇지만 그 애는 여전히 너무 많이 먹었어요. 정말로 많이 먹었어요. 빵, 특히 빵을. 빵 만드는 그런 환경에서, 오븐에서 막 구워 나온 따뜻한 빵, 냄새가 구수한 그 빵을 아무도 거부할 수 없음을 이해할 거예요. 그녀는 정말로 빵 속에서 살았어요.

지글리욜라의 먹는 것에 대한 애착은 임신 중 엄마의 굶주림을 반영한 것이었고, 또 요리를 좋아하는 엄마의 사랑과도 잘 맞아떨어진다. 엘다는 46세에 제과점을 그만두고는 완전히 부엌에 헌신하였다.

> 나에게 요리는 가장 큰 만족이었어요. 나는 새로운 요리를 개발하는 것을 좋아했어요. 알고 있던 요리법도 새롭게 변형한다거나 완전히 새로운 것으로 만드는 것을 좋아했지요. 나는 내 자신과 가족을 위해 요리하는 것을 큰 만족으로 여겼어요. 나는 가족들이 그것을 감사히 여기는 것을 보면서 다시 그들을 위해 요리했어요. 나는 다양한 요리를 하기 위해 새로운 것을 만들려고 노력하였지요. 그것은 너무도 아름다운 일이었어요.

분명 음식을 만들어주고 그 음식을 먹어주면서, 지글리욜라와 엘다는 가깝고 즐거운 결합의 끈을 그대로 유지하였다. 그러나 함께 살아가는 동안, 지글리욜라와 엘다는 모든 엄마와 딸들이 공통으로 겪는 도전—딸의 성장에 절대 필요한 분리와 자율성의 확립과정—과 맞부딪혀야 했다(Chodorow 1974, 1979). 지글리욜라가 이 도전을 맞아들이던 방법의 하나는 자신 스스로를 돕고 돌보는 것을 배우는 것이었다. 엘다는 이런 경험의 한 일면을 하나하나 이야기해 주었다.

> 지글리욜라는 아주 이른 나이에 자립하는 것을 배워야 했어요. 왜냐하면 내가 함께 있어주지 못하고, 제과점에서 일하고 있어야 했기 때문이지요. 그래서 아주 어릴 적부터 혼자서 우유 먹고, 아침 준비해서 씻고, 혼자 옷을 입고 학교에 가야 했어요. 나는 이런 모든 것을 해줄 수 없어 딸애는 늘 혼자서 해 나가야 했어요. 요리 마저도. 지글리욜라는 요리하는 것도 배웠어요. 그랬어요. 정말 그랬어요. 그 애는 나를 좀 닮았나 봐요. 그 애는 항상 요리하는 데 열심이었어요. 정말로 많은 것을 배웠어요. 요리에 관한 한, 내 생각에 그 애는 결혼 후 요리에

불편함이 없었을 것으로 봅니다. 그 애는 많은 종류의 요리를 할 줄 알았거든요. 그 애는 배우는 것에 열심이었어요.

나는 엘다에게 그것이 어린이 독립성 발달에 좋은 것이냐고 물었다. 엘다의 대답에는 갈등이 비추어졌다.

좋다고 생각해요. 나는 미국 사람들처럼 하는 것은 절대적으로 좋은 것이라고 생각해요. 미국 사람들은 아이들을 아주 일찌감치 자립하게 하잖아요. 이것은 좋은 일이에요. 이것은 이태리에서 우리가 하는 것과는 절대적으로 달라요. 이태리 어린이들은, 적어도 내가 자라던 시절에는 너무 버릇이 없었고, 너무 가까이서 모든 것 — 그들의 욕구와 과제 — 을 돌보아 주었어요. 그러나 나는 아이들을 가능한 자립하게 내버려두는 것, 혹은 적어도 그대로 지켜봐 주려고 노력하는 것이 좋다고 생각해요. 그러나 이태리 엄마들은 아이들과 가능한 한 단단히 탯줄을 묶어두려고 해요. 엄마들은 스스로 그것을 끊지 않아요. 나 역시 내 딸에 대해 이것을 염려하였지요. 나에게 제약을 가한 사람은 나의 남편이었어요. 남편이 말했어요. "그 애가 떠나가도록 놔두오. 스스로 그 애 자신이 되도록 그냥 놔둡시다. 그 애는 자신만의 경험을 해야만 하오."
나는 항상 두려웠어요. 그녀에게 무슨 일이 생길까봐 노심초사했지요. 불행히도 나는 항상 이런 고민을 했어요. 나는 그것을 극복하는 법을 알지 못했거든요. 나는 항상 지글리욜라에게 무슨 일이 일어날까봐 겁이 났어요. 그 애가 어렸을 적이었어요. 우리 부부는 영화를 보러가기로 하고 지글리욜라를 저희 엄마, 아빠에게 맡겼어요. 엄마, 아빠는 믿을만한 사람들이었고, 아직은 몸도 건강하였지요. 그러나 나는 마음이 편치 않았어요. 나는 생각하기 시작했어요. "집에 불이 나면 어떡하지? 아기에게 뭐가 떨어지면 어떡하나? 아기에게 무슨 일이 일어나지나 않을까? 뭔가가 목에 걸려 숨이 막히면 어쩌지?" 나는 계속해서 그런 생각을 하다 결국 더 이상 참을 수가 없었어요.
나는 남편에게 이런 것을 말할 수 없었어요. 왜냐하면 남편은 당연히 나를 혼낼 것이고 다음과 같이 말할 것이기 뻔했거든요. "그러면 아무 것도 즐길 수 없어.

이제 생각도 하지 마. 아기는 보살핌을 잘 받고 있는데." 사실 그랬어요. 그러나 여전히 아기가 보살핌을 잘 받고 있는데도 걱정이었어요. 그 애가 태어나서 오늘까지 항상 똑같았었어요. 그 애가 멀리 떨어져 살아도 여전히 마찬가지랍니다. 여전히 모든 것이 걱정이에요. 그 애는 어떻게 지내고 있을까? 무엇을 하고 있을까? 건강은 한지? 아프지는 않는지? 계속해서 그런 생각에 몰두하지요. 어느 시점이 되자, 나는 깨달았어요. "내 스스로를 통제하는 법을 배워야 해. 그렇지 않으면 내 딸을 괴롭게 만들 거야." 그것은 사실이었어요. 그래서 나는 자연스레 나를 가장 잘 알고 카운슬링을 해주는 남편의 격려를 받았어요. 나는 내 딸을 항상 이곳에 잡아두려는 이런 욕구를 체크하려고 노력했지요.

엘다는 딸 지글리욜라가 분리해 나가는 것에 대한 자신의 두려움을 통제하려고, 그리고 딸이 성장해서 떠나가도록 놔두려고 힘차게 노력했다. 그녀의 말 속에는 그녀 딸이 자립해 나가는 것을 원하는 마음과 그녀를 떠나보내야 한다는 두려움 사이의 갈등이 나타나 있었다. 남편이 딸과의 지나친 애착을 적당히 조절하도록 도와주었다고 엘다는 말했다. 실제로 심리학자들에 따르면, 엄마와 딸의 관계는 종종 너무 단단하여 딸이 성장해감에 따라 오히려 딸에게 문제가 된다고 한다. 엄마와의 동일시 관계는 딸에게 매우 중요하다. 그러나 그들은 그것으로 인해 청소년기에는 숨막혀할 수도 있다. 아버지들은 종종 딸들이 엄마로부터 좀 거리를 둘 수 있도록 도와주기 위해 동일시와 애정의 대체적 인물이 되어 준다(Chodorow 1974, 1978; Ehrensaft 1990). 지글리욜라의 경우, 그녀의 말에 의하면, 이것이 정말 사실이었다.

나는 아빠를 무척 사랑했어요. 사실 아빠와 나는 쌍둥이 영혼을 가지고 있었어요. 그래서 아빠가 돌아가셨을 때, 나는 아빠를 너무나 그리워했어요.

지글리욜라는 엄마와의 거리감과 독립심을 얻기 위한 실마리로서 아버지와의 동일시, 그리고 아버지와 딸 사이의 더욱 균형 있고, 덜 의존적인 관계를 이용했던 것 같다. 엘다는 가족간의 균형을 다음의 바카라(*baccalà*)*8 — 일종의 마른 대구 — 에 관한 이야기에서 은유적으로 나타내었다.

내 남편 개스톤은 모든 음식을 좋아했어요. 그가 좋아하지 않는 유일한 것은 바카라였어요. 그는 그것을 좋아할 기회를 갖지 못했어요. 이것은 아마도 그가 아주 어렸을 적에 바카라를 먹으라는 강요를 너무 많이 받았기 때문이었을 거예요. 바카라 조금 먹고 한 대 맞고, 바카라 조금 먹고 다시 한 대 얻어맞고, 이렇게 그는 그의 아버지로부터 음식은 뭐든지 먹도록 배워야 했어요. 그 어린아이는 그렇게 배웠으나 결코 그것을 목으로 넘길 수는 없었어요. 나는 지글리욜라에게 같은 짓을 했어요. 그것은 그 애를 짜증나게 만들 뿐이었어요. 나는 내 스스로에게 말했지요. "대체 왜 내가 이 짓을 하는 거지? 그 애는 먹기 싫으면 먹지 않을 텐데." 이해하겠어요? 지글리욜라는 딱 그 애 아버지 같았어요. 그 애도 바카라를 좋아하지 않았어요. 정말이지 지 아버지와 똑같았어요. 그래도 나는 그 애가 그것을 먹도록 가르치려고 했지요. 처음에는 그것을 먹으라고 때리기도 했어요. 그러고 나서는 마음이 언짢았어요. 그래서 마음먹었어요. "그 애가 원하지 않으면 그냥 놔두자." 내 생각에 그 애는 지금도 바카라를 좋아하지 않아요. 그 애는 정말로 그 아버지의 그 딸이었어요. 완전히 똑 닮은 딸이었어요. 그러나 나에게 바카라는 이 세상에서 제일 먹기 좋은 음식이었어요. 그것이 바로 내 딸이 바카라를 좋아하지 않는다는 것을 이해할 수 없는 이유였어요. 나는 바카라를 너무 좋아하거든요. 죽을 만큼 좋아하거든요. 그것을 밀가루에 발라 올리브 오일에 튀겨서 토마토소스를 준비하여 마늘, 파슬리, 매운 붉은 고추 등을 다져 넣고 잠시 끓이지요. 그리고 그 소스를 바카라에 뿌려 먹어보세요. 정

8. * 표시한 조리법은 부록의 조리법에 나와 있다.

말 끝내주는 맛이랍니다!

엘다는 바카라를 찬미하였다. 그러나 지글리욜라는 그녀의 아버지와 같은 태도를 취하며 그것을 혐오했다. 그것은 엘다와 딸 지글리욜라 사이에 약간의 거리감을 만들고 분리화를 이루어나갔다. 엄마와의 분리는 딸에게 문제가 되었다. 특히 엘다와 같은 맹목적인 애정 하에서는 더욱이 그랬다. 지글리욜라는 분리에 대한 두려움과 그 분리와 맞서나가려는 노력을 하였다.

나는 어릴 적에 결국은 내가 혼자가 된다는 것에 대한 두려움을 항상 가지고 있었던 것을 기억해요. 나는 버려질까봐 두려웠고, 어떤 사회관계의 일부분이 될 수 없을까봐 두려웠어요. 이것으로 나는 물질적으로뿐만 아니라 정신적으로도 독립해야겠다는 욕구를 발달시켰지요. 나는 내가 혼자된다하더라도 그것이 옳다는 것을 알아야 했어요. 나는 혼자되어도 그저 똑같이 아무렇지 않을 것이라는 것을 알아야 했어요. 독립되고 자립한다는 사실은 항상 나를 강하게 움직였어요. 나는 무엇이 혼자되는 것에 대해 두려움을 일으키는지 모르겠어요. 아마도 형제자매가 없다는 것일지도 모르지요. 그래요. 우정도 중요하지요. 그러나 어느 시점이 될 때까지만 우정을 기대할 수 있어요. 결국 우리는 우리 부모님이 늙어간다는 것을 깨닫게 되고, 조만간에 그들을 잃을 수 있다는 것을, 그래서 혼자가 된다는 것을 깨닫게 되지요.

아마도 지글리욜라가 가졌던 혼자된다는 두려움은 뭔가 딸에게 일어날지 모른다는 엄마의 두려움을 그대로 비춰주는 거울 이미지일지 모른다. 그들의 서로 보완적인 먹고 먹여줌은 그들의 그런 두려움을 극복하고 즐거운 상호관계로 전이시키는 방법이었다. 아마 지글리욜라는 엄마의 지나친 애정을 피해 미국에 가려고 했을지 모른다. 그러나 그녀는 의지할 수 있는 확실한 사랑을 찾아 다시 엄마에게 돌아와 엄마의 음식을 먹음으로 해서 그 사랑을 표시했다. 지글리욜라는 엄마가 만들어주는 맛있는 이태리 음식을 먹음으로 해서 엄마와의 관계와 자신이 이태리 사람이라는 정체성을 강화했다. 그녀는 다음과 같이 말하고 있다.

> 나는 이태리에 오면 살이 쪄요. 왜냐하면 내가 어릴 적에 좋아하던 모든 음식을 재발견하기 때문이지요. 미국에서 매일 쉽게 구할 수 없는 것들을 먹을 수 있잖아요. 또 내가 살이 찌는 이유는 엄마로부터 먹으라는 압력이 있기 때문이기도 하지요. 엄마는 내가 이태리에 있는 동안 먹을 것을 강요해요. 왜냐하면 엄마는 내가 먹는 것을 좋아하기 때문이지요. 그래서 나를 위해 음식을 만들어요. 이해가 가세요? 그것은 엄마의 즐거움이에요. 우리는 직접 요리를 하면, 잘 알고 있듯이, 덜 먹게 되지요. 그러나 엄마가 만들어주면 더 많이 먹게 되요.

엘다는 딸이 원하는 것을 정확히 알고 있었다. 그래서 항상 지글리욜라가 도착하기 전 플로렌스의 유명한 샌 로렌조 시장에 가서 토스카나식 살라미, 프로슈또 햄, 과일, 채소 그리고 딸이 좋아하는 고기 등을 사 둔다. 엘다는 기억을 되살리며 자세히 이야기했다.

> 지글리욜라가 오면, 그 애는 모든 종류의 음식을 찾고는 했지요. 지글리욜라가 미네스트론 수프를 얼마나 좋아하는지 … 그 애는 이태리를 방문할 때면 그것을 무척 먹고 싶어 했어요. 나는 그 애에게 쇠고기 찜 — 로 스트라코또(*lo stracotto*) — 을 해주지요. 그 애는 항상 내가 송아지 고기 프랑크 — 라 판세따 디 비뗄라 아로토라따(*la pancetta di vitella arrotolata*) — 를 만들어주면 좋아했어요. 그 고기를 아는지 모르겠네요. 그것은 송아지 고기인데, 갈비뼈 바깥부분의 작은 부위이지요. 값은 비싸지 않지만 맛이 좋아요. 우리는 이렇게 요리한답

니다. 우선 고기를 얇게 밀어 단단히 감아 묶은 후 익혀요. 그것을 스토브에 올려 아주 서서히 국물과 함께 익히지요. 오븐에 넣어 요리하는 사람도 있지만, 오븐 속에서는 제대로 된 요리가 나오지 않는답니다. 버너나 스토브가 더 좋아요. 지글리욜라는 그 요리를 너무 좋아한답니다. 그러나 그 고기는 지방이 거의 없는 고기이기 때문에 지글리욜라의 가족 어느 누구도 좋아하지 않는다는 것이 유일한 문제였어요. 지글리욜라와 나만 좋아하거든요. 그러다 보니 지글리욜라는 그것을 만들 줄 몰라요.

지글리욜라가 플로렌스에 오면, 엘다는 딸을 위해 음식을 만들고, 지글리욜라는 아이들과 함께 맛있게 그 음식을 먹었다. 음식은 말 그대로 지글리욜라와 이태리를 연결하는 고리인 셈이었다. 음식을 통해서 지글리욜라는 이태리 사람으로서의 정체성을 재확인했다. 특히 앞서 언급한 판세따 디 비뗄라(*pancetta di vitella*)와 같은 미국 사람들이나 이태리계 미국인들조차도 자주 먹을 수 없는 음식을 먹음으로 해서 더욱 그랬다.

음식은 말 그대로 엘다와 지글리욜라 사이의 연결고리였다. 엘다는 지글리욜라에게 영양을 제공하고, 지글리욜라는 엄마의 영양을 감사하는 마음으로 받아들였다. 그들은 엘다가 지글리욜라를 방문하여 미국으로 갔을 때는 변화되었던 서로간의 균형을 다시 잡았다. 미국에서도 엘다는 여전히 요리를 했지만 지글리욜라가 장도 보고, 때로는 요리도 하면서 더욱 책임을 지고 있었다.

지글리욜라가 하는 엄마의 요리스타일 설명은 이태리 사람의 뿌리, 전형적인 이태리 사람의 창의력, 그리고 자신에 대한 자부심으로 나타내었다.

이태리 사람으로 그리고 이것저것 먹는 데 익숙한 나는 다른 사람의 집에 가서 내 맘에 드는 음식을 먹게 된다면, 나는 분명 그들에게 물을 거예요. "안에 무엇을 넣었나요?"

물론 대답은, "이것 조금, 저것 조금, 그리고 이것 약간, 저것 한 웅큼." 그러면 나는 집에 가서 흉내를 내보지요. 때로는 그것을 변형해 보기도 하고, 때로는 그것을 아예 받아 적지도 않아요. 추측으로 많은 부분을 아예 새롭게 하는 거지요. 나는 요리를 할 때, 대부분의 경우 그 방법이 머리에서 튀어나와요. 때로는 나는 토마토소스에 여러 채소를 넣어 섞어요. 그냥 그렇게 만들다보면, 어떨 때는 전에 만들었던 것과 같기도 하고, 혹은 엄마가 전에 만드는 것을 본적이 있는 것이었어요. 예를 들어 내가 미네스트론 수프를 만들 때도 그랬어요. 사람들은 묻지요. "이것은 얼마만큼 넣어요? 저것은 얼마만큼 넣어요?" 그러나 나는 말하지요. "당신이 넣고 싶은 만큼." 직접 해 보고 실수도 하고, 그러다 다음에는 뭔가를 빼먹기도 하지요. 그리고 그 다음에는 다른 뭔가를 첨가하고 싶어져요. 그것이 내가 진짜로 요리하는 방법이에요. 나는 이태리식으로 음식을 만든다고 생각하는데, 그러나 아주 잘한다고 생각하지는 않아요. 나는 실제로 콘비프나 양배추 같은 미국음식을 좋아한답니다.

엘다는 지글리욜라의 요리솜씨를 칭찬하고 좋아한다. 지글리욜라의 음식은 자신만의 독특한 특징이 있었다. 엘다는 상세히 말했다.

지글리욜라는 미국에서 많은 새로운 요리법을 배웠더라고요. 예를 들어 아일랜드 음식까지도 배웠더라고요. 미국은 우리와는 완전히 다른 요리시스템을 가지고 있는데도 그 애에게는 괜찮았나 봐요. 나는 내 딸이 나도 모르는 커다란 고기요리에 온갖 채소를 넣는 것을 바라보았지요. 양배추, 순무, 당근 등으로 국물을 만들었어요. 그 음식은 정말 맛있었어요.

엘다는 지글리욜라가 만든 콘비프와 양배추를 좋아할 뿐 아니라, 이태리 음식을 미국식으로 적용한 음식과 식사형식도 좋아했다.

> 나는 지글리욜라가 우리와는 다르게 요리한다는 것을 알았어요. 그 애는 미트볼과 함께, 그리고 돼지 족발, 그리고 소시지를 넣고 소스를 만들었어요. 지글리욜라는 거기에 온갖 것을 넣고 토마토를 또 넣어요. 그래서 마치 물처럼 묽은 소스를 만든답니다. 그게 바로 포마로라(*pomarola*) 소스라고 하더라고요.*9 이태리에서는 포마로라 소스를 만들 때 고기를 사용하지 않고 오직 토마토만을 사용하거든요. 그러나 미국에서는 소시지, 미트볼 같은 것을 비롯한 다른 것들을 넣어 만들더라고요. 그리고 그 소스를 스파게티에 뿌려 먹고, 그 속에 있는 소시지와 미트볼은 식사의 두 번째 코스로 먹어요. 모두 한 접시에 담아서. 미국 사람들은 이것을 정말 좋아하던데요. 사실 나도 좋아합니다. 어쨌든 그 소스는 정말 맛있었어요.

엘다가 이 음식을 이렇게 평가했다는 사실은, 자신들의 요리방법이 최고이고, 유일한 요리법으로 여기는 완고하고 오만한 대부분의 이태리 사람들을 생각할 때, 특히 의미가 있었다. 그것은 여자들의 민감한 요리문제를 두고 엄마와 딸 사이에 서로 존경하는 마음의 균형을 보여주었다. 이와는 달리 딸 산드라의 요리솜씨를 평생 얕본 티나의 이야기는 뒤에 다루겠다. 엘다는 지글리욜라에 대한 지나친 애착을 기꺼이 극복하여, 딸의 개인적 특성이 발달되도록 하였다. 지글리욜라에게 자신의 날개를 갖도록 함으로써 엘다는 딸을 저 멀리 미국으로 잃어버리고 혼자가 되고 말았다. 특히 남편 개스톤이 죽은 1978년 이후에 더욱.

엘다와 지글리욜라의 상호관계는 분리와 친밀감에 대한 많은 생각을 보여주었다. 여기에서 엄마가 음식을 만들어주고 딸이 그 음식을 먹

9. 플로렌스에서 미트소스는 ragù(라구) 혹은 sugo(수고)라고 불린다.

는 일은 이들 사이에 중심적 역할을 해주었다. 지글리욜라가 이태리를 방문했을 때 그녀는 항상 엄마가 만들어 준 음식을 열심히 맛있게 먹어주어 엄마와의 연결고리가 계속되고 있음을 표현하였다. 엘다는 항상 지글리욜라가 너무 많이 먹는 것이 아닌가 걱정을 하면서도 자신의 딸에게 음식을 만들어 먹이는 것을 즐겼다. 지글리욜라의 식욕은 아마도 모든 어린이들이 전형적으로 가지고 있는 관계에 대한 욕구와 굶주림을 표현했던 것일지 모른다. 엘다가 지글리욜라에게 음식을 만들어 먹이고자 하는 욕구와 제한을 하고자 하는 욕구는 딸을 양육하고 싶으면서도, 딸의 독립성을 확립해 주고자 하는 갈등, 즉 모든 부모들의 도전을 보여주고 있다. 음식을 먹는 것은 그들을 한 데 묶어주고, 여성으로서의 동일시화를 나타내는 한 방법이었다. 그러나 그것은 또한 지글리욜라에게는 자율성을 위해, 엘다에게는 통제권을 위한 경쟁적 영역으로서의 역할을 하였다. 음식을 통해 아버지와 동일시하여 지글리욜라는 엄마와의 거리감을 확보하였으나, 미국으로 이사 가고, 게다가 아버지도 돌아가신 후에 그 거리감은 엘다에게 압박감으로 돌아왔다. 그들의 이야기는, 연결고리는 그대로 남겨둔 채 자율성을 이루고, 정서적 관계를 가까이 유지하면서 그 관계에 의해 빠져 들어가지 않고, 아무런 불화 없이 분리를 이루는 데 있어서 부모와 자식의, 엄마와 딸의 어려움을 나타내고 있다.

불화로서의 음식 : 티나와 산드라

음식을 만들어 먹이고 그것을 먹는 일에 맞춘 초점은 이제 앞에서 설명한 엘다와 지글리욜라의 관계와는 아주 다른 엘다의 여동생 티나와 그녀의 딸 산드라 사이의 관계로 넘어간다. 그들의 음식 상호작용은 감정적으로 서로를 더욱 멀리 느끼게 만들고 양육과는 전혀 관계가 적은 것으로 규정하였다. 나는 티나와 그녀의 남편 마리오를 아주 잘 알지 못하였다. 엘다의 말에 의하면, "그들은 남과 서로 정보를 교환하지 않는다." 엘다 — 다섯 번의 인터뷰를 하였다 — 와는 달리 지글리욜라와 산드라는 각각 두 번, 티나와 마리오는 단 한 번의 인터뷰를 해주었다. 그나마도 마리오가 인터뷰 시간을 거의 다 차지하였다. 그 결과 나는 티나에 대해서는 정보가 부족하다. 그래서 티나와 산드라의 관계설명은 크게 산드라의 시점에서 본 것이다.

티나는 엘다가 태어난 지 2년 후인 1920년 12월 5일에 태어났다. 티나 역시 1942년 은세공사인 마리오와 결혼하기 전까지 가족이 운영하는 제과점에서 일했다. 티나는 1943년 9월 28일, 독일군이 플로렌스를 점령하고 있던 때에 산드라를 낳았다. 그들은 가족들과 함께 살기 위해 제과점으로 이사를 해 그 어렵고 배고픈 시기에 음식걱정은 하지 않았다. 마리오는 제과점에서 일을 돕기 시작하였고, 티나의 아버지가 돌아가신 후(1947년) 경영권을 물려받았다. 엘다가 30년 동안 매일 제과점에서 풀타임으로 일한 반면에, 티나는 결혼 후에는 거의 일을 하지 않았다. 지글리욜라는 말했다. "티나 이모는 제과점에 거의 오지 않았어요. 아침에 한 번 오고 11시나 11시 30분경까지는 오지 않았어요. 왜냐하면 이모는 집안청소를 먼저 해야 했거든요. 이해가 가나요? 그리고 저녁에는 아예 오지 않았어요. 일주일에 한 번 가게에 와서 일했어요. 거의 제과점에서는 일을 하지 않았어요." 결혼 후에 티나는 자신의 집안일과 남편, 그리고 외동딸인 산드라를 돌보는 일에 주로 전념했다.

산드라는 교사자격증이 있었다. 그래서 1967년 로란도와 결혼할 때까지 3년 동안 물리를 가르쳤다. 그리고 전업주부가 되었다. 롤란도는 자수성가한 사업가로 플로렌스 변두리에서 염색공장을 동업자와 운영하고 있었다. 그들은 딸 둘—1970년에 태어난 엘레나와 1972년에 태어난 올리비아—을 두었다. 그들은 플로렌스 변두리 시골 넓은 땅에 돌로 지어진 아름답고 완벽하게 현대화된 전원주택에서 살았다. 그리고 그들의 식량 대부분은 고용된 소작농 부부가 해결해 주었다.

산드라의 어린 시절 기억은, 한 예로 식사에 대한 회상에서 볼 수 있듯이 쓸쓸하고 외로웠다.

> 어릴 적에 나는 식사 시간에 조용해야 했어요. 그것이 식사시간의 전부였어요. 나는 조용히 입 다물고 듣기만 했어요. 나는 외동딸이었는데 식사시간을 좋아하지 않았어요. 나는 식사시간에 자리를 뜰 수 없었어요. 나의 부모님의 가정교육은, 아이는 부모님이 식사를 마칠 때까지 의자에 앉아 있어야 한다는 것이었어요. 당시 그들은 식탁에 앉아 있는 것을 좋아했어요. 지금도 그러하지만. 부모님들은 식탁에서 몇 시간씩도 보낸 적이 있어요. 그러므로 나는 거기에 앉아 부모님의 식사가 끝날 때까지 기다려야 했어요. 나는 입도 다물고 있어야 했지요. 마마 미아! 그것은 고문이었어요. 내가 지금 말하지만 나의 위는 속에 매듭이 매어 있었어요. 나는 음식을 먹지 않았어요. 위가 딱 닫혀 있었거든요.
>
> 나이가 들어 13~14세의 결정적 나이가 되었을 때, 나는 음식을 먹지 않고도 며칠을 보냈어요. 그래서 나는 엄마에게 요청했지요. "엄마, 저 접시 들고 뜰로 나가 먹어도 되나요?" 나는 뜰로 나가 음식을 먹곤 했어요. 부모님과 함께 있을 때는 음식을 먹을 수가 없었거든요. 나는 아주 야위었어요. 너무 야위어서 나는 갈비뼈를 셀 수 있을 정도였어요. 완전히 피폐해졌던 나는 결혼 후 조금씩, 조금씩 나아지기 시작하여 2~3년이 지나서야 정상이 되었어요. 왜냐하면 결혼 첫해에도 내 위는 닫혀 있어 정말로 아무 것도 먹을 수가 없었거든요. 미칠 노릇이었어요. 그러나 직면한 문제가 있었어요. 요리와 집안일. 그러나 나는 어느

것도 하지 못했어요.

고통스러운 식사시간과 음식섭취 불능에 대한 산드라의 묘사는 그녀의 편치 못했던 어린 시절을 반영하고 있었다. 어린 시절 음식섭취 장애는 대개 정서적 고통과 가족 내의 문제를 반영한다(Bruch 1973; Minuchin, Rosman, Baker 1978; Palazzoli 1974; Thompson 1994) 그녀는 자신의 부모를 양육해 주는 존재가 아니라 과잉보호하여 숨막히게 만드는 존재로 표현했다. 산드라는 부모님들의 뜻을 그대로 따르는 존재로 규정하고 있는 것 같았다. 그래서 자신의 뜻과는 상관없이 그들의 기대를 따라야만 했다. 지글리욜라가 말했다.

산드라가 어린 소녀였을 때, 나의 이모는 엄청나게 깨끗하여, 지나칠 정도로 완벽했어요. 그래서 산드라도 흠하나 없이 깨끗해야 했지요. 항상 예쁘고 귀여운 드레스를 입고 있어서 밖에 나가서 다른 친구들과 놀 수도 없었어요. 왜냐하면 더러워지면 안 되었기 때문이에요. 이해가세요? 그것이 바로 문제였어요. 그러나 산드라는 부모의 사슬로부터 벗어나 — 독립상태로 — 엄청난 진보를 해나갔어요.

티나와 마리오는 딸 산드라의 놀이를 제한했을 뿐 아니라 자유나 친구도 없이 딸을 엄격하게 키웠다. 엘다에 따르면,

산드라는 다른 사람에 대해 매우 소심하게 키워졌어요. 왜냐하면 산드라는 항상 우정은 존재하지 않는다고 배우며 자랐기 때문이지요. 조심해라. 친척이라 해도. 그들은 너로부터 얼굴을 돌릴 것이다. 그들은 너에게 이런 저런 일을 끼칠지 모른다. 산드라는 친구와의 우정이 오래 가지 못했어요. 왜냐하면 어려서부터 너무 조심하였기 때문이에요. 그녀는 절대로 우정을 맺으려 하지 않았어

요. 그녀는 누구도 믿지 않았어요.

산드라의 학창시절은 부모의 지배적인 영향을 반영하였다. 부모는 산드라가 자신들 기준에 맞는 성공기회의 길로 가도록 하여 산드라 자신의 야망을 좌절시켰다. 여자란 어떠해야만 하느냐는 나의 질문에 산드라의 대답은 이랬다.

여자란 가족을 압도할 필요 없이 평온하게 움직이고, 평온하게 일할 수 있는 특별한 지성과 정신적 독립성을 가진 존재였으면 좋겠어요. 나는 내 딸이 일하는 여성이 되길 바랐어요. 아마도 내가 일을 하지 않아서, 내가 독립되지 않았기 때문인지도 모르죠. 나는 일하고 싶었어요. 나는 어느 것이라도 좋았어요. 내가 할 수 있다면 나는 그 일을 좋아했어요. 그러나 나에게 맞는 일, 내가 선택한 일을 가졌으면 좋겠어요.

그게 바로 내가 내 딸이 자유롭게 자신의 전공을 선택하도록 내버려두는 이유예요. 내 딸 올리비아는 피아노를 좋아한답니다. 지금 그 애는 피아노를 공부해요. 나중에 우리는 그 애가 성공하는 것을 보게 될지 모르겠어요. 나는 딸애에게 강요하지 않아요. 언젠가 나의 둘째 딸 엘레나가 말했어요. "저 예술 고등학교에 갈래요."[10] 알고 있겠지만 나도 예술고등학교에 가고 싶었어요. 그러나 나의 부모님들이 허락하지 않으셨어요. 왜냐하면 그것은 보잘 것 없는 것이라고 생각했기 때문이지요.

그래서 나는 엘레나에게 말했지요. "좋아. 내가 예술고등학교에 등록해 주마."

10. 산드라가 고등학생이었을 때, 이태리는 직업학교시스템을 실시하고 있었는데, 이 시스템에서 특정 고등학교는 직업관련 자격증을 발부하여 대학으로의 진학선택에 제한을 주었다. 이러한 예로 회계와 교사훈련과정의 직업고등학교가 있었다. 다른 고등학교로는 과학고등학교, 고전음악고등학교, 예술고등학교 등이 있었는데, 이들 고등학교는 대학진학에 폭넓은 선택을 할 수 있었으나 자격증은 주어지지 않았다. 산드라와 지글리욜라의 가족처럼 주로 중 · 하류층의 가족들은 그들의 자식들이 직업고등학교에 진학하여 자격증을 받아 곧바로 직업계로 들어가기를 재촉하였다.

나중에 그 애가 다시 말했어요. "엄마, 과학고등학교에 가는 것이 낫겠어요." 다른 선택의 방법으로서 나는 나의 부모에게 말했던 적이 있지요. "좋아요. 예술고등학교가 안된다면, 저 과학고등학교에 갈래요."

그러자 나의 부모님의 반응은, "안 돼. 과학고등학교는 안 돼. 네가 그 과정을 마친다하더라도 졸업장을 받지 못할 거야. 공부를 계속하기를 원하지 않는다면 넌 무엇도 할 수 없어. 그렇게 되면 어떻게 살아갈래? 사범학교에 가." 그리고 부모님들은 나를 교육의 길로 가게 했어요. 나의 꿈과는 상관없이 나는 사범학교를 마쳤어요. 나는 나의 힘닿는 대로 열심히 하여 그런대로 잘 해나갔어요. 나는 좋은 성적으로 제 때에 졸업을 하였어요.

사범학교를 마친 후 나는 생물학과 같은 것 — 이것은 내가 과학고등학교에서 하고 싶었던 것임 — 혹은 해부학을 하고 싶었어요. 이런 것들에 나는 흥미가 있었거든요. 화학이나 모든 과학 분야도 하고 싶었어요. 그러나 나는 할 수 없었어요. 왜냐하면 당시에는 사범학교를 졸업한 후 대학에 등록할 수 없었기 때문이지요. 나는 내가 싫어하는 것과 거래를 했다는 것을 알았어요. 그리고 그때 나는 체육교육연구소에서 일해야 했어요. 선생님으로서, 적어도 체육교육선생님으로 초등학교선생님보다는 낳았지만 그래도 여전히 선생님으로서. 나는 가르치는 것을 좋아하지 않아요. 절대로. 나는 가르치는 일을 정말로 좋아하지 않아요. 그것은 나에게 만족감을 주지 않아요. 그것은 나를 자극하지도 않아요. 짧게 말해, 그것은 나에게 어느 것도 해주지 않아요. 그래서 나는 절대 연습할 수 없는 거래, 즉 결혼을 이용해서 내 자신을 찾았어요.

다행히 나는 나를 집에 머물게 해줄 수 있는 남편을 찾았어요. 그렇지 않았으면 나는 가르치는 것으로부터 신경쇠약에 걸렸을 거예요. 그래요. 여자에게 자신의 일을 함으로써 자신을 실현하는 것은 지극히 중요하지요. 내가 나 자신을 전혀 실현하지 못했다는 것을 말하는 것은 아닙니다. 나는 가족을 통해 어느 정도 내 자신을 실현했으니까요. 그러나 내가 원했던 것은 아니에요. 나도 두 가지 일을 할 수 있었을 텐데.

나는 항상 지글리욜라가 있어 좋았어요. 그 애가 결혼할 때 나는 이미 약혼한 상태였는데, 자매와 같은 사촌을 가지고 있다는 사실은 나에게 정말로 나의 영혼을 들뜨게 했어요. 나는 혼자서 말했어요. "난 혼자가 아니야. 지글리욜라가 있잖아." 우리는 서로 자주 보지는 못했지만, 적어도 나는 그 애도 나처럼 플로렌스에서 열심히 남편을 찾아 헤매고 있다는 것은 알고 있었어요. 그 정도가 전부였어요. 모든 것이 그렇게 돌아갔어요. 그 당시 우리의 목표는 남편을 찾는 것이었어요. 과거에는 결혼하지 않으면, 사람들이 이상한 눈으로 쳐다보았어요. 그래서 남편감을 찾아야 했지요. 당시 우리는, 결혼하는 것이야말로 내가 원하는 것을 마침내 이루는 것이라고 생각했어요.

산드라와 롤란도의 급작스런 사랑은 8월의 해변에서 시작되어, 데이트를 처음 시작한 후 8개월이 지나 결혼하였다. 산드라는 기억해 냈다.

9월 우리는 자주 만났어요. 그리고 그가 말했어요. "당신과 약혼하고 싶소." 우리 집에서는 저녁에는 밖에 나갈 수 없기 때문에 나는 8시 전에 집에 돌아와야 했어요. 8시 10분에만 들어와도, 내가 24살이라 하더라도 난리가 났어요. 나는 부모님과 싸워야 했어요. 나는 그렇게 계속해 살 수가 없었어요. 나는 싸우고 싶지 않았어요. 나는 화낼 수도 없었어요. 나는 화난 채로 지내지 못하는 성격의 사람이거든요. 사람들이 나를 정말로 화나게 하면, 나는 굉장해져요. 싸우고, 소리치고, 아마도 굉장할 것이에요. 그러나 시간이 지나면 나는 화난 채로 있는 것을 끔찍하게 여겼어요. 그래서 나는 부모님에 대해 참아야만 했어요. 좋은 것이 좋은 것이니까.
롤란도와 나는 약혼기간을 아주 짧게 끝냈어요. 우리는 견딜 수가 없었어요. 그가 집으로 돌아가야 한다고 부모님은 한밤중에 자명종을 울렸어요. 그들은 잠을 자러 가고 싶었거든요. 우리는 방에 있었고, 방문은 항상 열려 있었고, 방문을 닫을 방법은 없었어요. 불가능하였지요. 부모님들은 홀 안을 왔다 갔다 하며 지켜보았어요. 그러자 롤란도가 말했어요. "난 결혼하고 싶어." 나는 이 남자와 8개월을 함께 지내고 나서야 마침내 결혼해야 한다는 것을 알았어요. 나는 요리할 줄도 몰랐어요. 나는 집안일에 대해 아무 것도 몰랐어요. 이 모든 것이 내 일이었어요. 그것은 나에게 정말 스트레스였어요.

나는 이미 지레짐작으로 지쳐버렸어요. 그러나 우리는 집을 준비하고, 조금씩, 조금씩 모든 가구를 갖춰야 했어요. 그러나 침대가 도착하면서, 나는 일하는 사람들이 무슨 일을 하는지 더 이상 그 집에 가서 볼 수가 없었어요. 그 집에 혼자 갈 수가 없었거든요. "엄마, 오늘 목수가 온대. 나도 가서 한 번 보고 싶은데. 그런데 갈 수가 있어야지."

엄마 왈, "안 돼. 침대가 거기에 있잖아." 마치 그 집안에서는 사람들이 침대에 누워있는 일 말고는 다른 할 일이 없는 것 같이 말했어요. 내가 어떻게 했는지 알아요? 내가 그 집에 가자 사람들은 마치 내 눈이 낮게 붙어 있는지 살펴보듯 내 얼굴을 빤히 쳐다보았어요. 나는 아무 일도 하지 않았는데도 그들은 마치 내가 죄지은 듯 느끼게 만들었어요. 세상에 내가 키스라도 한 듯이 죄의식을 느끼게 만들었어요. 나는 친구가 아주 많았어요. 나는 자유롭고 평온한 내 나이 또래의 많은 여자들을 알고 있었어요. 내 나이 24살이었어요. 24살에 나 같은 여자가 어디 있었겠어요? 거기에 있는 여자는 나뿐이었어요.

산드라는 결혼한다는 것이 정말 걱정이었다. 왜냐하면 자신에 대해 자신감이 없었고, 자유나 책임이 주어진 적이 없었기 때문이다. 그리고 집안일 하는 것도 몰랐기 때문이다.

나는 요리에 대해 전혀 몰랐어요. 요리를 한 적이 없었거든요. 나는 항상 공부만 했지 요리는 하지 않았거든요. 게다가 우리 집에서는 스토브에 서있을 수도 없었어요. 혼나거든요. 때때로 아버지가 엄마에게 말했어요. "혼자하게 내버려두시오. 잘 가르쳐주면 되잖아요." 하지만 말뿐이었어요.

결혼날짜가 다가오자 나는 무엇을 해야 할지 몰랐어요. 그러자 엄마는 매일 요리를 해서 보여주었어요. 그러나 엄마는 요리하는 법을 잘 가르쳐주지 못했어요. 엄마가 요리를 할 때마다 나는 엄마에게 물었어요. "이게 뭐예요?" 나는 엄마가 만드는 요리를 노트에 적었어요. 하나씩, 하나씩 엄마가 집어넣는 재료를 적어두었어요. 왜냐하면 엄마에게 조리법을 설명해달라고 하면 엄마는 뭔가를 잊어버릴 게 분명하였기 때문이지요. 노트가 기본조리법으로 가득 채워졌어요. 닭고기튀김, 스파게티 소스, 콩요리 등 토스카나 음식을 집중적으로 해서. 그런 것들은 항상 먹을 수 있는 가정요리가 아니기 때문에, 나는 그런 것들을 적어두어야 했어요.

롤란도가 결혼하자고 한다 해도 괜찮다고 생각했어요. 그는 당시 그대로의 나를 받아들일 것일 거라고 생각했거든요. 그래도 나는 정말로 많은 음식을 버렸어요. 미네스트론 수프가 가득한 큰 냄비도 버렸어요. 미칠 일이었지요. 이야기 하나 해줄게요. 결혼 초 동서가 휴가를 갔을 때, 시아주머니를 저녁식사에 초대했어요. 나는 오이로 샐러드를 만들어주었지요. 오이! 나는 껍질을 벗길 필요가 없다고 생각하였지요. 왜냐하면 오이는 쥬기니처럼 생겼기 때문이지요. 호박은 껍질을 벗기지 않잖아요. 그래서 나는 오이 껍질을 벗기지 않고 그대로 모두 조그맣게 잘랐어요. 나는 시아주머니가 나이프와 포크로 오이 가장자리를 잘라내는 것을 보았어요. 얼마나 창피했는지. 당신은 이런 일을 당해본 적이 없었겠지만, 이것은 작은 일에 불과했어요. 나는 24살의 늦은 나이에 결혼을 했음에도 불구하고, 엄마한테 요리법을 배울 수 있는 방법이 없었어요. 배울 수 있는 다른 세계가 있었으면 좋았을 텐데. 엄마방식으로는 절대로 배울 수 없었거든요. 지금도 마찬가지예요. 엄마가 우리 집에 방문할 때면, 나는 항상 엄마가 요리하게 내버려둬요. 왜냐하면 엄마는 나보고 요리 잘한다고 절대로 말하지 않기 때문이지요.

언젠가 함께 바다에 갔을 때, 처음으로 내가 말했어요. "엄마, 서로 돌아가면서 음식을 만들어요. 그러면 바닷가에 늦게까지 있어도 되잖아요. 오늘은 제가 요리할게요. 내일이나, 다음에 제가 바닷가에서 놀 때 엄마가 요리해요." 아니 엄마는 모든 것을 혼자 하고 싶어 했어요.

나는 내가 노트에 적어놓은 요리법으로 요리하는 것을 조금씩, 조금씩 배워나갔어요. 그러나 요리를 잘 하지는 못해요. 나는 정말로 간단한 것을 만들지요. 나는 요리에 아주 몰두할 수 있을 것 같지는 않아요. 나는 요리를 좋아하지 않아요. 나는 먹는 것이 좋아요. 요리하기보다는 차라리 바느질이 나아요. 차라리 다림질하고 세탁하는 것이 나아요. 아마도 처음부터 엄마에게 항상 비난을 받았기 때문이리라 보아요. 그래서 나는 요리에 일종의 콤플렉스를 가지고 있어요. 친구들이 저녁식사에 오면, 나는 항상 위기에 몰리지요. 그들을 위해 무엇을 만들어주지? 대개 나는 그저 평범한 음식을 만들어주지요. 그래야 틀림없이 성공적이지요. 그러나 여전히 걱정이에요. 나는 가정주부인데, 요리를 모르면 사람들은 나에게 말할 것예요. 뭐 또 없나요? 차라리 적어도 직장에라도 다녔다면 …, 이해 가나요? 가정주부에게 요리와 다른 집안일들은 중요하잖아요. 그러나 요리는 절대적인 것이지요.

그러나 엄마는 항상 말했어요. "너는 어느 것도 할 줄 아는 게 없구나." 내가 무엇을 할 줄 알까요? 말 좀 해주세요. 어떻게 배우지요? 엄마가 신장수술을 받을 때, 일주일 동안 병원에 입원했었거든요. 나는 포마로라 소스*를 만들었지요. 그런데 전에 만들어 본 적이 없었어요. 엄마가 집에 가지 못하기 때문에, 나는 뭔가를 만들어 드려야 했거든요. 그러나 아무 것도 해줄 방법이 없었어요.

쌀튀김 — 르 프리텔레 디 산 지우세뻬(*le fritelle di San Giuseppe*)* — 에 관한 이야기를 해볼게요. 들어보세요. 어느 해인가, 세인트 조셉 축제 때, 엄마는 관습에 따라 프리텔레(*fritelle*)를 만들어 나를 초대하였어요. "엄마, 저도 프리텔레를 만들었어요. 그리고 집에 갈 수가 없네요. 오늘 저녁 롤란도가 집에 온대요. 그리고 친구들도 올 거예요."

"그렇지만 넌 나만큼 잘 만들지 못하잖니."라며 반박하였어요. 조리법은 똑같았어요. 왜냐하면 나는 엄마 것을 그대로 복사했거든요. 믿을 수 있겠어요? 엄마는 내가 만든 프리텔레에 대해 내가 콤플렉스를 갖도록 만들었어요.

플로렌스의 엄마들이 자신의 조리법을 딸에게 전수해 주지 않으려는 데는 많은 이유가 있다. 3장에서 논의되었던 가족 내에서, 우선 젊은 여자들은 요리하는 것을 배우는 데 관심이 없었다. 그들은 학교에 다니고 직장에 다니느라 바빴다. 엄마나 할머니가 요리를 하는 한, 그래도 괜찮았다. 그러나 산드라는 배우고 싶었으나 방해받았다. 아마도 이것은 요리가 엄마로서의 정체성에 너무 집중되어 있어 엄마는 가족 내에서의 자신의 위치가 딸에 의해 침해받을까 두려워했던 것 같다. 티나는 결혼 후 가정 밖의 일을 하지 않았다. 요리는 자신의 자부심이었다. 그녀의 요리솜씨는 남편이 그녀와 결혼한 이유가 요리솜씨라고 할 정도로 칭찬한 것이었다. 인터뷰를 하는 동안 티나가 나에게 말했다. "마리오에게 내가 만든 음식을 좋아하는지 물어보세요. 가서 물어보세요."

"물론 나는 내 부인이 해주는 음식을 좋아하지요." 마리오가 말했다. "그렇지 않았다면 저는 결혼하지 않았을 거예요. 나는 처음부터 그녀를 시험해 보았어요. 결혼 전 나는 그녀의 요리솜씨를 살펴보았어요. 그러고 나서 좋다고 했지요. 나는 내 부인이 요리를 잘 해서 기꺼이 결혼했어요."

티나는 그의 말에 장난스럽게 화를 냈다. "결혼 40년이 되면, 나는 당신을 떠날 거예요. 당신은 겨우 그것 때문에 저랑 결혼했다고요? 부엌에서는 내가 최고예요."

마리오가 한마디 덧붙였다. "조심해요. 내 부인은 다른 곳에서도 최고노릇 하니까요. 그러나 일이 터지면 제가 마무리하지요." "일이 나면 저 사람이 마무리해줘요." 티나가 되풀이했다. 그들의 말에는 가족 내에서 티나의 위치는 요리솜씨에서 오고 있다는 것을 나타내고 있었다. 그녀의 요리솜씨는 다른 영역에도 영향을 미쳤다. 그러나 마리오는 그에 대해 보답을 하였다. 그는 경제력을 가지고 있었다. 그들은 그것을 잘 알고 있었다. 남편은 돈을 벌고, 부인은 집안일을 돌보던 그들의 전통적 노동 분담이 이루어졌던 것이다. 티나는 요리솜씨가 자신의 위치의 중추적 역할을 하고 있다고 생각했다. 그리고 딸과 그 요리솜씨를 나누어 가지면 자신의 절대적인 필요성을 잃게 될 거라고 느꼈다.

산드라는, 그녀의 부모가 자신에게 만들었던 역경을 설명하였다. 산드라의 부모는 그녀가 싫어했던 경력 속으로 밀어붙였으면서 가정주부가 되는 기술은 가르치지 않았기 때문에 산드라는 이것도 저것도 아니었다. 일하는 여성도 가정주부도 아니었다. 그녀는 어디에서도 자부심을 찾을 수 없었다. 그녀는 부모로부터 그리고 자신의 기를 꺾는 부모의 태도로부터 자유롭게 박차고 나올 방법을 찾아야 했다. 롤란도는 그 과정에 필연적이었다.

다행히 나는 지적인 남편을 만났고, 그는 즉시 나에게 운전하는 법을 배우도록 해주었어요. 그것은 내가 우리 부모에게 수없이 요청했던 것이에요. "절대 안 돼. 여자는 운전하는 것 몰라도 돼." 나는 운전면허가 없는 여자는 독립적일 수 없다고 생각했어요. 그러나 부모님들은 내가 운전면허 따는 것을 원하지 않았어요. 그것 때문에 싸움도 있었어요. 내가 얼마나 요구했는데.
마침내 언젠가 아버지는 나에게 차를 운전하도록 허락하셨어요. 당연히 나는 실수를 했지요. 갑자기 차가 이상한 소리와 함께 기울더니 멈춰 섰어요. 아버지는 소리를 질렀어요. "내려! 다시는 타지마!" 아버지는 나를 길에 버려두고 가버렸어요. 다행히 집에서 가까웠고, 걸어서 집으로 돌아올 수는 있었어요.
나는 혼자 중얼거렸지요. "마마 미아, 좋다. 면허 딴다는 이야기 다시는 하지 않으리." 그러나 나중에 롤란도는 나에게 면허를 따게 해주었고, 항상 나를 자유롭게 생각하도록 해주었어요. 면허는 필수라고요. 오늘날에는 절대 없어서는 안 된다고요.
내가 면허를 땄을 때 부모님은 얼마나 화를 냈는지 말할 수 없어요. "오, 마마 미아, 애가 면허를 땄데요. 조심해야겠어요. 그 남자 미쳤어요." 그러나 롤란도는 나의 마음을 편하게 해주려고 가능한 한 엄청나게 노력하였어요. 그는 나를 밀고 나갔어요. 그는 나를 성장하도록 도와줬어요.

산드라의 남편 롤란도는 결혼한 첫 번째 달을 다음과 같이 그렸다.

> 비극이었어요. 그 때는 정말로 비극이었어요. 산드라는 여전히 자신에 대한 확신을 찾아야 했어요. 산드라는 첫 아이가 태어나고서야 자신의 평정을 찾았고, 자신감을 찾았어요. 우리는 아기를 3년 동안 미루어 왔었는데, 다행히 산드라는 자신은 할 수 없다고 늘 생각했던 것을 해냈어요. 그러고 나서 모든 것이 평온해졌어요. 모든 그녀의 두려움과 불안감은 사라졌어요.

아기가 있다는 것은 산드라에게 자신감을 높여 주었고, 새로운 가족은 그녀가 잃어버린 것을 대신해 주었다. 그러나 엄마로의 전이과정에 어려움이 없었던 것은 아니었다. 어려움 중의 하나는 모유수유에 대한 산드라의 부정적 표현에서 나타났다. 이것은 엘다의 열광적인 회고담과는 정반대였다. 첫 아이, 엘레나가 태어나고, 산드라는 모유가 충분하지 않았다 — 이것은 처음 엄마가 되는 사람에게 흔히 일어나는 문제이다. 특히 불안해하는 엄마들에게는 더욱 그랬다. 산모들은 아기의 요구에 따라 자신의 모유공급을 발달시킨다. 불행히도 산드라의 의사는 그녀에게 분유로 모자라는 모유를 보충하라고 하였다. 오직 아기가 엄마 젖을 빠는 것만이 엄마의 젖이 나오게 하기 때문에 모유수유 옹호자들은 이를 반대한다(La Leche 1981). 당시 이태리에서 산드라를 비롯한 모유수유 하는 많은 엄마들은 체중계를 가지고 있다가 아기에게 모유를 먹이기 전과 먹인 후에 아기의 체중을 재어 모유가 충분한지를 확인하였다. 이것은 엄마들에게 걱정과 스트레스를 만들어주었다. 한밤중에 일어나 체중을 재고, 아기에게 모유를 먹이고, 다시 체중을 재고, 분유를 적당한 비율로 타서 이것을 다시 먹이고 하는 것은 산드라를 완전히 지치게 만들었다. 그래서 그녀는 모유수유를 포기하고 엘레

나에게 완전히 분유를 먹였다. 그 후 엄마와 아기 둘 다 건강하였다. 2년 후에 산드라의 둘째딸 올리비아가 태어났을 때, 산드라는 병원에 있는 동안 단 한 번 젖을 먹이고 그 이후에는 분유를 먹였다. 산드라는 분유가 아기에게 좋다고 확신했다. 그리고 그녀는 모유수유를 좋아하지 않았기 때문에 그녀에게는 분유가 훨씬 좋았다. 산드라는 회상하였다.

> 엘레나에게 모유를 먹이는 것은 정말 나를 괴롭혔어요. 무엇보다도 나는 그것이 싫었어요. 나는 기분이 좋지 않았어요. 모르겠어요. 이유는 모르지만 싫었고 모유를 주는 일은 나를 성가시게 했어요. 내 젖을 빠는 아기에 대한 나의 기분은 내가 성공하지 못했던 그 무언가와 같은 것이었어요. 아마도 젖이 부족해서 그런 것인지도 모르죠. 사실 엄마는 나에게 항상 말했어요. "유즙이 흘러내리는 것을 느끼니? 그것을 느껴야 되는데. 젖을 줄 필요성을 느껴야 되는데." 나는 유즙이 흘러내리는 것을 느끼지 못한다고 말했어요. 모든 것이 이것 때문인 것 같았어요.
>
> 게다가 나는 아주, 아주 불안했어요. 모르겠어요. 정말이지 나는 그것을 전혀 좋아하지 않았어요. 모유를 먹인다는 것은 나에게 부정적인 경험이었어요. 내가 너무 불안해해서 모유 먹이는 것을 싫어했는지는 모르겠어요. 아니면 이전의 시간에 있었던 일들로 내가 지쳐버렸기 때문인지도 모르죠. 어쨌든 나는 그것이 귀찮았고, 또 내 몸이 허약해지는 것 같았어요. 나는 내 자신을 다스릴 수가 없었어요. 나는 무언가를 할 에너지가 없었어요. 당신도 알겠지만, 엄마 젖은 음식이잖아요. 모유는 몸에서 스스로 재생해야만 하고요. 신체적으로 충분히 건강하지 못하면 그 재생이 불가능하지요. 나는 젖이 나오지 않았어요. 그것은 내가 그저 모유를 만들어내지 못한다는 것을 보여줄 뿐이었어요.
>
> 사실 나는 모유 먹이는 일이 아름답다고 누군가가 말하는 것을 들어본 적이 없었어요. 나는 그것이 꼴불견이라는 생각이 들었어요. 나는 그것을 좋아하지 않았어요. 정말로 좋아하지 않았어요. 그것은 불쾌한 기분이었어요. 나에게 그것

> 은 역겨웠어요. 나는 거기에서 즐거움이라고는 절대 찾지 못했어요. 사람들은 그것이 너무도 자연스러운 것이라고 말하던데. 내게는 어떤 느낌이었는지 상상해 보세요.
>
> 나의 엄마는 항상 나에게 말했어요. "네가 내 젖을 빨 때 너무 좋았단다. 너는 꽉 매달려 그것을 핥아먹었어."
>
> 이렇게 엄마가 말하곤 할 때, 나는 대답했어요. "정말 싫어요, 엄마. 내가 그런 역겨운 일을 했다고요?" 나는 아기를 가지기 전까지도 그런 장면을 즐거운 것으로 혹은 두 개체를 하나로 결합하는 것으로 생각해 본 적이 없었어요.

산드라는 모유수유에 대한 이런 비난적인 이야기를 하는 데 있어서 엄마를 두 번 언급했다. 첫 번째는 엄마가 자신에게 유즙이 흘러내리는 것을 느껴야만 한다고 말하면서 자신을 온전치 못한 사람으로 느끼게 만들었다는 것을 넌지시 암시했다. 두 번째는, 엄마의 젖을 빨은 자신을 생각만 해도 참을 수 없다는 것이었다. 산드라는 '역겹다'고 말했다. 아마도 극히 엄마에게 의존적이었다는 생각이 끔찍했던 것이다. 왜냐하면 산드라는 엄마로부터 분리되어 스스로 성장하려고 필사적으로 노력했기 때문이다. 마찬가지로, 자신의 딸들이 태어난 후에도, 산드라는 자신의 아기들이 자신에게 절대적으로 그런 신체적 의존을 하게 된다는 생각을 참을 수가 없었다. 그것은 그녀가 가까스로 얻은 연약한 자율성을 눌렀다.

결국, 산드라와 부모와의 관계는 자아확신과 독립심을 얻기 위해, 그리고 그들의 비판으로부터 자신을 벗어나게 하기 위해 그들의 관계를 완전히 잘라야만 했을 정도까지 악화되었다.

> 마지막 단계는 부모님에게 "그래요, 이것으로 충분해요."라고 말하는 것을 결심

하는 일이었어요. 그것은 마지막 최후의 행동이었어요. 그리고 나는 후회하지 않았어요. 나는 더 이상 매어살 수 없었거든요. 나와 부모님 사이에는 탯줄이 그대로 있었어요. 부모님들은 내가 매일 전화를 하지 않으면 나에게 소리를 질렀어요. 그들은 매순간 쉽게 나를 비난하였어요. 이제 그들을 보지 않기 때문에 더 이상 그들은 나에게 소리칠 수 없어요. 이제는 부모님들이 입을 열면 나는 그것을 그냥 놔두지 않아요. 나는 정말 비열해졌어요. 정말 심하게 비열해졌어요. 엄마가 입을 열면, 엄마가 하는 말은 모두 나를 괴롭히거든요. 나는 수없이 말다툼도 하고 싸우기도 했어요. 왜냐하면 나는 그에 맞서야 했거든요. 그들은 나를 너무 많이 참게 만들었어요. 이것으로 충분해요. 이제 한계에 달했어요. 나는 부모님들이 나를 정말로 사랑하지 않는다는 이런 결론에 도달하였어요. 내가 어렸을 적에도 그들은 그렇게 많은 애정이 없었어요. 아니, 아버지에게 조금은 사랑을 받았네요. 아버지는 나에게 용기를 주었고, 약간의 자신감도 주었어요. 그러나 엄마는 절대 아니에요. 나는 엄마를 절대 이해할 수 없었어요. 나도 엄마이지만, 나는 엄마가 되는 것이 무엇을 의미하는지 알고 있어요. 엄마다운 엄마가 되는 것은 우리 엄마가 한 행동을 하지 않는 거예요. 아이를 사랑하는 엄마, 혹은 아빠. 진정한 엄마, 아빠는 자신의 아이를 힘들게 만들지 않아요. 나는 결코 우리 엄마를 이해하지 못했어요. 우리 엄마는 전혀 성숙되지 않은 여자였어요. 엄마는 성숙해지는 데, 그리고 머리를 쓰는 데는 성공하지 못했어요. 거기에는 아마 우리 아버지의 잘못도 있는 것 같아요. 엄마가 말하는 것은 엄마가 그것을 절대적으로 믿기 때문이에요. 엄마는 참지를 못해요. 엄마는 그냥 말하고 말지요. 남편에게 아양 떨고, 남편을 왕처럼 느끼게 만들 때 엄마는 입을 다물지 않아요. 혹은 아무리 비싼 거라 해도 세탁기를 원할 때, 엄마는 어떻게 해서든 졸랐어요. 엄마는 세탁기를 원하면 세탁기에 대해 계속해서 이야기하지요. 나의 아버지는 그것을 사주고 싶지 않아도, 엄마는 그 세탁기를 결국 얻고 말아요. 그러나 나에 대해서는 그렇지 않아요. 이해가 가세요?

산드라는 요리나 다른 것들에 대해 엄마와의 상호균형을 확립하려는 노력을 포기하고, 부모와의 인연을 끊었다. 지글리욜라와는 달리,

산드라는 엄마와의 관계균형을 도와주려는 아버지의 긍정적 지지를 받지 못했다. 산드라의 부모는 지지와 자율성에 대한 산드라의 욕구를 묵살해 가며 서로에 대한 강한 의무감을 유지해갔다. 부모와의 헤어짐은 산드라가 자아를 재건하는 데 절대적으로 필요하였다. 그녀는, 많지는 않지만, 자신만의 요리법을 개발하여 그것을 더욱 즐기게 되었다.

산드라의 요리는 주로 간단하고, 자신의 농장에서 생산된 품질 좋은 재료를 사용한 전통적인 토스카나식 음식이다. 그들은 소작농 부부가 키운 동물, 그리고 그들이 재배한 채소와 과일을 수확의 반으로 서로 나눈다. 그들 부부는 그 지역에서 나는 온갖 종류의 채소와 과일을 재배하였다. 배, 사과, 복숭아, 살구, 무화과, 포도, 체리, 올리브, 메론, 수박, 토마토, 가지, 상추, 레디치오, 주키니, 아티초크, 바질, 파슬리, 당근, 등등. 그들은 토끼, 꿩, 닭 등도 키웠다. 산드라 부부는 근처의 농부들에게 돈을 지불하여 돼지를 키워 잡아달라고 하였다. 그래서 그들은 자신들만의 소시지, 살라미, 그리고 돼지고기를 먹을 수 있었다. 이런 음식으로 그들은 멋진 식사를 하며, 20~30명의 친구들과 함께 즐길 수 있었다.

> 우리는 종종 친구들과 같이 모여요. 나는 그들이 도시에 살기 때문에 그들이 만들 수 없는 음식을 만들어주지요. 돼지를 잡을 때는 숯불구이를 해요. 그들은 불을 붙일 수 있는 방법이 없기 때문에 먹을 수 없는 것이죠. 겨울에는 난로에 불을 붙여 고기를 구워요. 돼지를 잡을 때는 우리는 그들에게 신선한 소시지를 준비해 주지요. 그러면 그들은 포크에 그것을 꽂아 불에 구워 먹어요. 그게 우리가 하는 방식이에요. 이해하세요? 나는 거창한 것을 만들지 않아요. 내가 그런 장소에 어울려 요리를 하다니, 세상에! 이 친구들은 요리를 할 때, 아주 세련된 수많은 소스를 만들지만, 나는 그 소스를 기억하지 못해요. 나는 어디에서

시작해야 할지도 전혀 모르거든요.

산드라는 여전히 자신의 요리에 불안해했다. 아마도 그것은 여전히 그녀가 얻으려고 애쓰는 그 무엇인, 성숙된 독립을 나타내기 때문일 것이다. 그녀는 자신의 불안감과 자부심 부족을 어렸을 적의 음식섭취 불능에다, 요리에 대한 자신감 부족에다, 그리고 모유수유에 대한 혐오에다 나타내었다. 산드라는 자신을 사랑하고 지지해 주는 남자와 결혼함으로써, 질식사할 것 같은 부모와의 관계를 끊음으로 해서, 그녀에게 새로운 가족을 가져다 준 아이들을 가짐으로 해서, 그리고 자신의 농장에서 거둬들인 진짜 전통적인 토스카나식 음식을 만들어주면서 자신만의 새로운 관계를 발달시켜 감으로써 자아를 만들어 나가는 데 엄청난 노력을 했다. 그녀는 자신의 아이들과 함께 식사하는 것을 좋아하고, 과거보다 더욱 만족스럽게 음식을 먹었다.

나는 이제 평온한 마음으로 식탁에 앉아요. 나는 오늘 심리적으로 훨씬 편안해요. 어릴 적에는 지금보다 더 불안하였거든요. 그래서 음식도 지금과는 달리 먹었어요.

산드라는 음식을 이용하여 자아를 다시 세우는 방법을 찾았다. 그리고 부모와의 새로운 균형 ― 서로 멀리 떨어져 서로를 믿지 않은 채, 그러나 자신으로 하여금 스스로를 키워나갈 수 있도록 하는 균형 ― 에 도달했다. 산드라와 그녀의 엄마는 음식을 놓고 '주고받는 관계'를 확립해 나갈 수 없었다. 아마도 요리가 엄마 티나의 사회적 위치와 절대 포기할 수 없는 결혼의 중심이기 때문이었다. 그러나 엘다와 지글리욜라의 경우를 보면, 엘다는 수년간 제과점에서 일했다. 그래서 부인으로서 혹은 엄마로서 그리고 노동자로서의 정체성을 가지고 있었다. 엘다는 제과점을 완전히 그만두고서야 요리에 전념했다. 그리고 요리가 흥미롭고 신기한 것이라는 것을 알았다. 그러나 기꺼이 딸과 요리솜씨를 함께 나누었다. 지글리욜라는 자신의 요리솜씨에 자신감을 가질 수 있었다. 왜냐하면 엄마가 그녀에게 가르쳐주고, 그녀의 솜씨를 칭찬해 주고, 딸이 만든 음식을 기꺼이 먹어 주었기 때문이다. 엄마처럼 지글리욜라 역시 정체성과 가정 밖의 의미를 주었던 직장경험이 있었다. 그래서 이 둘은 부엌에서 서로를 위협하지 않았다.

이 두 이야기는 상호존경과 독립을 구하려는 엄마와 딸들에게 도전을 암시한다. 가정 밖의 사회에서 존경받는 자리를 차지하지 못하고 여자의 위치가 약한 곳에 사는 여자는 자신의 딸에게도 위협을 느낄 수 있다. 그 여자는 자신의 딸을 억제 혹은 방해하려 하고, 자신의 독립을 두려워한다. 그러나 직장에서 여자의 자리가 확고하면, 그 여자는 자신의 딸을 더욱 존경하고, 딸에게 독립심을 부여할 수 있다. 엄마와 딸의 평생균형은 음식을 둘러싸고 있는 그들의 관계를 통해 나타날 수 있다. 상호존경을 얻기 위해, 음식은 엄마에게서 딸에게뿐 아니라, 딸에게서 엄마에게로도 다시 전해져야 한다. 부모와 자식은 요리를 통해 혹은 음식을 만들어 먹여주고 그 음식을 먹음으로써 상호관계가 유지되어야 한다.

10장

이태리 플로렌스에서 욕구의 목소리로서, 그리고 서로의 연결고리로서의 신체[1]

서론

왜 플로렌스 사람들이 가지고 있는 신체에 대한 생각을 다루는가? 학자들은 여러 견지로 관찰하여, 신체는 자아의 매개체이고, 신체개념은 자아개념을 보여준다고 말하고 있다. 특히 남성 혹은 여성으로서의 자아를.[2] 이 장에서는 플로렌스 사람들의 신체가 그들의 자아를 어떻게 나타내고 있는지 살펴본다. 플로렌스 사람들은 신체를 즐거움의 근원으로, 가족을 반영하는 것으로, 그리고 생활의 활성제로 규정하고 있다. 그러나 그들은 또한 20세기 자본주의의 전형적인 특징으로 널리 유행하고 있는 신체의 대상화 혹은 상품화로 바라보는 신체의 이미지

1. 10장은 1997년 〈미국인류학회〉 정기모임의 '유럽에서의 신체에 관한 인류학' 부문(바브라 콜린스(Barbara Collins)에 의해 준비됨)에서 발표한 원고를 대폭 수정한 것이다.
2. Becker 1995; Bordo 1992; Bruch 1973; Bynum 1991; Douglas 1966; Martin 1987; Meigs 1984; Mitchie 1987; Suleiman 1985를 참조한다.

와 싸우고 있다. 비록 플로렌스의 문화가 여러 모로 '서양식'이지만, 그들의 신체개념은 미국에서 만연되어 있는 신체개념과는 달라 새로운 견해를 제공해 주고 있다.

미국에서의 신체에 대한 태도는 정신/신체 이원론, 즉 정신과 신체는 분리되어 있고, 진짜 자아는 정신에 들어 있어, 그 정신은 정도를 벗어난 신체를 통제할 수 있다는 믿음으로 특징되어진다. 정신/신체 이원론은 남자를 의기양양하고, 지배적 정신과 연결하고, 여자를 통제받기 쉬운 비천한 신체와 연결하여 성불평등을 뒷받침하고 있다(Bordo 1992). 그런 태도는 상품을 팔기 위한 소비자본주의의 욕구와 완벽하게 맞물린다. 왜냐하면 신체, 특히 여성의 신체는, 끊임없이 물건을 구입함으로써 효용가치가 생기고 향상되는 상품으로 규정되고 있기 때문이다. 그러나 앤 베커의 말대로, 우리는 신체를 '자아신장'의 정당한 객체로 규정해야 한다(Becker 1995, 36).

미국사람들, 특히 여자들이 신체를 '계발'하는 가장 중요한 방법의 하나는 날씬함의 추구이다.[3] 대부분의 사람들에게 대사(代謝)작용으로 절대 불가능한 정도의 날씬함으로 규정된 신체적 완벽함을 우리는 열심히 쫓아가고 있다. 그래서 이를 쫓는 사람들 ― 대개 여자들 ― 로 하여금 그 이상적인 완벽함에 맞지 않으면 스스로 가치 없는 사람으로 느끼게 만든다. 게다가 다이어트에 매달리는 여자들은, 먹는 즐거움의 거부와 만성적이고 저급한 굶주림의 고통으로 표시되는 자기학대를 재

3. 미국인들의 비만과 날씬함에 관한 많은 연구 중에서 다음의 글들은 특히 인류학자들과 관련이 깊은 것들이다: Bordo 1992; Boskind-Lodahl 1976; Bruch 1973, 1978; Brumberg 1988; Chernin 1981; Mackenzie 1976; Millman 1980; Orbach 1978; Hughes 1997; Thompson 1994.

촉한다. 우리는 신체에 대한 우리의 이런 태도를 당연한 것으로 여기고, 그 태도를 거의 고찰해 보지 않았다. 그러나 다른 시대 혹은 다른 문화에서는 신체에 대해 이와는 다른 관념이 우세하였다. 예를 들어 중세 유럽 사람들은 신체를 다산, 타락, 혹은 성스러움의 장소로 규정했다. 그들은 신을 향한 '잔혹하지만 즐거운 승화'를 추구하기 위해 육체를 통제하여, 철저히 억제하고 괴롭히기까지 했다(Bynum 1991, 162). 빅토리아 여왕 시대의 사람들은 여자의 신체를 약하고, 병약하고, 정당한 욕구도 없는 것으로 규정하여 여자들의 하위성을 강화하였다(Brumberg 1988). 그리고 피지의 섬 사람들은 신체를 사회적 관심과 사회적 교양의 정당한 대상으로 규정하고 있다. 그들은 음식을 통해 서로의 신체를 튼튼하게 만든다. 그래서 풍만한 신체를 사회적 성공의 표시로 소중히 여긴다(Becker 1995). 그럼 플로렌스 사람들은 어떨까? 플로렌스 사람들은 신체를 어떻게 규정할까? 여자들에게 신체는 파워와 우월감의 장소일까?

플로렌스 사람들의 신체에 대한 나의 토론은 나의 저서 『마음속의 음식 : 이태리, 플로렌스에서의 성과 가족, 1908~1984』의 일부분이다. 이 책의 주체는 내가 13년 동안 잘 알고 지내던 가족의 25명 식구들이다. 모두 농민과 노동자계층, 혹은 기술직 출신이다. 모두 플로렌스 지역에서 태어났다.[4] 나이 많은 세대 중에는 중학교 이상의 교육을 받은 사람이 없고, 대부분 초등학교 5, 6학년을 마쳤다. 그들은 노동계층에

4. 플로렌스 지방은 1981년에는 120만의 인구가 있었고, 도시에는 45만 명이 거주하였다. 2차 세계대전 이전에는 소작농(mezzadria)이 시골에 주로 살았고, 고품질의 작은 공예산업이 도시에 많았다. 오늘날에는 농업은 공장, 공예산업, 상업, 그리고 관광에 자리를 내주고 말았다(Barucci 1964; Camera di Commercio 1958; Ires Toscana 1988; ISTAT 1990; Mori 1986).

서 중상류층에 분포되어 있고, 블루칼라와 화이트칼라, 기술직, 점원, 퇴직한 사람, 가정주부 등 다양하였다. 그들은 1908년에서 1972년 사이에 태어나, 내가 그들을 마지막으로 인터뷰하던 1984년, 그들의 나이는 12살에서 76살에 속했다. 모두 편안하게 적당한 수입으로 적당한 주거환경에서 살고 있었다. 그러나 어느 누구도 경제적으로나 사회적으로나, 정치적으로나, 혹은 교육적으로 플로렌스의 엘리트에 속해 있지 않았다. 나의 데이터는 음식 중심의 생활사와 활동범위, 식사관찰, 조리법 수집 등 1,000쪽이 넘었다.

골라(*Gola*) : 음식에 대한 욕구

플로렌스 사람들에 대해서 가장 충격적인 것 중의 하나는, 먹는 것에 대한 육체적 즐거움을 찬양한다는 것이다. 남자와 여자들은 서로 똑같이 음식섭취를 즐기면서 신체에 대해 긍정적이고 적극적인 관계를 발전시킨다. 음식을 먹고, 또 먹고 그러면서 먹는 즐거움을 분명히 나타낸다. 18세의 파올라는 다음과 같이 말했다.

> 나는 먹는 것이 좋아요. 나는 절대로 먹는 것을 거절하지 않아요. 나는 밖에 나가 외식을 하면 기분이 좋아져요 — *sto beno io quando vo a mangiare.*

28세의 신시아는 살 빼려고 다이어트하는 것에 왜 싫증이 났는지 설명했다.

나는 내 욕구에 자유롭게 순응하는 것이 필요해요. 세상에, 입이 있는데도 먹을 수 없다니! 맛있으니까 먹고, 즐거우니까 먹어야 하는 것 아닌가요?

플로렌스 사람들은 자신들의 음식에 대한 사랑을 골라(*gola*) ― '음식에 대한 욕구' ― 라 부르며 찬양한다. 골라는 특정 음식을 열망하여 맛있게 먹는 것을 의미한다. 특히 먹는 것을 감상하는 사람들은 골로사로(*golosalo*)라 부른다.[5] 사전에는 '대식가'로 해석되어 있다. 그러나 이것은 플로렌스 사람들의 의미를 왜곡하여 탐욕의 지나침을 의미하고 있다. 나는 이것을 '음식을 진정으로 사랑하고 요구하는 사람'으로 해석한다.

골라는 '음식에 대한 욕구'일 뿐 아니라 '목구멍'도 의미한다. 목구멍은 음식이 몸 안으로 들어가는 길이기도 하거니와 목소리가 나오는 길이기도 하다. 이는 이 두 작용이 상호협동적임을 함축하고 있다. 음식은 안으로 들어가 한 개인을 만들고, 목소리는 밖으로 나와 그 개인을 구체화한다. 골라는 '욕구'와 '목소리'를 의미하기 때문에, 음식에 대한 욕구는 목소리 ― 자아표현의 중심매개체, 삶과 개성의 활기찬 표현 ― 라고 제안할 수 있겠다. '허리'의 이태리 말과 '삶, 생명'의 이태리 말은 똑같이 '비타(*vita*)이다.[6] 이 어원은 신체(허리)의 개념을 생기 없는 것이기보다는 생기넘치는 아주 중요한 것으로, 자아-반영적이기보다는 자아-표현적인 것으로, 그리고 수동적이기보다는 능동적인 것으로 더욱 강조한다. 이 점에 대해서는 이 장 후반부에서 자세히 다룬다.

5. 여자는 golosa이고, 남자는 goloso라고 한다.

6. 루이사 파쎄리니(Luisa Passerini)는 이 사실을 *Autobiography of a Generation*(1996, 16)에서 언급하였다.

그들의 골라 개념에서, 플로렌스 사람들은 자아를 음식을 사랑할 정당한 권리를 가지고 있는 존재로 규정한다. 또한 과식을 피해서 현명하게 음식을 먹을 도덕적 의무도 가지고 있는 존재로 규정한다. 그들은 특정 음식에 대한 특별한 열정을 인정하여 자신들을 '골로사로'라 말한다. 54세의 브루노는 다음과 같이 말했다.

> *Sono goloso di pane*—나는 진정으로 빵을 좋아합니다.

48세의 로레타는 다음과 같이 말한다.

> 나는 골로사(*golosa*)입니다. 파스타에 대해 골로사이고, 달콤한 음식에 대해 골로사입니다.

좋아하는 음식을 먹는다는 것은 사람들을 기분좋게 만들었고, 이런 기분을 경축했다. 반나는 다음과 같이 말했다.

> 맛있는 식사를 한다고 생각만 해도 나는 만족감을 느끼지요.

플로렌스 사람들은 음식에 대한 이런 사랑을 인정하였고, 또한 감각을 믿었다. 그렇지만 지나친 과식은 경멸하였다. 예를 들어 21세의 알렉산드로는 다음과 같이 말했다.

> 욕구가 당기는 한, 나는 배가 부를 때까지, 정말로 배가 부를 때까지 계속 먹는 타입입니다. 그러나 나는 스스로 약간은 브레이크를 걸려고 노력하지요.

그는 프레나르미(*frenarmi*) — '스스로 브레이크를 건다' — 라는 낱말을 사용한다. 이것은 66세 엘다가 자신의 욕구를 설명할 때 사용했던 낱말과 같다.

내가 말해 줄게요. 나는 약간 골로사이거든요. 나는 스스로 브레이크를 걸려고[*frenarmi*] 노력합니다. 그래도 나는 골로사예요. 때때로 나는 뭔가 단 음식이 먹고 싶다는 욕구를 느낀답니다. 그래서 나는 부엌으로 가 뭔가를 찾고는 해요. 잼, 사탕, 그 무엇인가를 찾지요. 이유는 간단해요. 그냥 단 것이 필요하니까. 먹을 것이 없으면 나는 신을 신고 사러 나갈 정도예요. 몇 개의 페이스트리 혹은 그런 것을 사지요. 아마 단 것 말고 다른 것은 먹고 싶지 않고 단 것을 먹을 필요를 느낀다면, 그것은 아마 혈당이 떨어진 것일 겁니다. 때때로 나는 맛있는 쌀 케이크 — 토르타 디 리소(*torta di riso*)* — 를 만들지요. 간단히 집에서 만들 수 있는 맛있는 음식이거든요. 쌀에 우유, 계란, 설탕, 약간의 소금, 그리고 강판에 갈은 레몬껍질을 넣고 익히는 음식이랍니다. 과일통조림이나 럼 혹은 과일주가 있으면 약간 넣어도 좋아요. 코코아로 색깔이나 향을 만들 수도 있고요.

엘다는 욕구충동을 존중하여 애정을 갖고 자신이 그 충동을 어떻게 만족시켰는지 자세히 설명했다. 그러나 그녀는 또한 그 충동이 억제되어야 한다는 것도 알았다. 지나친 욕구에 따라가는 것은 두 가지 이유 때문에 좋지 않았다. 첫째, 지나친 음식섭취는 욕구와 기쁨을 소실시킨다. 엘다는 제빵사인 자신의 아버지에 관한 다음의 이야기 속에서 이런 믿음을 나타내었다.

내 기억에 어느 시점이 되자 우리 아버지는 제과점에서 빵뿐만 아니라 페이스트리를 판매하기로 결정을 내렸지요. 아버지는 기술이 아주 좋은 제과사를 고용했어요. 그는 이국적인 페이스트리를 만들었어요. 상상해 보세요. 일요일, 우리의 페이스트리를 사러온 사람들로 가득 차 있는 제과점 앞에는 자동차들이 줄지어 서 있었어요. 왜냐하면 맛이 좋았기 때문이지요. 그 제과사가 우리 집에 왔던 첫 날을 기억해요. 아버지는 나의 누이 티나와 나에게 말했어요. "애들아, 여기에 달고 맛있는 페이스트리가 있단다. 먹고 싶은 만큼 실컷 먹어라. 가지고 가지는 말고 먹고 싶은 만큼 먹어라." 우리는 먹고, 먹고 또 먹고, 너무 많이 먹어, 다음 날 우리는 페이스트리는 쳐다보기도 싫었지요. 그리고 우리는 깨달았어요. 왜 아버지가 우리에게 그렇게 먹으라고 했는지를. 우리는 토할 정도로 먹었거든요. 우리는 더 이상 그런 단맛의 음식을 쳐다보지도 못했어요. 그거였어요. 우리는 그것으로 충분했어요. 그날 이후 우리는 그것을 다시는 먹지 않았어요.

엘다의 이야기에서의 교훈은 통제되지 않은 폭식은 나쁘다는 거였다. 왜냐하면 그것은 먹는 즐거움을 소실시키기 때문이다. 음식이 즐거움을 지니고 있을 수 있는 것은 신중한 행동으로 보장받을 수 있다.

플로렌스 사람들이 지나친 욕구를 따르는 것을 부정하는 둘째 이유는, 지나친 욕구가 플로렌스 사람들이 귀하게 여기는 욕구와 통제 사이의 균형을 깨뜨려, 그 결과 사람을 뚱뚱하게 만든다는 것이다. 엘다는 9장에서 언급했던 지글리욜라의 식욕에 대해 이야기하면서 이런 의견을 말했다.

지글리욜라를 보세요. 언젠가 그 애가 말하더군요. "충분히 먹었어요. 이제는 배가 고프지 않아요." 그러면서 그 애는 계속해서 먹더군요. 그 애를 힘들게 하는 것은 바로 먹는 것이에요. 더 이상 배가 고프지 않는데도 먹는 것. 사람이 "충분해요. 이제는 배가 고프지 않아요."라고 말하는 시점에 도달하게 되면, 그것이 바로 딱 먹어야 하는 양 전부지요. 그 애는 더 이상 먹어서는 안 돼요. 그런데도 계속 먹었어요. 나에게는 그 애와 똑같은 친구 하나가 있는데, 어느 날 그 친구가 점심시간에 놀러 왔어요. 그 친구가 말하더군요. "충분히 먹었으니 그만 먹어야지." 그러더니 내가 과자 접시를 내놓았더니 과자가 거의 다 없어질 때까지 계속 집어 먹었어요. 그 친구는 배가 고프지 않으니 먹어서는 안 되지요. 욕구를 넘어서 먹는 것은 사람을 뚱뚱하게 만들어요.

엘다의 말은 음식은 즐기지만 적당히 먹어야 한다는 문화적 믿음을 표현하고 있었다. 나는 후에 몸매에 대한 플로렌스 사람들의 복잡한 감정에 대해 논할 것이다. 그러나 여기 이 연구를 하던 당시에는 그들은 뚱뚱한 사람들에 대해 혹평하지 않았다. 그들은 사람의 신체 사이즈로 도덕적 판단을 하지 않고 행동으로 판단하였다. 그렇지만 그들은 욕구는 정당한 것이지만 폭식은 나쁘다고 여겼다.

플로렌스 사람들은 음식섭취가 신체에 즐거움뿐 아니라, 위로를 준다고 관심을 가졌다.[7] 그들은 음식섭취는 사람을 기분 좋게 만들고, 어떤 사람에게는 정서적 안정의 주요원인이 된다는 것을 인정하였다. 50세의 반나가 이야기했다.

나는 화를 내지 않는 신경체계를 가지고 있나 봐요. 안 되는데, 안 되는데 하면서 음식이 다 없어질 때까지 계속해서 먹게 되요. 배가 고파서가 아니라 음식을 실컷 먹어 속이 거북함을 느끼게 된다니까요. 음식섭취 욕구가 나 자신보다 더 강한가 봐요. 어쩔 수가 없더라고요. 나는 먹어야만 한대요. 그것은 신경에서 비롯된대요. 의사가 나에게 그렇게 말해 주었어요. 나는 먹어야만 한다고 느껴요. 무엇을 먹든 상관이 없어요. 나는 한밤중에도 음식을 먹곤 했던 때를 경험했어요. 어찌되었든 나는 먹어야만 했어요. 이럴 때, 나는 먹고 싶다는 욕구를

7. 사르데냐의 보사에서는 식사 끝에 만족을 "위로가 되었습니다."("*Consolada soe*")하고 표시하였다(Counihan 1981). 음식을 먹음으로 해서 받는 위로에 대해서는 Thompson 1994를 참조한다.

> 가지고 부엌으로 가지요. 나도 알아요. 그러면 안 된다는 것을. 그것이 나쁘다는 것을 알아요. 그러나 그 욕구는 나보다 강해요. 어쩔 수 없더라고요. 한 시간 후쯤, 나는 다시 부엌으로 돌아가 뭔가를 또 먹어요. 이것은 커다란 샌드위치를 먹는 것과 같은 것은 아니고 스낵정도를 먹는 것과 같아요. 나는 한밤중에 4~5개의 과자를 먹어요. 간단히 말하자면, 나는 먹어서는 안 되는 것을 먹는 것이지요. 특히 그 시간에. 그러고 나면 나는 기분이 좋지 않아요. 왜냐하면 배가 채워진 것 같은 기분을 느끼면서 동시에 언짢아지거든요. 그런데도 나는 항상 음식을 갈망하게 되요. 특히 불안한 때에는 더욱더 그래요. 나도 왜 그러는지 모르겠어요. 불안한 상태가 되면, 입 안에 뭔가를 넣고 싶은 욕구가 저항할 수 없을 만큼 압도해 와요.

음식을 먹는 것은 신체와 영혼에 즐거운 효과를 주기 때문에 그녀에게 도움이 되었다. 이런 효과는 그녀에게 뚱뚱해진다는 사실보다 더 우선되었다. 그녀는 자신의 행동을 변호하여 자신에게 허리둘레에 대한 책임을 면하게 해주었다. 즉 그녀는 그렇게 많이 먹지 않았다고 말했다. 단지 쉽게 뚱뚱해지는 신체를 가졌을 뿐이라고.

> 솔직히 나는 그렇게 많이 먹는 것은 아니에요. 식탁에 앉으면, 나는 가장 적게 먹는 사람이에요. 요즘 나는 하루 종일 먹는다고 말했지만, 보통 때는 그렇지 않아요. 그것은 정말로 긴장을 할 때면 일어나거든요. 그러나 그렇지 않다면, 나는 그렇게 많이 먹는다고 생각하지 않아요. 다른 사람들보다 더 많이 먹지는 않아요. 사실 때로는 사람들이 나에게 말해요. "세상에, 많이 먹지 않네요."

반나는 자신이 뚱뚱하다고 말한다. 그러나 싫다거나 가치 없다고 느끼지는 않았다. 그녀는 음식에서 즐거움을 얻는 정당한 권리를 가졌다고 느꼈기 때문이다. 대부분의 플로렌스 사람들도 마찬가지였다. 그리고 그녀는 지나칠 만큼 먹지도 않았다.

반나의 조카, 18세인 파올라 역시 비슷한 신념을 가지고 있어, 자신의 체중이 비록 이상적이지는 않지만, 음식에서 즐거움을 얻을 수 있는 권리를 가지고 있다고 믿었다.

> 나는 약간 통통하지만(*cicciotella*), 지나친 것은 전혀 없어요. 나는 약간 더 날씬해질 수는 있었어요. 약간 더 날씬해야 했었어요. 그러나 할 수 없었어요. 나는 내 삶이 고통당하며 보내는 것을 원하지 않았던 것 같아요. 살을 빼려는 의지가 없다면, 다이어트로는 어느 것도 해결할 수 없을 것이기 때문이지요. 그것이 내 의견이에요. 분명 나는 두 달 동안 다이어트를 하면 10파운드 정도의 체중을 뺄 수 있어요. 그러나 다시 정상적으로 먹기 시작하면, 다시 모두 원상 복귀될 것이잖아요. 나는 내 전 인생을 누군가가 나에게 먹으라고 권하는 것을 억지로 먹으면서 보낼 수는 없어요. 나는 40년을 석쇠구이 없이 보낼 수는 없어요.

가족의 산물, 가족의 거울로서의 신체

플로렌스 사람들은 신체를 개인의 도덕적 관심의 산물로 규정하지 않고, 가족을 통해 태어날 때부터 주어진 가족의 산물 혹은 가족의 거울로서 규정하였다. 반나의 가족멤버들은 거의 모두 통통한 편이었다. 반나가 말했다.

> 자연이 우리를 이렇게 만들었어요. 자신이 원하는 만큼 먹으면서도 자신의 몸매를 그런대로 괜찮게 유지하는 사람들이 있지요. 그런가 하면 먹는 것에 신경을 쓰고, 힘들어하면서도 여전히 살이 찌는 사람들도 있지요. 나의 아이들은 꼭 나 같아요. 내 딸 신시아가 여러 번 말하더군요. "알렉산드로와 나는 엄마를 닮았나 봐요. 우리는 약간밖에 먹지 않는 데도 살이 쪄요."

그녀의 아들 알렉산드로는 엄마를 그대로 닮았다.

우리 가족 모두는 몸집이 커요. 내 생각에 우리 가족 몸속에는 뭔가가 있나 봐요.

그리고 누이 신시아도 말했다.

우리 가족 모두는 뚱뚱해요.

그들의 사촌, 파올라도 같은 의견을 말했다.

우리 가족 모두는 건강하고 통통해요 — *bell'e pasciucuti*. 플로렌스에 있는 사촌들도 마찬가지고요. 우리 모두는 건강하고 풍만하지요 — *bell'e abbondanti*. 모르겠어요. 이것이 우리의 체질인가 봐요. 이것이 필연인가 봐요. 어쨌든지 사람은 뭔가를 먹어야만 하잖아요.

사람의 신체는 가족에 의해 주어지고, 식습관도 마찬가지라는 데 그들은 동의하였다. 파올라는 다음과 같이 말했다.

우리 가족은 그냥 먹어요. 우리는 굳이 억제하지 않아요.

반나와 그의 자매 로레타의 가족처럼 사는 것은 그들로 하여금 즐거운 식사를 통해 필연적으로 가족을 재구성하도록 이끌었고, 함께 먹기 때문에 더욱 식사를 즐길 수 있게 했다.

식사를 함께 하는 것은 가족을 다시 만들어내듯이, 가족 외 관계도 만들어내고 연결시키는 근본적인 수단이었다. 그들은 공식적인 약혼

(*fidanzamento*)을 발표하기 위해 서로의 가족들과 함께 특별한 식사를 했다. 그러면 그들은 일상적인 평생 식습관을 함께 하기 시작하고 계속해서 그들의 관계를 확고히 지켜나갔다. 친구들은 스캠프아그네떼(*scampagnate*) — 시골로 가는 소풍 — 를 위해 함께 모였다. 여기에서 그들은 친구들과 함께 요란하게 먹고 마시며 즐거운 시간을 보냈다. 그들은 친구들이랑 밖으로 나가 음식 먹는 것을 좋아했다. 그것은 음식 먹는 즐거움과 친구들과의 어울림을 동시에 만끽할 수 있었다. 그러면서도 살 빼려는 것을 포기하지 않았다. 신시아는 다이어트에 대한 어려움을 말했다.

나는 밖에 나가 음식을 먹지 않을 거예요. 그리고 다른 사람들이 라자니아를 먹을 때는, 나는 거기 앉아서 국물이나 먹을 거예요.

그녀의 사촌 파올라도 비슷한 소리를 하였다.

우리는 토요일 혹은 일요일 저녁에 모임이 있어 밖으로 나가 음식을 먹기로 결정하면, 나는 나가서 먹어야 하나? 먹지 않을 수는 없을까? 하고 고민이 되었어요. 드레싱 없이 샐러드를 조금만 먹어야 하는데 … 그런데 그럴 수가 없었어요. 나는 다른 사람들이 먹는 그 방식 그대로 먹는 것을 좋아하거든요. 나는 단지 날씬해지기 위해 내 인생을 힘들게 할 수 없었어요.

플로렌스 사람들은 감각적 즐거움과 음식을 먹으며 이루는 사교생활을 서로 연결시켰다. 그들은 그 둘을 따로 떼어놓는다는 것은 상상도 못했다. 그들은 자신의 몸매를 만든다고 같이 음식 먹는 것을 희생시키는 것은 피했다.

플로렌스 사람들은 같이 음식을 먹으면서 나타나는 몸매보다는 음식을 먹으면서 발휘되는 사회적 유대관계를 더 우선시하였다. 사실 너무 마른 체형은 걱정을 불러일으켰다. 플로렌스 사람들은 살찐 아기, 통통한 어린아이들을 좋아했다. 앤 베커(Becker 1995)가 언급했던 피지 사람들처럼, 플로렌스 사람들은 신체를 양육을 반영한 것으로 규정하였다. 지나치게 마르면 아래 엘다의 이야기처럼 양육의 문제성과 심리적 피로를 나타내는 것이었다.

내 기억에, 어렸을 적 나는 집에 돌아와 스토브에서 요리되고 있던 음식냄새를 맡은 적이 있어요. 비록 그 음식을 먹지 못한다는 것을 알고 있으면서도 그 냄새가 좋았어요. 어릴 적 소녀일 때 나는 음식을 잘 먹지 않았어요. 나는 음식을 먹지 않고도 1주일을 지낸 적이 있어요. 어른이 되어서야 내가 왜 그리 먹지 않았는지를 알게 되었어요. 왜냐하면 우리 집에는 아버지와 엄마 사이에 불화가 있었어요. 나는 그것이 너무 괴로웠고 두려웠어요. 나에게는, 뭔가 나를 힘들게 하면, 위가 닫혀버리는 결함이 있어요. 그래서 나는 음식을 먹을 수 없게 되지요. 그 당시 나도 모르게 그런 현상이 나에게 일어났던 거예요. 부모님들이 싸우는 소리를 들으면 내 위는 닫혀버리고 나는 음식을 먹을 수 없게 되었어요. 그래서 나의 부모님들은 나에 대해 매우 걱정을 하였지요. 오늘 먹지 않으면 내일도 먹지 않을 텐데. 그러면 건강에 좋지 않은데. 그러나 정확히 말하자면 나의 부모님의 불협화음 때문에 내가 먹지 않았다는 것을 나중에야 알았어요. 나는 유난히 감정적으로 예민했어요. 너무 심하게 먹지 않아, 정말로 아무 것도 먹지 않아 나의 몸매는 형편없었어요. 나의 건강은 어느 것도 약속할 수 없을 만큼 되었어요. 나는 항상 열이 나고, 계속해서 목이 쉬어 목소리에 이상이 생겼어요. 그래서 부모님들은 나를 병원에 데리고 갔지요. 음식을 먹지 않아 영양불량으로 내분비선이 부어 있다고 하였어요. 부모님들은 너무 걱정이 되어 자포자기식으로 울었어요. 왜냐하면 엄마의 오빠인 외삼촌이 결핵으로 돌아가셨거든요. 그래서 그들은 그 질병에 대해 공포를 가지고 있었어요. 특히 내가 워낙 말랐기 때문에. 나는 작은 꼬챙이같이 말라 있었거든요. 그러나 나는 나를 치료해 줄 것은 아무 것도 없다는 것을, 오직 가족 내의 화목만이 가능하다는 것을 나중에야 알았어요. 나에게는 그것이 전부였어요.

엘다는, 지나치게 마른 체형은 신체적 질병 혹은 정서적 혼란을 나타낸다는 플로렌스 사람들 사이에 널리 퍼져 있는 믿음을 설명하고 있었다. 플로렌스 사람들은 근본적으로 신체를 오로지 미적 대상으로 생각하지 않고 내적 상태의 상징, 즉 정신적 · 신체적 건강의 상징으로 생각하였다. 그들은 질병과 가난이 만연하여 마른 체형은 나약함을 나타내었던 과거로부터 이런 믿음을 끌어내었다. 게다가 사회관계에서 음식을 같이 먹는다는 것의 중요성 때문에 음식을 먹지 않는다는 것은 아주 중요한 반사회적 행동이었다.

활성제로서의 신체

신체는 진정한 맛의 즐거움을 주고, 동시에 가족을 상징하고, 또 가족을 새로이 만들어 낸다는 믿음에서, 플로렌스 사람들은 신체를 추상적인 미의 상품으로 만들어지는 수동적 대상이 아닌 자아의 활성제로서 규정했다. 플로렌스 사람들은 외모(being)보다는 행동(doing)을 설명하는 언어로, 즉 '…하다', '…이다'라는 말보다는 '…을 한다', '…을 준다', 혹은 '…을 하고 있다'는 말을 더 자주 사용하여 이런 믿음을 나타내었다.

플로렌스 사람들은 신체를 아기 만드는(making) — fare bambini — 것으로 설명했다. 이것은 여성의 위치를 존경하도록 만드는 근원이었다. '아기를 만드는 것'은 대개 음식 — 제일 먼저 엄마의 몸에서 나오는 음식 — 을 먹이는 것에서 일어났다. 9장에서 엘다는 아기에게 젖을 먹일 때 느꼈던 즐거움과 만족감을 설명하였다. 그러면서 그녀의 아기에게 생명을 전해주었다고 강조하였다. 반나도 자신의 아기들을 말할 때 비슷한 생각을 나타내었다. "나는 아이들에게 젖을 줄 때면, 그 아이들에게 생명을 주고 있는 것 같았다." 대부분의 여자들은 자신의 몸에서 나온 아이들을 양육할 수 있을 때 기쁨과 자부심을 가졌다. 그리고 젖을 먹이는 것이 어떻게 아이들과의 연결고리가 되는지 되풀이해서 설명했다. 그것이 바로 엄마를 특별한 존재로 만들었다. 엘다가 말했듯이, 창조를 위해 자신의 몸을 이용하였음을 강조하는 것은 여자들로 하여금 출산과 더불어 일어나는 신체변화를 그대로 받아들일 수 있게 했다.

나는 모유수유를 좋아하지 않는 여자들이 있다는 말을 들었어요. 내 생각에 그것은 젖을 먹임으로 해서 몸매가 망가질까봐 두려워서 그런 것으로 보는데. 그것이 진짜 이유인지 모르지만, 나는 다른 이유를 찾지 못했어요. 내 입장에서 보면 그것은 좋은 이유가 아닌 것 같아요. 여자가 자신의 몸매를 망가뜨리는 것이 무엇이 그리 잘못된 것일까요? 그렇지 않다면 무엇이 이유일까요? 내 경우 진실을 말하자면, 나는 딸 지글리욜라에게 젖을 먹였어요. 그것도 너무 많이 먹였지요. 그러나 내 몸매는 전혀 망가지지 않았어요. 전과 똑같았어요. 나는 모유가 몸매를 망가뜨릴 것이라는 가능성을 생각해본 적도 없었어요. 나는 예전과 똑같이 몸매를 유지했어요. 부인의 외모가 망가져도, 그것은 아기를 가졌기 때문이고, 아기에게 젖을 먹이기 때문이니 남편도 좀 참으면 되잖아요? 내 의견으로는, 그것이 남편이 부인에게 상냥하게 대해야 하는 이유라고 봐요. 그것은 부인의 잘못이 아니라, 자연현상인 것이지요.

플로렌스 사람들은 신체에 의해 성취된 멋진 창조를 우선시하였고, 몸매는 자연적이고 부차적인 것으로 간단히 생각하였다.

플로렌스 사람들은 또한 스스로를 일을 하는(doing) 존재 — *fare il lavoro* — 로 묘사했다. 특히 소작농(*mezzadria*[8]) 문화의 자손인 플로렌스 사람들 사이에서, 여자들은 자신의 신체를 이용하여 열심히 일하기 때문에 존중되었다. 여자들의 일은 신체적으로 힘들었다. 대식구를 위해 요리하기, 닭이나 토끼와 같은 가축 돌보기, 텃밭 가꾸기, 음식 저장하기, 밭에 나가 일하기, 잿물에 빨래하기, 그리고 아이들 돌보기 등. 반나가 말했듯이, "옛날 여자는 아무리 뚱뚱해져도[*una valanga*], 가족을 돌보는 것으로 충분하였다. 그러나 오늘날 여자는 자신의 몸매에 더 많이 신경을 쓴다. 삶의 방식이 완전히 다르다."

이렇게 완전히 다른 삶의 방식 중 주요한 특징 하나는 육체적 활동의 감소이다. 모든 연령의 플로렌스 사람들은 운동과 육체적 노동의 부족이 체중문제를 증가시키고 있다는 것을 분명히 인정하였다. 18세의 알렉산드로는 그 문제를 다음과 같이 말하였다.

우리는 어떤 운동도 하지 않아요. 걷는 것? 쇼핑할 때나 걷지요. 자동차를 타고 가서 주차를 한 후 상점에서 상점을 옮겨갈 때나 약간 걷지요. 그것이 우리가

8. 메짜드리아(*Mezzadria*)는 플로렌스 주변 토스카나 시골에서 사회적 · 경제적 관계의 특징이었던 소작농 시스템을 의미한다. Falassi 1980; Origo 1956; Silverman 1975; Snowden 1989를 참조한다.

걷는 유일한 시간이지요. 그렇지 않으면 우리는 항상 자동차 뒤에 앉아 있어요. 우리는 휴지나 빵도 차 안에서 사잖아요. 이것이 옛날과 다르지요.

그의 엄마, 반나가 말했다.

옛날에 우리는 많이 걸었기 때문에 뚱뚱해지지 않았어요. 요즘 누가 걷나요? 사람들은 어딜 갈 때면 자동차나 오토바이를 타고 가잖아요. 예전에 우리는 몇 킬로미터씩 걸어서 춤을 추러 가기도 했는데. 우리는 집에 돌아갈 시간까지 계속 춤을 추었지요. 그리고도 다시 걸어서 집으로 돌아왔지요.

신체를 아기를 만들고, 일하고, 걷는 것으로 설명하는 것 이외에도, 플로렌스 사람들은 음식을 만드는 것으로 혹은 '먹는 행위를 위해 만드는 것' — *fare da mangiare* — 으로, 다시 말해 두 가지 동사['먹다'와 '만들다']를 이용한 구(句)로 규정했다.[9]

플로렌스 사람들은 외모가 아닌 내적 상태의 활성제와 내적 상태의 반영을 강조하는 방식으로 신체에 대해 이야기했다. 그들은 자신들의 신체상태를 표현하기 위해 동사 "…이다, …하다" — *essere* — 를 거의 사용하지 않았다. 그들의 일상적인 인사는 "How are you?" — "*Come sei?*" — 보다는 "How are you doing?" — "*Come stai?*" — 을 사용한다. "How are you?"는 이태리 사람들에게는 매우 어색했다. 이태리 사람들은 신체에 대해 논의할 때면 건강을 강조하였다. 실제로 그들은 "건강이면 충분하다."라고 표현했다. 그것은 건강하다면, 필요한 모든 것을 다 가질 수 있다는 것을 의미하였다. 앞에서 논의했듯이, 지나치

9. 꾸시나레(*Cucinare*) 역시 '음식을 만들다', 즉 '요리한다'의 의미이기도 하다.

게 마른 신체는 병약한 건강을 나타내었고, 추한 것으로 여겼다. 45세의 롤란도는 다음과 같이 말했다.

어떤 사람들은 마른 체형을 극히 우스꽝스럽게 여긴답니다. 만약 누군가가 자신의 체질이 허락하는 것보다 살을 더 빼려고 하면, 그것은 신체적 평형과 건강을 해쳐 다시 회복하기 어렵게 되지요. 그렇게 살을 빼는 것은 그럴 만한 가치가 없어요.

통통한 신체는 건강과 다산을 의미했다. 그들의 건강강조는 플로렌스 사람들의 외모강조를 감소시켰고, 신체매력의 기준을 더욱 융통성 있게 만들었다.

실제로 플로렌스 사람들은 여자의 외모에 대해 언급할 때조차도 종종 "…이다(being)"보다는 동사(doing)를 사용했다. 그들은 대개 "여자는 아름답다."(A woman **is** beautiful.)라고 말하기보다는 "여자는 아름다운 모습을 가지고 있다."(A woman **cuts** a beautiful figure.) 혹은 "여자는 좋은 인상을 주고 있다."(A woman **makes** a good impression.)라고 말했다. 매력적인 여자는 "구성이 잘 되어 있다"(*messa bene*)로 표현되었다. 이런 표현은 여자의 몸매가 어떠하든, 그 여자는 자연스러우면서 멋진 매너로 옷을 입음으로 해서 다른 사람들의 눈에 거슬리지 않는다는 것을 의미하였다. 실제로 비만인 반나가 말했다.

나는 어두운 색깔의 옷을 좋아해요. 왜냐하면 어두운 색 옷을 입으면 더 나아 보인다는 생각이 들거든요. 다시 말해 나에게 잘 맞는 옷을 입어야 하지요. 나는 어두운 색 옷을 입는 것이 더 좋아 보이고, 덜 현란해 보인다고 생각해요. 나는 항상 내 자신이 약간 마르게 보이게 하려고 노력해요. 그런 식으로 입으면 나는 밖에 나갔을 때 더욱 근사해 보인다고 생각하고 있어요.

플로렌스 여자들은 매력적인 자아표현의 방법으로 패션에 신경을 곤두세운다. 패션은 여자들을 계속해서 날씬해지도록 압박을 가하지만, 그러면서도 자아표현의 활동적인 중간매체로 신체를 사용하도록 하는 수단이 되기도 한다. 엘다의 딸 지글리욜라는 이태리계 미국인과 결혼해서 미국으로 갔다. 그녀는 이태리를 방문할 때면 문화적 차이를 날카롭게 파악했다.

여기 이태리 여자들은 날씬함에 대한 강박관념을 가지고 있지 않는 것 같아요. 그들은 더 작은 사이즈를 입기 위해 5~6파운드의 살을 빼는 데 관심을 가지기보다는, 좀 큰 옷을 입는다 하더라도 아름다운 옷을 사는 데 관심이 더 많아요. 이태리에서는 미국만큼 날씬함을 많이 강조하고 있다고 나는 생각하지 않아요. 그러나 신체에 대해 미국에서는 획일주의가 있듯이, 여기 이태리에서는 옷에 대한 획일주의가 있어요. 그래서 나에게는 이 두 가지가, 즉 미국에서의 날씬함과 이태리에서의 패션이 서로 닮은 것으로 보여요. 여기 이태리에서는 모든 사회계층의 모든 사람들에게 옷에 대한 획일주의가 항상 강하게 작용하는 것으로 보여요. 이태리 사람들은 미국 사람들보다 패션에 훨씬 민감하지요. 왜 그들이 항상 그러는지 나는 알지 못해요. 그러나 어쨌든 그들은 그래요. 아마도 이태리의 옛 속담과 관련이 있는지 모르겠네요. "눈은 자신의 역할을 하고 싶어 한다." —"*L'occio vuole la sua parte.*"

신체 : 상품화, 대상화, 그리고 저항

신체에 대한 많은 토론에서, 플로렌스 사람들은 다이어트를 하여 얻는 정신적 이점보다는 먹는 즐거움을, 외모보다는 신체적 활동을, 그리고 개인적 의지의 산물로 보기보다는 가족본질의 산물로서 신체를 강조하였다. 음식에서 감각적 즐거움을 갖게 되는 진정한 권리를 갖게 됨으로써, 여자들은 식탁에서 남자들과 동등하였다. 그리고 이런 동격은 다른 영역에도 옮겨졌다.[10] 플로렌스 문화가 여자들 신체를 개인의 정신적 태만인 불완전함의 과시로 규정하기보다는 통제로부터 나온—즉 가족전통과 습관의 결과—사회적 산물로 규정하기에 여자들은 그런 방식으로 파워를 부여받았다. 플로렌스 여자들은 또한 그들 문화에 만연되어 있는 활동적이고 행위자로서의 신체개념에 의해 파워를 부여받았다. 이 신체개념은 완벽하게 조각된 신체보다는 행위—일하다, 아이를 가지다, 음식을 만들다, 예쁜 옷을 입다 등—를 강조하였다. 플로렌스 여자들은 그래서 자신과 신체에 대해 긍정적으로 느낄 수 있었다. 반면에 미국에는 외모 자기중심적 관심—오히려 힘이나 영향력을 빼앗는—이 존재한다.

그러나 플로렌스 여자들은 또한 날씬함을 강조하는 미디어와 패션계에 점차 퍼져가고 있는 이미지, 즉 여성대상화(상품화)와 여자는 남자들을 즐겁게 해주기 위해 자신의 신체를 가꾸어야 한다는 믿음과도 싸워가고 있었다. 좀더 나이가 든 사람들은 몸매를 유지하는 데 신경을 쓰기보다는 맛있는 음식과 즐거운 식사에 더 관심이 많았다. 반면에 젊은 여자들, 특히 중상류층 여자들은 다이어트를 하고 온천에 가면서까

10. 음식과 섹스 사이의 문화비교적 관계의 만연됨은 플로렌스 여자들이 남자와 동등하게 성적 즐거움에 대해 문화적으로 정당한 주장을 할 수 있게 만들었을 것으로 가정하고 있다. 마치 미각적 즐거움처럼. 그러나 이것은 여전히 연구되어지고 있다. 다음의 연구들은 음식과 섹스를 다루고 있다. Freud 1918; Freud 1962; Gregor 1985; Kahn 1986; Mead 1967; Meigs 1984; Tambiah 1969.

지 신체의 아름다움과 날씬해지려는 데 큰 관심을 나타내고 있었다. 41세의 산드라는, 직업이 없으면서 돈 잘 버는 남편을 둔 자신의 몇몇 친구들이 스스로 쓸모없음을 느끼면서 만족감을 얻으려고 자신의 신체에 열심이라고 말했다. 산드라는 다음과 같은 말을 했다.

> 이 문화에서는 날씬함에 대한 많은 이야기가 있지요. 신문이나 잡지를 펴면, 모두 몸매와 다이어트에 대한 이야기가 여기 저기 있잖아요. 그들은 야윈 여자의 자그마한 이미지로 가득 차 있어요. 우리는 거울을 볼 때면 그 여자를 살펴보며 혼자 중얼거리죠. "마마 미아, 난 왜 이리 뚱뚱한 거야." 마치 라드 덩어리가 굴러다니는 것 같아요. 우리는 아름다운 작은 여자가 입은 아름다운 옷의 이미지를 보고, 아주 날씬하고 작은 여자가 나오는 샴푸광고를 보며 지내지요. 이것은 마치 뚱뚱하면 이 세상 밖으로 나가라고 말하는 것 같아요.
>
> 나는 가끔씩 다이어트를 하는 많은 친구들을 보는데, 사실 내 친구들 거의가 다이어트를 해요. 그들은 음식 대신에 약을 먹어요. 많은, 정말 많은 친구들이 몸무게에 신경을 쓰고 있어요. 요즘같이 여름철이 다가오면, 거의 모두가 다이어트를 하지요. 그들은 서서히 몸무게가 줄어드는데, 그것은 자신이 추하다고 느끼고 자신을 좋아하지 않기 때문이지요. 만약 그들이 비키니를 입어야 한다면, 자신이 싫어지겠지요. 이것은 그들이 정말로 다이어트가 필요하다는 것이 아니라고 봐요. 어쨌든 그들은 자신이 더욱 매력적으로 날씬해질 거라고 생각해요. 그들 모두는 날씬한 실루엣을 원해요. 그들은 땀을 내고 살을 빼기 위해 테니스를 해요. 허벅지와 배의 처짐을 막기 위해 에어로빅을 하고 마사지를 하지요. 목표는 항상 아름다운 몸매를 가지고 외모를 좋게 하여 편안하게 바지를 입고, 두려움 없이 비키니를 입는 것이지요. 이런 여자들은 모두 부자예요. 그들은 자신의 재산으로 할 것이 많아요. 돈이 적은 사람들은 마사지나 테니스에 갈 만한 자본도 시간도 없어요. 게다가 부자들은 최고급의 호화로운 장소를 항상 드나들며 패션과 신체의 아름다움을 놓고 경쟁을 하지요.
>
> 내 친구들은 항상 남자에게 의존적이기 때문에 그들의 찬탄을 받기 위해 다이

어트를 하지요. 그들은 자신들을 보호해 주고 여자처럼 느끼게 해주는 남자가 없으면 살 수 없어요. 그들은 삶에 만족하지 못하기 때문에 이런 것을 필요로 해요. 여자처럼 느끼기 위해 그들은 사랑받고 있다는 느낌과 유쾌하고, 여전히 매력적이라는 느낌이 필요한 거예요. 나이 40세에도 불구하고 그들은 젊은 남자의 애정을 획득할 수 있다는 느낌이 필요한 것이지요. 아마도 가장 불만족스럽고 침착하지 못한 여자들이 항상 자신의 신체를 통해 자신을 확인하고 싶어 할 것이라고 봅니다. 그들은 자신을 실현할 다른 방법이 없는 거지요. 주부의 생활이란 것이 답답한 것은 사실이에요. 그래서 그들은 아름다운 몸으로 밖에 나가 보상받고 있음을 느끼고자 하는 것이지요.

산드라는, 가부장적 성격의 미디어는 여자의 신체를 상품으로 사용한다는 것을, 그리고 여자들은 자신의 상품화와 대상화에 공범자라는 것을 알고 있었다.

여자의 벌거벗은 가슴을 보는 것은 이태리에서는 흔한 일이 — 텔레비전에서나 잡지에서 — 되었지요. 여자들이 웃옷을 입지 않고 선탠하는 것은 일반적 일이 되었기 때문에, 광고에서 여자가슴을 보는 것은 더욱 흔해졌지요. 그래요. 광고에서 여자의 가슴을 드러내는 것은 일종의 착취입니다. 물론 그것은 여자를 물건으로 만드는 일이지요. 이처럼 다이어트를 쫓아가는 것 역시 우리를 상품으로 변화시킨다고 봅니다. 그렇다고 빠져나갈 방법도 없어요. 그러나 이를 따라가는 것은 여자 자신들이지요. 우리 여자들은 스스로를 상품으로 바꿔버리고 있습니다. 이런 것은 광고나 자신을 대상화하여 수백만 달러의 돈을 받는 광고모델에게서 비롯됩니다. 모든 것을 실행하는 사람은 남자들이지요. 아닌가요? 신문에서 보면, 이 모든 것을 불러일으키는 사람은 남자들, 즉 여자를 이용하는 사진작가와 기자들입니다. 여자들은 돈을 받기 위해 그들을 따르고 옷을 벗어 보여주지요. 아니라면 누구 이유를 아는 사람 있나요? 그것은 남자와 함께 시작되고 있습니다. 그러나 다시 말해 이를 따라가고 있는 것은 여자들이지요. 바로 그것이 항상 존재할 수 있는 이유입니다. 여자들은 돈이 필요해서 그 일을 하고 있습니다.

광고는 여자의 신체를 대상화하고 착취하였다. 그러나 여자들은 이에 공조하였다. 왜냐하면 남자들은 여전히 파워를 가지고 있고, 여자들이 그 파워에 다가가 갈 수 있는 한 방법은 남자를 만족시키는 데에 달려 있기 때문이다.[11]

플로렌스 사람들은 여자신체의 대상화가, 엘다가 말했듯이, 자신들을 '연약하게' 만들었다는 것을 알고 있었다. 요즘 사람들은 살 빼는 것과 다이어트에 대해 매우 신경을 쓰지만, 과거에는 주로 주부, 직업인, 그리고 엄마가 되는 것에 대해 생각했다. 그리고 운동과 다이어트로 자신의 몸을 가꾸려는 생각은 하지 않았다. 내 연구에 관여한 여자들은 남자를 만족시키기 위해 몸매를 가꾸라고 여자에게 가해지는 압박은 여자의 경제적 의존도와 자아실현 부족과 직접적으로 연결되어 있다고 말했다. 남자들의 문화적 파워는 그들이 체중에 관심을 덜 가진다는 데서, 그리고 자신들이 직접 기쁨조가 되기보다는 자신들이 기쁨을 받는 존재로 규정되는 데서 분명히 나타난다. 산드라는 남자신체에 대한 관념을 설명했다.

남자들은 자신의 몸무게를 걱정하지 않아요. 그러나 여자들은 걱정을 하지요. 덩치가 큰 남자들은 매력이 되지요. 그런 남자들은 여자들이 신문이나 잡지에서 하는 그런 경쟁은 하지 않아요. 여자들은 계속해서 남들이 바라는 이미지와 마주 대하지만, 남자들은 그런 신문이나 잡지에 나오는 다른 남자의 이미지를

11. 이태리에서 여성의 경제적 위치에 대해서는 Balbo & May 1975, 1976을 참조한다.

생각하지 않아요. 남자들은 주위에서 보는 많은 사람들처럼 보통이 되는 것이 허락되지요. 완벽해야 하는 것은 여자들이지요. 약간 살이 찐 남자가 그 몸무게 때문에 여자들처럼 콤플렉스를 가진다고 나는 생각하지 않아요. 그러나 여자들은 신체적으로, 성적으로, 그리고 그 외의 다른 방식으로 매력적이어야 합니다. 그러나 남자들은 멋져 보이지 않아도 매력적일 수 있어요. 여자들은 남자들을 볼 때, 외모만을 신경 쓴다고 나는 생각하지 않아요. 남자들은 성격, 행동, 당신을 바라보는 태도, 그리고 다른 많은 방법으로도 매력이 될 수 있어요. 남자들은 반드시 아름다울 필요가 없다는 것이지요.

산드라의 의견은 몸매와 상관없이 그냥 자신들의 신체 자체에서 웰빙의 일반적 생각을 표현한 남자주체들에 의해 더욱 확고해졌다.

나이가 든 플로렌스 사람들은 자신의 신체에 대해서 자신만의 균형과 자연모습을 가지고 있다고 믿었다. 내가 만난 남자주체의 어느 누구도 지나친 비만을 선호하지는 않았지만, 마른 여자보다는 통통한 여자가 좋다고 말한 남자도 있었다. 73세의 레나토는 텔레비전에 나오는 모델처럼 바짝 마른 여자들을 좋아하지 않는다고 말하며, 그들을 막대기(*questi grissini*)라고 불렀다. 오히려 그는 약간은 '균형 잡히고, 좀 튼튼한' 여자가 좋다고 했다. 그는 또한 뚱뚱하다는 것은 개인 특징의 일부 — *il grasso è di natura* — 이고, 그에 대해 한 개인이 할 수 있는 것이 많지 않다는 믿음을 나타냈다.

뚱뚱하게 태어나는 사람도 있지요 — *Quello nasce per essere grasso*. 우리 모두가 날씬할 수 없고, 키가 클 수 없고, 역시 모두 키가 작을 수도 없잖아요.

나이 든 플로렌스 사람들에게 인간의 신체는 다양하다. 그리고 본성에 거스르는 것은 헛된 짓이다. 그들의 믿음은 다양한 신체모습에 대한 문화적 허용과 더불어 풍만함에 대한 선호도를 나타내고 있었다. 54세의 로베르토가 말했다.

> 나는 1~2파운드 적게 나가는 것보다는 기꺼이 1~2파운드 더 나가려고 애쓰는 남자입니다.

54세의 그의 처남, 브루노는 호감가게 통통한(*grassocella*) 여자를 선호했다. 그는 다이어트 산업이 다국적 회사에 거대한 수익을 주고, 신체이미지를 자연적인 신체와는 완전히 별개로 만들어 버리고 있다는 사실을 비난하였다.

> 세상에, 해변에 가면 왜 그리 마른 사람이 많은지! 그렇게 마르고 싶은 욕망은 패션산업에서 부추기고 있지요. 패션산업은 항상 아름다운 여자는 특정한 몸매, 즉 항상 뚱뚱한 몸매보다는 날씬한 몸매를 가져야 한다는 개념으로 시작되지요. 그러나 나에게 그것은 환상일 뿐이죠.

플로렌스 사람들은 엄중한 신체기준이, 특히 여자들에게 존재하고 그러한 기준이 패션이나 텔레비전에 의해 부추겨져서 그 기준이 점점 더 날씬해지고 있다는 것을 인정했다.

나는 당시 이태리에서 거식증이 어느 정도인가를 알려주는 믿을만한 통계를 구할 수 없었다. 그러나 일화 같은 증거에 의하면, 섭식장애가 점차 많아지고 있고, 날씬해지려고 애쓰는 이태리 여자의 수가 증가하고 있음을 알 수 있었다.[12] 산드라는 여러 해 동안 거식증으로 힘들어하는 한 친구에 대해 장황하게 말해 주었다.

나는 다이어트를 멈추지 못하는 친구를 알고 있어요. 그녀와 남편은 별로 말도 하지 않고 지내고 있어요. 친구남편이 2~3개월 동안 부루퉁하게 지낸 길고 힘든 기간이 있었어요. 정말 긴 기간이지요. 내 친구는 모든 것을 제대로 돌아가게 했어요. 그래서 전혀 그릇된 것이 없는 것 같았지요. 그리고 그녀는 나가서 테니스를 쳤어요. 그녀의 식생활에 문제가 일어난 곳은 바로 그 테니스 코트였어요.

내 친구는 식욕이 좋은 여자였어요. 우리는 종종 같이 테니스를 쳤는데, 아침에 테니스를 치기 전에 전날 밤에 남겨 놓은 소시지와 시금치 한 접시를 먹고 왔어요. 그녀는 테니스장에 도착하며 말했지요. "난 소시지 먹고 왔는데." 그녀는 아름다웠어요. 풍만하고 탄탄하고. 그녀의 몸은 아름다워서 비키니를 입어도 멋있어 보였어요. 그런데 갑자기 그녀는 다이어트를 하기로 결심하였어요. 또한 마사지를 하러 가고, 자신을 탱탱하고 도로 젊어지기 위해 많은 다른 것들을 했어요. 그녀는 세월이 지나가 허무해지기 시작함을 알았어요. 우리는 나이 먹는 법을 배워야 합니다. 아니라고요? 그녀는 나이 먹는 것을 받아들일 수 없었고, 지금도 여전히 받아들이지 못하고 있어요. 그녀는 여전히 특별목욕과 마사지를 하고 있지요. 그녀는 그러면 기분이 훨씬 낫다고 말하지요.

무엇이 그녀로 하여금 다이어트를 시작하게 만들었는지 정확히는 모릅니다. 아마도 그녀는 더욱 매력적이고 싶어 했을 거예요. 그래서 다이어트 제품을 먹기 시작하였고, 식사 전에 식욕이 떨어지게 하는 약을 먹었어요. 그리고 그것이 습관이 되어버렸는지 혹은 그녀의 내부조직이 그 욕구를 그냥 상실했는지도 모르지만, 어쨌든 그녀는 더 이상 먹지 않았어요. 그녀의 남편은 정말로 걱정이 되

12. 이태리에서 신경성 식욕부진에 대해서는 Allegranzi et al. 1994; De Clercq 1990, 1995; Disorders of Eating Behavior 1986; Palazzoli 1974; Recalcati 1997을 참조한다. 이런 참고문헌에 대해서 바바라 콜인스(Barbara Collins)에게 감사한다. 그리고 점점 증가하는 날씬함에 대한 이태리 사람들의 강박관념에 나의 관심을 불러일으켜 준 크리스티나 밀러(Christina Miller)에게도 감사한다. 또한 신경성 식욕부진에 관한 데이터를 찾는 데 도움을 준 이태리 동료 기세페 로 루소(Giuseppe Lo Russo)에게도 감사한다. 그는 공식통계는 없지만 학자들은 식이장애가 점점 증가하고 있고, 청소년의 약 2% 정도에게 영향을 주고 있다고 믿고 있다(1999년 사적 대화에서).

> 없어요. 몇 달 동안 그녀는 먹지 않았거든요. 그녀는 소녀 적 예전모습으로, 그 때 그 모습 그대로, 돌아가고 싶어 했어요. 결국 그녀는 정말로 가죽과 뼈만 남았어요. 그래서 그 남편은 부인을 여러 의사에게 데려 갔지요. 그들은 원기회복 치료를 해주었어요. 조금씩, 조금씩 그녀는 나아졌으나 그녀의 건강을 되돌리기에는 어려웠어요.

산드라의 친구는 신경성 식욕부진(거식증)에 대한 브루흐(Hilde Bruch)의 정의(1978, ix), '지나친 날씬함을 위한 끊임없는 추구'에 속박되어 있는 것 같았다. 그녀는 분명 심각한 섭식장애를 가지고 있었다. 삶의 극복방안으로 날씬함을 선택하였다. 그녀는 신경성 식욕부진의 많은 특징을 가지고 있었다. 표현수단으로의 식욕사용, 음식거부 중단불능, 창백하게 여윈 모습, 중상류층, 그리고 '소녀 적 때의 모습으로 되돌아가고픈' 욕망 등.

산드라는 1984년 플로렌스에서의 연구에서 신경성 식욕부진 혹은 날씬함에 대한 극도의 강박관념을 가지고 있는 사람을 알고 있었던 유일한 사람이었다. 그 상황은 오늘날과는 매우 다르다. 나의 학생 중 한 명이 조심스럽게, 1996~97년에 플로렌스에서 유학을 하는 동안 대학생과 친척들 사이에 존재해 있던 지나친 날씬함의 숭배문화에 대해 이야기했다. 그 학생의 주장에 따르면, 그런 강박관념은 다양한 연령, 배경, 그리고 사회계층을 초월하였다. 게다가 이런 주제에 대한 연구가 매우 필요한 상태였다. 실제로 섭식장애가 이태리에서 증가일로에 있다면, 상당히 부끄러운 일일 것이다. 그러나 그것은 남녀평등에 대한 여자들의 계속되는 투쟁의 한 현상일 수도 있다. 신경성 식욕부진이 여자들을 해방시켜 주어서가 아니라, 여자들이 남자들과의 사회적 동등을 얻기 위해 힘든 시간을 보낼 때(Chernin 1981), 즉 오늘날 이태리의 상황에서(Passerini 1996) 대개 이런 장애가 증가하기 때문이다.

1984년 내 연구에 참여했던 사람들은 신경성 식욕부진의 어떠한 증세도 나타나지 않았지만, 그들은 여전히 일부 중요한 방식으로 남자가 우세한 문화에서 살고 있었다. 여자들의 몸매에 대해 남자들이 편견이 없다 하지만, 적어도 일부에서는 외모로 여자를 판단할 권리를 주장했다. 21세의 알렉산드로가 말했다.

> 진짜 뚱뚱한 사람은 날씬하고 몸매 좋은 사람보다 덜 호감이 가는 것은 당연하지요. 여자들은 보기에 적당해야 합니다. 모델 같아야 한다는 말이 아니고, 중간정도, 즉 너무 뚱뚱하지도 않고 너무 마르지도 않아야 한다는 것입니다. 여자는 적당한 몸매를 가져야 합니다.

산드라의 남편, 롤란도가 말했다.

> 내 생각에 40세와 45세인 산드라와 나는 그런대로 몸매가 좋다고 생각해요. 산드라는 몸이 좀 불었지만, 내가 보기에는 여전히 봐줄 만합니다. 앞으로 5년 사이에 10파운드 이상이 늘어나면 어쩔지 모르겠지만. 5년 후에 다시 물어보세요. 그렇지만 이 정도에서 머물러 주었으면 좋겠어요. 그것이 내 생각이에요.

플로렌스에서의 신체에 대한 평가를 보면, 남자와 여자 사이에 불균형이 존재하였다. 남자들에게는 자신이 어떻게 보이는가는 별 문제가 아니었다. 그러나 여자들은 외모에 대해 더욱 걱정한다. 여자들은 자신의 외모로 남자들의 마음에 들어야 했다. 그러나 거꾸로 남자는 여자의 마음에 들어야 할 필요가 없었다. 남자들은 외모로 여자를 판단할 문화적 권리가 있음이 암암리에 인정되었다. 여자들은 남자를 판단하는 데 있어 그들과 똑같은 권리를 가지고 있지 않았다. 54세 브루노가 설명했다.

남자들은 여자들보다 날씬함에 대한 강박관념이 덜 해요. 뚱뚱한 여자는 남편감을 찾지 못할까 걱정하지만, 남자는 뚱뚱해도 이런 걱정은 없어요. 그런 남자는 스스로에게 말하지요. "나같이 뚱뚱한 여자는 언제든지 찾을 수 있어. 다른 남자들이 나를 위해 뚱뚱한 여자를 남겨둘 거야. 그들은 그런 여자를 멀리 할 거니까." 원래 다 그런 거잖아요. 여자가 갖게 되는 첫 번째 걱정은 그녀가 20세에 도달할 때 나타나요. "남편감을 찾지 못하면 어떡하지?" 날씬한 여자들조차도 이런 두려움을 갖게 되지요.

여자들은 남편감을 얻기 위해 남자들의 마음에 들어야 하고, 남부럽지 않을만한 삶, 즉 남자에게 유리하게 돌아가는 이태리 경제 불균형에 의해 보장된 상태에 접근해 가야 한다고 느꼈다.[13] 브루노는 신체의 아름다움에 관하여 남자와 여자에 대해 이중 잣대를 가지고 있었다. 즉 여자를 남자의 허가를 받기 위해 애원하는 사람으로 규정했다. 이런 믿음은 28세의 세르지오에 의해 가장 분명히 나타났다.

여자와 남자에 대한 우리의 정신구조는 잘못되어 있을 수 있어요. 그래도 그것은 고수되고 있고요. 여자들은 자신의 모습에 더 걱정을 하는데, 이는 여자들이 한 사람으로서 한 특정 방식[날씬함]으로 보여지길 원한다는 사실, 그리고 한 특정한 사람의 마음에 들기보다는 일반적 감각에 만족되어지길 원한다는 사실에서 나왔어요. 이런 사실은 남자들 마음에 들어야 하는 사람은 여자이지, 여자를 만족시켜야 하는 사람은 남자가 아니라는 옛 생각 — 처음부터 고수되어 온 정신구조 — 에서 비롯되었어요.[14] 아마도 오늘날 우리는 서로의 마음에 들기 위

13. 이태리 여성에 관한 최근 경제통계에 대해서는 Assmuth 1997을 참조한다.

14. 여자들은 남자들을 즐겁게 해주어야 한다는 생각이 처음부터 존재했는지는 논란의 여지가 많다. 그러나 그것은 파시즘 동안에 명백한 정치와 선전을 통해 장시간 동안 열심히, 그리고 보수 없이 노동하는 것을 여자들의 의무로 확고하게 하여 남편과 가족에게 봉사시키려는 엄청난 과장이었다(Caldwell 1986; DeGrazia 1992).

해 모든 것을 하고 있는지 모르죠. 그리고 이런 오랜 정신구조는 변하고 있지만 여전히 지속되고 있기도 하고요. 나는 뚱뚱하지도 않으면서 뚱뚱하다고 여기며 사는 많은 여자들을 알고 있어요. 남자들은 이런 뚱뚱함을 덜 걱정합니다. 실제로 남자들은 자신의 모습에 대해 조금도 마음에 두는 것 같지 않아요. 이것은 이제야 변하기 시작하는 옛 정신구조 때문입니다. 그러나 거기에는 항상 여자가 뒤따랐어요. 어쨌든 여자는 남자 마음에 들어야 하고, 여자마음에 들어야 하는 사람은 남자가 아니라는 거죠.

세르지오는 자신의 견해를 또박또박 이야기했다. 내 연구에 참여한 여자 모두 혹은 남자 모두는 아니지만, 그들은 여전히 여자를 양육하는 사람으로, 특히 음식을 먹여주는 데 책임 있는 존재로 규정하였다. 이것은 대접받고 만족스러워하는 남자들의 정당한 요구와 견주어졌다.[15] 그러나 여자 참여자 몇몇은 여자의 신체를 판단하는 남자들의 권리를 인정하는 반면에, 나머지 모두는 인정하지 않았다. 20세의 파올라는 1960년대에 태어난 세대에 대해 이야기했다.

나는 자신의 부인 혹은 여자친구를 몸무게 때문에 괴롭히는 남자들을 알고 있어요. 나 같으면 그것을 참을 수 없을 거예요. 그것은 나를 위한 것이 아니잖아요. 그들은 여자친구에게 살을 빼라고 끈질기게 말합니다. 여자들은 그들의 말에 주의를 기울이고요. 그러나 그들이 나한테 그런 이야기를 한다면 이틀 후이면 그들은 집 밖으로 쫓겨나가고 없을 거예요. 그러나 그들의 여자친구들은 주의를 기울인답니다. 그들이 뚱뚱하면 어때서요? 그것은 그들을 괴롭힐 문제가 아니라고 봅니다. 그런 일이 나에게 일어난 적이 없어서인지, 아니, 앞으로도 절대 일어나지 않겠지만, 그 여자애들이 왜 그렇게 행동하는지 이해가 안 돼요.

15. 미국에서 '가족에게의 음식제공'이 어떻게 여성하위를 낳게 하는지에 대해서는 DeVault 1992를 참조한다.

그것은 나에게는 절대 불가능할 거예요. 그래요. 그것은 남자파워의 한 형태입니다. 그들은 여자친구들을 불편하게 만들어요. 내 태도는 이래요. 나를 원한다면, 나는 이런 사람이야 하고 보여주어야지요. 나를 원하지 않는다면, 내가 어떻든 간에 나를 원하지 않을 테지요. 여러분도 지금 상태의 당신을 과소평가해서는 안 돼요.

파올라는 강한 자아의식을 나타냈고, 여자의 먹는 것 혹은 보이는 외모를 통제하는 남자의 생각을 거부하였다. 파올라는 자신의 신체 속에 있는 자아를 확신하였다. 그러나 자신의 몸무게에 완전히 만족하지는 않았다. 그리고 몸무게가 좀 덜 나갔으면 하고 바랬다. 이런 자신의 신체에 대한 양면적 감정은 더욱 넓은 문화적 사항들을 비추고 있었다. 내 연구의 참석자들은 신체에 관한 관념에 있어서 과도기를 겪고 있었다. 그들은 음식, 신체 그리고 건강에 대한 구식이론과의 접촉이 끊어지고 있었다. 그들은 신체를 자기행동화의 매개체로 보지 않고, 더욱 미적 대상으로, 특히 여성의 신체를 더더욱 그렇게 보게 되었다. 남자와 여자들은 자신의 신체에 대해, 그리고 신체를 통한 서로에 대해 달리 이야기했다. 여자들에게 자신들의 신체는 즐거움뿐 아니라 근심의 원인이기도 하였다. 남자들은 자신의 신체에 대해 덜 걱정했다. 이런 불균형은 서로 서로 관련이 있다. 여자들은 남자들을 만족시켜야 하지만, 남자들은 같은 식으로 여자들을 만족시켜야 할 필요가 없다. 그리하여 많은 여자들은 자신의 신체에 반드시 만족하여야 함을 느끼기 때문에, 남자들은 자신의 신체가 평가당하는 것으로부터 벗어나고 여자들의 신체를 평가할 힘을 갖게 되는 것이다. 그러나 여자들은 남자들 아래의 하위라는 믿음에 저항하였다. 그리고 그들 저항은 다른 문화적 전통, 즉 먹는 즐거움, 신체의 의욕적인 본성, 그리고 신체는 가족으로부터 파생되었으며, 가족과 연계성이 있음을 강조하는 전통으로부터 지지를 얻었다. 플로렌스 사람들이, 여자의 파워를 빼앗고 그들의 품위를 떨어뜨리는 신체에 대한 개념에 계속해서 저항해 나갈 것인지에 대해서는 여전히 연구해야 할 문제이다.

11장

미국 여성들의 출산경험과 여성신체 그리고 파워[1]

"개혁적 변화의 진정한 초점은 단순히 우리가 피하고자 하는 억압적 상황이 아니라, 우리들 내부 깊이 심어진 억압적 요소이다."

오드리 로드(Audre Lorde)[2]

서론

이 책의 결론을 맺는 이 장에서, 나는 여자와 그들의 신체 사이에 존재하는 파워관계를 나타내고자 한다. 앞의 장들에서 문헌연구와 플로렌스 지역연구를 통해 음식과 신체를 여러 문화에 따라 비교하여 살펴보았다. 이 장에서는 미국에서 여자의 출산경험이 여성신체에 대한 긍정적 해석에 기여하고 있는지 묻기 위해 나의 연구를 이용하고 있다.

앞의 장들에서 보여주었듯이, 미국의 많은 여자들은, 특히 백인여자들은 음식과 신체에 대해 대상화(상품화), 부적절함, 그리고 무력감을

1. 나는 이 11장의 이전 버전을 1995년 〈미국인류학회〉 정기모임과 1995년 〈미국여성학회〉(National Women's Studies Association) 토론회에서 발표한 적이 있다. 자신들의 출산경험을 전해 준 15명의 여자들과 이 프로젝트를 수행할 수 있도록 경제적 · 시간적으로 후원해 준 밀러스빌 대학의 교직원후원위위원회에게 감사한다.

2. Lode 1984, 123.

수반하는 감정을 가지고 있다.[3] 많은 여자들은 자신의 몸매를 싫어하고, 매우 신경을 쓴다. 그래서 운동을 하고, 음식은 적게 먹어 살을 빼가면서 자신의 몸을 변화시키려고 노력한다. 몸을 작게 하려는 노력은 자아를 작게 하려는 여자들의 노력을 나타낸다. 이것은 자아억제의 한 형태이다. 위의 오드리 로드의 글에도 나타나지만, 나는 신체에 대한 여자들의 몰아(沒我)적 태도에 도전하기 위해, 그리고 우리의 정신 저 깊은 곳에 자리하고 있는 '억압적 요소'를 뿌리 뽑기 위해 이 글을 쓰고 있다. 이것은 남녀평등을 향한 필연적 단계이다. 왜냐하면 여자들은 자신의 신체에 대해 편안함을 느끼면서 나오는 파워가 필요하기 때문이다.

미국에서 여성신체의 대상화는 미국 자본주의에 꼭 필요한 인종적 계층화 · 사회계층화 · 성계층화를 유지하는 데 중요한 요인이다. 흑인 여성운동가 콜린스(Patricia Hill Collins 1990, 69)가 말했듯이, "우위계층은 늘 하위계층을 대상화하려는 시도를 한다." 여성신체는 수많은 방식으로 — 광고에서 가장 두드러지고, 일상적인 말투와 행동에서도 — 대상(상품)으로 규정된다. 빈번하게 여성신체를 가슴, 엉덩이, 다리, 그리고 가랑이 등으로 해체하여 여성의 인격을 없애버리고, 여성을 탈(脫)신체화시키고 있다. 이런 절단과 성적 특성을 부각시키는 해체는 욕망을 채워 주고 상품을 파는 데 이용된다.[4] 여자를 대상으로 바꾸어 버리는 것은 여성을 하위화시키는 확실한 수단이다. 모든 인종의 여자

---

3. Bordo 1992; Boskind-Lodahl 1976; Bruch 1978; Brumberg 1997; Chernin 1981; Thompson 1994; 5, 6, 7장에서 인용된 여러 논문을 참조한다.
4. 진 길보른(Jean Kilbourne)의 비디오 『서서히 우리를 죽이는 것』은 알아채지 못하는 사이에 혹은 무딘 상태로 이루어지는 이런 해체를 드러내고 있다. Adams 1990; Berger 1972; Bordo 1993; Collins 1990; Lorde 1984; Wolf 1993을 참조한다.

들은 대상화된다. 그러나 등급시스템은 미(美)의 계급제도 안에서 서로 다른 계급에 속해 있는 여자에게 서로 다른 지위를 부여한다. 키가 크고, 다리는 길고, 날씬하며, 홀쭉한 몸을 가진 북유럽의 미인이 최고의 위치에 있다. 이런 몸매에 더욱 가까운 여자도 있지만 거의 모든 여자는 그런 여자하고는 비교도 안 된다.

가장 '아름다운' 몸은 가장 대상화되기 쉽고, 가장 왜곡되기 쉽고, 가장 장식용이 되기 쉽다. 아름다워지기 위해 여자들은 자신의 몸의 해체와 대상화가 따르는 자기조작을 되풀이하고, 또 이를 주위로부터 열심히 권고받는다. 예를 들어 손톱을 가꾸고, 머리를 꾸미고, 엉덩이를 압박하고, 가슴을 올리고, 다리를 면도하고, 겨드랑이에 탈취제를 바르고, 얼굴에 화장하고, 팔목에 향수를 뿌리고, 등등. 아름다운 몸을 가진 여자는 끊임없이 추파와 휘파람을, 그리고 몸을 더욱 강조하여 개인적 인격을 떨어뜨리는 언행의 공격을 받는다. 여자들이 자신들의 수동성과 상품화를 토대로 하여 획득하기 어려운 이상을 실행하려고 하는 한, 여자들은 자존심이나 파워를 절대 획득할 수 없다.

출산이 신체파워 획득의 방법이 될 수 있을까?

여자들은 대상화된 자아이미지를 쫓아내고 그 자리를 대신할 신체기능의 비전이 필요하다. 여자들은 많은 방법으로 자신의 신체와의 새로운 관계를 찾을 수 있다. 예를 들어 운동, 바디빌딩, 댄스, 요가, 성적 표현, 치료, 그리고 탐구와 연구가 필요한 여러 방법 등으로.[5] 미국 여자들은 또한 주도권[예를 들어 백인 남자]과 맞서 싸우는 단체 — 유색인, 여성운동가, 레즈비언, 그리고 미국 비만인 지위향상협회와 같은 단체 등 — 의 활동에서 여성신체의 긍정적 해석을 찾을 수 있다.[6] 미국 비만인 지위향상협회는 뚱뚱함이 아름답다고 주장한다. 일부 레즈비언들은 뚱뚱함-날씬함의 이분법을 완전히 거부한다. 그들은 계급화된 이성애적 가치에 적합한 바싹 마른 성적 특성을 강조하고 있는 관념에 반대하여 '자연주의' 신체 이데올로기를 신봉한다. 그들은 몸을 줄이는 것보다 오히려 풍만하게 만드는 신체적 튼튼함과 자기 스스로 결정한 신체를 격찬한다(Crowder 1993). 또 다른 주도권적 신체관념에 대한 반대는 필라델피아의 푸에르토리코 사람들에 의해 주도된 것이 있다. 그들에게 뚱뚱한 사람은 아름다움, 평온함, 다산, 번영, 그리고 생업인으로서 남편의 유능함을 상징한다(Massara 1989). 많은 아프리칸-아메리칸에게뿐 아니라 이 푸에르토리코 사람들에게도, 너무 마른 신체는 신체적, 사회적, 심리적 곤란을 의미한다. 많은 아프리칸-아메리칸 중에는 풍만한 신체는 아름다움, 파워, 그리고 인종차별주의에 대한 승리

5. 아주 훌륭한 에세이인 『신체이미지와 자아인식』에서, 힐드 브루흐는 긍정적이고 적절한 신체이미지를 개발할 수 있는 방법을 제안하고 있다. 브루흐가 주장하고 있는 신체이미지는 긍정적이고 통합된 자아개념의 중요한 일면이다(Bruch 1973, 87~105). 브루흐에 따르면, 이 방법을 통해서 여자들은 자신의 신체에 대해 보다 나은 인식을 갖게 될 것이다. 또한 여자들에게 자신의 신체적 역할을 통제할 수 있는 능력과 자신의 신체적 욕구를 인정하고 만족하기 위한 능력, 그리고 신체에 대해 '감정적인 반응'을 개발하도록 독려하고 있다(89). 체격조형에 대해서는 Heywood 1998; Lowe 1998; Moore 1997을 참조한다. 에로틱의 이용과 파워로서의 에로틱에 대해서는 Lorde 1984를 참조한다.

6. 미국 비만인 지위향상 협회의 신체태도에 대해서는 Millman 1980을 참조한다. 레즈비언의 신체태도에 대해서는 Crowder 1993; Dworkin 1989를 참조한다. 뚱뚱함으로부터의 해방주의자이며 여성주의자들인 그들의 태도에 대해서는 특히 Brown & Rothblum 1990; Orbach 1978, 1982; Schoenfielder & Wieser 1983; Wiley 1994를 참조한다. 히스패닉의 신체태도에 대한 정보는 Massara 1989; Hiebert et al. 1988; Garcia, Kaiser & Dewey 1990을 참조한다. 아메리칸 원주민들의 신체태도에 대해서는 Garb, Garb & Stunkard 1975; Rosen et al. 1988을 참조한다.

를 의미한다. 그래서 소울푸드를 먹음으로 해서 음식전통을 생생히 지켜나가게 된다.[7] 신체의 능력고취를 위한 가능성 있는 모델을 밝히기 위해 다양한 인종그룹의 여자들, 비만해방주의자, 레즈비언, 그리고 주류인 백인문화 변두리에 있는 사람들 사이에 존재하는 신체이데올로기에 관해 더 많은 연구가 요구되어지고 있다.

여기에서 나는 여자들이 자신의 신체와의 긍정적 관계를 만들 수 있는지, 그리고 여자들이 임신과 출산을 통해 신체대상화와 맞서 싸워나갈 수 있는지 묻고 있다. 그리고 만약 그렇다면 어떻게 만들어 갈 수 있는지 묻고 있다. 나는 여러 가지 이유로 이런 질문을 한다. 출산에서 여자들은 다른 인간의 경이로운 창조에 자신의 몸을 사용한다. 그래서 출산은 사람의 몸을 가치 있게 보도록 배울 수 있는 경로를 제공할 수 있다. 나만해도 내 자신의 출산경험은 내 신체와의 관계를 근본적으로 변화시켰다. 아기를 키우는 기적, 출산의 카타르시스, 그리고 모유수유에서 오는 전율, 이 모든 것이 내 몸에서 할 수 있는 것을 내 스스로 뿌듯하게 느끼도록 만들었고, 외모가 어떻게 보이는가에 신경을 덜 쓰게 만들었다.

임신은 자연의 통과의례이다. 그것은 몇몇 학자가(Davis Floyd 1992; Van Gennep 1960) 말한 '이쪽도 저쪽도 아닌 존재'의 연장기간이다. 이 기간은 터너가 말한 '주변기' 혹은 '경계기'로 커다란 성장과 변화가

7. 아프리칸-아메리칸의 신체와 미에 대한 태도에 대해서는 특히 Collins 1990; Hughes 1997; Parker et al. 1995; Russell, Wilson & Hall 1993; Wilson & Russell 1996을 참조한다. 또한 Emmons 1992; Freedman 1990a, 1990b; Gray, Ford & Kelly 1987; Hsu 1987을 참조한다. 아프리칸-아메리칸의 문화, 요리, 정체성에 대해서는 Angelou 1997; Beoku-Betts 1995; Harris 1994; Hughes 1997; Mintz 1997; Shange 1998; Wade-Gayles 1997을 참조한다.

가능한 시기이다(Turner 1969). 임신의 과도기적 성질을 강조함은 신체경계가 계속해서 변화되고, 또 다른 신체가 내부에 존재하다가 곧 바깥세상으로 나올 거라는 사실이다. 출산은 말 그대로 경계의 통과이다(Young 1984, 49). 게다가 임신과 출산은 여자를 새로운 방식으로 자신의 신체 내부 깊이 접촉시킬 수 있다. 여자는 태아의 성장을 지켜보고, 살찐다는 생각보다는 에너지와 생명을 위한 음식을 생각하고, 생명을 창조하기 위한 자신의 능력을 경이롭게 바라본다.

나는 결코 생식환원주의나 본질주의를 의미하는 것이 아니다. 또 모든 여자들이 출산을 하는 것은 아니다. 나의 의도는 반드시 여자들이 어찌어찌해야 한다고 말하는 것이 아니다. 오히려 내 요점은, 출산능력은 여자가 되는 방법의 일부분이라는 것이다. 그래서 나는 출산능력이 어떻게 파워획득의 근본이 될 수 있는지 ─ 출산을 경험하는 여자만이 아니라 모든 여자에게 ─ 묻고 싶다. 임신과 출산은 여자들이 자신의 대상화에 도전할 수 있는 가능한 방법의 하나가 되기는 하지만, 그것이 유일한 방법은 아니다.

이 장은 출산에서 여자들의 음식과 신체와의 관계가 어떻게 혹은 왜 때때로 파워의 근원이 되고, 때때로 억압의 근원이 되는지 고찰하고 있다. 나는 어떻게 임신, 출산, 그리고 수유가 여자들을 대상에서 주체로의 전환, 즉 파워획득의 중요한 단계를 촉진하는지 혹은 방해하는지를 살펴보고 있다. 나의 데이터는 임신 중이거나 산후조리 중인 15명의 다양한 여자들을 인터뷰하여 얻었다. 연구에 참여한 사람들은 18세에서 38세 사이이고, 가족수입은 23,000~130,000달러 범위이고, 직업은 전업주부에서 고등학생, 대학생, 상점점원, 전문직장인에 이르기까지 다양하다. 그들의 민족적 혹은 인종적 뿌리는 아프리칸-아메리칸

(Counihan, 1), 푸에르토리코(2), 스페인계 라틴아메리카(1), 유대인(1), 이태리계 미국인(1), 유럽계(9)이다. 모두 이성애적 사람들로, 11명은 결혼을 해서 남편과 살고 있었고, 4명은 미혼으로 부모님과 살고 있었다.[8] 7명은 앞으로 임신을 원한다거나 그럴 계획이고, 8명은 우연히 임신이 되었다. 어떤 사람은 임신을 아주 반가이 맞았고, 몇 명은 출산 때까지 양면적 감정을 가지고 있었다. 이들 대부분은 인터뷰를 두 번씩—한 번은 임신 중에, 나머지 한 번은 출산 후에—했다.

여기에서는 내용이 유난히 풍부했던 두 명의 이야기를 주로 나타내고 있다. 그들은 신체, 임신, 출산, 그리고 전환과정 등의 다양한 경험을 이야기해 주었다. 그들의 이야기를 적어가면서, 나는 그와 관련된 다른 13명의 이야기를 중간 중간 끄집어낼 것이다. 그리고 그들의 이야기는 후에 다른 토론에서 다시 완전히 논의되어질 것이다. 나는 조디의 이야기를 먼저 시작하여, 그녀가 대상화되어 치욕스럽게, 그리고 성상품화되었던 경험의 고통을 보여줄 것이다. 임신은 그녀가 대상화와 그 고통에서 벗어날 수 있도록 도와주었으나 그렇다고 완전히 혹은 영원히 도와주지는 못했다. 그러고 나서 나는 카렌의 이야기로 임신이 어떻게 그녀의 자부심과 파워의 전환점이 되었는지를 설명할 것이다. 나는 출산을 통해 조디와 카렌이 개인적 파워를 갖도록 도와주었던 혹은 방해했던 조건에 대해 토의할 것이다.

8. 유감스럽게도 이 연구는 레즈비언의 엄마에 대해서는 빠졌다. 그러나 Lewin 1993을 참조한다.

조디 이야기

조디는 뉴욕에 살고 있는 이태리계 미국인으로 노동자층에 속했다. 인터뷰 당시 그녀는 파트타임으로 일하면서 석사공부를 하고 있었다. 그녀의 남편은 전문직에 종사하고 있었고, 그들의 연간수입은 40,000달러가 약간 못되었다. 내가 처음 그녀를 인터뷰할 때, 그녀는 35살이었고, 임신을 하기 위해 1년 반 동안 온갖 신경을 쓴 후, 첫 아이 임신 중이었다. 20대에 몇 번 유산경험을 한 그녀는 '방종했던 과거'가 자신의 임신을 방해하는 것이 아닐까 두려워했다. 그러나 18개월의 노력 끝에 그녀는 성공했다. 그녀의 말 속에는 자신의 신체와의 주관적 관계와 의사의 객관화 사이에서 일어나는 갈등이 나타나고 있다.

> 배란테스트와 체온기록 등의 모든 과학적 방법으로 거의 1년 동안 임신하려고 노력했어요. 나는 임신이 되지 않아 몹시 괴로웠지요. 때로는 울기도 했고, 화가 나기도 했고, 우울해지기도 했어요. 그리고 20대에 저질렀던 지난 부인과 병원 경력과 여러 가지 일들, 함께 잤던 남자들, 그 잘 나가던 시절을 탓하기 시작했어요. 어느 날 상점에서 일을 하다가 레모네이드를 가지러 가다 잠시 서 있었지요. 머릿속에서 소리가 들렸어요. "모든 것이 다 잘 될 거야. 걱정할 것 없어. 넌 임신할 수 있어. 모든 것이 괜찮을 거야." 그것은 내 몸 전체를 편안하게 만드는 엄청난 기분이었어요.
>
> 그 후 생각해 보니, 그 일이 일어나던 날, 임신했던 것 같아요. 그 날 직장에 가기 전, 나는 짐과 섹스를 했어요. 신기하게도 그 날 나는 남편에게 말했거든요. "더 이상 이깟 체온기록 같은 것 안할 거예요. 그리고 이 배란테스트도 안할 거구요. 임신이 될 것 같으면 될 것이고, 안될 것 같으면 안 되겠죠." 지난 8개월 동안 우리가 한 것은 열렬한 사랑이었든지 아니면 기계적 사랑이었겠지요. 항상 배란테스트는 핑크빛으로 나타났죠. 즉 열정 같은 것은 없었어요. 그냥 기계

적이었어요. 그런데 그 날은 열정적인 순간이었어요. 이 때 나는 이야기했죠. 모든 것을 잊어버리라고. 나는 이제 더 이상 이 게임을 하지 않을 거라고. 그런데 그게 이 일이 일어난 이유라고 나는 생각했어요. 임신을 했던 거예요. 의사도 나를 믿지 않았죠. 그러나 나는 그 일이 일어났다고 확신해요.

의사에게 체온기록표를 보여주며, 말했어요. "분명 이 때 임신했어요."

의사가 말했어요. "아니요. 이 때 임신했어요." 의사가 말한 그 때는 내가 임신했다고 말한 지 1주일이 지난 후였어요.

"아니에요. 이 때 임신했어요."

"아니라니까요. 왜냐하면 …" 의사는 나에게 모든 과학적 데이터를 보여주며 이유를 설명했어요. 체온이 떨어지는 중이기 때문에, 바로 그 때라는 것이지요. 나는 말했어요. "그런 것은 인간의 몸이 작용하는 방법이 아니에요." 당신도 알겠지만 계란이 나오는 것, 그냥 나올 때 나오는 거 아닌가요?

조디의 임신은 그녀 몸의 감각과 말로 표현할 수 없는 미스테리 그리고 과학적으로 프로그램된 기계에 그녀의 몸을 맞추려 했던 의사의 함락 등의 대립으로 시작하였다. 그 대립은 임신 후기에도 나타났다. 조디는 임신 중에 자신의 몸이 실험대상이 되는 것에 힘들어했다 — 많은 여자들처럼. 왜냐하면 과학적 기계가 계속해서 인간의 몸을 물체처럼 다루기 때문이다(Martin 1987).

조디는 자신의 몸이 의학적 대상으로 취급받는 것에 저항했을 뿐 아니라 평생 동안 성적으로 대상화되는 것과도 싸워나갔다. 그녀는 일찌감치 성숙하여 가슴이 풍만하였다. 그래서 그녀는 수년 동안 자신의 가슴에 시선이 집중되는 괴롭힘을 겪었다. 그녀는 자신의 대상화에 관련된 이야기를 해주었다.

나에게 나의 가슴은 그냥 부담스러웠어요. 왜냐하면 내가 가슴축소수술을 받을 때까지 사람들이 나를 쳐다보았거든요. 학생 때 교수들이 내 가슴하고 이야기하는 것은 유쾌하지 못했어요. 사람들, 즉 남자, 여자 할 것 없이 모두 내 가슴에 대고 이야기하는 것은 불쾌, 그 자체였어요. 알겠지만 나도 마음이 있고, 얼굴도 있다는 것을 그냥 꼭 집어 이야기하고 싶었어요. 내 얼굴보고 이야기해 주세요. 내 가슴이 아닌 내 눈을 보아주세요라고.

조디는 미국문화에서 여자들의 신체 대상화가 어느 정도인지를 보여주었다. 왜냐하면 여자와 남자 모두 그녀의 가슴을 응시했기 때문이다. 조디는, 여자들 자신의 신체에 대한 태도에 있어서 하위화는 여자들이 만들어내며, 그래서 그에 대한 태도 변화는 남자들뿐 아니라 여자 내에서도, 그리고 크게는 문화적으로 일어나야 한다는 사실에 관심을 끌었다.[9]

그녀의 가슴이 무엇을 상징했는지를 물었을 때, 조디는 다음과 같이 대답했다.

나의 가슴은 고통의 세월을 상징하였어요. 이 사회에서 가슴이 큰 것은 성적 열광을 받지만, 다른 한편으로는 불쾌감을 받아요. 이것이 모순이지요. 가슴이 크면 상품이 되어버리죠. 이런 가슴에 대해 열광하는 사람이 있는 동시에 원망과 분노, 그리고 큰 가슴을 가진 여자들에 대한 혐오도 있거든요.

성적 감정을 불러일으키는 자신의 가슴에 대해 이야기하는 조디의 말은 마르크스의 물신숭배사상과 프로이트의 성도착증 개념을 불러일

9. 여자들은 몸매를 토대로 여자들의 가치를 평가하는 시스템을 되풀이 하지 않도록 친구들의 체중에 대해 좋은 의미든 나쁜 의미든 긍정적으로, 혹은 부정적으로 말하는 것을 그만둘 수 있다.

으켰다(Freud 1962, 17~9; Marx 1967; Willis 1991). 자본주의 하에서 마르크스는 모든 것들이 사고 팔 수 있는 물건으로 상품화되고 있음을 발견하였다. 상품을 만들고 교환하는 인간조차도 자신들이 만들고 교환하고 소비하는 그 물건과 동일하게 취급되어 상품처럼 맞교환할 수 있는 것이 되어버렸다. 여성과 여성신체의 상품화는 특히 광고를 통해 미국에서는 아주 흔한 일이 되었다. 광고에서 여성의 신체는 물건을 팔기 위해 당연하게 사용되고 있다. 즉 물건과 같이 판매용 물건이 되어버렸다. 가슴은 해체된 물건이 되어 그 크기와 모양에 따라 가격이 매겨지고 여성 자신으로부터 분리되었다. 여성의 가슴은 상품일 뿐 아니라 성적 감정을 불러일으키는 대상이다. 왜냐하면 가슴은 추상적이고 탈인격화되어 별도의 성적욕구를 상징하고 관심을 그에 집중시키기 때문이다.

자신의 가슴을 감추고, 계속되는 사람들의 시선과 압박을 피하기 위한 조디의 노력은 그녀를 평생 동안 비정상일 정도로 애써 살찌려는 투쟁을 하도록 만들었다.

> 나는 항상 뚱뚱한 아이였고 10대 때에도 뚱뚱했어요. 나는 뚱뚱하면 내 가슴이 어느 정도 감춰질 거라고 생각했거든요. 그랬어요. 나는 내 몸을 감추기 위해 결사코 뚱뚱해지려고 했어요.

뚱뚱해지는 것은 생존의 문제였다. 뚱뚱해지면 자신을 성적 괴롭힘으로부터 보호할 수 있고, 또한 먹는 것은 마음을 편안하게 해주었기 때문이었다. 그녀는 말했다.

> 고등학생 때, 나는 기분을 편안하게 하기 위해 음식을 이용하였어요.

그러나 음식과 신체는 또한 조디에게 깊은 상처를 주고 말았다.

고등학교 때, 나는 왕따였어요. 아무도 나를 좋아하지 않았거든요. 학교 아이들은 나를 살찐 돼지라고 불렀어요. 나는 친구가 없었어요. 나는 40파운드나 과체중이었어요. 나는 정말 비참하였어요. 그 때 나는 정말로 행복하지 않았어요.[10]

조디는 보호를 위해 뚱뚱한 것이 필요했다. 그러나 그것이 가져다주는 고통 때문에 다시 뚱뚱한 것이 싫었고 두려웠다.

나는 뚱뚱하다는 것에 대한 두려움을 통제하였어요. 다시 뚱뚱해진다는 생각이 나를 두렵게 만들었던 시간이 있었어요. 지금 나는 임신 중이기 때문에 그런 기분을 전혀 느끼지 않고 있답니다. 그래서 내가 임신을 좋아하는 이유가 아닌가 싶어요. 나는 그런 두려움이 없어졌어요. 그러나 가끔 다시 뚱뚱함에 대한 두려움을 가질 그런 날이 올 거라고 확신해요. 그것은 끔찍하죠. 나는 거울 속의 울퉁불퉁 튀어나온 뚱뚱한 나를 바라보게 될 거니까요. 그리고 엄청 화가 나겠지요. 그런 내 자신을 보는 것은 매우 고통이 될 거예요.

조디는 임신이 자신의 신체와 가슴에 대한 관계를 어떻게 변화시켰는지를 설명했다.

임신을 했을 때, 나는 내 몸을 사랑했어요. 그리고 나는 내 가슴도 사랑했어요. 왜냐하면 내 스스로가 큰 가슴을 허용했거든요. 임신을 했기 때문에 사회도 내가 큰 가슴을 가지는 것을 허용했거든요.

10. 심각한 육체적 · 정서적 · 성적 학대로부터 자신을 보호하기 위해 음식과 음식섭취를 이용했고, 결국 충동적 음식섭취와 뚱뚱해짐에 대한 두려움에 의해 일어난 문제를 치료해야 했던 여자들에 대해서는 Thompson 1994를 참조한다.

임신 동안에 조디는 더 이상 섹스대상으로 절대 보이지 않았다. 이것은 조디에게 자신을 새로운 시각으로 바라보게 해주었다.

> 나는 임신한 몸을 사랑해요. 그리고 나는 임신한 여자를 바라보는 태도를 사랑해요. 나는 거울 앞에 서서 나를 바라보며 배를 만져보곤 하였지요. 나는 그냥 임신한 것처럼 보이는 것이 좋아요. 임신한 여자의 외모가 좋아요. 나는 임신한 여자들은 아름답다고 생각해요. 나는 내 몸의 이미지에 신경을 쓸 필요가 없었어요. 나는 정말 좋았어요. 그래서 임신 중에 자신의 몸을 싫어하는 여자들을 이해하지 못했어요. 내 생각에 임신한 몸매는 깔끔하게 보이는데. 실제로 나는 매력적이라고까지 느끼거든요. 당신이 임신을 했다면 사람들이 당신을 보고 "저 뚱뚱한 돼지 좀 봐."하고 말하지 않는다는 것이, 바로 그것이 매력의 일부라고 생각해요.

임신은 그녀를 섹스대상으로 보이지 않도록 만들었고 덩치가 커도 괜찮기 때문에, 조디를 자기비하의 시기로부터 자유롭게 해주었다. 그녀는 사회를 부정적으로 바라보던 것에서 자유로워지면서 자신의 몸을 더욱 긍정적으로 보게 되었다. 그러나 자신의 몸을 대상으로 바라보는 것으로부터 완전히 자유로워진 것 같지는 않았다. 그녀는 여전히 거울 앞에 서서 자신을 평가하였다. 그러나 적어도 그녀는 그 대상화된 자신을 좋아할 수는 있었다.

임신 중 남의 눈에 띠지 않게 된 조디의 모습에서 우리는 미국문화에서 임신한 여성의 탈성화(脫性化)를 알 수 있었다. 물론 이것은 모순이다. 왜냐하면 임신한 여성보다 더 성적일 수 있는 사람은 있을 수 없기 때문이다. 그러나 가부장적 정의는 성적인 것을 여성의 출산능력과 창조력과는 별개의 것으로 떼어놓았다. 내 연구 참여자 중 일부는 이런 탈성화를 우려의 눈으로 바라보았다. 그들은 눈에 띠지 않게 되는 몸과 정체성 상실에 대해 이야기했다. 그들은 더 이상 남자들에게 매력적이지 못하다는 것이다. 예를 들어 27세의 더비는 임신에 대한 자신의 감정을 다음과 같이 이야기했다.

> 나는 임신이란 매력이 떨어지는 것이라고 말해야겠네요. 섹시하다기보다는 뚱뚱한 부인같이 느껴지지요. 임신하지 않을 때는 목표에 익숙하지요. 바로 남자에게 매력적이고 싶다는 목표. 그러나 임신을 해버리면, 이제 뚱뚱한 부인이 되어버리고 말지요. 나는 그 말에 익숙해져요. 처음에는 그것을 받아들이지 않았어요. 그러나 사람들은 나를 다르게 쳐다보더라고요. 사람들은 나를 전과는 다르게 취급하더라고요. 마치 일시적으로 다른 사람이 되어버린 것처럼. 사람들은 나를 무시하는 것 같았어요. 임신하기 전에는 조그마한 예쁜 옷을 입고 나가면, 적어도 한 남자정도는 나를 쳐다보았거든요. 그런데 지금 뒤뚱거리며 나가면, 아무도 나에게 관심을 주지 않아요. 나는 전혀 섹시하다는 느낌이 들지 않아요.

더비가 매력을 잃고 사람들에게 지워진다는 느낌을 받은 반면에, 다른 여자들은 임신의 탈성화를 반가이 받아들였다. 조디는 자신에 대해 기분이 좋아졌고, 더욱이 자신에게 인격을 부여했다. 조디의 가장 인상적인 말은 다음과 같다.

> 나는 임신 중에 더욱 아름답다고 느꼈어요. 왜냐하면 아무도 나를 쳐다보지 않았기 때문이죠.

출산과정은 우선적으로 몸을 성적 관심 혹은 상품가치성이 더 이상 없는 형태로 변화시키는, 중요하고 피할 수 없는 변화가 따른다. 22세의 에피가 말했다.

임신한 여성의 몸은 섹스를 숭배하는 몸이 아니라는 생각이 들어요. 나는 모든 생명체의 어머니인 대지(大地)처럼 편안함을 느끼죠. 그러나 그것은 다시 말해 절대 섹시한 몸이 아니라는 느낌이라고 생각해요.

게다가 임신한 몸은 태아가 자라면서 익숙하지 않은 방식으로 배고파하고 힘들어하면서 힘을 과시한다. 그것은 여자를 아기와 더욱 가깝게 만들고, 또한 관념적 기준에 맞춰 몸을 가꿔야 한다는 걱정 따위로부터 자유롭게 만든다. 38세의 아리가 말했다.

나는 가장 좋은 때임에도 내 몸에 대해 좋은 이미지를 가지고 있지 않아요. 지금 나는 임신 중이거든요. 나는 정신적으로 완전히 기진맥진해 있지요. 다음에 무슨 일이 일어나든지간에 그냥 힘들 뿐이에요. 그러니 기분이 좋을 수 없잖아요. 그러나 평상시에 해야만 했던 일을 하지 않아도 용서가 된다는 느낌이 들기는 해요. 나는 내 몸이 점령당한 것 같은 기분이 들어요. 나는 내가 얼마를 먹든 의식적인 통제를 하지 않아도 될 것 같아요. 나는 절대 덜 섹시하고, 덜 매력적이라는 느낌이 들어요. 그러면서도 매력적이고 싶다는 느낌도 들지 않아요. 단지 그저 나 혼자이고 싶을 뿐이죠.

출산은 여자들로 하여금 대상의 무대에서 사라지게 만든다. 또한 역할—아기를 키우고, 출산하고, 아기에게 젖을 먹이고 등—을 통해 신체와 자아에 대해 다시 규정지을 기회를 제공한다. 임신, 출산, 그리고 모유수유를 하는 동안 여자의 몸은 남들에게 전시되고, 평가되고, 값이 매겨지는 대신에 위와 같은 역할을 한다.

조디는 모유수유에 매우 책임감을 느끼고 있었다. 그녀의 가슴이 평생 고통을 안겨주었다는 것을 보면 놀랄 것도 없다. 그녀는 몇 년 동안 가슴축소수술을 원했었다. 그러나 언젠가 모유수유를 원하게 될지 모른다는 생각에 이를 접어두었었다. 그리고 "그것이 바로 가슴이 있는 이유이다."라고 느꼈었다. 그러나 그녀는 모유수유에 어려움이 있었다. 왜냐하면 아기가 조산아로 젖을 빠는 힘이 아주 약했기 때문이다. 그녀가 말했다.

> 내 기억에 친구에게 이렇게 말했던 것 같아요. "나는 모유수유를 위해 이 큰 가슴을 버티어 왔는데, 전혀 역할을 못하네."라고.

조디는 자신의 복잡한 심정을 다음과 같이 이야기했다.

> 모든 것이 잘 돌아갈 때는 모든 것이 다 좋지요. 나쁜 일이 일어날 때, 예를 들어 아기가 체중이 늘지 않을 때, 그리고 모유가 쓸모없이 그냥 흘러내릴 때, 나는 모유수유가 싫었어요. 그러나 다른 일이 잘 안 되는 것만큼 모유수유를 싫어하지는 않았어요. 이제는 모유수유가 좋아요. 왜냐하면 모든 것이 제대로 돌아왔기 때문이지요. 이제는 정말 좋아요.

조디는 아기에게 모유수유를 다 마친 뒤에, 마침내 유방축소수술을 결심했다. 나는 그녀가 수술을 마친 뒤 인터뷰 도중, 새로운 가슴을 갖게 된 기분이 어떠한가를 물었다. 그녀의 대답에는 양면적 감정이 나타났다.

> 기분은 좋아요. 맘에 들어요. 재미있네요. 옛날을 생각해 보았는데요, 예전에 신체적으로 큰 가슴을 가졌다는 느낌은 기억 못해도 감정적으로는 기억해요. 아직 모르겠어요. 확실히 모르겠어요. 그리 오래 되지 않아서 다른 사람 같은 느낌이 드는지 아닌지 아직 모르겠어요. 다른 사람들이 나를 다르게 대한다는 느낌은 알겠어요. 이것을 바라보는 데는 두 가지 느낌이 있어요. 하나는 내가 큰 가슴을 가졌다는 신체적 부담을 더 이상 가지지 않아도 된다는 감격이고, 다른

하나는 사람들이 예전과 같은 식으로 나를 쳐다보지 않는다는 거예요. 사람들이 항상 내 가슴만 쳐다보는 것이 정말로 부담이었거든요. 그것은 성적 괴롭힘이었어요. 그것을 당신이 지식적으로 어떻게 본다 해도 상관없어요. 결론은 그것이 남자로부터 혹은 여자로부터 오든지, 똑같이 성적 괴롭힘은 분명해요. 왜냐하면 여성의 가슴은 이 사회에서 성적인 것으로 보니까요.

조디는 자신의 대상화를 감소시키기 위한, 즉 자신에게 최악으로 여겨지는 신체대상화와 수치심의 상징을 없애기 위한 새로운 출발점으로 임신, 출산, 모유수유과정을 이용하였다. 그러나 수술 한 달 후, 그녀는 가슴 없이 어떻게 지낼지에 대해 말을 하지 못했다. 그녀는 여전히 과거의 존재를 한탄해할 뿐이었다. 아마 조만간에 조디는 자신의 신체를 통해 더욱 강한 방식으로 자신을 재규정할 것이다.

나는 조디에게 임신해서 아기를 난 후, 자신과 신체에 대한 태도에 있어서 가장 중요한 변화는 무엇이었냐고 물었을 때, 그녀는 다음과 같이 말했다.

어떤 변화가 있다고는 생각하지 않아요. 내가 나를 바라보는 방법에는 변화가 있다고 생각하지 않아요. 내 몸에 대해서 말하자면, 나는 지금 내 몸을 진정으로 좋아하지는 않아요. 뚱뚱하고 볼품없잖아요. 엉덩이도 더 커진 것 같아요. 예전처럼 다시 똑같아질지 모르겠네요. 그래서 나는 좀 걱정이 되요. 현재 나는 지방흡입술에 대해 많이 생각하고 있거든요.

미국성형외과협회(American Society of Plastic and Reconstructive Surgeons)에서 나온 팜플렛(1988)에 지방흡입술에 대한 설명이 나와 있다. 비용은 1,000~3,000달러 혹은 그 이상으로, 보통 보험처리가 되지 않고 있다. 그 수술은 비만환자에게 시술되고 있는 것이 아니고, '비교적 정상적인 몸매와 체중을 가진 환자의 불균형적으로 큰 엉덩이와 허벅지, 그리고 불쑥 비어져 나온 복부 혹은 허리 위의 군살'을 축소하기 위해 시술되고 있다. 수술은 부분마취 혹은 전신마취를 하여 시행된다. 그리고 회복기간은 수일에서 수주일 걸린다. 수술은 지방부위 2분의 1인치 정도의 절개로 시작한다. 흡입기가 달린 끝이 무딘 관모양의 기구가 절개부위 안으로 삽입된다. 그리고 아래와 같은 절차가 진행된다.

> 의사는 피부 밑 조직에 기구를 넣어 제거하고자 하는 양의 지방을 분리해낸다. 높은 진공압력으로 지방을 흡입한다. 때로는 원하지 않는 모든 지방제거를 위해 절개부위의 확장이 요구되기도 한다. … 수술이 끝난 후 통증이 며칠 지속된다. 마비증세가 사람에 따라 다양하게 나타난다. … 부기(浮氣)나 피부변색이 나타나지만 대개 6~8주 사이에 가라앉는다. … 경우에 따라서는 제거된 지방이 피부수축의 한계 정도를 넘어섰을 때는, 평생 피부 늘어짐 현상이 있을 수 있다. … 정상적인 일터로 다시 돌아가는 결정은 부기나 불편함의 정도에 따라 개인차가 있다.

미국인의 '날씬함을 위한 포학행위'의 상황을 볼 때, 이 수술은 야만스러운 고문행위 같이 들린다. 조디가 그것을 스스로 고려했다는 사실은 그녀가 얼마나 뚱뚱해지는 것을 두려워했는지 보여주고 있다.

그녀는 지방흡입술을 하지 않았다. 그러나 대신 일주일에 두 번 고강도의 에어로빅을 하기 시작하였고, 자신의 몸매가 좋아졌다고, 허벅지와 엉덩이 살이 빠졌다고 여러 번 언급했다. 그러나 스트레스를 받으며 아주 바삐 지낸 두 달 후, 조디는 자신의 몸무게와 사이즈를 애석해했다. 그녀는 옷가게에서 자신이 입을 수 있는 가장 작은 옷의 사이즈가 X-라지라는 이유로 울음을 터트렸던 일에 대해 이야기했다. 임신 중에 그녀는 뚱뚱함에 관한 두려움에서 가까스로 벗어나 자신의 몸을 사랑할 수 있었다. 그러나 이런 기분을 임신 후에 계속해서 유지할 수는 없었다. 왜? 그녀는 왜 계속해서 몸을 대상화하여 증오하고, 그리고 몸집을 줄이기를 원했을까? 왜 그녀는 몇 파운드의 지방 혹은 몇 인치의 몸을 제거하기 위해 지방흡입술의 고통, 비용, 그리고 오랜 회복기간을 견뎌나갈 것을 생각했을까? 왜 그녀는 자아와 신체를 완전한 주체로서 바라보는 분별력을 더 오랫동안 발달시켜 나갈 수 없었을까? 그리고 왜 그녀는 계속해서 자신의 신체를 더욱 완벽한 작품으로 만들려는 대상으로 인식했을까?

나는 3가지 이유가 있다고 믿는다. 첫째, 자신의 신체대상화의 정도(定度), 둘째, 임신과 출산, 수유의 어려움, 그리고 셋째, 미국 문화 속에 깊이 뿌리 내린 여자들의 신체억압 혹은 학대.

조디는 가능한 의학적 개입을 줄여가며 상세히 기록한 3쪽에 달하는 출산계획을 가졌음에도 불구하고, 안타깝게도 그녀는 결국 출산과 모유수유에 어려움을 겪었다. 예정일보다 6주 먼저 양수가 터져 어쩔 수 없이 가능한 오랫동안 자궁에서 아기가 자라도록 하기 위해 폭염의 2주간을 두려움과 비참함으로 침대에 누워있어야 했다. 그녀는 침대에 누워있는 동안 감염여부를 확인하기 위해 이틀에 한 번씩 혈액테스트를 받았다. 그녀는 테스트 결과와 혹시 양수가 새지는 않나 하는 두려움을 반복해서 겪어야 했다. 결국 그녀는 피토신으로 유도분만을 하였고, 유도분만의 심한 통증을 줄이기 위해 진통제를 맞았다.[11] 그녀는

11. 유도분만통증은 대개 자연분만통증보다 더 오래 지속되고 더 빈번하게 일어나고 더욱 심하다(Jordan 1993).

자신의 출산경험에 대해 양면적 감정을 가지고 설명했다.

> 나는 체력을 유지했지만 지쳐갔어요. 나는 바짝 정신을 차리고 있었어요. 아기의 출산은 정말 멋진 경험이었지요. 그것은 내가 경험한 어느 것보다도 해방되는 기분이었어요. 아! 그것은 마치 마술 같았어요. 정말 마술이었어요. 나는 내가 말했던 것을 기억하고 있어요. "이 특별한 경험만 다시 겪을 수 있다면…" 그것은 진정한 해방이었고 멋졌어요. 정말 좋았어요. 어떤 전환이 일어나기까지는 나쁘지 않았어요. 그 전환은 나에게 최악이었어요. 정말 최악이었어요. 힘주는 것은 힘들지 않았어요. 나는 바락바락 소리 지르지 않았어요. 아니, 나는 큰 소리로 고함쳤어요. 그리고는 잠시 후 지치고 말았지요. 다시 말해 나는 소리 지를 수 없었던 것이죠. 남편의 말에 따르면, 간호사와 의사는 분만에 뛰어났대요.

"간호사와 의사가 분만에 뛰어나다."고 그녀가 말한 것에 주목해 보자. 그것은 분만의 역할을 자신에게 준 것이 아니라 간호사와 의사에게 돌린 것이었다. 아마 대상으로 보는 자신의 자아정의를 완전히 떨쳐버리지 못한 자신의 불능을 보여주었다. 미국의 출산방식이 출산모의 수동성을 시종일관 강화하고 기계와 의료진의 기능을 강조하는 상태에서 이것은 놀라울 것이 없다(Jordan 1993; Martin 1987; Rich 1986; Rothman 1982).

출산 바로 직후, 조디는 새로 태어난 아기를 안아서 젖을 먹이고 싶었다. 그러나 그녀는 다음과 같이 말했다.

> 간호사가 말했어요. "엄마가 아기를 안아도 되나요? 젖을 먹여도 되나요?" 의사의 이름은 기억나지 않지만 중증신생아 전문의사가 말했어요. "아기가 스트레스 받는 것을 원하지 않아요." 그리고는 내가 아기를 5분 동안 안을 수 있도록

해주었어요. 나는 아기에게 젖을 줄 수가 없었지요. 왜냐하면 그 의사는 아기가 스트레스를 받을까 걱정을 하였거든요. 그것이 문제였어요. 그들은 아기를 데려다가 계속 관찰했어요.

여기에서 내포하는 것은 분명하다. 4~5주 일찍 태어나기는 했지만 6파운드 2온스[1파운드=453.6g] 무게의 아기에게 친밀한 엄마 신체 옆에 있는 것이 감정 없는 요람으로 급히 옮겨져 많은 모니터 선에 이어지는 것보다 더 스트레스라는 것을 내포하는 것이었다. 이런 가정은, 조단이 확신을 가지고 주장했듯이(Jordan 1993), 종종 과학적 데이터에 의해 근거 없는 의약계의 '권위주의적 지식'에 대한 문화적 수용에서 기인한 것이다. 조산아 출산으로 인해 이미 불안감을 느끼는 엄마인 조디에게서 아기와의 연결을 거듭 주장할 수 있는 능력과 출산에서 얻은 성취감을 빼앗은 것은 바로 그런 가정이다.

비록 모유수유에는 양면성이 너무 많이 내재되어 있지만, 조디는 모유수유가 아기와의 관계를 개척하는 데 중요한 방법이라는 것을 알고 있었다. 며칠 동안 아기가 신생아중환자실에 있는 동안, 조디는 집에서 전기착유기를 이용해 자신의 젖을 짜서 병원으로 가져가, 간호사나 자신이 직접 아기에게 스포이드나 스푼을 이용해 먹였다. 그녀는 모유가 나오는 것을 정말로 다행으로 여겼다.

만약 조산아를 낳게 되면, 수유문제가 가장 중요하다고 봐요. 왜냐하면 그렇게라도 하는 것이 아기에게 해줄 수 있는 유일한 것—간호사가 아기에게 해줄 수 없는 것—이기 때문이죠. 그래서 나는 아기와 함께 있지 못할 때는 매일 두 시간마다 젖을 짰어요. 그리고 아기가 직접 모유를 먹게 된 후에도 아기의 빠는 힘이 약하자 나는 착유기를 이용해 젖을 짜야 했지요. 나는 매일 아침 내 젖을

> 가지고 병원으로 갔어요. 저녁이면 의례히 젖을 짜는 일이 벌어졌지요. 그리고 짠 젖을 냉장고에 보관해두었다가 아침에 보온병에 담아 밤새 같이 있지 못했던 병원의 아기에게 가지고 가 그 젖을 먹였어요.

다행히 아기는 상태가 좋아져서 신생아병실에서 1주일 있은 후 집으로 돌아왔다. 조디는 집에서 모유를 먹였다. 비록 그녀의 가슴이 커서 아기에게 젖을 먹이는 데 편안한 자세를 취하기 어려웠지만, 결국 좋은 습관이 자리잡았다. 그러나 후에 아기에게 모유로 인한 황달기가 나타나자, 의사는 24시간 동안 아기에게 모유를 먹이지 말라고 했다. 그녀는 젖을 짜지 말라는 충고를 받았고, 24시간이 지나면서 젖이 약간 줄어들었다. 아기는 너무 약해져서 스스로 젖을 먹을 수 없게 되었다. 그래서 아기는 충분한 양의 젖을 먹을 수 없게 되고 기운이 없어졌다. 이것은 큰 걱정이었다. 조디는 문제성을 알아차리고 아기의 기운을 차리게 하기 위해 분유를 주기 시작하였다. 모유와 분유를 번갈아 먹이면서 이 두 가지로 혼전을 거듭한 수 주일이 지나 그녀는 완전히 의기가 꺾이고 나서야 아기에게서 젖을 뗐다.

조디가 맞부딪힌 의료체계는 그녀의 역할과 주도권을 빼앗아갔고, 자연적 과정을 망쳐놓고 그리고 그것을 제대로 고쳐놓지도 못하고 그래서 그녀에게서 자신감을 빼앗아간 것으로 보인다. 그녀는 말했다.

> 나는 모유수유에 관한 것과 아기가 조산아라는 사실로 인해 죄책감을 가지게 되었지요.

그녀의 죄책감과 회의감은 그녀가 임신과 출산, 그리고 수유를 통해 자아존중과 신체적 자신감을 얻을 수 있는 방법으로 사용하는 데 어려움을 겪게 만들었다.

출산 후 조디가 신체적 절망감으로 전환하게 된 두 번째 이유는 그녀의 신체대상화가 너무 오래 지속되어, 그녀의 정체성과 너무 깊이 얽혀 있어 그것을 쉽게 떨쳐버릴 수 없게 되었을 거라는 것이다. 조디가 오랫동안 뚱뚱함, 신체에 대한 자기증오, 그리고 자신의 가슴에 대한 성적 대상 등과 투쟁해 왔다는 것을 기억해 보자. 그녀는 가슴축소수술 후 다음과 같이 말했다.

> 가슴축소수술 때문에 내가 다른 사람이 되었는지는 모르죠. 내가 현재의 나를 바꿔버렸는지도 모르죠. 만약 내가 20대에 이 수술을 했더라면 나를 엄청나게 바꾸었을 거라고 생각해요. 그러나 36살의 나는 생각이 굳어져 있어, 여전히 내 신체에 대해 낯선 감정이 들어요. 나는 날씬하다고 느껴본 적이 없었어요.

조디의 일생은 늘 자신의 신체와의 투쟁으로 힘들었다. 그리고 그녀의 뚱뚱함은 아주 큰 고통을 의미했다.

> 뚱뚱하다는 것은 내 모든 가족에게 장애를 상징합니다. 뚱뚱함은 아주 뒤죽박죽인데, 그것이 내 가족입니다. 뚱뚱하다는 것은 바로 이런 것이지요.

조디의 엄마는 알콜중독자였다. 그녀가 어렸을 적에 부모님의 결혼생활은 불안하였다. 조디의 형제는 지극히 비만이었고, 결혼생활에도 문제가 있었다. 조디는 문제 많은 가족을 자신의 부정적인 자아존중과 뚱뚱함에 대한 두려움에 연관시키고 있었기 때문에, 그녀의 내재화된 신체억압감을 극복하는 데는 문제성 있는 그녀의 가족관계를 연구하는 것이 절대필요하다.

마지막으로 신체억압감으로부터 벗어나는 것은 조디와 많은 여성에게 어려운 일이다. 왜냐하면 그것은 여성하위를 끊임없이 재창조해 온 이미 만연되어 있는 문화적 관념에 대한 근본적인 도전이기 때문이다. 이 관념은 여성을 하위존재로, 그리고 대상화되고 통제가능한 신체와 결부시키고 있다. 그래서 여성의 역할과 인격을 말살하였다. 이런 주요한 방해에도 불구하고 내가 인터뷰한 일부 여성들은 임신과 출산으로부터 자신에 대한 새로운 태도와 파워를 부여받았다는 느낌을 갖게 되었다.

카렌의 이야기

두 번째 이야기는 카렌에 관한 것으로, 카렌의 임신과 출산은 그녀의 긍정적 자긍심을 강화시켰다. 카렌은 캘리포니아 남부에 자리잡고 있는 안락한 노동계층의 가정에서 자랐다. 그녀는 자신에게 아일랜드, 스코트랜드, 프랑스, 독일, 인디언 등의 피가 흐른다고 설명했다. 그녀는 캘리포니아, 위티어(Whittier) 근처에서 주로 멕시코계 미국인들이 사는 마을에서 몇 안 되는 영국계 아이의 하나로 자랐다. 그녀는 멕시코식 문화에 대해 감탄하였다.

> 나는 3, 4, 5학년 때 백인소녀처럼 자랐어요. 알겠지만 그렇게 자랐던 기억은 좋았어요. 나는 내가 좋아하는 멕시코식 문화 속에서 지내면서 정말 많은 것을 혜택 받았어요. 그것은 정말 멋진 문화예요. 나는 정말 그 문화를 가까이 느꼈지요.

내가 그녀를 처음 인터뷰할 때, 그녀는 25세로 임신 8개월째였다. 그녀는 출산 때까지 즉석요리 요리사로 일했다. 그녀의 남편은 용접공으로, 그들의 연간 수입은 2~3만 달러로 카렌이 얼마나 일하느냐에 따라 그리고 남편, 존이 시간 외 수당을 얼마나 받느냐에 따라 달랐다. 카렌은 자신의 임신과 출산경험을 중요한 인생의 전환기로 설명했다. 임신 중 그녀는 많이 두려웠고 관심사도 많아졌다. 또한 희망도 컸고, 낙관적이었다.

> 나는 신이 나지만 보통사람들처럼 죽을까봐 걱정도 되요. 내가 과연 해낼 수 있을까? 하지만 저는 흥분 되요.

카렌에게 이 도전은 자신의 인생을 잠시 보류하고, 18세 이후 줄곧 지켜왔던 경제적 독립을 잃는 것이었다. 그래도 잠시 일을 하지 않아도 될 만큼 여유 있는 것이 다행이라고 느꼈다. 왜냐하면 남편이 용접공으로서 꾸준한 수입이 있기 때문이다. 그러나 자신의 독립성을 잃게 될까봐 내심 걱정도 되었다.

> 가능한 오래 동안 일하지 않으려고 했어요. 그러나 내 자신의 한쪽에서는 일하고 싶어 하면서도 다른 한쪽에서는 내 자신을 돌보고 일하면서, 그리고도 빚지지 않으면서 살아가는 그런 모든 것들에 익숙해져 있었어요. 그래서 그것은 나에게 크게 한 발 앞으로 내딛는 것이었어요. 바로 돈을 직접 벌지 않지만 가치가 있다는 것. 존은 그것에 전혀 문제가 없다고 하지만, 나는 문제라고 생각해요.

카렌은 당시 자신의 모든 삶의 계획에 대한 보장과 안전성이 부족해질까 걱정했다. 그녀는 임신이라는 사실을 알았을 때 직업학교에 들어가 '수익성 있는 기술, 즉 용접이나 인쇄, 요리 같은 것'을 배우려고 계획 중이었다. 그녀는 자신의 꿈을 말했다.

> 나는 내 자신의 도자기 만드는 작업실을 상상하곤 하지요. 그것이 내가 하고 싶은 것이거든요. 그러나 그것을 할 수 있는 시점에 다가가면 항상 현실적 도전이 와요. 엄마가 된다든가 부인이 된다든가 혹은 세금을 내야 하는 문제, 그리고 다른 하고 싶은 일이 생긴다거나 등등.

카렌이 임신 전과 임신 중, 그리고 임신 후에 자신에 대해 느끼는 감정은 자기 신체에 대해 느끼는 감정을 표현할 때 그대로 반영되었다. 임신 8개월 때의 이야기이다.

> 나는 임신 전에 비만이고 몸매가 형편없다고 느꼈어요. 엉덩이와 허벅지가 두드러지는 몸매였거든요. 만약 당신이 몸매가 좋고, 음식도 올바르게 먹고, 활동적이라면, 당신은 멋있어 보이고 섹시하게 보일 거예요. 나는 정말로 곡선이 멋지고 날씬한 몸매를 가지고 싶어요. 그러나 몸 상태가 좋을 때나 그런 몸을 좋아할 뿐이지요. 때때로 나는 나의 마음가짐 때문에 내 몸매가 정말로 보기 좋다는 생각이 들어요. 하지만 잠을 충분히 자지 않았을 때나 돈이나 성생활을 걱정할 때, 혹은 아기가 우리의 삶에 얼마나 영향을 줄까 걱정할 때는 내 몸이 좋아 보이지 않아요. 내 생각에 나는 행복하고 신이 날 때는 내가 섹시하게 보이고, 신경과민이고 걱정이 있으면 아주 엉망으로 보인다고 생각 되요. 그게 그런가 봐요.

신체를 대상화, 고통, 가족의 기능장애로 나타내었던 조디와 달리, 카렌은 자신의 신체와의 관계를 더욱 유동적으로 보았다. 그녀의 신체에 대한 감정은 순응적이고 대개는 긍정적이다. 그녀의 감정은 딱딱하게 굳어져 있는 부정적 자아의식이라기보다는 그때그때마다 자긍심의 상태를 반영하였다. 기분이나 건강상태가 좋다거나 활동적일 때면 신체에 대해 좋은 감정을 가진다.

임신은 계획에 없던 일로 충격이었다. 왜냐하면 그녀와 그녀의 남자 친구는 몇 년 동안 헤어져 있다가 이제 겨우 다시 만났기 때문이다.

임신은 정말 두려웠어요. 나는 어찌할 바를 몰랐죠. 나는 임신이라는 사실을 알고 울었어요.

그러나 나중에 그녀의 마음은 변했다.

이제 우리는 너무 흥분되어 있어요. 나는 임신은 일어나기로 예정되어 있는 것으로 느끼려고 노력했어요. 분명 지금 이 일이 일어나야 하는 데는 그만한 이유가 있다고 생각해요. 우리는 그 이유를 이해하지는 못하지만요. 항상 모든 일을 우리 맘대로 할 수 있는 것이 아니잖아요. 그게 인생이지요.

그녀는 자신의 임신을 때로는 힘든 도전으로, 때로는 신나는 기회로, 그렇지만 어쨌든 전환기로 규정했다.

나는 매주 새로운 발견을 합니다. 나는 그것을 그대로 수용하는 법을 배우고 있어요. 그것은 정말로, 정말로 좋은 일이지요. 나는 전보다 더욱 인내심을 배우고 있다고 생각해요. 나는 내 자신 외의 사람에게는 꽤 인내심이 있는 사람이지요. 그것은 중요한 일이에요. 그것은 신체나 음식과도 관련되어 큰 문제가 된답니다. 모든 사람은 좋아 보이는데, 나는 좋아 보이지 않는다는 거지요. 때로 그것은 자긍심과도 관련됩니다. 내 생각에 나의 자긍심은 그런대로 괜찮다고 봐요. 그러나 나는 다른 사람들에 대해서보다 내 자신에 대해 더욱 엄격하지요. 나는 내 자신이 느슨해지는 꼴을 보지 못해요. 그것은 비생산적인 태도잖아요. 그래서 우리 관계, 즉 존과 나의 관계는, 임신으로부터 많은 득을 보았다고 나는 생각해요. 왜냐하면 임신은 우리로 하여금 특정한 일을 처리하도록 했고, 계속해서 발전할 것이니까요.

그녀는 남편을 사랑했고, 그는 그녀에게 '세상에서 최고의 남자'라고 말했다. 그러나 임신기간 내내 그녀는 자신들의 관계를 잘 유지해 나가면서 아기를 키우고, 그리고 새로운 경제적 · 정서적 도전을 해결해 나갈 수 있을 것인지 걱정했다. 이를 안심하려는 카렌의 욕구는 강한 성욕으로 표현되었다. 그러나 그녀의 성욕은 남편에 의해 저지되었다.

항상 호색적이었던 임신 4~6개월 동안, 나는 남편에게 꽤나 스트레스를 주었지요. 물론 그것은 내 몸에 좋지 않았어요. 그러나 나는 완전히 제정신이 아니었나 봐요. 겨울이었어요. 나는 임신 중이었고요. 나는 믿기지 않을 만큼 항상 성적으로 흥분되어 있었어요.

그녀의 말에 의하면, 그녀의 남편은 그녀와 아기 때문에 섹스를 꺼려했으나, 단지 "방해꾼이 있는 것 같아."라고 말했다. 카렌의 성욕은 무엇보다도 카렌 자신의 걱정에 대한 안심과 위로를 찾고자 하는 것 같았다. 그녀의 남편이 그녀의 성욕을 만족시켜 주지 못하는 것은 아마도 임신에 대한 자신의 양면적 감정과 걱정 때문이었을 것이다. 성행위는 아기에 의해 나타나는 변화와 싸워나가야 하는 과정이다.

카렌은 그런 남편의 태도가 상처받기 쉬운 상태에 있는 자신에 대한 걱정을 반영하고 있다고 느꼈다.

그것은 마치 남편이 아기를 돌보는 것 같았어요. 그래서 어찌 보면 그는 나를 성인으로 취급하지 않았어요. 그것이 남편과의 사이에 일어나는 지루함의 원인이 되었지요. 그냥 "보통 사람처럼 나에게 말해줘요. 나를 응석받이로 대할 필요 없어요."하고 말하고 싶을 뿐이었지요. 남편은 계란껍질 위를 걷는 것처럼은 아니지만 아주 조심하려고 노력했어요. 그것은 오히려 나를 더 괴롭혔어요. 그것은 정상적이에요, 섹스는 정상적인 일이지요. 나는 태연하고 무관심해지려고 노력하였어요. 그에게 스트레스를 주지 않으려고 노력했어요. 그러나 나는 열정적인 육체적 접촉이 정말로 필요했어요. 꼭 껴안아주고 성교를 하는 것과 같은 배출구가 필요했어요.

결국 그녀는 남편에게 압박을 가하는 것을 그만두고 성생활의 중단을 자연스럽게 받아들이기로 했다. 출산 후 카렌은 다시 불붙은 남편의 성욕에 대해 이야기했다. 그들의 성생활이 왜 지금 더 나아졌다고 생각하는지 물었을 때, 그녀의 대답은 이랬다.

성생활의 주요역할은 긴밀한 출산의 공동경험 그것이었어요. 출산과정은 어떤 말로도 논리적으로 인식될 수 없을 것 같아요. 그냥 함께 헤쳐가면서 우리는 서로의 신뢰를 키워갔고, 친밀감을 키워갔고, 그리고 존경심도 키웠어요. 그는 우리가 얼마나 잘 헤쳐 나갔으며, 그리고 얼마나 나를 후원해 주었는지 자기 스스로에 대해 아주 뿌듯해 했어요. 그래서 나는 그게 진짜 중요한 것이라고 생각해요. 출산은 절대적으로 내가 늘 필요로 했던 자긍심의 증가라고 생각해요. 내가 알기에, 자긍심의 증가는 항상 누군가를 더욱 매력적으로, 그리고 더욱 역량 있는 사람으로 느끼게 만들지요. 바로 그것이 당신의 배우자 혹은 다른 사람들에게 더욱 매력적으로 보이게 만들지요.

카렌에게 출산은 남편의 후원과 함께 수행된 승리였다. 그것은 그녀로 하여금 자신에 대해 정말 기분좋게 느끼도록 만들었다. 뿐만 아니라 그와의 관계를 더욱 강하게 만들었다. 그녀는 아무런 문제없이 그리고 의료적 개입은 최소로 하고 어떤 약도 사용하지 않고 완전한 자연분만으로 아기를 낳았다. 조디처럼 그녀 역시 사전에 출산에 대해 많은 것을 배웠고, 자연분만을 고대하였다. 그리고 조디와는 달리 그녀는 바라던 대로 자연분만을 하였다. 그녀는 병원에서 출산을 하였으나, 스스로 완전히 뜻대로 되었다고 느꼈다. 분만을 하는 동안 계속해서 여러 동작을 통해 그 뜻을 이루었다.

> 나는 정말 모든 것을 다 했어요. 샤워장에 들어갔다 나오기도 했고, 변기 위에 올라가 앉기도 했고, 일어나서 걸어도 다녀보았고, 흔들의자에 앉아 있기도 했고, 침대에 옆으로 눕기도 했고, 침대를 위로 올렸다가 내리기도 하였지요. 위로 누웠다 아래로 누웠다 하고, 다리를 위로 들어올리기도 했고, 옆으로 돌리기도 했어요. 수축을 위해 바닥에 무릎을 꿇기도 하고, 엎어져 눕기도 하고, 손과 가슴을 침대바닥에 닿게 하고 다리와 엉덩이는 침대 밖으로 있게 하는 동작도 취해 보았어요. 그리고 수축이 있는 동안에 침대에 기대기도 하였어요.

카렌은 자신을 출산과정에 완전히 맡길 수 있었다. 그렇게 해서 그녀는 처음에 가졌던 두려움과 걱정을 극복하였다.

> 나는 그냥 긴장을 풀고 내맡겼어요. 내게 어떠한 선택권도 없이 그냥 흘러가는 것처럼 느꼈어요. 정말로 되돌아갈 수는 없었어요. 그러니까 무섭지도 않던데요. 더 이상의 두려움도 없었어요. 그럴 수 있는 내 자신이 정말 자랑스러웠어요. 임신 동안, 특히 7개월 이후 동안, 여러 가지로 휩쓸린 많은 걱정으로 생긴 두려움은 분만실로 들어갔을 때 끝이 났어요. 그리고 그것은 강력한 그 무엇이었어요. 정말 좋은 기분이었어요.

아마 카렌이 자신의 몸을 고스란히 하나로 통합하여 아기분만에 적극적으로 이용했기 때문에, 아주 강한 감각적인 출산경험을 했을 것이다.

> 해변에서 우리를 모래사변으로 계속 밀어내는 커다란 파도 같았어요. 만약 모

래 밑으로 밀려들어가면 모래를 먹게 되지요. 그래서 우리는 해변 근처로 굴러가 어떻게 해서든 이 파도에서 벗어나길 간절히 바라지요. 출산이 바로 그랬어요. 매 3~4분마다. 나는 그 때 수반되는 힘에 아주 인상을 받았어요. 나는 힘든 그 모든 과정 동안 그 힘을 즐겼어요. 정말 힘들었지만 그래도 나는 내 몸이 할 수 있다는 것으로 분만 내내 황홀해졌어요. 나는 내 마음 속에 아기가 무엇을 하고 있는지, 그 아기가 어디쯤에 내려오고 있는지 그릴 수 있었어요. 아주 힘든 때만 빼고, 나는 정말 기분이 좋았어요. 나는 그 수반되는 힘에 그냥 놀랠 따름이었어요. 그것은 내 기대를 능가하였어요. 한 가지 생각난 것이 있는데, 당신이 해보기 전에는 정말로 모를 그런 것이에요.[12]

나는 강해짐을 느꼈어요. 아주 강해졌음을 느꼈어요. 내 몸에 진행되고 있는 그 일을 해낼 수 있을 것 같이 느껴졌어요. 그리고 아기가 태어났어요. 정말 멋졌어요. 아마도 내 전 인생 동안 했던 것 중에서 최고였을 거예요. 정말 대단했어요. 남편도 울고 나도 울었어요. 아기는 예뻤어요. 그것은 최고 마법의 순간이었어요. 정말 그곳에 작은 사람이 있었어요. 아기는 너무 아름다웠어요.

카렌은 자신의 출산경험을 나중에 변화시킬 수 있는 힘으로 그렸다.

출산은 엄청난 배움의 경험이었다고 나는 말하고 싶어요. 정말 대단한 것이라고 생각해요. 그것은 내 자신과 내 능력, 모든 나의 두려움, 모든 나의 걱정에 대해 알 수 있었던 좋은 기회였다고 생각해요. 나는 이제 뭐든지 할 수 있을 것 같아요. 나는 미래에 대해서도 흥분이 되요. 왜냐하면 나는 이 일을 해냈으니까요.

12. 분만에 대한 카렌의 묘사는 에니드 배그놀드(Enid Bagnold)의 소설 『대지주』(*The Squire*)를 생각나게 한다. 이 소설은 다섯 번째 아이를 임신하여 출산하는 여자의 내적 심리상태를 묘사하고 있다. 이 소설은 다음과 같이 분만을 묘사하고 있다. "때가 왔다. 첫 통증이 지나가고 난 후, 급류처럼 흐르는 은색강물을 따라 수영하고 있을 때, 커다란 물고기 한 마리가 격렬하게 움직이며 머리에서 꼬리까지 세차게 내리치는 것 같다. 만약 당신이 그 움직임과 합체하여 함께 어울려 강 속에서 나사처럼 돌 듯 수영해 간다면, 그 통증은 … 당신을 태우지 않는 불꽃이 된다"(Bagnold 1938, 101).

출산은 카렌을 더욱 강하고, 더욱 당당하고 자신감 있게 느끼도록 만들었다. 출산 후 몇 달이 지나 그녀는 여전히 힘이 넘쳐나는 듯 했다. 그녀는 계속해서 자아계발을 위한 계획을 가지고 있었다. 그리고 '홈스쿨 학위 과학프로그램에서 전인의학(全人醫學)[환자의 신체적 부분 증상뿐만 아니라, 정신적, 감정적 그리고 영적 건강을 추구하는 환자의 전체를 치료하려는 의학]과 영양분야'를 공부하고 있었다. 그녀와 그녀 남편은 노동계층의 이웃들이 사는 마을에 공간이 넓은 아담한 집을 사려하고 있었다. 그녀는 '도자기를 만드는 중고부품, 물레, 가마, 공간 등을 찾아 구하며, 다시 작품을 시작할 수 있도록 여전히 자신의 옛 목표'를 향해 가고 있었다.

임신과 출산 중에 어떤 요인이 카렌으로 하여금 그렇게 자신에 대해 더욱 긍정적이고 힘차게 활동하도록 도왔을까? 그녀의 경험이 어떻게 조디와는 대조적일까? 첫째, 임신 전 카렌은 자신과 자신의 신체에 대해 꽤 긍정적인 감각을 가지고 있었던 것 같았다. 많은 불안감과 근심을 말했지만, 그녀는 또한 인격체로서의 자신과 육체로서의 자신에 대해 긍정적으로 말할 수 있었다. 조디는 이런 것을 임신 중에만 느낄 수 있었다. 임신 중에 비로소 대상화되고 모욕당하는 것으로부터 해방되었다. 왜냐하면 조디의 큰 가슴과 신체는 임신여성에게는 그대로 받아들여졌기 때문이다. 카렌은 덜 주목을 끄는 신체를 가지고 있었다. 그녀의 몸은 적당하여, 조디처럼 다른 사람으로 하여금 계속 쳐다보게 하여 인격을 파괴하지 않았다. 카렌은 또한 심각한 체중문제를 겪은 적도 없었다. 비록 임신 전후에 더 나은 몸매를 원했다고 말은 했지만, 기본적으로 그녀는 자신에 대해 좋은 감정을 가지고 있었다. 아마도 멕시코식 문화 속에서 자란 카렌의 성장경험이 그녀로 하여금 신체의 다양성,

순응성, 그리고 만족감을 인정하도록 만들었는지도 모르겠다. 그녀는 자신의 신체와 그 신체의 역할과 결함을 단순히 신체의 외모를 나타내는 어휘가 아닌 신체를 이용하는 어휘 — 예를 들어, … 을 강하게 하다 — 로 규정했다.

인터뷰 하던 당시의 카렌과 조디의 서로 다른 사회적 위치 역시 신체에 대한 그들 감정의 차이점을 설명해 줄 수 있다. 미국에서는 사회계급이 높을수록, 여자의 날씬함에 대한 가치가 더욱 커진다(Sobal & Stunkard 1989). 조디와 카렌은 모두 노동계층이었지만, 조디는 중상류계층 사람들과 같은 가치관에 의해 지배를 받는 향상지향의 직업계층이었다. 반면에 카렌은 노동계층에 그대로 머물러 있었다. 조디와 카렌은 다양한 인종과 관련되어 — 조디는 남부 이태리와, 카렌은 여러 인종과 혼합되어 — 통통한 몸을 가지고 있었다. 그 둘 어느 누구도 아주 마르고, 키가 큰 북유럽 사람들의 이상적인 기준에 맞지 않지만, 조디는 이런 이상적인 기준에 늘 맞추려는, 그리고 그 기준을 더욱 강화하는 문화 속에서 자랐다. 그러나 카렌이 자란 노동계층 환경 속에서는 아마도 뚱뚱한 사람들이 많고, 몸무게가 많이 나가는 것에 더욱 수용적이었던 같다. 조디와 카렌은 '이상적인' 몸매를 가지고 있지 않았기 때문에, 그들이 자신을 신체적 억압으로부터 벗어날 수 있는 유일한 방법은 여성신체에 대한 지배적 관념을 거부하는 것이다. 이것은 아마도 향상지향적 직업계층에 있는 조디에게 보다는 노동계층에서 자란 카렌에게 더욱 쉬울 것이다.

카렌과 조디 사이를 구별 짓는 이 이상의 요인은 카렌으로 하여금 자신의 신체에 대해 긍정적이고 활동적인 감각을 증대시켜 준 아주 보람된 출산경험을 할 수 있게 했다는 것이다. 카렌은 스스로의 분만을 관리하여 의료적 개입이 없게 하였다. 너무 자주 일어나는 정상적인 분만의 모든 의료적 개입은 산모를 위한 것(예를 들어 무통제 같은 것)으로 규정될 때조차도, 산모의 감각뿐 아니라 실제 출산의 감동도 줄여버린다. 많은 여자들이 마취제와 같은 진통제를 요구하지만, 그들은 그러한 개입이 자신의 통제력도 줄여버린다는 것을 깨닫지 못하고 있다. 그리고 그들은 통증 외의 다른 놓쳐버릴 수 있는 신체적 감각에 대한 생각이 전혀 없다. 그러나 그런 개입은 분만을 늦추고, 통제력 상실과 두려움을 낳을 수도 있다. 그래서 한 번의 개입은 또 다른 의료적 개입을 요구하게 될 수도 있다. 결국 악순환의 연속이 될 수 있다는 것이다. 많은 전문가들은 장황하게 그리고 다양한 견지로, 아주 환자화되어 버린 미국식 출산방법들이[미국에서는 임산부도 환자와 똑같이 취급하고 있다.] 어떻게 여자들에게서 파워와 역할을 빼앗아버리는지, 그러나 산모의 경험과 욕구, 그리고 감각을 우선시하는 상황에서의 출산이 어떻게 통합된 자아를 가능하게 할 수 있는지, 그리고 자신의 신체와 자신에 대한 여자의 부정적 감각을 전환시킬 수 있는지를 보고해 왔다.[13]

예를 들어 38세의 레티는 다른 두 아이 때와는 달랐던 세 번째 아이의 출산경험을 이야기해 주었다. 왜냐하면 그녀는 세 번째 아이에 대해서 더욱 책임을 느꼈기 때문에, 출산으로 인해 강한 만족감과 자신감을 갖게 되었다.

13. Davis-Floyd 1992; Davis-Floyd & Sargent 1997; Jordan 1993; Martin 1987; Rich 1986; Rothman 1982; Van Esterik 1989; Young 1984를 참조한다. 산파들의 몇몇 회고 역시 여성중심의 출산으로부터 얻는 파워를 묘사하고 있다. 예를 들어 Armstrong & Feldman 1986; Buss 1980; Logan 1989를 참조한다.

진통이 시작되던 날, 나는 거의 하루 내내 집에 있었어요. 진통신호를 느끼고 나서야 기분이 좋아졌지요. 나는 무슨 일이 일어날지를 알고 있었거든요. 그것은 아기의 몸과 아기의 영혼, 아기의 힘, 그리고 아기를 밀어내는 나의 몸 사이에서 나타나는 진짜 파트너십이었어요. 알다시피 아기 낳는 일은 힘들어요. 나는 많은 여러 감정을 겪었어요. 화가 났다가, 좌절했다가, 힘이 불끈 솟다가 등등. 힘을 주라는 재촉이 나에게 밀려왔어요. 그것은 믿기 어려운 느낌이었지요. 나는 똑바로 꼿꼿하게 침대에 앉았어요. 이번은 그냥 진행되는 것 같았어요. 내 생애 가장 믿기 어려운 느낌이었어요. 나는 준비가 되어 있었어요. 여섯에서 여덟 번 정도 힘을 주었나? 아기가 나왔어요. 힘을 주라는 재촉이 몸을 완전히 점령해 버리더니, 뭔가가 안으로 들어오는 것 같은 기분이었어요. 나는 깨닫지 못했어요. 나는 기대도 하지 않았어요. 그것을 전에는 경험해 보지 못했거든요. 아기를 낳을 때마다 나는 내 스스로 그리고 한 인간으로서 뭔가를 했다는 것에 더욱 자신감을 느꼈어요. 지금 나는 그 자신감을 내 일에서의 확실한 성공으로 혹은 어머니가 되는 일에서의 확실한 성공으로 전환시켰다고 생각해요. 그것은 나에게 내 자신에 대해 좋은 감정을 느끼고 있는 한 모델을 전해주었어요. 그것이 바로 그런 자신감과 파워를 느끼기 위해, 그리고 또 인생의 다른 영역에서도 그런 파워의 느낌을 얻기 위해 내가 헤쳐 나가고자 하는 것이에요.

오늘날, 1960년대와 1970년대의 여성주의에 의해 고취된 출산문화에서의 많은 변화로 점점 많은 여자들이 의료적 개입 없이 출산을 하고 있다. 임신 중이거나 출산 후인 15명을 대상으로 한 나의 연구는, 많은 여자들이 여전히 의약적 약물을 이용한 분만을 하고 있다는 것과 그렇지 않은 여자들은 자신들의 경험에 의해 파워를 부여받았음을 더욱 느낀다는 일반적 결과를 뒷받침했다. 자연분만을 한 여자들은 생명을 낳는 데 자신의 몸을 사용했듯이, 훨씬 더 완전히 자신의 신체와 하나가 될 수 있다. 이런 파워를 강조하는 것은, 내가 믿기에, 그들로 하여금 그들 신체가 어떻게 보이느냐에 덜 신경 쓰게 해주고, 몰아(沒我)

적 대상화로부터 벗어나게 해주고, 파워부여를 느끼게 해준다는 것이다. 이태리 플로렌스에 사는 자연출산행동주의자인 안토니아가 말했다. "아기를 낳을 때 또렷한 의식을 가지고 출산에 참여하여 자신의 몸을 움직이는 데 도와주는 여자들을 나는 만난다. 아기를 낳은 후에 그들은 더욱 강해지고, 더욱 정신이 맑아지는 듯했다. 그들은 자신의 내부에서 일어나는 소망을 깨달을 수 있었다. … 그들은 자신의 내부에 있는 파워를 느낀다. 그래서 다시는 희생자가 되지 않을 것이다."[14]

결론

산드라 치스네로스의 이야기, 『작은 기적, 지켜진 약속』(*Little Miracle, Kept Promises*)에서의 한 주인공이 말한다. "나는 꼬리를 삼켜버린 뱀이다. 나는 나의 과거이고, 나의 미래이다. 나의 모든 조상들의 조상들은 내 배 속에 있다. 모든 나의 미래와 과거도 내 배 속에 있다"(Cisneros 1991, 126).

치스네로스의 말은 여자들 몸속에 자신들의 삶의 역사를 싸고 있는 다양한 방법을 불러일으킨다. 여자들은 신체를 통해서 여성하위로부터 이익을 얻는 가부장제와 자본주의 문화에 의해 관행화되어 버린 여자의 억압과 대상화에서 벗어나 살아남을 수 있다. 혹은 여자들은 여자들의 파워와 개인적 특성, 그리고 창조성을 표현하기 위해 여자의 몸을

14. 이 의견은 이태리 플로렌스에 있는 조산원에 근무하고 있던 자연분만 산파인 안토니아로부터 들은 것으로 Szurek 1997, 307에 의해 인용되고 있다.

사용할 수 있다. 여자들은 신체와 자기 자신을 변화시키기 위해 출산의 전환기적, 그리고 창의적 본성을 사용할 수 있다. 그러나 그렇게 하기 위해 여자들은 계속해서 여자들의 품위를 떨어뜨리고, 여자들에게서 역할을 빼앗아간 관례와 관념을 비판하고, 그에 도전해야 한다. 여자들은 자신들 모습의 다양성과 모든 여성의 아름다움을 인정해야만 한다. 여성들은 계속해서 여성의 일 — 집안에서, 밭에서, 공장에서, 사회에서, 사무실 등에서 — 을 널리 알려야 한다. 그리고 여성의 외모에만 집중된 관심에도 도전해야 한다. 여자들은 아기를 낳는 여자들의 파워를 격찬하고, 그것을 진정한 여성의 성적임에 대한 존중과 연관시켜야 한다. 그리고 모든 이런 일이 일어나도록 하기 위해, 여자들은 여자들의 이야기를 경험과 다양성, 그리고 변화에 대한 증언으로서 계속 말해야 한다.

참고문헌

Barndt, Deborah. *Tangled Routes: Women, Work, and Globalization on the Tomato Trail*. Lantham, MD: Rowman and Littlefield. 2002.

Bestor, Theodore C. *Tsukiji : The Fish Market at the Center of the World (California Studies in Food and Culture)*. Berkeley: University of California Press. 2004.

Counihan, Carole, ed. *Food in the USA: A Reader*. New York: Routledge. 2002.

Counihan, Carole. *Around the Tuscan Table: Food, Family and Gender in Twentieth Century Florence*. New York: Routledge. 2004.

Farquhar, Judith. *Appetites: Food and Sex in Postsocialist China*. Durham, NC : Duke University Press, 2002.

Harbottle, Lynn. *Food for health, food for wealth: The performance of ethnic and gender identities by Iranian settlers in Britain*. New York : Berghahn Books, 2000.

Jing, Jun, ed. *Feeding China's Little Emperors: Food, Children and Social Change*. Stanford, CA: Stanford University Press. 2000.

Nabhan, Gary Paul. *Coming Home to Eat; The Pleasures and Politics of Local Foods*. New York: Norton. 2002.

Spring, Anita, ed. *Women farmers and commercial ventures: Increasing Food Security in Developing Countries*. Boulder, CO: L. Rienner Publishers. 2000.

Wu, David Y. H. and Sidney C. H. Cheung, eds. *The Globalization of Chinese Food*. Honolulu : University of Hawai`i Press. 2002.

인용문헌

Abrams, D. M., and Sutton-Smith, B. 1977. The Development of the Trickster in Children's Narratives. *Journal of American Folklore* 90:29-47.

Adams, Carol J. 1990. *The sexual Politics of Meat: A feminist-Vegetarian Critical Theory*. New York: Continuum.

Allegranzi, P., et al. 1994. La variazione nel tempo dell'immagine corporea. Risultati diun approccio spermentale. *Medicina Psicosomatica* 3 (4):309-19

Allen, N. B., and G. S. Bradley. 1993. The Place of Emotion in stories Told by children: An Exploratory Study. *Journal of genetic Psychology* 154 (3): 397-406

Alter, L. 1979. A New Theory of *Kashrut*. *Commentary* 68:46-52.

American Society of Plastic and Reconstructive Surgeons, Inc. 1988. *Body Fat Reduction: Suction-Assisted Lipectomy*.

Ames, Louise Bates. 1966. Children's Stories. Genetic Psychology Monographs 73:337-96.

Anfossi, Anna. 1968. *Socialità e organizzazione in sardegna. Studio sulla zona di Oristano-Bosa-Macomer*. Milano: Angeli.

Angelou, Maya. 1997. New Directions. In *Through the Kitchen Window: Women Explore the intimate meanings of Food and Cooking*, edited by arlene Voski Avakian. Boston: Beacon.

Angioni, Giulio. 1974. *Rapporti di produzione e cultura subalterna: Contadini in sardegna*. Cagliari: EDES.

_____. 1976. *Sa laurera: Il lavoro contadino in Sardegna. Cagliare*: EDES.

_____. 1989. *I pascoli erranti. antropologia del pastore in Sardegna.* Napoli: Liguori Editore.

Anzalone, Pasquale. 1982. Aspetti strutturali della riuscita sociale in Italia. *International Review of Sociology* 18(1-3):181-92

Arens, William. 1979. *The Man-Eating Myth.* New York: Oxford University Press.

Armstrong, Penny, and Sheryl Feldman. 1986. *A Midwife's Story.* New York: Ivy Books.

Arnold, David. 1988. *Famine: Social Crisis and Historical Change.* New York: Basil Blackwell.

Aronson, Naomi. 1980. Working Up an Appetite. In A *Woman's Conflict: The Special Relationship between Women and Food,* edited by J. R. Kaplan. Englewood Cliffs, N.J.: Prentice Hall.

Assmuth, Laura. 1997. *Women's Work, Women's Worth: Changing Lifecourses in Highland Sardinia.* Transactions of the Finnish Anthropological Society no. 39. Saarijarvi: Gummerus Kirjapaino Oy.

Atkinson, Jane Monnig. 1982. Anthropology: Review Essay. Sings 8:232-58

Atwood, Margaret. 1976. *Lady Oracle.* New York: Avon.

Avakian, Arlene Voski. 1997. *Through the Kitchen Window: Women Explore the Intimate Meanings of Food and Cooking.* Boston: Beacon Press.

Bagnold, Enid. 1938. *The Squire.* New York: Penguin-virago.

Balbo, Laura. 1976. *Stato di famiglia: Bisogni, privato, collettivo.* Milano: ETAS.

Balbo, Laura and Marie P. May. 1975-76. Woman's Condition: The Case of Postwar Italy. *International Journal of Sociology* 5:79-102.

Bamberger, Joan. 1974. The Myth of Matriarchy: Why Men Rule In Primitive Society. In *Women, Culture And Sociey,* edited by Michelle Zimbalist Rosaldo and Louise Lamphere. Stanford: Stanford University Press.

Banfield, Edward C. 1958. *The Moral Basis of a Backward Sociey.* Glecoe, Ill.: Free Press.

Barbiellini-Amidei, Gaspare, and Bachisio Bandinu. 1976. *Il re e un feticcio*: Romanzo di cose. Milano: Rizzoli.
Barile, Giuseppe, and Lorenza Zanuso. 1980. *Lavoro femminile e condizione familiare*. Milano: Angeli.
Barry, Tom. 1987. *Roots of Rebellion: Land and Hunger in Central America*. Boston: South End Press.
Barthes, Roland. 1975 (oring. 1961). Toward a psychosociology of contemporary Food Consumption. In *European Diet From Pre-Industrial To Modern Times*, edited by Elborg Foster and Robert Foster. New York: Harper and Row. Reprinted in *Food and Culture*: A Reader, edited by carole Counihan and Penny Van Esterik. New York: Routledge, 1997.
Barucci, Piero. 1964. *Profilo economico della provincia di Firenze*. Firenze: La Nuova Italia.
Becker, Anne. 1995. Body, Self, and Society: *The View from Fiji*. Philadelphia: University of Pennsylvania Press.
Behar, Ruth. 1989. Sexual Witchcraft, Colonialism, and Women's Powers: views from the Mexican Inquisition. In *Sexuality and Marriage in Colonial Latin America*, edited by Asuncion Lavrin. Lincoln: University of Nebraska Press.
Bell, Rudolph M. 1985. *Holy Anorexia*. Chicago: University of Chicago Press.
Beller, Anne Scott. 1977. *Fat and Thin: A Natural History of Obesity*. New York: Farrar, Straus & Giroux.
Belmonte, Thomas, 1979. *The Broken Fountain*. New York: Columbia.
Benedict, Ruth. 1934. *Patterns of Culture*. Boston: Houghton-Mifflin.
Benjamin, Jessica. 1988. *Bonds of Love: Psychoanalysis, Feminism, and the Problem of Domination*. New York: Pantheon.
Bennett, John. 1943. Food and Social Status in a Rural Society. *American Sociological Review* 8 (5):561-69.
Bennett, John W., Harvey L. Smith, and Herbert Passin. 1942. Food and Culture in Southern Illinois: A Preliminary Report. *American Sociological Review* 7:645-60.
Beoku-Betts, Josephine A. 1995. We Got Our Way of Cooking Things:

Women, Food and Preservation of Cultural Identity among the Gullah. *Gender and Society* 9:535-55.

Berger, John. 1972. *Ways of Seeing*. New York: Penguin.

Bertolo, Carla. 1993. Modelli culturali e pratiche sociali tra passato e presente. In *madri e padri. Transizioni del patriarcato e cultura dei servizi*, edited by Franca Bimbi and Grazia Castellano. Milano: Franco Angeli.

Bettelheim, Bruno. 1962. *Symbolic Wounds: Puberty Rites and the Envious Male*. New York: Collier. Revised Edition.

_____. 1977. *The Uses of Enchantment: The Meaning and Importance of Fairy Tales*. New York: vintage.

Bierman, Edwin L., and Jules Hirsch. 1981. Obesity. In *Textbook of Endocrinology*, edited by Robert H. Williams. Philadelphia: Saunders.

Bimbi, Franca, and Grazia Castellano, eds. 1993. *Madri e padri. Transizioni del patriarcato e cultura dei servizi*, Milano: Franco Angeli.

Birch, Leann Lipps. 1980. Effects of Peer Models' Food Choices and Eating Behaviors on Preschoolers' Food Preferences. *Child Development* 51:489-96.

Birch, Leann Lipps, Diane Wolfe Martin, and Julie Rotter. 1984. Eating as the "Means" Activity in a Contingency: Effects on Young Children's Food Preference. *Child Development* 55:431-39.

Bleirer, Ruth. 1984. *Science and Gender*. Elmsford, N.Y.:Pergamon.

Bodemann, Y. Michael. 1979. Telemula: Aspects of the Micro-Organization of Backwardness in Central Sardinia. Ph. D. diss. Department of Sociology, Brandeis University.

Bodio, Luigi. 1879. Sui Contratti agrari e sulle condizioni materiali di vita dei contadini in diverse regioni d'Italia. Annali di Statistica, Ministero di Agricoltura Industria e Commerico Serie II, 8:125-206

Bordo, Susan. 1990. Reading the Slender Body. *In Body/Politics: Women and the discourses of Science*, edited by Mary Jacobus, Evelyn Fox Keller, and Sally Shuttleworth. New York: Routledge, Chapman and Hall.

_____. 1993. *Unbearable Weight: feminism, Western Culture, and the Body*.

Berkeley: University of California Press.

Boskind-Lodahl, Marlene. 1976. Cinderella`s Stepsisters: A Feminist Perspective on Anorexia Nervosa and Bulimarexia. *Signs* 2:342-56.

Boskind-White, Marlene, and William C. White. 1983. *Bulimarexia. The Binge/Purge Cycle*. New York: Norton.

Bossard, James H. S. 1943. Family Table Talk: An Area for Sociological Study. *American Sociological Review* 8:295-301.

Boston Women`s Health Book Collective. 1984. *The New Our Bodies, Ourselves*. New York: Simon and Schuster.

Botvin, G.J., and B. Sutton-Smith. 1977. The Development of Structural Complexity in Children`s Fantasy Narratives. *Developmental Psychology* 13:377-88.

Bouchier, A. 1917. *Sardinia in Ancient Times*. Oxford: Blackwell.

Brady, Margaret K. 1984. *"Some Kind of Power": Navajo Children`s Skinwalker Narratives*. Salt Lake City: University of Utah Press.

Brink, Pamela J. 1995. Fertility and Fat: The Annang Fattening Room. In *Social Aspects of Obesity*, edited by I. de Garine and N. Pollock. Amsterdam: Gordon and Breach.

Britsch, Susan J. 1994. The Contribution of the Preschool to a Native American Community. In *The Need for Story: Cultural Diversity in Classroom and Community*, edited by Anne Haas Dyson and Celia Genishi. Urbana, IL: NCTE.

Bronner, Simon J. 1988. *American Children`s Folklore*. Little Rock: August House.

Broude, Gwen J. 1988. Rethinking the Couvade: Cross-Cultural Evidence. *American Anthropologist* 90(4):902-11.

_____. 1989. A Reply to Munroe and Munroe on the Couvade. *American Anthropologist* 91 (3):735-38.

Broughton, Diane. 1978. *Confessions of a Compulsive Eater*. Nashville: Nelson.

Brown, J. Larry. 1987. Hunger in the U.S. *Scientific American* 256 (2):37-41.

Brown, J. Larry, and H. F. Pizer. 1987. *Living Hungry in America*. New York: Meridian.

Brown, Judith K. 1975. Iroquois Women: An Ethnohistorical Note. In *Toward an Anthropology of Women*, edited by Rayna R. Reiter. New York: Monthly Review.

Brown, Laura S., and Esther D.Rothblum, eds. 1990. *Fat Oppression and Psychotherapy: A Feminist Perspective*. Binghamton, N.Y.:Hayworth.

Brown, Peter J. 1979. Cultural Adaptations to Endemic Malaria and the Socio-Economic Effects of Malaria Eradication. Ph. D. diss., Department of Anthropology, State University of New York at Stony Brook.

_____. 1981. Cultural Adaptations to Endemic Malaria in Sardinia *Medical Anthropology 4:3*.

Bruch, Hilde. 1973. *Eating Disorders: Obesity, Anorexia Nervosa, and the Person Within*. New York: Basic Books.

_____. 1978. *The Golden Cage: The Enigma of Anorexia Nervosa*. New York: Vintage.

_____. 1988. *Conversations with Anorexics*, edited by Danita Czyzewski and Melanie A. Suhr. New York: Basic Books.

Brumberg, Joan Jacobs. 1988. *Fasting Girls: The Emergence of Anorexia Nervosa as a Modern Disease*. Cambridge: Harvard University Press.

_____. 1997. *The Body Project: An Intimate History of American Girls*. New York: Random House.

Burbach, Roger, and Patricia Flynn. 1980. *Agribusiness in the Americas*. New York: Monthly Review Press.

Buss, Fran Leeper. 1980. *La Partera: Story of a Midwife*. Ann Arbor: University of Michigan Press.

Bynum, Caroline Walker. 1987. *Holy Feast and Holy Fast: The Religious Significance of Food to Medieval Women*. Berkeley: University of California Press.

_____. 1991. The Female Body and Religious Practice in the Later Middle Ages. In *Fragments of a History of the Human Body*, edited by Michael Feher. New York: Zone.

Caldwell, Lesley. 1986. Reproducers of the Nation: Women and Fascist Policy. *In Rethinking Italian Fascism: Capitalism, and Culture*,

edited by David Forgacs. London: Lawrence and Wishart.
_____. 1991. *Italian Family Matters. Women, Politics and Legal Reform.* Basingstoke and London: Macmillan.
Cambosu, Salvatore. 1954. *Miele amaro.* Firenze: Valecchi.
Camera di commercio, industria, e agricoltura, Firenze. 1958. *La Provincia di Firenze e le sue caratteristiche economiche e sociali. Firenze:* Camera di commercio.
Camporesi, Piero. 1989. *Bread of Dreams: Food and Fantasy in Early Modem Europe.* Translated by David Gentilcore. Chicago: University of Chicago Press.
Cannas, Marilena. 1975. *La cucina dei sardi. 200 piatti caratteristici.* Cagliari: EDES.
Caring, M. L. 1977. Structural Parallels between Dreams and Narratives. In *Studies in the Anthropology of Play,* edited by P. Stevens. Cornwall, N. Y.: Leisure Press.
Casalis, G. 1834. Bosa. *Dizionario geografico-statistico-commerciale degli stati di S. M. il Re di Sardegna.* Vol. 2:526-46. Torino.
Cassidy, Claire M. 1982. Subcultural Prenatal Diets of Americans. In *Alternative Dietary Practices and Nutritional Abuses in Pregnancy.* Washington, D.C.: National Academy Press.
_____. 1991. The Good Body: When Big Is Better. *Medical Anthropology* 13:181-213.
Catasto Agrario. 1929. *Compartimento della Sardegna.* Vol. 8, fascicolo 91: 120.
Cauwels, Janice M. 1983. *Bulimia: The Binge-Purge Compulsion.* Garden City, N.Y.: Doubleday.
Chapman, Charlotte Gower. 1971. *Milocca: A Sicilian Village.* Cambridge: Schenkman.
Charles, Nickie, and Marion Kerr. 1988. *Women, Food and Families.* Manchester: Manchester University Press.
Chernin, Kim. 1981. *The Obsession: Reflections on the Tyranny of Slenderness.* New York: Harper and Row.
_____. 1985. *The Hungry Self.* New York: Times Books.

_____. 1987. *Reinventing Eve: Modern Woman in Search of Herself.* New York: Times Books.

Chessa, Federico. 1906. Le condizioni economiche e sociali dei contadini dell` agro di Sassari. Due monografie di famiglia. *La Riforma Agraria*, January-April.

Chiavola Birnbaum, Lucia. 1986. *Liberazione della Donna.* Middletown, Conn.: Wesleyan.

Chodorow, Nancy. 1974. Family Structure and Feminine Personality. In *Women, Culture and Society*, edited by Michelle Zimbalist Rosaldo and Louise Lamphere. Stanford: Stanford University Press.

_____. 1978. *The Reproduction of Mothering: Psychoanalysis and the Sociology of Gender.* Berkeley: University of California Press.

Cirese, Alberto Maria, Enrica Delitala, Chiarella Rapallo, and Giulio Angioni. 1077. *Pani tradizionali, arte efimera in Sardegna.* Cagliari: EDES.

Cisneros, Sandra. 1991. Little Miracles, Kept Promises. In *Woman Hollering Creek and Other Stories.* N. Y.: Vintage.

Clark, Martin. 1996. Sardinia: Cheese and Modernization. *In Italian Regionalism: History, Identity and Politics*, edited by Carl Levy. Oxford and Washington, D. C.: Berg.

Codacci. Leo. 1981. *Civilta della tavola contadina: 190 "ricette" e tanti buoni consigli.* Firenze: Sansoni.

Codere, Helen. 1950. *Fighting with Property: A Study of Kwakiutl Potlatches and Warfare.* Monographs of the American Ethnological Society, 18.

Cohen, R., R. C. Klesges, M. Summerville, and A. W. Meyers. 1989. A Developmental Analysis of the Influence of Body Weight on the Sociometry of Children. *Addictive Behaviors* 14 (4):473-76.

Collins, Patricia Hill. 1990. *Black Feminist Thought: Knowledge, Consciousness, and the Politics of Empowerment.* London: Unwin Hyman.

Colson, Elizabeth. 1979. In Good Years and Bad: Food Strategies of Self-Reliant Soci-eties. *Journal of Anthropological Research* 35:18-29.

Colwin, Laurie. *Home-Cooking.* New York: Harper and Row.

Contento, Isobel. 1980. The Nutritional Needs of Women. In *A Woman`s*

Conflict: The Special Relationship between Women and Food, edited by J. R. Kaplan. Englewood Cliffs, N. J.: Prentice Hall.

Cook-Gumperz, Jenny, and Barbara Scales. 1996. Girls, Boys, and Just People: The Interactional Accomplishment of Gender in the Discourse of the Nursery School. In *Social Interaction, Social Context, and Language*, edited by Dan Slobin, Julie Gerhardt, Amy Kyratzis, and Jiansheng Guo. Mahwah, N.J.: Lawrence Erlbaum Associates Publishers

Coppi, Mirna, and Gianna Fineschi. 1980. La donna contadina: Riflessioni sulla condizione della donna nella famiglia mezzadrile toscana. In *Mezzadri, letterati, padroni nella Toscana dell`Ottocento*, edited by Clemente, Coppi, Fineschi, Fiesta and Pietrelli. Palermo: Sellerio.

Corea, Gina. 1989. *The Mother Machine; Reproductive Tehcnologies from Artificial Insemination to Artificial Wombs*. New York: Harper and Row.

Cornelisen. Ann. 1969. *Torregreca: Life, Death, Miracles*. New York: Delta.

Corsaro, William A. 1985. *Friendship and Peer Culture in the Early Years*. Norwood, N.J.: Ablex.

Costantini, Costante. 1976. *Con poco a nulla: Ricette di cucina popolare toscana*. Firenze: Liberia Editrice Fiorentina.

Counihan, Carole M. 1981. Food, Culture and Political Economy: An Investigation of Changing Food Habits in the Sardinian Town of Bosa. Ph. D. diss., University of Massachusetts, Amherst.

_____. 1998. Food and Gender: Identity and Power. In *Food and Gender: Identity and Power*, edited by Carole Counihan and Steven Kaplan. Newark: Gordon and Breach.

_____. 1999. The Social and Cultural Uses of a Food. Forthcoming in *The Cambridge Word History of Food and Nutrition*, edited by Kenneth F. Kiple and Conee Kriemhild Ornelas-Kiple. New York and Cambridge: Cambridge University Press.

_____. *n.d. Food at the Heart: Gender and Family in Florence, Italy, 1908-1984*. In progress.

Counihan, Carole M., and Debra Tarbert. 1988. Attitudes toward Hunger and Fasting in the U. S.: Cultural Value and Problem. Paper presented at the 87th Annual Meeting of the American Anthropological Association, Phoenix Ariz.

Crowder, Diane Griffin. 1993. Lesbians and the (Re/De)Construction of the Female Body. *In Reading the Social Body*, edited by Catherine B. Burroughs and Jeffrey David Ehrenreich. Iowa City: University of Iowa Press.

Dalla Costa, Mariarosa, and Marina Schenkel. 1983. Forma-famiglia e lavoro femminile: Indagine su donne insegnanti e infermieri nel Veneto. *La Critica Sociologica* 66:138-44.

Dally, Peter. 1969. *Anorexia Nervosa*. New York: Grune & Scratton.

D`Andrade, Roy. 1974. Sex Differences and Cultural Institutions. In *Culture and Personality: Contemporary Readings*, edited by Robert A. Levine. New York: Aldine.

Da Re, Maria Gabriella. 1990. *La casa e i campi. Divisione sessuale del lavoro nella Sardegna tradizionale*. Cagliari: CUEC Editrice.

_____. 1995. But What is Bread? *Europaea* 1 (1):219-25.

Dash, Julie. 1997. Rice Culture. In *Through the Kitchen Window: Women Explore the Intimate Meanings of Food and Cooking*, edited by Arlene Voski Avakian. Boston: Beacon.

Davies, Bronwyn. 1989. *Frogs and Snails and Feminist Tales: Preschool Children and Gender*. Sydney: Allen and Unwin.

Davis, J., and R. Oswalt. 1992. Societal Influences on a Thinner Body Size in Children. *Perceptual and Motor Skills* 74 (3):697-98.

Davis, John. 1973. *Land and Family in Pisticci*. London: Athlone.

_____. 1977. *People of the Mediterranean. An Essay in Comparative Social Anthropology*. London: Routledge and Kegan Paul.

Davis, William N. 1985. Epilogue. In Holy Anorexia, by Rudolph M. Bell. Chicago: University of Chicago Press.

Davis-Floyd, Robbie. 1992. *Birth as an American Rite of Passage*. Berkeley: University of California Press.

Davis-Floyd, Robbie E., and Carolyn F. Sargent. 1997. *Childbirth and Authoritative Knowledge: Cross-Cultural Perspectives*. Berkeley:

University of California Press.
De Clercq, Fabiola. 1990. *Tutto il pane del mondo.* Milano: Bompiani.
_____. 1995. *Donne invisivili. L`anoressia, la sofferenza, la vita.* Milano: Rizzoli.
de Garine, Igor. 1995. Sociocultural Aspects of the Male Fattening Sessions among the Massa of Northern Cameroon. In *Social Aspects of Obesity*, edited by Igor de Garine and Nancy J. Pollock. Amsterdam: Gordon and Breach.
de Garine, Igor, and Nancy J. Pollock. 1995. *Social Aspects of Obesity.* Amsterdam: Gordon and Breach.
De Gioannis, Paola, and Giuseppe Serri. 1991. *La Sardegna: Cultura e Societa. Antologia storico-letteraria.* Firenze: La Nuova Italia Editrice.
De Grazia, Victoria. 1992. *How Fascism Ruled Women: Italy, 1922-1945.* Berkeley: University of California Press.
Delaney, Janice, Mary Jane Lupton, and Emily Toth. 1988. *The Curse: A Cultural History of Menstruation.* Revised edition. Urbana: University of Illinois Press.
Delitala, Enrica. 1978. *Come fare ricerca sul campo. Esempi di inchiesta sulla cultura subalterna in Sardegna.* Cagliari: EDES.
deMan, Anton F. 1987-88. Familial Factors and Relative Weight in Children. *Psychology and Human Development* 2(1):27-32.
De Simone, Roberto, and Annabella Rossi. 1977. *Carnevale si chiamava Vincenzo.* Roma: De Luca.
Dessi, Giuseppe, Ed. 1967. *Scoperta della Sardegna. Antologia di testi di autori italiani e stranieri.* Milano: Il Polifilo.
Détienne, Marcel, and Jean-pierre Vernant. 1989. *The Cuisine of Sacrifice among the Greeks.* Translated by Paula Wissing. Chicago: University of Chicago Press.
DeVault, Marjorie L. 1991. *Feeding the Family: The Social Organization of Caring as Gendered Work.* Chicago: University of Chicago Press.
Devereux, George. 1980. The Cannibalistic Impulses of Parents. In *Basic Problems of Ethnopsychiatry.* Chicago: University of Chicago Press.
Dietz, William H., and Steven Gortmaker. 1985. Do We Fatten Our

Children at the Television Set? Obesity and Television Viewing in Children and Adolescents. *Pediatrics* 75(5):807-12.

Dickinson, K. D., and C. E. Snow. 1987 Interrelationships among Prereading and Oral Language Skills in Kindergartners from Two Social Classes. *Early Childhood Research Quarterly* 2:1-25.

Di Giorgi, Umberto, and Roberto Moscati. 1980. The Role of the State in the Uneven Spatial Development of Italy: The Case of the Mezzogiorno. *Review of Radical Political Economics* 12 (3):50-63.

di Leonardo, Micaela. 1991. Introduction. In *Gender at the Crossroads of Knowledge: Feminist Anthropology in the Postmodern Era*, edited by Micaela di Leonardo. Berkeley: University of California Press.

Dinnerstein, Dorothy. 1977. T*he Mermaid and the Minotaur: Sexual Arrangements and Human Malaise*. New York: Harper and Row.

Dirks, Robert. 1980. Social Responses during Severe Food Shortages and Famine. *Cur- rent Anthropology* 21 (1):21-44.

Disorders of Eating Behavior. 1986. A Psychoneuroendocrine Approach: Proceedings of the International Symposium held in Pavia, Italy, September, 1985. New York: Pergamon Press.

Douglas, Mary. 1966. *Purity and Danger*. London: Routledge & Kegan Paul.

_____. 1972. Deciphering a Meal. *Daedalus* 101:61-82.

_____. 1973. *Natural Symbols: Explorations in Cosmology*. New York: Pantheon.

_____. 1974. Food as an Art Form. *Studio International* 188, 969:83-88.

_____. 1975. *Implicit Meanings*. London: Routledge & Kegan Paul.

_____. ed. 1984. *Food in the Social Order: Studies of Food and Festivities in Three American Communities*. New York: Russell Sage Foundation.

Du Bois, Cora. 1941. Attitudes towards Food and Hunger in Alor. In *Language, Culture, and Personality: Essays in Memory of Edward Sapir*, edited by L. Spier, A. I. Hallowell, and S. S. Newman. Menasha, Wis.

_____. 1960. *The People of Alor*. Cambridge: Harvard University Press.

Dworkin, Sari H. 1989. Not in Man`s Image: Lesbians and the Cultural

Oppression of Body Image. *Women and Therapy* 8 (1-2):27-39.

Dyrenforth, Sue R., Orland W. Wooley, and Susan C. Wooley. 1980. A Woman`s body in a Man`s World: A Review of Findings on Body Image and Weight Control. In A *Woman`s Conflict: The Special Relationship between Women and Food*, edited by J. R. Kaplan. Englewood Cliffs, N. J.: Prentice Hall.

Dyson, A. H., and C. Genishi. 1994. *The Need for Story*. Urbana: NCTE.

Ehrensaft, Diane. 1990. *Parenting Together: Men and Women Sharing the Care of Their Children*. Urbana: University of Illinois Press.

Eitzen, D. Stanley. 1985. *In Conflict and Order: Understanding Society* 3d ed. Boston: Allyn and Bacon.

Eliot, T. S. 1961. *Selected Poems*. London: Faber and Faber.

Emmons, Lillian. 1986. Food Procurement and the Nutritional Adequacy of Diets in Low-Income Families. *Journal of the American Dietetic Association* 86 (12):1684-93.

_____. 1987. Relationship of Participation in Food Assistance Programs to the Nutritional Quality of Diets. *American Journal of Public Health* 77:856-58.

_____. 1992. Dieting and Purging Behavior in Black and White High School Students. *Journal of the American Dietetic Association* 92:3306-12.

_____. 1994. Predisposing Factors Differentiating Adolescent Dieters and Nondieters. *Journal of the American Dietetic Association* 94 (7): 725-31.

Esquivel, Laura. 1989. *Like Water for Chocolate*. New York: Doubleday.

Falassi, Alessandro. 1980. *Folklore by the Fireside: Text and Context of the Tuscan Veglia*. Austin: University of Texas Press.

Farb, Peter, and George Armelagos. 1980. *Consuming Passions: The Anthropology of Eating*. New York: Houghton-Mifflin.

Fausto-Sterling, Anne. 1985. *Myths of Gender: Biological Theories about Women and Men*. New York: Basic Books.

Feagans L. 1982. The Development and Importance of Narratives for School Adaptation. In *The Language of Children Reared in Poverty*, edited by L. Feagans and D. Farran. New York: Academic Press, 95-118.

Feeley-Harnik, Gillian. 1981. *The Lord`s Table: Eucharist and Passover in Early Christianity*. Philadelphia: University of Pennsylvania.

Feletti, Maria Grazia, and Santino Pasi. 1981. *La memoria del pane. Vicende alimentari di un paese: Sant`Alberto di Ravenna*. Bologna: Capelli.

Ferguson, Ann. 1989. *Blood at the Root: Motherhood, Sexuality and Male Dominance*. London: Pandora.

Firth, Raymond. 1959. *Social Change in Tikopia: Restudy of a Polynesian Community after a Generation*. New York: Macmillan.

Fisher, M. f. k. 1992. *To Begin Again: Stories and Memoirs, 1908-1929*. New York: Pantheon.

Fitchen, Janet M. 1987. Cultural Aspects of Environmental Problems: Individualism and Chemical Contamination of Groundwater. *Science, Technology and Human Values* 12 (2)L1-12.

_____. 1988. Hunger, Malnutrition and Poverty in the Contemporary United States: Some Observations on their Social and Cultural Context. *Food and Foodways* 2:309-33. Reprinted in *Food and Culture*: A Reader, edited by Carole Counihan and Penny Van Esterik. New York: Routledge, 1997.

_____. 1990. Letter to Carole Counihan. November 1990.

Frank, G. C. 1991. Taking a Bite out of Eating Behavior. Food Records and Food Recalls of Children. *Journal of School Health* 61(5):198-200.

Frasciello, Lauren M., and Susan G. Willard. 1995. Anorexia Nervosa in Males: A Case Report and Review of the Literature. *Clinical Social Work Journal* 23 (1):1-47.

Frazer, James G. 1951. Adonis, Attiris, Osiris. In *The Golden Bough: A Study in Magic and* Religion vol II, part IV. New York: Macmillan.

Fredman, Ruth Gruber. 1981. *The Passover Seder: Afikoman in Exile*. Philadelphia: University of Philadelphia Press.

Freedman, Alix M. 1990a. Deadly Diet: Amid Ghetto Hunger, Many More Suffer Eating Wrong Foods. *Wall Street Journal,* 18 December, p. 1+.

_____. 1990b. Poor Selection: An Inner City Shopper Seeking Healthy Food Finds Offerings Scant. *Wall Street Journal*, 20 December, p. 1+.

Frese, Pamela. 1989. The Food of Life: Gendered Food, Reproduction, and the Life- Cycle. Paper presented at the 1989 Annual Meeting of the American Anthropological Association, Washington D. C .

_____. 1991. The Union of Nature and Culture: Gender Symbolism in the American Wed- ding Ritual. In *Transcending Boundaries: Multi-Disciplinary Approaches to the Study of Gender*, edited by P. R. Frese and J. M. Coggeshall. New York: Bergin and Garvey.

Freud, Anna. 1946. The Psychoanalytic Study of Infantile Feeding Disturbances. *The Psychoanalytic Study of the Child. An Annual.* Vol. 2. Reprinted in Food and Culture: A Reader, edited by Carole Counihan and Penny Van Esterik. New York: Routledge, 1997.

_____. 1968 [1947]. The Establishment of Feeding Habits. In *Indications for Child Analysis and Other Papers*, 1945-56. New York: International Universities Press.

Freud, Sigmund. 1918. *Totem and Taboo.* New York: Vintage.

_____. 1950. *The Interpretation of Dreams.* Translated by A. A. Brill. New York: Modern Library.

_____. 1962. *Three Contributions to the Theory of Sex.* New York: Dutton.

Friedlander, Judith. 1978. Aesthetics of Oppression: Traditional Arts of Women in Mexico. *Heresies* 1 (4):3-9.

Gallini, Clara. 1971. *Il consumo del sacro: feste lunghe in Sardegna.* Bari: Laterza.

_____. 1973. *Dono e malocchio.* Palermo: Flaccovio.

_____. 1981. *Intervista a Maria.* Palermo: Sellerio.

Garb, Jane L., J. R. Garb, and A. J. Stunkard. 1975. Social Factors and Obesity in Navajo Children. *Proceedings of the First International Congress on Obesity.* London: Newman, pp. 37-39.

Garcia, S. E., L. L. Kaiser, and K. G. Dewey, 1990. Self-Regulation of Food Intake among Rural Mexican Preschool Children. *European Journal of Clinical Nutrition* 44 (5):371-80.

Garfinkel, Paul E., and David M. Garner. 1982. *Anorexia Nervosa: A*

Multidimensional Perspective. New York: Brunner/Mazel.

Garrett, Catherine. 1992. *Men and Anorexia Nervosa: A Challenge to Current Theory*. Kingswood, NSW: University of Western Sydney: Working Papers in Women`s Studies 9.

Geertz, Clifford. 1973. *The Interpretation of Culture*. Selected essays. New York: Basic Books.

_____. ed. 1974. *Myth, Symbol, and Culture*. New York: Norton.

_____. 1975. On the Nature of Anthropological Understanding. *American Scientist* 63:47-53.

Gianini Belotti, Elena. 1975. *Little Girls: Social Conditioning and Its Effects on the Stereotyped Role of Women During Infancy*. London: Writers and Readers Publishing Cooperative.

Gilbert, Pam. 1994. "And They Lived Happily Ever After": Cultural Storylines and the Construction of Gender. In *The Need for Story: Cultural Diversity in Classroom and Community*, edited by Anne Haas Dyson and Celia Genishi. Urbana: NCTE.

Gilligan, Carol. 1981. *In a Different Voice: Psychological Theory and Women`s Development*. Cambridge: Harvard University Press.

_____. 1990. Joining the Resistance: Psychology, Politics, Girls and Women. *Michigan Quarterly Review* 29 (4):501-36.

Gilligan, Carol, Nona P. Lyons, and Trudy J. Hanmer, eds. 1990. *Making Connections: The Relational Worlds of Adolescent Girls at Emma Willard School*. Cambridge: Harvard University Press.

Gilmore, David D. 1990. *Manhood in the Making: Cultural Constructions of Masculinity*. New Haven: Yale University Press.

Ginatempo, Nella, ed. 1993. *Donne del Sud. Il prisma femminile sulla questione meridiionale*. Palermo: Gelka. Editori.

Ginsborg, Paul. 1990. *A History of Contemporary Italy: Society and Politics, 1943-1988*. New York: Penguin.

Glasser, Irene. 1988. *More Than Bread: Ethnography of a Soup Kitchen*. Tuscaloosa: University of Alabama Press.

Goddard, Victoria. 1996. *Gender, Family and Work in Naples*. Oxford and Washington, D. C.: Berg Publishers.

Goddard, Victoria A., Joseph P. Llobera, and Chris Shore, eds. *Anthropology of Europe: identities and Boundaries in Conflict.* Oxford and Providence: Berg Publishers.

Good, Kenneth, 1991. *Into the Heart: One Man's Pursuit of Love and Knowledge among the Yanomama.* With David Chanoff. New York: Scribners.

Goodwin, Marjorie Harness. 1990. *He-Said-She-Said: Talk as Social Organization among Black Children.* Bloomington: Indiana University Press.

_____. 1993. Tactical Uses of Stories: Participation Frameworks Within Girls' and Boys' Disputes. In *Gender and Conversational Interaction,* edited by Deborah Tannen. New York: Oxford University Press.

Goodwin, Marjorie Harness, and Charles Goodwin. 1987. Children's Arguing. In *Language, Gender and Sex in Comparative Perspective,* edited by Susan U. Philips, Susan Steele, and Christine Tanz. New York: Cambridge University Press.

Goody, Jack. 1962. *Death, Property and the Ancestors: A Study of the Mortuary Customs of the Lodagaa of West Africa.* Stanford: Stanford University Press.

_____. 1982. Cooking, *Cuisine and Class: A Study in Comparative Sociology.* New York: Cambridge University Press.

Gordon, Richard A. 1988. A Sociocultural Interpretation of the Current Epidemic of Eating Disorders. In T*he Eating Disorders,* edited by B. J. Blinder, B. F. Chaiting, and R. Goldstein. Great Neck, N.Y.: PMA Publishing.

_____. 1990. *Anorexia and Bulimia: Anatomy of a Social Epidemic.* Cambridge: Basil Blackwell.

Gould, Rosalind. 1972. *Child Studies through Fantasy: Cognitive-Affective Patterns in Development.* New York: Quadrangle Books.

Gramsci, Antonio. 1955. *Il materialismo storico, e la filosofia di Benedetto Croce.* Torino: Einaudi. (Opere di Antonio Gramsci, 2.)

_____. 1957. *The Modern Prince and Other Writings.* New York:

International Press.

Graziani, A. 1977. Il mezzogiorno nell' economia italiana oggi. *Inchiesta* 29:3-18.

Gray, James J., Kathryn Ford, and Lily M. Kelly. 1987. The Prevalence of Bulimia in a Black Collage Population. *International Journal of Eating Disorders* 6 (6):733-40.

Great Britain Naval Intelligence Division. 1945. *Italy*. Geographical Handbook Series, B. R. 517. Vol. 4.

Greenson, Ralph R. 1968. Dis-Identifying from Mother: Its Special Importance for the Boy. *International Journal of Psycho-Analysis* 49:370-74.

Gregor, Thomas. 1985. *Anxious Pleasures: The Sexual Lives of an Amazonian People*. Chicago: University of Chicago Press.

Hacker, Sally. 1980. Farming Out the Home: Women and Agribusiness. In *A Woman's Conflict: The Special Relationship between Women and Food*, edited by J. R. Kaplan. Englewood Cliffs, N.J.: Prentice Hall.

Harris, Jessica B. 1994. Celebrating Our Cuisine. *The Black Woman's Health Book: Speaking for Ourselves*, edited by Evelyn C. White. Seattle: Seal Press.

Harris, Marvin. 1974. *Cows, Pigs, Wars and Witches*. New York: Vintage.

_____. 1985. *Good to Eat: Riddles of Food and Culture*. New York: Simon and Schuster. Harrison, G. C. 1980. Culture and Ethnic Influences on Food Intake and Nutritional Requirements. In Nutrition in Pregnancy, edited by E. A. Wilson. Lexington: University of Kentucky Press.

Heath, Shirley. 1982. Questioning at Home and at School: A Comparative Study. In Doing *the Ethnography of Schooling: Educational Anthropology in Action*, edited by George Spindler. New York: Holt, Rinehart, and Winston.

_____. 1983. *Ways with Words: Language, Life and Work in Communities and Classrooms*. New York: Cambridge University Press.

_____. 1986. Taking a Cross-Cultural Look at Narratives. *Topics in Language Disorders* 7(1):84-94.

_____. 1994. Stories as Ways of Acting Together. In *The Need for Story: Cultural Diversity in Classroom and Community*, edited by Anne Haas Dyson and Celia Genishi. Urbana: NCTE.

Hellman, Judit Adler. 1987. *Journeys among Women. Feminism in Five Italian Cites*. Cambridge: Polity Press.

Hendrick, Joanne, and Terry Strange. 1991. Do Action Speak Louder than Words? An Effect f Functional Use of Language on Dominant Sex Role Behavior in Boys and Girls. *Early Childhood Research Quarterly* 6:565-76.

Herdt, Gilbert. 1987. *The Sambia: Ritual and Gender in New Guinea*. New York: Holt, Rinehart, Winston.

Hess, John L., and Karen Hess. 1977. *The Taste of America*. New York: Penguin.

Heywood, Leslie. 1998. *Bodymakers: A Cultural Anatomy of Women of Women's Body Building*. New Brunswick, N.J.: Rutgers University Press.

Hiebert, Kathleen A., Marianne E. Felice, Deborah L. Wingard, Rodrigo Munoz, and James M. Ferguson. 1988. Comparison of Outcome in Hispanic and Caucasian Patients with Anorexia Nervosa, *International Journal of Eating Disorders* 7(5):693-96.

Hightower, Jim. 1975. *Eat Your Heart Out: Food Profiteering in America*. New York: Crown.

Hilton, Rodney. 1973. *Bond Men Made Free: Medieval Peasant Movements and the English Rising of 1381*. New York: Viking.

Hinz, Evelyn J., ed. 1991. *Diet and Discourse*: Eating, Drinking and Literature, A Special issue of Mosaic. Winnnipeg: University of Manitoba.

Hirsch, Jules. 1984. Hypothalamic Control of Appetite, *Hospital Practice* (February): 131-38

Holland, Dorothy C., and Margaret A. Eisenhart, 1990. E*ducated in Romance: Women, Achievement, and College Culture*. Chicago: University of Chicago Press.

Holmberg, Allan R. 1969. N*omads of the Long Bow: The Siriono of Eastern*

Bolivia. Prospect Heights, Ill.: Waveland.

Homans, Hilary, 1984. A Question of Balance: Asian and British Womens' Perceptions of Food during Pregnancy. In *The Sociology of Food and Eating*, edited by Anne Murcott. Aldershot, England: Gower.

Horn, David G. 1994. *Social Bodies: Science, Reproduction, and Italian Modernity*. Prince-ton: Princeton University Press.

Horowitz, Helen Lefkowitz, 1987. Campus *Life: Undergraduate Cultures from the End of the Eighteenth Century to the Present. Chicago*: University of Chicago Press.

Howe, Louise Kapp. 1977. *Pink Collar Workers: Inside the World of Women's Work*. New York: Avon.

Hrdy, Sarah Blaffer. 1981. *The Woman That Never Evolved*. Cambridge: Harvard University Press.

Hsu, L. K. George. 1987. Are Eating Disorders Becoming More Common in Blacks? *International Journal of Eating Disorders* 6 (1):113-24.

Hughes, Linda A. 1988. "But That's Not Really Mean": Competing in a Cooperative Mode. *Sex Roles* 19 (11-12):669-87.

Hughes, Marvalene. 1997. Soul, Black Women, and Food. In *Food and Culture*: A Reader, edited by Carole Counihan and Penny Van Esterik. New York: Routledge. (Previously published as Styles 1980).

Hugh-Jones, Christine. 1979. *From the Milk River*: Spatial and Temporal Processes in Northwest Amazonia. Cambridge: Cambridge University Press.

Hugh-Jones, Stephen. 1979. *The Palm and the Pleiades: Initiation and Cosmology in Northwest Amazonia*. Cambridge: Cambridge University Press.

Hull, Valerie, 1986. Dietary Taboos in Java: Myths, Mysteries and Methodology. *In Shared Wealth and Symbol. Food. Culture and Society in Oceania and Southeast Asia*, edited by Lenore Manderson. New York: Cambridge University Press.

Humphrey, Theodore C., and Lin T. Humphrey. 1988. "*We Gather Together*": Food and *Festival in American Life*. Ann Arbor: University of Michigan Press.

Huntington, Richard, and Peter Metcalf. 1979. *Celebrations of Death. The Anthropology of Mortuary Ritural.* Cambridge: Cambridge University Press.

L'Industria Alimentare. 1978. *Mondo Economico* 33, 42:34-66.

L'Informatore del Lunedi. 1979. "Morte de fame a Bosa." April 4, 1979, 1.

Ires Toscana. 1988. *Toscana che cambia. Economia e società nella Toscana degli anni '80.* Milano: Angeli.

ISTAT (Istituto Centrale di Statistica). 1960. Indagine statistica sui bilanci di famiglie non agricole negli anni 1953-54. *Annali di statistica* 3, 2. Roma.

_____. 1968. Indagine statistica sui blianci delle famiglie italiane, anni 1963-64. Annali *d statistica*, 8, 21. Roma.

_____. 1972. *Secondo censimento generale dell agricoltura*, 25/x/70, 93. Roma.

_____. 1985. *Annuario statistico italiano.* Roma.

_____. 1990. *Censimento della popolazione.* Roma.

Jacobus, Mary, Evelyn Fox Keller, and Sally Shuttleworth, eds. 1990. *Body/Politics: Women and the Discourses of Science.* New York: Routledge, Chapman and Hall.

Jewson, Jan, Jacqueline Sachs, and Ronald P. Rohner. 1981. The Effect of Narrative Context on the Verbal Styles of Middle Class and Lower Class Children. *Language in Society* 10:201-15.

Jordan, Brigitte. 1993. *Birth in Four Cultures: A Cross-Cultural Investigation of Childbirth in Yucatan, Holland, Sweden and the United States.* 4th ed. Revised and expanded by Robbie Davis-Floyd. Prospect Heights, Ill.: Waveland.

Kahn, Miriam. 1986. *Always Hungry, Never Greedy: Food and the Expression of Gender in a Melanesian Society.* New York: Cambridge University Press.

_____. 1988. "Men Are Taro" (They Cannot Be Rice): Political Aspects of Food Choices in Wamira, P. N. G. *Food and Foodways* 3 (1-2): 41-58.

Kaplan, Jane Rachel, Ed. 1980. A *Woman's Conflict: The Special Relationship*

between Women and Food. Englewood Cliffs, N.J.: Prentice Hall.
Kaplan, Steven L. 1976. *Bread, Politics and Political Economy in the Reign of Louis XV.* The Hague: Martinus Nijhoff.
_____. 1984. *Provisioning Paris: Merchants and Millers in the Grain and Flour Trade during the Eighteenth Century.* Ithaca, N.Y.: Cornell University Press.
_____. 1990. The State and the Problem of Dearth in Eighteenth-Century France: The Crisis of 1783-41 in Paris. *Food and Foodways* 4 (2): 111-41
Katona-Apte, Judit. 1975. Dietary Aspects of Acculturation in South Asia. In Gastronomy: *The Anthropology of Food Habits*, edited by Margaret L. Arnott. The Hague: Mouton.
Katriel, Tamar. 1987. "Bexibùdim!": Ritualized Sharing among Israeli Children. *Language and Society* 16:305-20.
Kaufman, Lois. 1980. Prime-Time Nutrition. J*ournal of Communication* (Summer): 37-46
Keats, John. 1976. *What ever Happened to Mom's Apple Pie?* Boston: Houghton Mifflin.
Kelly, Raymond C. 1976. Witchcraft and Sexual Relations: An Exploration in the Social and Semantic Implications of the Structure of Belief. In *Man and Woman in the New Guinea Highlands*, edited by paula Brown and Georgeda Buchbinder. Washington, D.C.: American Anthropological Association.
Kertzer, David I. 1980. *Comrades and Christians: Religion and Political Struggle in Communist Italy.* Cambridge: Cambridge University Press.
_____. 1993. *Sacrificed for Honor:* Italian Infant Abandonment and the Politics of Reproductive Control. Boston: Beacon Press.
Kertzer, David I., and Richard P. Saller, eds. 1991. *The Family in Italy from Antiquity to the Present.* New Haven: Yale University Press.
Khare, R. S., and M. S. A. Rao. 1986 *Food, Society and Culture: Aspects of South Asian Food Systems.* Durham, N.C.: Carolina Academic Press.
Kiell, Norman. 1991. Food in Literature: A Selective Bibliography. In *Diet and Discourse: Eating, Drinking and Literature*, edited by Evelyn J.

Hinz. Winnipeg: University of Manitoba.
King, Russel. 1975. Sardinia. Newton Abbot: David and Charles.
Knapp, Mary, and Herbert Knapp. 1976. *One Potato, Two Potato, The Folklore of American Children*. New York: Norton.
Kyratzis, Amy, and Jiansheng Guo. 1996. "Separate Worlds for Girls and Boys"? View from U. S. and Chinese Mixed-Sex Friendship Groups. In Social Interaction, Social *Context, and Language*, edited by Dan Slobin, Julie Gerhardt, Amy Kyratzis, and Jiansheng Guo. Mahwah, N.J: Lawrence Erlbaum Associates Publishers.
Laderman, Carol. 1983. *Wives and Midwives: Childbirth and Nutrition in Rural Malaysia*. Berkeley: University of California Press.
La Leche League International. 1981. *The Womanly Art of Breastfeeding*. 3rd ed. New York: Plume.
La Marmora, Alberto Ferrero Della. 1839. *Voyage en Sardaigne*. 2nd edition. Paris: Arthus Bertrand.
_____. 1860. *Intineraire de l'île de Sardaigne pour faire suite au voyage en cette contrée*. 2 vols. Turin: Fratelli Brocca.
Lappé, Frances Moore, and Joseph Collins. 1978. *Food Frist: Beyond the Myth of Scarcity*. New York: Ballantine.
Lappé, Frances Moore, and Joseph Collins. 1986. *World Hunger: Twelve Myths*. New York: Grove Press.
Laughlin, Charles, And Ivan Brady, eds. 1978. *Extinction and Survival in Human Populations*. New York: Columbia University Press.
Lawrence, Marilyn. 1984. *The Anorexic Experience*. London: Women's Press.
Leach, Edmund. 1964. Anthropological Aspects of Language: Animal Categories and Verbal Abuse. *In New Directions in the study of Language*, edited by E. H. Lennenberg. Cambridge, Mass.: MIT press.
Leach, Penelope. 1987. *Babyhood*. 2d ed. New York: Knopf.
Lee, Richard B. 1979. *The !Kung San: Men Women and Work in a Foraging Society*. New York: Cambridge University press.
_____. 1984. *The Dobe !Kung*. New York: Holt, Rinehart & Winston.
Leghorn, Lisa, and Mary Roodkowsky. 1977. *Who Really Starves*? Women and World Hunger. New York: Friendship press.

Lehrer, Adrienne. 1969. Semantic Cuisine. *Journal of Linguistics* 5:39-56.

_____. 1972. Cooking Vocabularies and the Culinary Triangle of Lévi-Strauss. *Anthropological Linguistics* 14(5): 144-71.

Le Lannou, Maurice. 19841. *Pâtres e paysans de la Sardaigne*. Tours: Arrault et C.

Lelli, Marcello. 1975. *Proletariato e ceti medi in sardegna, una societa dipendente*. Bari: De Donato.

Levenkron, Steve. 1978. *The best Little Girl in the World New York*: Warner.

_____. 1982. *Treating and Overcoming Anorexia Nervosa*. New York: Scribners.

Lévi-Strauss, Claude. 1963a. *Totemism*. Translated from the French by Rodney Needham. Boston: Beacon Press.

_____. 1963b. The Structural Study of Myth. In *structural Anthropology*, New York: Anchor Books, 202-28.

_____. 1966. The Culinary Triangle. *Partisan Review* 33: 586-95.

_____. 1967. *The Elementary Structures of Kinship*. Boston: Beacon.

_____. 1969. *The Raw and the Cooked: Introduction to a Science of Mythology*. New York: Harper & Row.

_____. 1971. *From Honey to Ashes: Introduction to a Science of Mythology*. New York: Harper & Row

_____. 1975. *Tristes tropiques*. New York: Atheneum.

Lewin, Ellen. 1993. *Lesbian Mothers: Accounts of Gender in American Culture*. Ithaca, N.Y.: Cornell University Press.

Lewin, Kurt. 1943. Forces behind Food Habits and Methods of Change. In *The Problem of Changing Food Habits*, Bulletin no. 108. Washington, D.C: National Academy of Sciences.

Liu, Aimee. 1979. *Solitaire*. New York: Harper & Row.

Logan, Onnie Lee. 1989. *Motherwit: An Alabama Midwife's Story*. As told to Katherine Clark. New York: Plume.

Lorde, Audre. 1984. *Sister Outsider*. Freedom, Calif.: The Crossing Press.

Lo Russo, Giuseppe. 1998. *L'Antigastronomo: breve ideario di gastronomia, cucina e altro*. Firenze: Tipografia Coppini.

Lowe, Maria. 1998. *Women of Steel: Female Bodybuilders and the struggle for self Definition*. New York: New York University Press.

Mable, Harriet M., William D. G. Balance, and Richard Galgan. 1986. Body Image Distortion and Dissatisfaction in University Students. *Perceptual and Motion Skills* 63:907-11.

Macintyre, Sally. 1984. The Management of Food in Pregnancy. In *The Sociology of Food and Eating*, edited by Anne Murcott. Aldershot, England: Gower.

Mackenzie, Margaret. 1976. Self-Control, Moral Responsibility, Competence, and Rationality: Obesity as Failure in American Culture. *Obesity/ Bariatric Medicine* 5(4):132-33

Mackintosh, Maureen. 1989. *Gender, Class and Rural Transition: Agribusiness and the Food Crisis in Senegal*. London: Zed.

Macleod, Sheila. 1981. *The Art of Starvation: A Story of Anorexia and Survival*. New York: Schocken.

Magliocco, Sabina. 1993. *The Two Madonnas. The Politics of Festival in a Sardinian Community*. American University Studies, Series. Vol. 61. New York: Peter Lang.

Mahler, Margaret S., Fred Pine and Anni Bergman. 1975. *The Psychological Birth of the Human Infant: symbiosis and Individuation*. New York: Basic Books.

Males *with Eating Disorders*. 1990. New York: Brunner/Mazel.

Malinowski, Bronislaw. 1922. *Argonauts of the Western Pacific*. New York: Dutton.

_____. 1927. *Sex and Repression in Savage Society*. Chicago.: University of Chicago Press.

_____. 1929. *The Sexual Life of Savages*. Boston: Beacon.

_____. 1961. *Argonauts of the Western Pacific*. New York: Dutton.

Manderson. Lenore, ed. 1986a. *Shared Wealth and Symbol: Food, Culture and Society in Oceania and Southeast Asia*. New York: Cambridge University Press.

_____. 1986b. Introduction: The Anthropology of Food in Oceania and Southeast Asia. *In Shared Wealth and Symbol: Food, Culture and Society in Oceania and Southeast Asia*, edited by Lenore Manderson.

New York: Cambridge. University Press.

_____. 1986c. Food Classification and Restriction in peninsular Malaysia: Nature, Culture, Hot and Cold. In *Shared Wealth and Symbol: Food, Cultrue and Society, in Oceania and Southeast Asia*, edited by Lenore Manderson. New York: Cambridge University Press.

March, Kathryn S. 1998. Hospitality, Women and the Efficacy of Beer. In *Food and Gender: Identity and power*, edited by Carole Counihan and Steven Kaplan. Amasterdam: Gordon and Breach. (Originally published in *Food and Foodways* 1(4): 351-87, 1987)

Marshall, Lorna. 1976. *The !Kung of Nyae Nyae*. Cambridge: Harvard University Press.

Martin, Emily. 1987. *The Woman in the body*: A Cultural Analysis of Reproduction. Boston: Beacon.

Marx, Karl. 1967. *Writings of the Young Marx on Philosophy and Society*. Translated and edited by Lloyd D. Easton and Kurt H. Guddat. Garden City, N.Y.: Doubleday Anchor.

Marx, Karl, and Frederick Engles, 1970. *The German Ideology*. New York: International Press.

Massara, Emily Bradley. 1989. *Que Gordita. A Study of Weight among Women in a puerto Rican Community*. New York: AMS Press.

Massara, Emily B., and Albert J. Stunkard. 1979. A Method of Quantifying Cultural Ideals of Beauty and the Obese. *International Journal of Obesity* 3:149-52.

Mathias, Elizabeth Lay. 1979. Modernization and changing Patterns in Breastfeeding: The Sardinian Case. *In Breastfeeding and Food Policy in a Hungry World, edited by Dana Raphael*. New York: Academic.

_____. 1983. Sardinian Born and Bread. *Natural History* 1/83:54-62.

Mauss, Marcel. 1967 (orig. 1925). *The Gift: Forms and Functions of Exchange in Archaic Societies*. New York: Norton.

Mayes, Frances. 1996. *Under the Tuscan Sun: At Home in Italy*. San Francisco: Chronicle Books.

McDowell, John H. 1979. *Children's Riddling*. Bloomington: Indiana University Press.

McIntosh, William Alex, and Mary Zey. 1998. Women as Gatekeepers of Food Consumption: A Sociological Critique. In *Food and Gender: Identity and Power*, edited by Carole Counihan and Steven Kaplan. Amsterdam: Gordon and Breach. (originally Published *in Food and Food Ways* 3 (4):317-22, 1989).

McKnight, David. 1973. The Sexual Symbolism of Food among the Wik-mungkan. *Man* 8 (2): 194-209

Mead, Margaret. 1935. *Sex and Temperament in Three Primitive Societies*. New York: Morrow.

_____. 1967. *Male and Female: A study of the Sexes in a changing World*. New York: Morrow.

Meigs, Anna S. 1984. *Food, Sex, and Pollution: A New Guinea Religion*. New Brunswick, N.J.: Rutgers University Press.

Mennell, Stephen. 1985. *All Manners of Food: Eating and Taste in England and France from the Middle Ages to the Present*. Oxford: Blackwell.

Merelli, Maria. 1985. *Protagoniste di se stesse. Un'indagine tra le ragazze di fiorano Modenese*. Milano: Franco Angeli.

Messer, Ellen. 1984. Anthropological Perspectives on Diet. *Annual Review of Anthropology* 13:205-49.

_____. 1989. Small But Healthy? Some Cultural Considerations. *Human Organization* 48 (1): 39-52.

Messina, Maria. 1988. The Odour of Piety. Paper Presented at the 87th Annual Meeting of the American Anthropological Association.

Michaels, Sarah. 1981. "Sharing Time": Children's Narrative Style and Differential Access to Literacy. *Language in Society* 10:423-42

Miller, T. M., J. G. Coffman, and R. A. Linke. 1980. Survey on Body Image, Weight, and Diet of College Students. *Journal of the American Dietetic Association* 77:561-66.

Millman, Marcia. 1980. *Such a Pretty Face: Being Fat in America*. New York: Norton.

Minami, Masahiko, and Allyssa McCabe. 1991. Haiku as a Discourse Regulation Device: A Stanza Analysis of Japanese Children's Personal Narratives. *Language in Society* 20:577-99

Mintz, Sidney W. 1985. *Sweetness and Power: The Place of Sugar in Modern History*. New York: Penguin.

_____. 1977. *Tasting Food, Tasting Freedom: Excursions into Eating, Culture and the past*. Boston: Beacon.

Minuchin, Salvador, Bernice L. Rosman., and Lester Baker. 1978. *Psychosomatic Families: Anorexia Nervosa in Context*. Cambridge: Harvard University Press.

Mitchie, Helena. 1987. *The Flesh Made Word: Female Figures and Women's Bodies*. New York: Oxford University Press.

Moffatt, Michael. 1989. *Coming of Age in New Jersey. College and American Culture*. New Brunswick NJ: Rutgers University Press.

Moore, Henrietta L. 1988. *Feminism and Anthropology*. Minneapolis: University of Minnesota Press.

Moore, Pamela L., ed. 1997. *Building Bodies*. New Brunswick, NJ: Rutgers University Press.

Mori, G., ed. 1986. *La Toscana*. Torino: Einaudi.

Munroe, Robert L., and Ruth H. Munroe. 1989. A Response to Broude on the Couvade. *american anthropologist* 91 (3): 730-35

Munroe, Robert L., Ruth H. Munroe, and John W. M. Whiting. 1973. The Couvade: A Psychological Analysis. *Ethos* 1:30-74.

Murphy, Yolanda, and Robert F. Murphy. 1985. *Women of the Forest*. 2d ed. New York: Columbia University Press.

Murru Corriga, Giannetta. 1990. *Dalla Montagna ai Campidani: Famiglia e mutamento in una comunita di pastori*. Cagliari: EDES.

Musio, Gavino. 1969. *La cultura solitaria. Tradizione e acculturazione Nella Sardegna arcaica*. Bologna: Il mulino.

Newman, Lucile, ed. 1990. *Hunger in History: Food Shortage, Poverty, and Deprivation*. New York: Blackwell.

Nicolopoulou, Angelika, Barbara Scales, and Jeff Weintraub. 1994. Gender Differences and Symbolic Imagination in the Stories of Four-Year-Olds. *In The Need For Story*, edited by A. H. Dyson and C. Genishi. Urbana: NCTE.

Nochlin, Linda. 1988. Women, Art, and Power and Other Essays. New

York: Harper & Row.

Nutini, Hugo. 1988. *Todos Santos in Rural Tlaxcala: A Syncretic, Expressive, and Symbolic Analysis of the Cult of the Dead.* Princeton: Princeton University Press.

Oakley, Ann. 1980. *Women Confined: Towards a Sociology of Childbirth.* new York: Schocken.

_____. 1984. *The Captured Womb: A history of the Medical Care of Pregnant Women.* New York: Basil Blackwell.

Opie, Iona, and Peter Opie. 1959. *The Lore and Language of Schoolchildren.* Oxford: Clarendon Press.

Oppo, Anna, ed. 1990. *Famiglia e matrimonio nella societa sarda tradizionale.* Cagliari: La Tarantola Edizioni.

_____. 1992. Ruoli Femminili in Sardegna: rotture e continuità. *Inchiesta,* (luglio-dicembre) 112-28

Orbach, Susie. 1978. *Fat Is a Feminist Issue: The Anti-Diet Guide to Permanent Weight Loss.* New York: Berkeley Books.

_____. 1982. Fat Is a Feminist Issue, II: A Program to Conquer Compulsive Eating. New York: Berkeley.

Origo, Iris. 1956. *War in val D'Orcia: A Diary.* harmondsworth: Penguin.

Orlando, Giuseppe, Fabrizio de Filppis, and Mauro Mellano. 1977. *Piano alimentare o Politica agraria alternativa?* Bologna: Il Mulino.

Ortner, Sherry B. 1975. Gods' Bodies, Gods' Food: A Symbolic Analysis of a sherpa ritual. *In The Interpretation of Symbolism.* edited by Roy Willis. New York: John Wiley and Sons.

Pagliari, Marcella Pompili. 1982. Condizione femminile e organizzazione familiare nell'Italia meridionale: Ipotesi per una ricerca sulla soggettivita della donna nel lavoro. *International Review of Sociology* 18(1-3): 396-410

Paige, Karen Ericksen, and Jeffrey M. Paige. 1981. *The Politics of Reproductive Ritual.* Berkeley: University of California Press.

Palazzoli, Maria Selvini. 1963. *L'anoressia mentale.* Milano: Feltrinelli.

_____. 1971. Anorexia Nervosa. *In The World Biennial of Psychiatry and Psychotherapy,* edited by Silvano Arieti. Vol. 1. New York: Basic Books.

_____. 1974. *Self-Starvation; From the Intrapsychic to the Transpersonal Approach to Anorexia Nervosa*. London: Chaucer. (Originally Published as *L'anoressia mentale*. 1963. Milano: Feltrinelli).

Paley, Vivian Gussin. 1981. *Wally's Stories: Conversations in the Kindergarten*. Cambridge: Harvard University Press.

_____. 1984. *Boys and Girls: Superheroes in the Doll Corner*. Chicago: University of Chicago Press.

_____. 1988. *Bad Guys Don't Have Birthdays*: Fantasy Play at Four. Chicago: University of Chicago Press.

_____. 1990. *The Boy Who Would Be a Helicopter*. Cambridge: Harvard University Press.

_____. 1992. Y*ou Can't Say You Can't Play*. Cambridge: Harvard University Press.

_____. 1994. Princess Annabella and the Black Girls. In *The Need for Story*, edited by A. H. Dyson and C. Genishi Urbana: NCTE.

_____. 1996. *Kwanzaa and Me: A teacher's Story*. Cambridge: Harvard University Press.

_____. 1998. *The Girl with the Brown Crayon*. Cambridge: Harvard University Press.

_____. 1999. *The Kindness of Children*. Cambridge: Harvard University Press.

Pandian, Jacob. 1985. *Anthropology and the western Tradition: Toward an authntic anthropology*. Prospect Heights, Ill.: Waveland.

Parker, Seymour. 1960. The Wiitiko Psychosis in the Context of Ojibwa Personality and Culture. *American Anthropologist* 62: 603-23.

Parker, Sheila, Mimi Nichter, Mark Nichter, Nancy Vuckovic, Colette Sims, and Cheryl Rittenbaugh. 1995. Body Image and Weight Concerns among African American and White Adolescent Females: Differences That Make a Difference. *Human Organization* 54 (2): 103-14

Parsons, Anne. 1969. *Belief, Magic and Anomie*. New York: Free Press.

Passerini, Luisa. 1996. *Autobiography of a Generation: Italy 1968*. (Translation of *Autoritratto di Gruppo*.) Hanover, N.H.: University

Press of New England.

Paul, Lois. 1974. The Mastery of Work and The Mystery of Sex in a Guatemalan Village. *In Women, Culture and Society*, edited by Michelle Zimbalist Rosaldo and Louise Lamphere. Stanford: Stanford University Press.

Peacock, James L. 1986. *The Anthropological Lens: Harsh Light, Soft Focus*. New York: Cambridge University Press.

Physicians Task Force on Hunger in America. 1985. *Hunger in America: The Growing Epienmic*. Middletown, Conn.: Wesleyan University Press.

Piaget, Jean. 1962. *Play, Dreams and Imitation in Childhood*. New York: Norton.

Piddocke, Stuart. 1969. The Potlatch System of the Southern Kwakiutl: A New Perspective. *In Environment and Cultural Behavior*, edited by andrew P. Vayda. Austin: University of Texas Press.

Pinna, Luca. 1971. *La famiglia esclusiva, parentela e clientelismo in Sardegna*. Bari: Laterza.

_____. 1978. *Convegno regionale sul piano agricolo-alimentare*. Cagliari: Mulas.

Piquereddu, Paolo, ed. 1991. *In nome del pane: forme, techniche, occasioni della panificazione tradizionale in sardegna*. Nuoro: Istituto Superiore Regionale Etnograflco, e Sassari: Carlo Delfino Ed.

Pitcher, Evelyn Goodenough, and Ernst Prelinger. 1963. *Children Tell Stories: An Analysis of Fantasy*. New York: International Universities Press.

Pitcher, Evelyn Goodenough, and Lynn Hickey Schultz. 1983. *Boys and Girls at Play: the Development of Sex Roles*. South Hadley, Mass.: Bergin and Garvey.

Pitkin, Donald, 1985. *The house That Giacomo Built: History of an Italian Family*. 1898-1978. New York: Cambridge.

Pollitt, Katha. 1990. "Fetal Rights": A New Assault on Feminism. *The Nation* (26March): 409-18

Pollock, Donald K. 1985. Food and Sexual Identity among the Culina. *Food and Food ways* 1 (1):25-42. Reprinted in *Food and Gender: Identity and Power,* edited by Carole M. Counihan and Steven L. Kaplan. Amsterdam: Gordon and Breach, 1998.

Pollock, Nancy J. 1992. *These Roots Remain: Food Habits in Islands of the Central and Eastern Pacific since Western Contact.* Honolulu: Institute for Polynesian studies.

_____. 1995. Social Fattening Patterns in the Pacific: The Positive Side of Obesity-A Nauru Case Study. In *Social Aspects of Obesity,* edited by I. de Garine and N. Pollock. Amsterdam: Gordon and Breach.

Powdermaker, Hortense. 1960. An Anthropological Approach to the Problem of Obesity. *Bulletin of the New York Academy of Medicine* 36:286-95. Reprinted in 1997 in *Food and Culture: A Reader,* edited by Carole Counihan and Penny Van Esterik. New York: Routledge, 1997

Pratt, Jeff C. 1986. *The Walled City: A Study of Social Change and Conservative Ideologies In Tuscany.* Aachen: Edition Herodot im Rader-Verlag.

Prindle, Peter H. 1979. Peasant Society and Famine: A Nepalese Example. *Ethnology* 18:49-60

Quaggiotto, Pamela. 1987. On the Nature of Women Through Sicilian Ritual: The Symbolic Correlates of capitalism. Paper read at the 1987 Annual Meeting of the American Anthropological Association.

Quandt, Sara A., and Cheryl Ritenbaugh. 1986. *Training Manual in Nutritional Anthropology.* Washington D.C.: American Anthropological Association.

Randall, Margaret. 1997. *Hunger's Table: Women, Food and Politics.* Watsonville, Calif.: Papier Mache Press.

Recalcati, M. 1997. *L'ultima cena: anoressia e bulimia. Milano:* Bruno Mondadori.

Reid, Janice. 1986. "Land of Milk and Honey": The Changing Meaning of Food to an Australian Aboriginal Community. In *Shared Wealth and Symbol: Food, Culture and Society in Oceania and Southeast*

Asia, edited by Lenore Manderson. New York: Cambridge University Press.

Rich, Adrienne. 1986. *Of Woman Born: Motherhood as Experience and Institution.* 10th Anniversary Edition. New York: Norton.

Richards, Audrey I. 1932. *Hunger and Work in a savage Tribe.* London: Routledge.

_____. 1939. *Land, Labour and Diet in Northern Rhodesia: An Economic Study of the Bemba Tribe.* Oxford: Oxford University Press.

Romer, Elizabeth. 1984. *The Tuscan Year: Life and Food in an Italian Valley.* New York: North Point Press.

Rosaldo, Michelle Zimbalist. 1974. Women, Culture and Society: A Theoretical Overview. In *Women, Culture and Society,* edited by Michelle Zimbalist Rosaldo and Louise Lamphere. Stanford: Stanford University Press.

Rosen, Lionel W., Christine L. Shafer, Gail M. Dummer, Linda K. Cross, Gary W. Deuman, and Steven R. Malmberg. 1988. Prevalence of Pathogenic Weight-control behaviors among Native American Women and Girls. *International Journal of Eating Disorders* 7(6): 807-11.

Roth, Geneen. 1982. *Feeding the Hungry Heart: The Experience of Compulsive Eating.* New York: Signet.

Rothman, Barbara Katz. 1982. *In Labor: Women and Power in the Birthplace.* New York: Norton.

_____. 1989. *Recreating Motherhood: Ideology and Technology in Patriarchal Society.* New York: Norton.

Rubin, Lillian 1983. *Intimate Strangers: Men and Women Together.* New York: Harper and Row.

Russell, Kathy, Midge Wilson, and Ronald Hall. 1993. *The Color Complex: The Politics of Skin Color among African Americans.* New York: Harcourt Brace Jovanovich.

Sachs, Jacqueline. 1987. Preschool Boys' and Girls' Language Use in Pretended Play. In *Language, Gender and Sex in Comparative Perspective,* edited by Susan U. Philips, Susan Steele, and Christine

Tanz. New York: Cambridge University Press.

Sacks, Karen. 1979. *Sisters and Wives: The Past and Future of Sexual Equality*. Westport, Conn,: Greenwood.

Sahlins, Marshall. 1972. *Stone Age Economics*. Hawthorne, N. Y.: Aldine.

_____. 1976. *Culture and Practical Reason*. Chicago: University of Chicago Press.

Sanday, Peggy Reeves. 1981. *Female Power and male DominanceL On the Origines of Sexual Inequality*. New York: Cambridge University Press.

_____. 1986. *Divine Hunger: Cannibalism as a Cultural System*. New York: Cambridge Unversity Press.

Saraceno, Chiara. 1984. *Shifts in Public and Private Boundaries: Women as Mothers and Service Workers in Italian Day-Care*. Feminist Studies 10:7-29.

_____. 1988. *Pluralità e mutamento: riflessioni sull'identità femminile*. Milano: Franco Angeli Editore.

Satta, Salvatore. 1979. *Il giorno del giudizio*. Milano: Adelphi.

Satter, Ellyn. 1987. *How to get Your Kid to Eat … But Not Too Much*. Palo Alto: Bull.

_____. 1990. The Feeding Relationship: Problems and Interventions. *Journal of Pediatrics* 117(2):181-89.

Saunders, George. 1981. Men and women in Southern Europe: A Review of Some Aspects of Cultural Complexity. *Journal of Psychoanalytic Anthropology* 4(4):435-66.

Schneider, Peter, Jane Schneider, and edward hansen. 1972. Modernization and development: The Role of Regional Elites and Noncorporate groups in the European Mediterranean. *Comparative Studies in society and History* 14(3):328-50.

Schoenfielder, Lisa, and Barb Weiser, eds. 1983. *Shadow on a Tightrope: writings by Women on Fat Oppression*. San Francisco: Aunt Lute Books.

Schwartz, Hillel. 1986. *Never satisfied: A Cultural History of Diets, Fantasies and Fat*. New York: Free Press.

Science and education Administration. 1980. *Food*. U. S. Department of Agriculture Home and Garden Bulletin no 228. washington D. C.: Government Printing Office.

Sendak, Maurice. 1963. *Where the Wild Things Are*. New York: Harper Collins.

Sgritta, Giovanni B. 1983. Recherches et familles dans la crise de l'état-providence (le cas italien). *Revue Francaise des affaires sociales* 37: 167-72.

Shack, Dorothy N. 1969. Nutritional processes and Personality development among the Gurage of Ethiopia. *Ethnology* 8(3):292-300. Reprinted in *Food and Culture: A Reader*, edited by Carole Counihan and penny Van Esterik. New York: Routledge, 1997.

Shack, William A. 1971. Hunger, Anxiety, and Ritual: Deprivation and spirit Possession among the Gurage of Ethiopia. Man 6(1):30-45. Reprinted in *Food and Culture: A Reader*, edited by Carole Counihan and penny Van Esterik. New York: Routledge, 1997.

Shange, Ntozake. 1998. *If I can Cook, You Know God Can*. Boston: Beacon.

Shapiro, Leona R., Patricia B. Crawford, Marjorie J. Clark, Dorothy L. Pearson, Jonathan Raz, and Ruth L. Huenemann. 1984. Obesity Prognosis: A Longitudinal Study of Children from the Age of 6 months to 9 Years. *American Journal of Public Health* 74:968-72.

Sharp, C. W., S. A. Clark, J. R. Duncan, D. H. R. Blackwood, and C. M. Shapiro. 1994. Clinical Presentation of Anorexia Nervosa in Males: 24 New Cases. *International Journal of Eating Disorders* 15(2): 125-34.

Sheldon, Amy. 1990. Pickle Fights: Gendered Talk in Preschool Disputes. *Discourse Processes* 13:5-31.

_____. 1992. Conflict Talk: Sociolinguistic Challenges to Self-Assertion and How Young Girls Meet Them. *Merrill Palmer Quarterly* 38 (1): 95-117.

_____. 1993. Pickle Fights: Gendered Talk in Preschool Disputes. In *Gender and Conversational Interaction*, edited by Deborah Tannen.

New York: Oxford University Press.

Sheldon, Amy, and Lisa Rohleder: 1996. Sharing the Same World, Telling Different Stories: Gender Differences in Co-Constructed Pretend Narratives. In Social Interaction, Social Context, and Language: Essays in Honor of Susan Ervin-Tripp, edited by D. I. Slobin, J. Gerhardt, A. Kyratzis, J. Guo. Mahwah, N.J.: Lawrence Erlbaum Associates.

Shostak, Marjorie, 1981. *Nisa, the Life and Words of a !Kung Woman*. New York: Vintage.

Sidel, Ruth. 1990. *On Her Own. Growing Up in the Shadow of the American Dream*. New York: Penguin.

Siebert, Renate. 1993. *"E' femmina pero e bella": tre generazioni di donne al sud*. Torino: Rosenberg and Sellier.

Silverman, Sydel. 1975. *Three Bells of Civilization: The Life of an Italian Hill Town*. New York: Columbia University Press.

Siskind, Janet. 1973. *To Hunt in the Morning*. New York: Oxford.

Slobin, D. I., J. Gerhardt, A. Kyratzis, J. Guo, eds. 1996. *Social Interaction, Social Context, and Language: Essays in Honor of Susan Ervin-Tripp*. Mahway, N.J.: Lawrence Erlbaum Associates.

Smitherman, Geneva. 1994. "The Blacker the Berry, the Sweeter the Juice": African American Student Writers. In *The Need for Story*, edited by A. Dyson and C. Genishi. Urbana, Ill.: NCTE.

Smyth, William Henry. 1828. *Sketch of the Present State of the Island of Sardinia*. London: Murray.

Snowden, Frank M. 1989. *The Fascist Revolution in Tuscany 1919-1922*. New York: Cambridge University Press.

Sobal, Jeffrey, and Albert J. Stunkard. 1989. Socioeconomic Status and Obesity: A Review of the Literature. *Psychological Bulletin* 105 (2): 260-75.

Sobal, Jeffrey, and Claire Monod Cassidy. 1987. Dieting Foods: Conceptualizations and Explanations. *Ecology of Food and Nutrition* 20:89-96.

Sobo, Elisa J. 1997. The Sweetness of Fat: Health, Procreation, and

Sociability in Rural Jamaica. In *Food and Culture: A Reader*, edited by Carole Counihan and Penny Van Esterik. New York: Routledge.

Soler, Jean. 1973. Sémiotique de la nourriture dans la Bible. *Annales: Economies, Societies, Civilizations* 28 (4): 943-55.

Somogyi, Stefano. 1973. L'alimentazione nell'Italia unita. *Storia d'Italia* 5:1

Spiro, Melford E. 1975. *Children of the Kibbutz*. With the Assistance of Audrey Spiro. Revised edition. Cambridge: Harvard University Press.

_____. 1979. *Culture and Gender: Kibbutz. Women Revisited*. New York: Schocken.

Stack, Carol B. 1974. *All Our Kin: Strategies for Survival in a Black Community*. New York: Harper & Row.

Starn, Frances, 1990. *Soup of the Day: A Novel*, New York: Dell.

Stasch. A. R., M. M. Johnson, and G. S. Spangler 1970. Food Practices and Preferences of Some College Students. *Journal of the American Dietetic Association* 57, 523-27.

Steedman, Carolyn. 1982. *The Tidy House: Little Girls Writing*. London: Virago.

Steiner-Adair, Catherine. 1990. The Body Politic: Normal Female Adolescent Development and the Development of Eating Disorders. In *Making Connections: The Relational Words of Adolescent Girls at Emma Willard School*, edited by Carol Gilligan, Nona P. Lyons, and Trudy J. Hanmer. Cambridge: Harvard University Press.

Striegel-Moore, Ruth H., Lisa R. Silberstein, and Judith Rodin. 1986. Toward an Understanding of the Risk Factors for Bulimia. *American Psychologist* 41 (3):246-63.

Stunkard, Albert J. 1977. Obesity and the Social Environment. Current Status. Future Prospects. *Annuals of the New York Academy of Science* 300:298-320.

Styles, Marvalene H. 1980. Soul, Black Women and Food. In *A Woman's Conflict, the Special Relationship between Women and Food*, edited by J. R. Kaplan. Englewood Cliffs, N.J.: Prentice-Hall. (Reprinted as Hughes 1997)

Suleiman, Susan Rubin. 1985. The Female Body in *Western Culture: Contemporary Perspectives*. Cambridge: Harvard University Press.

Sutton-Smith, Brian. 1972. *The Folkgames of Children*. Austin: University of Texas Press.

_____. 1979. *Play and Learning*. New York: Gardner Press.

_____. 1981. *The Folkstories of Children*. Philadelphia: University of Pennsylvanis Press.

Sutton-Smith, Brian, D. H. Mahony, and G. J. Botvin. 1976. Developmental Structures in Fantasy Narratives. *Human Development* 19:1-13.

Szurek, Jane. 1997. Resistance to Technology-Enhanced Childbirth in Tuscany: The Political Economy of Italian Birth. In *Childbirth and Authoritative Knowledge: Cross Cultural Perspectives*, edited by Robbie E. Davis-Floyd and Carolyn F. Sargent. Berkeley: University of California Press.

Taggart, James M. 1983. *Nahuat Myth and Social Structure*. Austin: University of Texas Press.

_____. 1986. "Hansel and Gretel" in Spain and Mexico. *Journal of American Folklore* 99(394): 435-60.

_____. 1992. Fathering and the Cultural Construction of Brothers in Two Hispanic Societies. *Ethos* 20:421-52.

_____. 1997. *The Bear and His Sons: Masculinity in Spanish and Mexican Folktales*. Austin: University of Texas Press.

Tambiah, S. J. 1969. Animals Are Good to Think and Good to Prohibit. *Ethnology* 8(4):423-59.

Tannen, Deborah, ed. 1993. *Gender and Conversational Interaction*. Ithaca, N.Y.: Cornell University Press.

Tanz, Christine. 1987. Introduction to Part 2 — Gender Differences in the Language of Children. In *Language, Gender and Sex in Comparative Perspective*, edited by Susan U. Philips, Susan Steele and Christine Tanz. New York: Cambridge University Press, 163-77

Teti, Vito. 1976. *Il Pane, La beffa e la festa: Cultura alimentare e ideologia dell'alimentazione nelle classi subalterne*. Firenze: Guaraldi.

_____. 1995. Food and Fatness in Calabria. In *Social Aspects of Obesity*, edited by I. de Garine and N. Pollock. Amsterdam: Gordon and Breach.

Thelen, Mark H., Anne L. Powell, Christine Lawrence, and Mark E. Kuhnert. 1992. Eating and Body Image Concerns among Children. *Journal of Clinical Child Psychology* 21 (1): 41-46.

Thoma, Helmut. 1977. On the Psychotherapy of Patients with Anorexia Nervosa. *Bulletin of the Menninger Clinic* 41 (5): 437-52.

Thomas, Elizabeth Marshall. 1959. *The Harmless People*. New York: Knopf.

Thompson, Becky W. 1994. *A Hunger So Wide and So Deep: American Women Speak Out on Eating Problems*. Minneapolis: University of Minnesota Press.

Tilly, Louise. 1971. The Food Riot as a Form of Political Conflict in France. *Journal of Interdisciplinary History* 2 (1): 23-57.

Tobin, Joseph J., David Y. H. Wu and Dana H. Davidson. 1989. *Preschool in Three Cultures: Japan, China and the United States*. New Haven: Yale University Press.

Treichler, Paula A. 1990. Feminism, Medicine and the Meaning of Childbirth. In *Body/Politics: Women and the Discourses of Science*, edited by Mary Jacobus, Evelyn Fox Keller, and Sally Shuttleworth. New York: Routledge, Chapman and Hall.

Turnbull, Colin M. 1972. *The Mountain People*. New York: Simon & Schuster.

_____. 1978. Rethinking the Ik: A Functional Non-Social System. In *Extinction and Survival in Human Populations*, edited by C. Laughlin and I. Brady. New York: Columbia University Press.

Turner, Victor W. 1969. *The Ritual Process: Structure and Anti-Structure*. Chicago: Aldine.

Tylor, Sir Edward Burnett. 1958. (orig. 1871). *Primitive Culture*. New York: Harper & Row, vol. 1.

Tyndale, John Warre. 1840. *The Island of Sardinia*. 3 volumes. London: Richard Bently.

Umiker-Sebeok, Jean. 1979. Preschool Children's Intraconversational Narratives. *Journal of Child Language* 6:91-109.

Van Esterik, Penny. 1989. *Beyond the Breast-Bottle Controversy.* New Brunswick, N.J.: Rutgers University Press.

_____. 1998. Feeding Their Faith: Recipe Knowledge among Thai Buddhist Women. In *Food and Gender: Identity and Power,* edited by Carole Counihan and Steven Kaplan. Amsterdam: Gordon and Breach. (Originally published in *Food and Foodways* 1(2):197-215, 1986.)

Van Gennep, Arnold. 1960. *The Rites of Passage.* Chicago: University of Chicago Press.

Vagas-Cetina, Gabriella. 1993. Our Patrons Are Our Clients: A Shepherds' Cooperative in Bardia, Sardinia. *Dialectical Anthropology* 18 (3/4):337-62.

Vaughn, Megan. 1987. *The Story of an African Famine: Gender and Famine in Twentieth Century Malawi.* New York: Cambridge University Press.

Veauvy, Christiane. 1983. Le mouvement féministe en Italie. *Peuples Méditerranéens/ Mediterranean Peoples* 22-23:109-30.

Verdier, Yvonne. 1969. Pour une ethnologie culinaire. L'Homme 9 (1): 49-57.

Wade-Gayles, Gloria. 1997. "Laying On Hands" through Cooking: Black Women's Majesty and Mystery in Their Own Kitchens. In *Through the Kitchen Window: Women Explore the Intimate Meanings of Food and Cooking,* edited by Arlene Voski Avakian. Boston: Beacon.

Wagner, Max Leopold. 1928. *La vita rustica della Sardegna rispecchiata nella sua lingua.* Translated by Valentino Martelli. Cagliari: Società Editoriale Italiana.

Walens, Stanley. 1981. *Feasting with Cannibals: An Essay on Kwakiutl Cosmology.* Princeton: Princeton University Press.

Waller, J. V., R. Kaufman and F. Deutsch. 1940. Anorexia Nervosa: A Psychosomatic Entity. *Psychosomatic Medicine* 2:3-16.

Warren, Kay B., and Susan C. Bourque. 1991. Women, Technology, and International Development Ideologies: Analyzing Feminist Voices.

In *Gender at the Crossroads of Knowledge: Feminist Anthropology in the Postmodern Era,* edited by Micaela di Leonardo. Berkeley: University of California Press.

Weiner, Annette. 1988. *The Trobrianders of Papua New Guinea.* New York: Holt, Rinehart & Winston.

Weingrod, Alex, and Emma Morin. 1971. "Post-peasants": The Character of Contemporary Sardinian Society. *Comparative Studies in Society and History* 13(3):301-24.

Weismantel, M. J. 1988. *Food, Gender and Poverty in the Ecuadorian Andes.* Philadelphia: University of Pennsylvania Press.

Whiting, Beatrice, and Carolyn P. Edwards. 1974. A Cross-Cultural Analysis of Sex Differences in the Behavior of Children Aged Three through Eleven. In *Culture and Personality: Contemporary Readings,* edited by Robert A. LeVine. New York: Aldine.

_____. 1988. *Children of Different Worlds.* Cambridge, Mass.: Harvard University Press.

Wiley, Carol. 1994. *Journeys to Self-Acceptance: Fat Women Speak.* Freedom, Calif.: The Crossoing Press.

Wilhelm, Maria de Blasio. 1988. *The Other Italy: Italian Resistance in World War II.* New York: Norton.

Willis, Susan. 1991. *A Primer for Daily Life.* New York: Routledge.

Wilson, Midge, and Kathy Russell. 1996. *Divided Sister: Bridging the Gap between Black Women and White Women.* New York: Anchor Books.

Winnick, Myron. 1979. *Hunger Disease: Studies by the Jewish Physicians in the Warsaw Ghetto.* New York: Wiley.

Wolf, Eric. 1974. *Anthropology.* New York: Norton.

Wolf, Naomi. 1993. *The Beauty Myth.* New York: Bantam, Doubleday, Dell.

Young, Iris Marion. 1984. Pregnant Embodiment: Subjectivity and Alienation. *Journal of Medicine and Philosophy* 9:45-62.

Young, Michael W. 1971. *Fighting with Food: Leadership, Values and Social Control in a Massim Society.* Cambridge: Cambridge University Press.

_____. 1986. "The Worst Disease": The Cultural Definition of Hunger in

Kalauna. In *Shared Wealth and Symbol: Food, Culture and Society in Oceania and Southeast Asia,* edited by Lenore Manderson. New York: Cambridge University Press.

Zaslow, Jeffrey. 1986. Fat or Not, Fourth Grade Girls Diet Lest They Be Teased or Unloved. *Wall Street Journal,* 11 February, p. 28.

Zelman, E. C. 1977. Reproduction, Ritual, and Power. *American Ethnologist* 4:714-33.

조리법

다음의 조리법은 내가 1970년에서 1984년 사이에 플로렌스에서 알고 지내던 사람들이 나에게 전해 준 것들이다. 모두 홈 쿠킹 조리법으로 처음 시도했던 사람의 특징이 분명히 나타난다. 같은 요리를 놓고 다른 방법을 주장하는 사람도 있다. 이 조리법들은 4인분 기준이다.

바카라(Baccalà Alla Livornese, 마른 대구요리, 레그혼 스타일)

물에 불린 마른 대구 약 500g
올리브 오일 $\frac{1}{4}$컵
마늘 3통
파슬리 약간
밀가루 약간
토마토 3개 혹은 통조림 1개
다진 붉은 고추 약간

대구에 밀가루를 묻힌다. 거의 익을 때까지 기름에 튀긴다. 튀긴 대구를 건져내고 파슬리와 마늘, 고추를 넣고 5분 동안 살짝 볶는다. 토마토를 넣고 10분 동안 뭉근히 끓인다. 튀긴 대구를 프라이팬에 다시 넣고 5분 동안 약하게 끓인다. 엘다의 표현에 따르면, "맛이 끝내준다."

프리텔레(Fritelle, 쌀 튀김 요리)

프리텔레는 플로렌스에서 3월 19일 세인트 요셉축제일을 위해 전통적으로 내려오는 요리이다. 이 날 여자들은 집에서 이 요리를 만들고 패이스트리 가게에서 이 요리를 판다.

쌀 1컵	럼 1Ts
우유 약 0.5리터	계란 3개(노른자와 흰자 분리)
건포도 $\frac{1}{2}$컵	밀가루 1~2Ts
설탕 $\frac{1}{2}$컵	식용유 3~4Ts
바닐라 1ts	파우더 슈거 $\frac{1}{2}$컵

쌀을 우유에 넣고 익을 때까지 끓인다. 식은 후 건포도, 설탕, 바닐라, 럼을 넣는다. 계란 노른자 속에 넣고 섞는다. 계란 흰자는 거품을 내서 쌀 혼합물에 넣는다. 반죽이 진해질 때까지 밀가루를 넣는다. 단 너무 되지 않게 한다.

커다란 프라이팬에 기름을 붓고 뜨거워지면 반죽을 한 숟가락 크기로 떨어뜨린다. 양쪽 면을 각각 2분 정도 익혀 갈색이 될 때까지 익힌다. 기름을 제거하고 파우더 슈거를 뿌린다.

미네스트론(Minestrone, 채소영양수프)

아마도 모든 여자들마다 자신만의 미네스트론 수프 요리법이 존재할 것이다. 대부분의 채소는 이 수프에 잘 어울린다. 그러므로 신선한 계절채소를 이용한다. 파스타를 원하지 않으면 빵과 함께 먹어도 좋다.

양파 1개	당근 1개
샐러리 1줄기	파슬리 1단
올리브 오일 3Ts	애호박 1개
다진 양배추 1컵	꼬투리 콩 다진 것 $\frac{1}{2}$컵
감자 2~3개 다진 것(중간 크기)	근대 혹은 시금치 2컵
흰콩(익힌 것 혹은 통조림) 1컵	기호에 따라 스파게티와 같은 파스타

양파, 당근, 샐러리, 파슬리를 모두 다져 냄비에 넣고 부드러워질 때까지 기름에 볶는다. 3~4컵의 물을 붓고, 애호박, 양배추, 꼬투리 콩 등을 넣고 끓인다. 끓기 시작하면 불을 줄이고 뭉근 불에 약 1시간동안 놓는다. 감자, 근대를 넣고 다시 30분가량 약하게 끓인다. 여기에 흰 콩을 넣고 한 움큼 끓이다가 파스타를 넣고 약 15분 더 끓인다.

엘다의 포마로라(Pomarola, 포마로라 토마토 소스)

포마로라를 만드는 방법에는 여러 가지가 있다. 모든 이태리 사람들은 자신만의 방법을 가지고 있다. 다음은 엘다의 방법이다.

양파 1개	토마토(큰 것) 3~4개
올리브 오일 2~3Ts	신선한 바질 잎 4~5장

양파를 다져 올리브 오일(2Ts)을 두르고 볶는다. 양파가 반투명해지면 다진 토마토와 바질을 넣고 되직해질 때까지 끓인다. 만들어진 소스를 분쇄기로 돌려 올리브 오일(1Ts)을 넣고 다시 몇 분 더 끓인다.

반나의 포마로라소스(Pomarola)

다음은 반나의 조리법으로 엘다의 방법과는 상당히 다르다. 이 소스는 베이컨, 고기, 소시지, 정어리 등의 재료와 함께 요리하기에 좋은 소스이다.

양파(중간) 1개	다진 붉은 고추 약간(선택)
당근 1개	올리브 오일 2Ts
샐러리 1줄기	신선한 토마토 4~5개
바질 잎 약간	(혹은 토마토 통조림 1개)
소금	마늘 2통(선택)
후추	

양파, 당근, 샐러리, 바질, 파슬리 등을 마늘과 고추와 함께 곱게 다진다. 마늘과 고추는 선택으로 대부분의 플로렌스 사람들처럼 반나는 고기 소스에만 사용한다.) 곱게 다진 재료를 올리브 오일에 약간 볶다가 다진 토마토를 넣어 소스형태로 될 때까지 끓인다. 만들어진 소스를 분쇄기에 돌려 곱게 만든 후 소금과 후추로 맛을 낸다. 다른 조리법으로 하고자 할 때는 다른 다양한 재료를 사용할 수 있다.

스트라코또(Stracotto, 찜구이)

찜구이용 쇠고기 2~3근	파슬리 1다발
마늘 5~6통	로즈마리 몇 가지
신선한 토마토 2~3개(혹은 통조림 1개)	소금
올리브 오일 2~3Ts	밀가루 약간
후추 1ts	다진 양파, 샐러리, 당근(선택)

로즈마리 약간과 준비한 마늘의 반 정도를 소금, 후추와 함께 고기를 치댄다. 남은 마늘과 파슬리를 다진다. (원하면 양파, 샐러리, 당근도 함께 다진다.) 무르게 될 때까지 오일에 볶는다. 고기에 밀가루를 가볍게 묻혀 뜨거운 오일에 놓고 양면을 갈색이 되도록 한다. 토마토와 고기를 덮을 만큼 충분한 물을 붓는다. 팔팔 끓이다가 불을 줄여 뭉근하게 2~3시간 끓여 고기가 연해지도록 한다. 그리고 국물이 소스처럼 될 때까지 졸인다. 먼저 국물을 파스타와 함께 내놓고, 고기는 샐러드와 함께 나중에 먹는다.

옮긴이 후기

"김치가 짜다. 사랑이 …"는 최근 모 광고에 나오는 말이다. 음식을 사랑으로 나타낸 것까지는 좋다. 그러나 조금만 깊이 들여다보면 여자는 음식을 만들어 주는 사람이고 남자는 그 음식을 먹으며 평가하고 투정하는 위치임이 나타난다. 이 책은 이렇듯 음식이 내포하고 있는 의미를 알아가는 재미를 준다. 또한 이 책은 음식을 중심으로 나타나는 여자와 남자의 역할에서 비롯되는 파워를 한번쯤 생각해 보는 기회를 제공하고 있다. 이 파워는 결국 사회에서 차지하는 남성의 상위위치, 여성의 하위위치를 결정하는 것으로 연결된다.

또한 이태리, 북아메리카 즉 미국과 여러 다른 문화의 비교를 바라보면서 우리사회의 변화를 다시금 바라볼 수 있게 하고 있다. 특히 이미 미국문화에 흠뻑 젖어 있기 때문에 미국의 문화를 상위문화로 받아들이는 경향이 있는 우리는 미국문화를 여성을 대우해 주는 문화로 당연히 여겨왔다. 그들이 공식석상에서 연설을 할 때면 외치는 "Lady and Gentleman …"은 그러한 맥락에서 비롯된 것으로 단순하게 여겨왔다. 그러나 이 책을 보면서 우리의 생각이 겉만 보고 판단해 왔음을 깨우쳐 주었다. 오히려 이런 비교문화적 설명을 보면서 우리 문화의 우월성을 찾게 된다.

오늘날 특히 서양여성의 미의 기준은 우리나라 여성미의 기준이 되고 있다. 그 기준은 과연 누구를 위한 기준인가? 체르닌에 따르면 이런 여성미의 기준은 여자들이 중대한 권리를 요구할 때마다 그만큼 마른 체형을 요구하였다고 한다. 그리고 여성의 신체를 탈신체화하여 즉 상품화하여 여성의 파워를 축소해 나간다고 한다. 이를 일부 여성들은 알아채고 있지만 그에 맞서 저항하는 데서 겪는 어려움이 여성 자신들에게서 비롯됨은 애석한 일이다. 같은 식사를 하면서 여자들은 얌전히 조금씩 조심해서 먹어야 하고 남자들은 마음껏 힘차게 먹어야 남성답다는 칭찬으로 이어지는 사고의 토대를 이 책은 잘 설명하고 있다.

우리는 이 책을 통해 여성들은 자유롭게 먹을 권리가 있고, 사회가 요구하는 것에 반대할 권리가 있고, 자신들의 정체성이 외모로 보이는 그 이상의 많은 것으로 구성되어 있음을 말할 권리가 있음을 배우게 된다.

2005년 2월

김정희

찾아보기

ㄱ

ㄴ

ㅇ

ㅈ

14. 포스트모더니즘 이후의 정치와 문화

마이클 라이언 지음 / 나병철·이경훈 옮김

마르크스주의와 해체론의 연계문제를 다양한 현대사상의 문맥에서 보다 확장시키는 한편, 실제의 정치와 문화에 구체적으로 적용시키는 철학적 문화 분석서.

15. 디오니소스의 노동 · I

안토니오 네그리·마이클 하트 지음 / 이원영 옮김

'시간에 의한 사물들의 형성'이자 '살아 있는 형식부여적 불'로서의 '디오니소스의 노동', 즉 '기쁨의 실천'을 서술한 책.

16. 디오니소스의 노동 · II

안토니오 네그리·마이클 하트 지음 / 이원영 옮김

이딸리아 아우또노미아 운동의 지도적 이론가였으며 『제국』의 저자인 안또니오 네그리와 그의 제자이자 가장 긴밀한 협력자이면서 듀크대학 교수인 마이클 하트가 공동집필한 정치철학서.

17. 이딸리아 자율주의 정치철학 · 1

쎄르지오 볼로냐·안또니오 네그리 외 지음 / 이원영 편역

이딸리아 아우또노미아 운동의 이론적 표현물 중의 하나인 자율주의 정치철학이 형성된 역사적 배경과 맑스주의 전통 속에서 자율주의 철학의 독특성 및 그것의 발전적 성과를 집약한 책.

19. 사빠띠스따

해리 클리버 지음 / 이원영·서창현 옮김

미국의 대표적인 자율주의적 맑스주의자이며 사빠띠스따 행동위원회의 활동적 일원인 해리 클리버 교수(미국 텍사스 대학 정치경제학 교수)의 진지하면서도 읽기 쉬운 정치논문 모음집.

20. 신자유주의와 화폐의 정치

워너 본펠드·존 홀러웨이 편저 / 이원영 옮김

사회 관계의 한 형식으로서의, 계급투쟁의 한 형식으로서의 화폐에 대한 탐구, 이 책 전체에 중심적인 것은, 화폐적 불안정성의 이면은 노동의 불복종적 권력이라는 것을 이해하는 것이다.

21. 정보시대의 노동전략 : 슘페터 추종자의 자본전략을 넘어서

이상락 지음

슘페터 추종자들의 자본주의 발전전략을 정치적으로 해석하여 자본의 전략을 좀더 밀도있게 노동의 관점에서 분석하고 또 이로부터 자본주의를 넘어서려는 새로운 노동전략을 추출해 낸다.

22. 미래로 돌아가다

안또니오 네그리·펠릭스 가따리 지음 / 조정환 편역

1968년 이후 등장한 새로운 집단적 주체와 전복적 정치 그리고 연합의 새로운 노선을 제시한 철학·정치학 입문서.

23. 안토니오 그람시 옥중수고 이전

리처드 벨라미 엮음 / 김현우 · 장석준 옮김

『옥중수고』 이전에 씌어진 그람시의 초기저작. 평의회 운동, 파시즘 분석, 인간의 의지와 윤리에 대한 독특한 해석 등을 중심으로 그람시의 정치철학의 숨겨져 온 면모를 보여준다.

24. 리얼리즘과 그 너머 : 디킨즈 소설 연구

정남영 지음

디킨즈의 작품들에 대한 치밀한 분석을 통해 새로운 리얼리즘론의 가능성을 모색한 문학이론서.

31. 풀뿌리는 느리게 질주한다

시민자치정책센터

시민스스로가 공동체의 주체가 되고 공존하는 길을 모색한다.

32. 권력으로 세상을 바꿀 수 있는가

존 홀러웨이 지음 / 조정환 옮김

사빠띠스따 봉기 이후의 다양한 사회적 투쟁들에서, 특히 씨애틀 이후의 지구화에 대항하는 투쟁들에서 등장하고 있는 좌파 정치학의 새로운 경향을 정식화하고자 하는 책.

피닉스 문예

1. 시지프의 신화일기

석제연 지음

오늘날의 한 여성이 역사와 성 차별의 상처로부터 새살을 틔우는 미래적 '신화에세이'!

2. 숭어의 꿈

김하경 지음

미끼를 물지 않는 숭어의 눈, 노동자의 눈으로 바라본 세상! 민주노조운동의 주역들과 87년 세대, 그리고 우리 시대에 사랑과 희망의 꿈을 찾는 모든 이들에게 보내는 인간 존엄의 초대장!

3. 볼프

이 헌 지음

신예 작가 이헌이 1년여에 걸친 자료 수집과 하루 12시간씩 6개월간의 집필기간, 그리고 3개월간의 퇴고 기간을 거쳐 탈고한 '내 안의 히틀러와의 투쟁'을 긴장감 있게 써내려간 첫 장편소설!

4. 길 밖의 길

백무산 지음

1980년대의 '불꽃의 시간'에서 1990년대에 '대지의 시간'으로 나아갔던 백무산 시인이 '바람의 시간'을 통해 그의 시적 발전의 제3기를 보여주는 신작 시집.